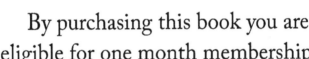

ISBN 978-0-260-96839-5
PIBN 10995222

Ce volume a été déposé au ministère de l'intérieur en 1917.

LE GÉNÉRAL LYAUTEY

LE GÉNÉRAL LYAUTEY

Il a été tiré de cet ouvrage :

2 exemplaires sur papier de Chine, signés par l'auteur ;

50 exemplaires sur papier cuve des papeteries d'Arches, numérotés 1 à 50.

Comte de LA REVELIÈRE

Chargé de mission

LES ÉNERGIES FRANÇAISES

AU

MAROC

ÉTUDES ÉCONOMIQUES ET SOCIALES

Avec quinze cartes et plans

PARIS

LIBRAIRIE PLON

PLON-NOURRIT et Cⁱᵉ, IMPRIMEURS-ÉDITEURS

8, RUE GARANCIÈRE — 6ᵉ

1917

A

MONSIEUR LE GÉNÉRAL LYAUTEY

RÉSIDENT GÉNÉRAL DE FRANCE AU MAROC

COMMANDANT EN CHEF

MEMBRE DE L'ACADÉMIE FRANÇAISE

Hommage de reconnaissance et de respect.

AVANT-PROPOS

Au moment de réunir nos notes, sur l'insistance de bienveillants amis, qui nous obligent à écrire ce que nous avons vu avec sincérité, afin qu'un effort d'énergie française ne reste point stérile, nous tenons à témoigner notre respectueuse reconnaissance au Chef, auquel nous avons demandé la permission de dédier cet ouvrage. Nous lui devons, en effet, la meilleure partie de notre documentation, étant donné ce qu'il nous a appris lui-même, et les facilités exceptionnelles qu'il a bien voulu nous fournir pour voir en détail une grande partie du Maroc, que nous avions abordé pour la première fois en 1905, par la Moulouya.

Grâce aux recommandations qui nous avaient été remises et à d'excellents moyens de transport, nous avons pu nous arrêter partout et longtemps dans les endroits où un examen approfondi nous semblait indispensable, pénétrer dans les arrière-pays pour y déterminer la faune et la flore, prendre contact avec les colons et les indigènes, prélever des échantillons divers, en même temps que nous visitions les terrains agricoles et les troupeaux du Gharb, des contrées de Fez et de Meknès, des Zaer, des Zemmour, des Chaouïa,

Doukkala, Abda, Chiadma-Haha, et de toute la région du Haouz et de Marrakech, jusqu'au pied de l'Atlas.

Nous ne saurions passer sous silence l'honneur que nous fit S. M. le Sultan en nous recevant à une réunion intime, le 13 avril 1916, sur la présentation de M. le général Lyautey, et l'accueil empressé dont nous avons été l'objet de la part de MM. les Hauts Fonctionnaires, officiers et civils, qui nous ont documenté, organisé nos voyages ou nous ont accompagné dans nos excursions économiques ; leur expérience du Maroc et de ses habitants a été pour nous un guide précieux.

En les remerciant tous, nous exprimons plus particulièrement notre gratitude à :

MM. le comte de Saint-Aulaire, ministre plénipotentiaire, Délégué à la Résidence générale, aujourd'hui notre ministre à Bucarest ; Duréault, ancien préfet, Délégué au Contrôle de la Dette marocaine, à l'amabilité duquel nous devons notre retour de Casablanca en Espagne, à bord du croiseur auxiliaire *Le Taroudant*;

MM. Malet, directeur de l'Agriculture, du Commerce et de la Colonisation, qui, avec une grande obligeance, a renseigné un des chapitres de notre ouvrage ; Berti, directeur de la Dette, commissaire général des Expositions ; de Fabry, directeur des Finances au Protectorat ; Michaux-Bellaire, président de la Mission scientifique à Tanger, qui nous a reçu avec une affabilité très grande ; ses travaux ; — et spécialement son étude du Gharb, dans les *Archives marocaines*, — sont connus de tous (1) ;

_____

(1) « Le mot « Gharb » est employé souvent à tort pour désigner le Maroc tout entier.

« La province du Gharb, » — dont un coin de l'arrière-pays fait

MM. le colonel de Lamothe, aujourd'hui général, commandant la région de Marrakech, dont l'accueil a été extrêmement sympathique et nous a permis de rayonner à cheval ou en automobile dans l'hinterland de la circonscription; le colonel Calmel, commandant la subdivision de Casablanca; le colonel de Certain, venant du Tadla; le colonel Poeymirau, commandant la région de Meknès; le colonel Simon, commandant la région de Fez;

M. de Sorbier de Pougnadoresse, consul, chef du service diplomatique à la Résidence générale;

MM. les commandants Bénazet, commandant le cercle de Safi; Bouché, commandant le camp du Boucheron; Charles-Roux, commandant la région des Doukkala; Delhomme, commandant Agadir; Gire, directeur du service topographique; de Lachaux, commandant le cercle des Chiadma-Haha; Le Gorrec, commandant l'escadron de spahis à Marrakech; de Mas-Latrie, chef du bureau des renseignements de Marrakech; Nancy, chef des services municipaux à Marrakech; Rastoin, directeur du service des remontes; Wolff, commandant Sefrou;

MM. Denain, vice-consul, détaché au Protectorat à Rabat; René-Leclerc, chef du service des études économiques;

MM. les capitaines Basly, Bonnardet, Deshayes,

---

l'objet d'une étude spéciale dans ce volume, — « occupe la magnifique région qui s'étend entre l'Océan à l'ouest, le Sebou au sud et la région inférieure des Djebala à l'est. Au nord, le Gharb est limité par les tribus du Khlot et du Tliq; les Khlot se prolongent également à l'ouest entre le Gharb et l'Océan jusqu'au marché du Had des Oulad Djelloul. »

MICHAUX-BELLAIRE. (*Archives marocaines.*)

Hénissart, Justinard, — l'officier parlant le chleuh avec
le plus de perfection; — Maillet, Malinjoud, Georges
Mellier, Reisser, Simonnet;

MM. Tranchant de Lunel, chef du service des beaux-
arts; le médecin-major Weissgerber, ancien docteur
du Sultan, si documenté sur la question indigène;

MM. Geoffroy-Saint-Hilaire, inspecteur de l'Agricul-
ture; les lieutenants Châtelain, Deshorties, Leplan-
quais, enseigne de vaisseau, commandant au port de
Casablanca; de Lestapis, Nacivet, de Tavernost, Vatin-
Pérignon, chef du cabinet civil de M. le Résident
Général;

MM. Fournes, secrétaire d'ambassade à la Légation
de Tanger; Fontana, docteur en droit, attaché à la
direction des Domaines; Martin, vice-consul à Marrakech; Lecointre, officier d'administration; de Peretti
et Henry Gerlier, de l'*Écho du Maroc*, défenseurs attitrés,
ainsi que leurs confrères, des intérêts marocains; Bourote, ingénieur-agronome, important agriculteur en
Chaouïa; Cotelle et Jeannin, colons, et de nombreux
tagers. Mentionnons notre dévoué et brave mécanicien,
le sapeur Galadieu;

Parmi les grands caïds et chefs indigènes nos fidèles
auxiliaires, Si el Madani, chef de la famille des Glaoua;
le M'Tougui; le Goundafi; les pachas de Marrakech (1),
de Fez et de Safi, dont nous ne saurions oublier les
somptueuses réceptions.

Nous avons eu l'honneur aussi de rencontrer, en

(1) El Hadj Thami Glaoui, le fastueux pacha de Marrakech, nous
a accompagné jusqu'au pied du Grand-Atlas et nous avons été son
hôte à sa kasba de Tazert.

Espagne, M. Séjourné, l'éminent ingénieur en chef du P.-L.-M., chargé des études pour la construction des chemins de fer français au Maghreb ; et à Paris : MM. le comte de Peretti de la Rocca, sous-directeur du Maroc aux Affaires Étrangères (1) ; le professeur Gentil, le géologue si compétent ; Froidevaux, docteur ès lettres, archiviste-bibliothécaire de la Société de Géographie ; Terrier et Mourey, directeur et sous-directeur de l'Office chérifien ; Doutté, qui a fait au Maroc, en pleine période héroïque, d'intéressantes missions (2).

Nous tenons enfin à témoigner notre sympathie à MM. Plon-Nourrit et Cie, éditeurs attitrés de notre famille, qui ont bien voulu nous donner leurs conseils éclairés.

Par suite d'un échange d'idées sur mille sujets, tous ont apporté à notre curiosité des éléments remarquables d'observation, et nous nous plaisons infiniment à reconnaître ce que notre travail a gagné, — si tant est qu'il ait une valeur, — à leur distinguée collaboration (3).

Marrakech, 1916.

La Revelière.

(1) M. le comte de Peretti de la Rocca vient d'être nommé Délégué à la Résidence générale.

(2) M. le professeur Doutté a publié : *Missions au Maroc; en tribu.* — *Magie et Religion.* — *Marrakech.* — *Les Marocains et la société marocaine.*

(3) Il nous a paru opportun, en vue d'alléger notre ouvrage, de laisser de côté la partie historique, qui, formant une étude à part, nécessiterait, pour être approfondie, un volume. D'ailleurs elle a été traitée avec autorité, soit dans son ensemble, soit dans ses détails, par quelques auteurs qualifiés, entre autres : MM. Eugène Aubin, Beaumier (traduction du *Roud'h el Kartas*), Augustin Bernard, vicomte Robert de Caix, comte de Castries, vicomte Ch. de Foucauld, Henri Gaillard ; le mérite de leurs travaux nous dispense d'insister.

DIVISION DES MATIÈRES

CHAPITRE III

LES VILLES PRINCIPALES
CENTRES ET OUTILLAGE ÉCONOMIQUE

CHAPITRE IV

COMMUNICATIONS ET FLEUVES

CHAPITRE V

AGRICULTURE

CHAPITRE VI

INDUSTRIE

CHAPITRE VII

COMMERCE

CHAPITRE VIII

APERÇU SUR LES FINANCES MAROCAINES

CHAPITRE IX

CHOIX D'UNE RÉGION AGRICOLE

CHAPITRE X

*
* *

LES ÉNERGIES FRANÇAISES

AU

MAROC

CHAPITRE PREMIER

LE PROTECTORAT

I. Étude préliminaire. — La France et la colonisation. — Considérations générales.
II. Facteurs nécessaires à la prospérité d'une colonie et à la réussite des colons.
    § 1er. Le Chef du Protectorat.
    § 2. Le respect de l'indigène dans nos rapports avec lui.
    § 3. La valeur intellectuelle, l'esprit de travail, d'initiative et de méthode des colons ainsi que leur expérience des affaires.
    § 4. Les capitaux dont on doit disposer et la question du crédit.

I. ÉTUDE PRÉLIMINAIRE. — LA FRANCE ET LA COLONISATION

Considérations générales.

Quand on parle de la France, on est trop porté à considérer que notre patrie s'arrête à ses frontières maritimes ou terrestres.

De cette grave faute de sens économique procèdent quelquefois les erreurs de la métropole qui, trop sou-

vent, juge ses colonies et protectorats avant de bien les
connaître, et leur applique, sans assez de discernement
et d'opportunité, des procédés incompatibles avec la
mentalité indigène, nuisant ainsi à leur développement
rationnel.

Nos dirigeants, ainsi que nos agriculteurs, nos
commerçants, nos industriels, n'ont pas l'habitude de
voyager. Quand ils se déplacent, ils le font mal, égarant
leur curiosité, sans se préoccuper de pénétrer les coutumes et usages du pays qu'ils visitent, surtout d'en
parler la langue. Ils considèrent l'expérience qu'on
acquiert ainsi comme une peine inutile et traitent quelquefois le trafic d'exportation en question secondaire,
ainsi qu'un superflu ou le trop-plein d'une production
qui ne s'écoule pas en France. Ils négligent de s'apercevoir que notre influence et notre richesse tiennent,
non seulement à l'observation raisonnée de ce qui se
fait au dehors, mais à l'organisation synthétique du travail national en vue de conquérir les marchés du monde.

Sur toutes ces questions, nous nous cantonnons dans
une ignorance intégrale, doublée d'un individualisme
jaloux, étroit, qui exclut tout groupement discipliné. On
ne veut pas s'unir dans l'intérêt commun et subir ses
directives; nous nous agitons dans le vide, sans aboutir, en dispersés qu'il nous arrive d'être. On parle, on
aligne des mots, mais pas une idée; on réunit les commissions, on entasse les rapports sans aborder les difficultés, on monologue... Qu'en sort-il d'utile et de pratique? Rien. Pourquoi? Manque d'unité, de suite et
d'étude dans les projets, ambitions individuelles sans
frein, absence du point de vue d'intérêt général et d'impérialisme bien entendu. C'est un mal des démocraties
outrancières et envieuses.

Notre patrimoine colonial autour de la Méditerranée

et de l'Atlantique est cependant de premier ordre. Traversez les mers et visitez-le ; vous verrez qu'il nous fournit des avantages certains pour l'accroissement de notre puissance politique et économique. Examinons donc comment il se comporte dans notre nouveau Protectorat.

La mise en valeur immédiate du Maroc nous apparaît comme l'un des facteurs de notre prospérité future, et c'est à ce titre, pour essayer de contribuer à son essor, que nous sommes allé vérifier sur place les *desiderata* ou les progrès dont nous mentionnons quelques échos.

Nos recherches ont porté surtout sur le problème de notre développement, et aussi sur les voies et moyens à employer tant pour essayer de remplacer nos ennemis dans certaines branches d'activité, que pour combattre leurs sphères d'influence. Nous insistons sur les mots « certaines branches », car nous regardons comme utile de concentrer l'effort vers des affaires précises où nous pouvons réussir, et non de le diviser.

Un seul but nous a guidé dans ces considérations : l'intérêt général. Nous n'avons poursuivi aucun avantage industriel ou agricole ; en tout autre état de cause nous estimons, à tort ou à raison, que nous manquerions d'impartialité.

C'est dans une forme aussi brève que possible que sont réunis les résultats de voyages d'études (1) et de travaux préparatoires, car, même par de multiples enquêtes pendant des mois, il n'est pas possible de soumettre un programme complet, sérieux et de donner une opinion définitive ; il faut beaucoup plus longtemps.

Les difficultés d'une telle entreprise apparaissent en disséquant les problèmes qui se posent ; s'il est déli-

(1) 1903-1916.

cat et souvent malaisé de saisir, puis de déterminer ce que l'on voit et ce que l'on écoute, il est encore plus complexe d'exposer, dans de simples notes, les rapports de cause à effet et les multiples transformations que subit la nature d'un pays dont les ressources sont différentes suivant l'endroit et le point de vue auxquels on . se place.

Dans l'expérimentation, telle que nous avons coutume de la pratiquer en France, les fautes commises tiennent le plus souvent au manque d'objectivisme et au mirage des mots; un peu plus d'observation scientifique ne messiérait pas.

En débarquant sur notre côte d'Afrique nous entrons, en effet, dans un pays ensoleillé qui comporte une civilisation, des idées, des mœurs, une religion, des coutumes bien dissemblables des nôtres.

Plus le Français est élevé dans l'échelle démocratique, moins il paraît attacher d'importance à cet ensemble de considérations. C'est un fait. Tout en le constatant, on en cherche inutilement la raison. Nous sommes heureux, cependant, de noter les travaux intéressants des Groupes d'études, des Chambres de commerce et de la Conférence économique qui, sous l'impulsion de notre distingué ministre, M. Clémentel, doivent donner des résultats.

Si nous voulons réussir, il faut, outre la fermeté, se convaincre que le respect dont on entoure le peuple, celui qui habite de temps immémorial cette terre, est fonction du succès futur; on oublie trop souvent, pour des raisons que nous ne pouvons discuter, qu'au Maroc il y a des Marocains possédant des droits, ce qui nous impose des devoirs.

Aujourd'hui, aucun mobile avouable de surenchère ne doit exister; exerçons donc notre activité sans autre intérêt que celui de la France. Est-ce si difficile?

*\
* *

Loin de notre objectif l'intention de prétendre accomplir une œuvre complète. Nous nous proposons simplement d'apporter une faible contribution à l'édifice des recherches économiques que d'autres ont étudiées avec compétence.

A travers nos voyages, nous avons noté, dans une grande partie du pays et jusqu'au Haut-Atlas, tout ce que nous avons essayé de comprendre et de nous assimiler, sans autre prétention que de provoquer un choc d'idées avec ceux qui savent et qui ont vu comme nous, sans parti pris.

La valeur d'un commentaire ne consiste pas seulement, en effet, à collectionner des renseignements immédiats, mais à convier d'autres esprits à la discussion pour susciter des controverses, qui auront à leur tour un mérite au prorata de leur justification.

Nous sommes resté bien en deçà de l'idéal que nous nous étions proposé, nous offrant aux critiques et nous réjouissant par avance si elles sont de nature à éclairer nos compatriotes et à leur donner un coefficient d'utilisation pratique supérieur à celui que nous avons cherché.

Ce livre ne prétend point à l'originalité, le sujet ne le comporte guère. On s'approprie toujours, consciemment ou inconsciemment, un ensemble de phénomènes extérieurs, qui sert de cadre et quelquefois de développement à des idées personnelles; c'est le cas. Si brèves que soient ces notes en raison des sujets qu'elles traitent, si longues qu'elles puissent paraître à lire, leur composé n'est que la résultante d'une collaboration

intime, de remarques faites et de facteurs épars ren-
contrés au cours de plusieurs déplacements dans l'Empire chérifien, durant lesquels nous avons réuni tout un
bagage d'observations, de faits, d'idées, de suggestions,
dans le but d'en tirer un enseignement expérimental et
de le vérifier. Si nous n'avons pas lu la plupart des ouvrages pleins de talent parus sur le Maroc et dus à des
plumes autorisées, c'est pour libérer notre esprit de
remarques certes éminentes, mais qui n'ont pas besoin
d'être répétées.

Descartes dit : « Ne cherchez pas ce qui a été écrit
ou pensé avant vous, mais sachez vous en tenir à ce
qui vous apparaît à vous-même comme évident. »

Nous ne parlons, en effet, que des choses vues et
des contrées parcourues, grâce à la porte largement
ouverte par M. le général Lyautey, qui nous avait
recommandé à tous les chefs de Régions ou de Cercles.
Nous saisissons cette occasion de remercier aussi
M. Malet, directeur de l'Agriculture, du Commerce et
de la Colonisation, l'un des fonctionnaires les plus distingués du Protectorat, de l'obligeance avec laquelle il
a bien voulu diriger certaines de nos recherches, en
nous communiquant ses statistiques.

A un voyage quasi-officiel a succédé une visite
de contrôle au cours de laquelle nous avons ques-
tionné les principaux colons et tagers. C'est après avoir
compulsé les avis de chacun et revu nos notes antérieures que, cédant au désir de nos amis, la pensée
de ce travail nous est venue.

*
* *

En dehors des questions supérieures de politique
mondiale dont cette étude ne permet pas l'analyse, que

vient faire la France au Maroc? Coloniser. Or, qu'est-ce que coloniser?

C'est prendre contact, souvent sous forme un peu vive, d'abord avec une race différente d'origine, de tempérament, de croyances, d'habitudes, de mœurs, de sentiments, d'éducation, pour arriver ensuite à une collaboration réelle, efficace, dans le but d'aboutir à l'expansion de l'influence française et à l'accroissement de la fortune nationale et indigène.

Pour y parvenir, il faut imposer le respect. Nous prononçons avec une crainte juridique les termes somptueux de droit et de civilisation qui ont certes une immense valeur d'idéal; mais le droit international découle le plus souvent des traités, et ceux-ci de la victoire qui l'impose. Quant à la civilisation, elle n'est pas toujours appréciée de la même manière suivant les latitudes, le caractère, les coutumes ou le point de vue.

Coloniser, c'est aussi, comme l'affirme M. le Résident général, « développer nos énergies », dans un but moral, pour ensuite aboutir par patients degrés au placement rémunérateur de nos capitaux.

Cela ne va pas toujours sans de nombreux froissements; les campagnes que nos armées ont faites au Maroc, de 1906 à 1912, et qui se continuent chaque jour en actions de police et de répression, sont là pour prouver qu'avec des « hommes de poudre » comme les Marocains, il faut presque toujours faire précéder l'ingénieur, le commerçant ou l'agriculteur par un soldat décidé et opportun.

Nous l'avons aujourd'hui en la personne de notre Haut Commissaire, dont le génie a mis au service de la France l'esprit d'un organisateur et administrateur colonial, le plus entreprenant et avisé que nous connaissions.

Si vous suivez les directives de ce chef, qui est un
économiste réel, que les indigènes considèrent comme
un des leurs, un véritable sultan, en l'appelant « Moulay
Lyautey », car il possède la « baraka » (1), vous obtien-
drez des résultats féconds que quatre années de prospérité rapide font envisager sous le plus brillant aspect.
Mais défiez-vous! N'allez pas, en ce moment surtout,
faire de l'humanitarisme sentimental ou politique, là où il
faut exercer avant tout avec précaution et persévérance
le prestige de la force, celui du principe d'autorité uni
au savoir-faire. Gardez-vous d'importer trop tôt nos lois
sociales, notre esprit démocratique, nos tendances, chez
des gens qui ne les comprendraient pas, et, laissez-
nous dire, quelques-unes de nos utopies, pour les imposer à un peuple aristocrate, qui n'est pas neuf. Il
a derrière lui une civilisation plus de deux fois millé-
naire, au cours de laquelle il a conquis une partie de
l'Espagne. Précédemment, il avait vu, douze siècles
avant notre ère, les Phéniciens et les Romains qui,
ménageant les transitions, y avaient pratiqué une administration prudente; puis, la conquête des armées
syriennes au viie siècle avait complété par contact
l'éducation indigène (2).

Toute cette succession est une histoire religieuse et,
depuis toujours, c'est un mouvement du même ordre
qui s'essaie à entraver nos progrès et notre action, mal
interprétés quelquefois.

(1) « Baraka » se traduit d'ordinaire par « bénédiction » ; c'est le don
qu'ont les saints, les marabouts et les chorfa, de transmettre à leurs
fidèles les vertus et les pouvoirs qu'ils possèdent, et qui, suivant
l'orthodoxie musulmane, leur seront accordés par Dieu. Ils peuvent
transmettre la baraka de leur vivant ou après leur mort. On l'obtient
surtout par attouchement direct ou indirect. (*Le Maroc d'aujourd'hui*,
par E. Aubin, chez Colin.)
(2) Les expéditions vers le Maghreb, que les dernières seules attei-
gnirent, eurent lieu en 644, 647, 666 et 670 de notre ère.

La France commettrait une erreur très préjudiciable en confondant la mentalité, le caractère, non des Berbères guerriers qui sont partout identiques, mais des Arabes de là-bas avec ceux d'Algérie ou de Tunisie, tout à fait dissemblables. L'Arabe au Maghreb est plus intelligent, plus agriculteur, plus entreprenant que la race habitant de l'autre côté de la Moulouya et de notre frontière oranienne ; il doit donc être traité avec davantage de ménagements, car sa susceptibilité est aiguisée par cette circonstance que nous nous trouvons ici en face de la puissance armée du désordre à l'état d'institution gouvernementale. Le Protectorat, il est vrai, y porte remède avec un vrai bonheur de réussite ; il ne serait pas prudent toutefois d'en conclure que la tâche est facile. Le pays que nous achevons de conquérir n'est pas un désert ; ses habitants quittent le fusil pour la culture et *vice versa ;* s'ils sont moins expérimentés dans ce dernier art, nous devons reconnaître que, travailleurs et agissants, ils n'ont point attendu notre venue pour subvenir à leurs besoins.

Maintenant l'heure est arrivée de leur faire apprécier par petites doses les bienfaits de notre domination d'où résultent l'ordre et la tranquillité. Comment ? D'une manière simple : faites gagner de l'argent à l'indigène, assurez-lui la sécurité de son labeur, ne le froissez point sans nécessité et il sera bien près de reconnaître que vous servez à quelque chose. N'aspirez pas à conquérir de suite sa véritable confiance et son amitié ; le temps est un maître et un excellent serviteur à la fois ; il agira si vous maintenez votre prestige.

Apprenons, enfin, que pour légiférer en matière coloniale, on doit aller sur place, apprendre à voir, s'entourer d'une documentation sévère et impartiale,

et ne rien abandonner à l'improvisation, à moins de
facultés spéciales... Ne nous laissons pas mener par le
hasard !

II. FACTEURS NÉCESSAIRES A LA PROSPÉRITÉ
D'UNE COLONIE ET A LA RÉUSSITE DES COLONS.

Pour réaliser le programme pratique et grandiose à
la fois que la France s'est tracé, dans le but d'assurer
la réussite matérielle et morale de notre Protectorat,
il faut envisager, croyons-nous, la question sous un
autre angle qu'elle ne l'a été jusqu'à ce jour et agrandir le champ des causes pour parvenir au couronne-
ment de nos efforts.

Jusqu'ici, on n'a pas abordé, du moins à notre connaissance, le problème sous son véritable aspect.

Quelle est, en effet, la partie dirigeante et active
dont l'intervention peut assurer l'évolution économique
par des ordres, des méthodes appropriées et une volonté
inflexible? C'est assurément le Résident général. Il est
le facteur indispensable à la réalisation, et des expériences, douloureuses quelquefois, doivent nous mettre
en garde contre le manque d'attention, ou l'excès de
préoccupations politiques, dont procède trop souvent ce
choix éminent.

Nous devons donc prendre en considération pour
assurer la prospérité du Maroc quatre conditions pri-
mordiales :

1° Le chef du Protectorat;

2° Le respect de l'indigène dans nos rapports avec lui;

3° La valeur intellectuelle, l'esprit de travail, d'initiative et de méthode des colons agriculteurs, industriels,

commerçants ou financiers ainsi que leur expérience des affaires;

4° Les capitaux dont disposent ces pionniers, et la question du crédit.

1er. Le Chef du Protectorat.

En premier lieu, nous plaçons donc le chef qui tient en mains fermes l'administration et la direction du pays, celui qui, avec le Sultan choisi, est l'émanation de l'Empire chérifien en jonction avec la France.

Tant vaut l'homme, son autorité, sa compétence, son esprit de large compréhension, son indépendance, tant vaudra le territoire dont il doit être le maître, et où il favorisera l'expansion coloniale de sa nation tout en respectant l'indigène et ses coutumes.

Dans nombre de nos possessions, l'Administration est trop souvent l'ennemie des colons; c'est un fait regrettable et très regretté. Ces derniers ne sont pas toujours des saints, c'est évident, mais il y a parmi eux nombre de gens honnêtes et d'autres qui n'ont pas vécu assez longtemps pour le devenir. Dans tous les cas ce sont des énergies que nous n'avons pas le droit de laisser perdre.

Au Maghreb, tout autre est la conception que M. le général Lyautey a de ses devoirs; les idées fausses, qui sont pour d'autres des dogmes, n'entrent point dans sa politique et ses interventions sont aussi opportunes pour protéger ses compatriotes que pour mater les fauteurs de désordre.

De 1906 à 1912, le bled était en pleine révolte; ceux qui voudront vivre cette époque troublée n'auront qu'à se reporter aux archives, ainsi qu'aux nombreux ouvrages qui ont été écrits sur cette matière.

Nous ne désirons pas la connaître, puisqu'elle ne rentre pas dans notre cadre, toutefois remarquons une chose, c'est qu'avant l'arrivée du Résident général, il y a cinq ans, aucune entreprise ne pouvait être envisagée avec quelque élément de sécurité.

Depuis lors tout a changé et la France a réalisé le Protectorat, dont la conception juridique n'est pas aussi nouvelle qu'on pourrait le croire.

A l'époque de la conquête romaine, la puissance d'Afrique fut constituée, en effet, par une partie du Maroc, et le reste fut divisé entre les rois de Berbérie, rivaux entre eux, mais tous protégés de l'Empire romain.

C'est l'une des périodes les plus brillantes de l'histoire marocaine, et nous n'avons fait que reprendre la forme ancienne d'administration, si commode en elle-même, en l'améliorant et en désignant comme Commissaire, non pas seulement un Chef militaire plein de prestige, mais l'économiste le plus remarquable qui, chose assez rare, sait être officier seulement quand il le faut et reste, tout en étant le plus militaire des civils, le plus civil des militaires.

Ardent Français, habile diplomate, dédaigneux du commerce inutile de la parole, qui est un trafic très productif, mais nul en pratique, le remplaçant par une procédure expéditive, grâce à ses facultés exceptionnelles d'assimilation, à ses conceptions osées, à la souplesse de ses procédés, M. le général Lyautey a réalisé des progrès magnifiques, en ces cinq années, alors que l'Algérie a mis plus d'un demi-siècle à obtenir un résultat équivalent. Il a assuré la pénétration marocaine avec le minimum de risques. A l'aide d'une administration prévoyante, composée d'officiers ainsi que de services civils qu'il a su

s'adjoindre, il a préparé de la façon la plus heureuse
l'essor d'une colonisation dont les débuts sont de bon
augure.

Sans vouloir imposer au pays une formule invariable,
il s'est inspiré des circonstances, opérant dans le sud
d'une manière différente de celle qu'il appliquait dans
le nord, utilisant d'un côté les grands caïds de l'Atlas
sous la direction d'un commandant de Région de premier ordre, M. le colonel de Lamothe, de l'autre, les
Bureaux de Renseignements militaires remplacés par
des contrôleurs civils en pays pacifié.

Il a fait rentrer l'impôt coranique par des moyens
fort adroits, et ramené le calme parmi les tribus les
plus turbulentes. S'il en reste encore quelques-unes en
« siba », nous pouvons presque dire qu'elles sont sur le
point d'être réduites et qu'elles constituent pour des
hommes de poudre comme une soupape de sûreté. Nos
auxiliaires indigènes, qui aiment d'instinct à taquiner le
fusil, trouvent ainsi l'occasion de se battre à nos côtés
et de satisfaire leur devoir envers le Protectorat, peut-
être aussi des rancunes de tribus. Leurs caïds, qui ont
pris notre parti, s'arment avec empressement contre
leurs voisins et rivaux, donnant ainsi un aliment passa-
ger à leur esprit guerrier, détourné par cela même
d'une hostilité qui pourrait être plus directe.

Des personnages empreints d'un esprit ultra humanitaire, dont ils cherchent trop souvent, hélas, un placement avantageux, ont critiqué avec une amertume que
nous voulons croire désintéressée, le système consistant
à s'appuyer sur les puissants caïds de l'Atlas, qui représentent à peu près ce qu'étaient, au moyen âge, les
grands feudataires de la couronne.

Si le principe est discutable, il a donné des résultats
indiscutés, permettant, suivant l'expression vraie de

M. le général Lyautey, « de tenir tout le Sud avec six compagnies ». .

Ne faisons pas, d'ailleurs, trop de sentiment en parlant de ce régime, qui consiste à confirmer l'autorité, qu'ils avaient déjà, à de redoutables seigneurs comme les Glaoua, le M'Tougui, le Goundafi et autres, qui administrent aujourd'hui en notre nom et sous notre contrôle, tout en faisant rentrer le tertib (1) que l'indigène préférerait ne pas payer, il est vrai, mais qu'il aime mieux donner, même double, à son chef religieux qu'à un roumi.

Les puissances en chambre diront que tous ces vestiges de la féodalité font « suer le burnous », comme autrefois les nobles dans notre « doulce France », alors que le peuple était « taillable et corvéable à merci ».

Ils ajoutent que ce procédé manque aux traditions dont s'honore notre République. Nous vous faisons grâce des prosopopées qui suivent, vous les trouverez à des intervalles réguliers, sur tous sujets, au *Journal officiel*. N'accordez à ces phrases qu'une attention raisonnée ou distraite, comme il vous plaira, car l'essentiel de nos devoirs envers les musulmans serait, à leur point de vue, de ne pas nous créer de droits, ni de leur imposer la conquête.

D'ailleurs, si le système déplaît, demandons-nous où nous prendrons les 50 ou 60 000 hommes nécessaires pour dominer cette contrée. Examinons s'il vaut mieux déchaîner la révolte, que de continuer à faire payer à l'indigène un impôt contre lequel il n'a jamais protesté. Entre deux maux, choisissons donc le moindre.

Il est opportun de nous rappeler que, pour le Berbère et son ancien maître l'Arabe, nous sommes venus en

---

(1) Le mot tertib signifie « règlement » ; c'est l'impôt mis sur la terre par le Coran.

conquérants, nous les Européens, c'est-à-dire les ennemis éternels, pour faire nos affaires et non pour apporter plus de bonheur ou de tranquillité à des gens qui
préfèrent leur indépendance à leur sécurité, et ne se
sentent nul besoin de nos idées, de notre prétendue
civilisation, ni de notre libre pensée. Ils ne nous reconnaissent qu'une seule supériorité : notre richesse qui
nous permet de nous payer des armes et des « hommes
de poudre », car, pour eux, il n'y a que la force qui
compte.

De préférence, passons donc discrètement sur notre
action bienfaisante et civilisatrice, notre besoin de faire
régner la justice, la liberté et autres tremplins bons
pour l'Europe. Faisons-le, ne le disons pas. Points de
mots, grands ou petits, pour faire plaisir à une certaine
catégorie de gens qui ne vit que de cela.

N'observons-nous pas, tous les jours, les effets désas-
treux produits par des bavards, qui noient, sous un flot
de paroles et des efforts dispersés, notre espoir d'aujourd'hui et de demain?

Voyons les réalités positives, car il y a des réalités
imaginatives et ce sont les plus dangereuses. Joignons
la manière forte à la souplesse du procédé, pour que le
soldat précède les agents du développement économique : le cultivateur, l'industriel, le commerçant, le
capitaliste.

Les progrès de notre pénétration marocaine, dont
nous venons d'analyser quelques détails, sont dus au
système employé par M. le général Lyautey, l'homme
qui sait ce qu'il veut, grâce auquel le Maroc est encore
à nous. Après la guerre et la victoire, il y aura peut-
être lieu de préciser certaines responsabilités et de dresser en face un socle.

On peut répéter, en parlant de lui, ce que notre

professeur Albert Sorel disait de notre maître et ami
Taine : « Il est avide de définitif et impatient d'édifier. »

Extraordinaire travailleur, ainsi que peuvent s'en
rendre compte ceux qui l'approchent, aucune des maladies de la volonté, que trente années de démocratie pro-
gressive ont engendrées chez nous, ne l'a affecté. A l'inverse des incompétents irresponsables, c'est un homme
au génie conducteur; il tient la formule créatrice et ne
s'abrite derrière personne; ses matériaux sont des
idées qu'il récolte partout. La division du travail n'a
pas de secrets pour lui : organisateur, économiste,
ingénieur, quelquefois militaire, toujours maître et
chef, il tient sous sa conception une variété infinie de
tous ordres, et, se proposant un but à atteindre, l'a présent devant lui à chaque moment pour y jeter son principal effort.

Il manie avec élégance et prodigieuse facilité les généralités utiles. Sa tournure d'esprit lui fait envisager
les choses dans leur ensemble et regarder défiler le cor-
tège des événements pour saisir le moment psychologique; sa brusque impulsivité est un des traits de son
caractère.

Possédant la science et le goût des réalités, il lui faut
des faits précis, de la nature en mouvement, des détails
saisis sur le vif, des notations pittoresques, bref, de la
vie errante qu'il a menée, de celle qui parle aux yeux
en même temps qu'à l'imagination. A tous moments, il
se livre à une enquête expérimentale, et ce généralisa-
teur est un collectionneur de renseignements individuels. Armé de connaissances exactes, on le voit démolir sans pitié la bureaucratie retardataire, les vieilles
formules, non sans savoir ce qu'il va mettre à la place;
il leur substitue l'idée et l'homme idoine qui semble

plus apte par ses facultés à occuper la place à laquelle il le destine, sans se préoccuper de son passé, de ses origines ou de son genre d'études. Sa méthode et son jugement lui suffisent.

Lorsque vous entrez dans son cabinet de travail, qui est aussi sa chambre à coucher, car son labeur opiniâtre ne connaît ni nuit ni jour, le général vient à vous le regard bien fixé et ne perd aucun des mouvements de votre physionomie. La main tendue, il vous fait un premier accueil dont la rapidité est proportionnelle à l'intérêt d'aspect que vous lui présentez.

Exprimez-vous donc, lorsque vous avez l'honneur de le rencontrer, d'une manière nette et concise, car il classe avec prudence et sûreté les détails de votre conversation.

Une fois que vous avez terminé, il suit, comme dans la fumée de son éternelle cigarette, votre dernière phrase qui s'envole et clôt par ces mots : « Est-ce tout? » Sur votre signe affirmatif, il analyse, armé de logique, les idées importantes de ce que vous venez d'énoncer et réplique avec une facilité qui lui est naturelle.

Les yeux perdus dans l'infini, vous l'entendez marteler ses phrases pendant que sa main, d'aventure, taquine une bague, qui roule à terre sans qu'il s'en aperçoive.

Il ne vous a pas perdu de vue pendant que vous parliez, car il est psychologue, mais lorsqu'il répond, il ne voit plus qu'en dedans de lui-même. Suivant votre pensée qui est devenue la sienne, il s'arrête au point précis où elle le frappe, car il a l'esprit critique de l'observation.

Ce gentilhomme bien français, plein de panache, organisateur à nul autre pareil, possède un langage brillant, illustré de brusques figures et d'images saisissantes. Il porte dans les plis de sa redingote kaki la séduction qui captive l'indigène en même temps que celui qui vient de France. Il croit à sa force, ce qui est la première des puissances, et les esprits avertis qui ont eu l'occasion de pénétrer le sien sont restés en admiration devant la promptitude de son jugement.

C'est grâce à son appui que nous avons pu visiter à nouveau le Maroc dans ses parties les plus intéressantes et nous prions M. le Résident général de bien vouloir trouver ici l'expression de notre profonde gratitude.

§ 2. Le respect de l'indigène dans nos rapports avec lui.

L'Arabe, conquérant par hérédité, est un être immuable, impulsif, religieux, qui n'a pas conscience de sa nationalité. En outre, il est tout petit provincial, c'est-à-dire attaché à sa contrée, moins même à sa tribu, et reste nomade ou sédentaire comme elle.

Le Berbère, lui, de tradition et de tempérament, n'a pas toujours été aussi guerrier; il l'est devenu. Il forme la race autochtone qui, de temps immémorial, habite au Maghreb et s'est confondu aujourd'hui avec son maître au point qu'il est difficile de le reconnaître, sauf dans certaines régions. C'est aussi un Croyant. Celui qui ne tient donc pas compte de ce facteur qu'est la religion et tenté de s'assimiler un être aussi dissemblable de nos conceptions actuelles, commet une erreur de tactique. L'expérience, quelquefois difficile, faite en Algérie nous permettra, espérons-le, de ne pas renouveler des fautes graves, qui ont eu souvent des conséquences sérieuses.

. L'un des dangers actuels, à notre avis, est constitué par ces prêtres de « l'Irréligion Universelle de l'Avenir », ambitieux qui rêvent de « Missionnaires de la Libre-Pensée » au Maroc.

Il faut les bannir, eux et les « torrents de lumière » que ces novateurs veulent verser sur le bled, sous peine de répandre des flots de sang, pour ne parvenir à d'autre résultat que de nous assurer la haine et le mépris de ceux chez lesquels nous devons arriver la main tendue. Laissons les rêveurs à leurs chimères et voyons les moyens pratiques pour nous concilier l'habitant. Nous n'en connaissons pas d'autres que d'être forts, de respecter ses croyances, ses usages et lui assurer la paix en lui faisant gagner sa vie.

*
* *

Après les deux races confondues que nous venons d'indiquer, il y a les Nègres et les Juifs.

Négligeant les premiers au point de vue de l'influence, puisqu'elle n'existe que par leur croisement avec l'autochtone, nous avons à traiter un point plus délicat : la question juive. Que de préjudices n'a-t-elle pas causés à l'Algérie où nous avons commis l'erreur de créer une situation privilégiée à celui qui ne le méritait pas ; tout le monde est d'accord sur ce point.

Question juive ! Deux mots contenant un redoutable problème eu égard aux difficultés pour le résoudre dans l'impartialité. Quels soucis afin de ne blesser personne et se dégager des contingences en pays musulman.

S'abstenir d'abord de parti pris, qui trop souvent influe malgré nous sur nos idées, telle est notre règle. Par malheur, défenseurs et adversaires semblent intéressés, lorsqu'ils combattent sur ce terrain, alors que, seules, les considérations d'équité, et en l'espèce l'intérêt bien entendu du Protectorat (sans distinguer indigènes ou colons), doivent guider notre appréciation.

Nous tâcherons, dans ces notes, de maintenir la balance exacte, en nous inspirant seulement de ce que nous avons observé au cours de nombreux voyages chez les peuples orientaux, où les Israélites vivent en communauté, de Constantinople au Sinaï, à travers l'Asie Mineure, du Caire à la Moulouya et au Maroc Occidental, en visitant l'Egypte, la Tripolitaine, le Sahara, les côtes d'Algérie et l'hinterland du Sud. Nous tâcherons de n'être ni judéophile, ni judéophobe, mais seulement judéojuste.

Et d'abord, qu'est-ce que le Juif au Maghreb?

Répondons sans hésiter : un marchand travailleur que la peine ne rebute point, mais sans préjugés, et qui ne se lave pas.

Ressemble-t-il à ses congénères d'Europe? A-t-il un caractère à part dans la grande alliance d'Israël?

A la première question, nous dirons : non. A la seconde : oui, sans hésiter.

Le Juif, en terre d'Islam, est une race fermée et enfermée qui n'a, avec le Marocain, que des rapports de créancier à débiteur, jusqu'au jour où ce dernier, un peu vivement, il est vrai, reprend son bien en pillant le mellah (1).

Cependant, la situation particulière du quartier juif, clos de hautes murailles, auxquelles on accède en traversant de lourdes portes qui se ferment à la moindre alerte, le garantit autant que faire se peut; il est, en outre, proche et sous la protection soit du palais du sultan, soit du pacha de la ville. L'hébreu y est chez

(1) On appelle mellah le quartier réservé aux Israélites.

lui, bien que, dans la pureté des principes, les roumis ou les indigènes de la tribu d'Israël n'aient point ici le droit de posséder.

Sous l'ancien régime, la faculté d'édifier dans l'endroit qui leur est réservé était concédée, d'après la volonté de l'iman, par un dahir à la « Communauté juive » prise collectivement, et non à chaque individu. L'objet de la concession n'était pas la toute propriété du sol, qui reste en théorie maghzen, mais la jouissance gratuite pour y construire et y habiter; c'est la menfàa, et non l'ictàa.

Le sol des mellah (dont l'Israélite déborde aujourd'hui, car la race est prolifique) ne peut donc être approprié privativement, ni aliéné, même par un musulman, tant que dure l'affectation spéciale, sans qu'on puisse toutefois en inférer que les *constructions* qu'il renferme appartiennent à l'état. Le fait d'édifier un immeuble constitue, d'après l'usage constant, la z'mâ, droit réel permettant d'y disposer des « édifices et superfices » en pleine propriété, selon les règles juridiques du chràa.

Un Juif peut donc vendre, de ces biens, ce qui est transmissible et ce, à quiconque sans distinction. Les formes de ces droits sont constituées par des actes authentiques, qui s'inspirent soit de la loi hébraïque, soit de la loi musulmane; ils sont alors très réguliers.

Ajoutons même que, dans un intérêt évident, l'oubli, résultant de l'absence de redevances foncières, les actes négligent presque toujours de mentionner qu'il s'agit des « ankads » (édifices) seuls. Le domaine éminent de l'état est cependant, en l'espèce, incontestable, malgré qu'il ne soit pas productif de revenus et qu'il échappe à la gestion des oumana; mais les contractants évitent d'en parler.

Il n'existe en somme pas d'équivoque possible sur la situation du Juif au mellah.

La saleté grouillante du ghetto a été maintes fois narrée; nous ne nous laisserons pas aller à faire une nouvelle description qui n'a rien d'économique. Constatons en passant que ce quartier est toujours situé dans un endroit choisi, près d'un site convenable, souvent le plus pittoresque de la ville, comme à Rabat où il borde la belle falaise dominant le Bou Regreg. Il représente un fouillis d'immeubles peints en bleu-ciel, où vivent pêle-mêle d'innombrables familles hier en costumes indigènes, aujourd'hui habillées par la « Belle Jardinière » ou la « Samaritaine ». C'est le centre et l'organe de la vie commerciale de la cité (1); tout y est à vendre; cependant, nous nous faisons un devoir de reconnaître que la moralité, dans le peuple, y paraît supérieure à celle coutumière au Maghreb, ainsi que les statistiques sanitaires en témoignent d'ailleurs.

Lorsqu'il modifie son costume, le Juif change de mentalité. Tant qu'il a vécu sous la férule du musulman, il a pleuré tout en prenant toujours; il est resté humble, serviable d'apparence, travailleur, haineux, peut-être, sans oser le faire voir, mais il n'affiche d'autres prétentions que celle de gagner de l'argent par un trafic continuel. Son tempérament ne le porte point vers l'industrie, il ne produit pas; c'est seulement en vendeur de quelque chose qu'il fait sa fortune. Vous le trouverez prêteur, joaillier, quincaillier, marchand de crédit, de vin, de grain, d'épices, modeste courtier appelé à devenir puissant.

(1) Voir *Archives marocaines. Le Gharb,* par M. MICHAUX-BELLAIRE, p. 196. Les Juifs.

Du jour où, quittant la djellaba noire, il cesse de raser les maisons et de se ranger devant la foule, son premier soin est de s'affirmer avec une solidarité énergique qui est une belle caractéristique de la race.

Se sentant soutenu par des coreligionnaires d'Europe, car l' « Alliance israélite », qui rend des services remarquables, est toute-puissante au Maghreb et monopolise l'enseignement, il réclame un journal, organe de ses revendications perpétuelles qui, tout d'un coup, grandissent dans des proportions démesurées. C'est l'instant où vient de tomber la calotte noire héréditaire, que remplace le chapeau de paille, dont le Juif évite d'ailleurs de se servir dans les débuts, car, s'il est obligé de le retirer, ce qu'il fait à deux mains, manque d'habitude, il a mille difficultés pour le remettre d'aplomb.

Quant aux femmes, le clair regard de leurs beaux yeux noirs, leur première convoitise est pour les parfums, le fard et la poudre de riz. Leur toilette s'agrémente toujours de couleurs extra-voyantes, avec coiffures pittoresques et spéciales suivant les contrées. Robes, fichus, châles ou blouses laissent à leur taille épaisse des permissions de vagabondage qui tenteraient le crayon de Willette, ou la verve descriptive d'un Balzac.

L'heure de la « Belle Jardinière » est aussi celle de l'arrogance. Honteux de sa tardive indépendance, le Juif veut rattraper le temps perdu, mais il manque de style dans la transition ; au lieu d'aspirer à être correct, il ne vise qu'à s'imposer. Pour qui l'affronte, ce n'est que surface, la politique n'ayant pas encore produit les effets que nous avons constatés en Algérie.

Méprisé de l'Arabe et du Berbère, hommes distingués, polis, bien élevés, fins diplomates et pleins de dignité calme, le Juif bruyant se présente cependant

comme un très habile parasite nécessaire. Il vit sur
l'habitant, pour ainsi dire dans sa peau, comme le gui
sur l'arbre, lui prêtant une apparence de luxe tout en
l'enserrant de ses mains prenantes. Il sait que son maître
est un grand enfant dont il faut satisfaire les fantaisies,
jusqu'au jour où, enhardi par l'argent qu'il amasse,
il serre un peu trop fort la gorge de son débiteur,
qui se fâche et règle ses comptes en perdant toute
mesure.

A de très rares exceptions près, l'Arabe ne tue pas
son créancier, et encore est-ce un cas d'espèce ou
une vengeance de famille, mais il lui fait rendre le
surplus de ce qu'il estime lui avoir été volé. Pour ce
faire, il devient voleur à son tour, puis tout s'apaise, le
calme renaît, le Juif se lamente, l'indigène retourne
chez son usurier où il est reçu en ami, le commerce
reprend, le cycle recommence.

Le Gouvernement du Protectorat s'est toujours
préoccupé de ne pas effrayer les Israélites et de leur
rendre toute la justice et la protection à laquelle ils prétendent. Nous ne saurions trop l'approuver, mais il
commettrait une erreur de perspicacité en leur accordant des privilèges et amoindrirait ainsi son prestige,
tout en s'exposant à de graves périls. Le Marocain, à
l'inverse des placides habitants de l'Algérie, sauf ceux
de race berbère, est un combatif. N'élevez pas au-dessus de lui son inférieur, vous cesseriez de grandir dans
sa crainte, donc dans son estime; il confondra vite alors
le protecteur et le protégé. Garantir les droits des Juifs,
c'est le devoir de la France; assurez donc leur sécurité,
celle de leurs biens et de leurs transactions honnêtes,
comme vous le faites aujourd'hui, mais imposez-leur
avant tout le respect.

D'ailleurs, l'interprétation de ce qui les touche le plus, leurs titres de propriété, a toujours été faite en convoquant les Hozzam, soit pour la lecture des actes, soit pour l'explication des textes hébreux; les Israélites, hélas, en ont profité pour mettre la main sur le domaine public.

Il est évident, étant donné le désordre administratif qui a régné autrefois au Maroc, que l'État (1) a dû perdre son droit éminent et vendre le sol à certains intéressés, malgré la défense formelle de la loi. Les dilapidations des anciens sultans ont favorisé les abus et la question de revendications que le Maghzen peut avoir à exercer dans le mellah à titre melk, a toujours été différée dans un but de conciliation et aussi d'étude, car la situation juridique reste, malgré tout, assez délicate en l'état actuel.

La question juive serait inépuisable si on voulait la traiter à fond. Nous nous contentons de ces quelques considérations sans vouloir insister pour mettre en garde des colons trop confiants.

En résumé nous voyons que le Marocain musulman a, dans la communauté juive, une sangsue intelligente qu'il considère comme un ennemi et dont cependant il se sent besoin, puisqu'il lui reconnaît, noyées dans ses vices, des qualités d'ordre, de solidarité, d'économie et d'initiative qu'il ne possède pas lui-même.

Voisins intéressés, les Espagnols utilisent la souplesse des commerçants hébreux d'une façon constante et singulière qui a dû attirer l'attention du Protectorat. D'ail-

---

(1) Le droit musulman n'établit pas de différence entre le domaine public et le domaine privé. Cette distinction, rendue nécessaire par nos méthodes administratives, sera établie grâce à une réglementation ultérieure.

leurs, il faut avoir vécu avec l'Arabe et le Berbère,
avoir pratiqué les différentes castes si tranchées au
Maghreb, avoir observé en Israël, pour apprécier à sa
juste valeur celui avec lequel on est appelé à entrer en
rapport, et le crédit réel ou moral qu'il comporte.

**§ 3. La valeur intellectuelle,
l'esprit de travail,
d'initiative et de mé-
thode des colons, ainsi
que leur expérience
des affaires.**

Parmi les leçons sévères que le Gouvernement de la
France a dû puiser dans la guerre, il en est une qui
doit le mettre en garde contre les dangers du « système D » et l'imprévoyance qui en a été la mère
légitime.

« Débrouillez-vous » ne peut plus exister désormais,
dans le sens péjoratif qui s'y applique aujourd'hui. Les
Français sont obligés d'y substituer une préparation
basée sur une méthode sûre, avertie et une coordination
absolue de nos synergies productrices. Cette dernière est
une qualité essentielle en voie de formation, que nous
ferons bien d'encourager, si nous voulons vaincre la
puissance d'expansion de l'ennemi après les hostilités.

Mieux que tout autre, le Maroc se prête à une exploitation fructueuse ; c'est un pays d'avenir. Il recèle des
richesses effectives, la plupart inexplorées, pouvant
offrir de véritables espoirs à l'activité nationale, mais
ne perdons pas de vue que ce n'est point un bled à
découvrir. La chose est faite ; il est habité et cultivé
depuis de nombreux siècles et nous ne devons pas
nous figurer, en y arrivant, n'avoir qu'à planter une
tente, acheter du terrain, fonder une exploitation

quelconque, pour réaliser des bénéfices appréciables.
La vérité est différente. Le futur colon agira avec
sagesse en accomplissant d'abord, non sans minutieuses
précautions, un long voyage d'études, stage obligatoire.

Aussitôt arrivé en terre marocaine, il ira au bureau
topographique de Casablanca qui est une dépendance
du service géographique de l'Armée, où il trouvera une
documentation, des cartes et des itinéraires nécessaires
à son exploration (1).

(1) Le bureau topographique de Casablanca comprend :
1° Un bureau composé d'officiers géodésiens et topographes, en
permanence au Maroc, rattachés à l'État-Major du Corps d'occupation,
et entièrement à la disposition du Commandement. Cet organe
assure l'exécution des itinéraires de colonnes, et des levés de reconnaissance au 200 000ᵉ, ainsi que tous les levés et cartes spéciales nécessaires : plans de postes, croquis d'opérations, etc. ;
2° Des brigades géodésiques et topographiques du service géographique de l'Armée, chargées de l'exécution de la carte régulière au
100 000ᵉ dans les régions pacifiées de l'arrière et faisant six mois au
Maroc ;
3° Un atelier de reproduction et de tirage, rattaché administrative-
ment au service géographique, qui l'alimente en matériel et en fournitures.
Quelques chiffres permettront de se rendre compte de la production du bureau topographique traduite en cartes distribuées :

1912...................... 12 711.
1913...................... 42 266.
1914...................... 57 915.
1915...................... 76 940 (augmentation due à l'Ex-
                              position de Casablanca).
1916...................... 8 000 (premier trimestre).

Le bureau topographique a été organisé et mis sur pied par le
chef d'escadron d'artillerie Bellot, du service géographique de l'Armée, actuellement sur le front.
C'est lui qui a donné à la cartographie du Maroc l'impulsion
extraordinaire qui a fait éclore en 1913 et dans la première moitié
de 1914 la carte de reconnaissance au 200 000ᵉ, la carte des Étapes
au 500 000ᵉ, la carte au 1 000 000ᵉ, ainsi que tous les plans de villes
et cartes spéciales éditées à Casablanca.
Il est juste que son nom resté lié à son œuvre.
Le chef actuel, le commandant Gire, revenu du front en mars 1916,
après une conduite brillante qui lui a valu plusieurs citations, s'est

En connaissance de cause, il choisira sa région, commencera, s'il fait de l'agriculture, par l'association avec l'indigène, puis en temps voulu se constituera un domaine. Avant d'exercer un commerce ou de se lancer dans l'industrie, il se rendra compte des besoins actuels et futurs des habitants de la contrée, autochtones ou européens, du degré de prospérité des maisons concurrentes s'il en existe, de leurs moyens de propagande, de leurs défauts, et surtout du meilleur coefficient d'utilisation de la main-d'œuvre, d'autant plus que celle-ci se trouvera raréfiée après la victoire.

C'est par une savante division du travail, par leurs prix avantageux autant que par leurs longs crédits, que les Allemands étaient arrivés à se créer au Maroc une position qui menaçait de devenir inquiétante, étant donné qu'ils occupaient, outre leur situation commerciale, des sphères d'influence dont le but n'était pas dissimulé.

Or, pareil résultat ne s'acquiert pas sans une grande attention et une observation de tous les instants. Il faut

donné la tâche de rendre au bureau topographique l'activité qu'il a connue.

Il a demandé et obtenu l'autorisation d'utiliser les prisonniers de guerre dessinateurs cartographes et imprimeurs. Des topographes sont actuellement recherchés à la Légion étrangère, refuge discret d'intelligences auxquelles on ne s'est jamais adressé en vain, toutes les fois qu'on a voulu oublier le passé pour donner un but utile au présent.

C'est, en partie, grâce au bureau topographique que la Société géographique du Maroc a été créée.

Placée sous le haut patronage du Sultan et la présidence d'honneur de M. le général Lyautey, elle est dirigée aujourd'hui par l'éminent explorateur qu'est M. le marquis de Segonzac. Son Bulletin, des plus instructifs, mérite d'être consulté par toutes les personnes soucieuses de se documenter sur les questions marocaines.

« Au moment de paraître, nous apprenons que M. le commandant Gire a été remplacé par M. le commandant Perret, comme chef du bureau topographique à Casablanca. » *(Note de l'éditeur.)*

l'expérience locale qui ne s'obtient que par de nombreux contacts avec l'indigène, surtout en parlant sa langue ; ce point essentiel négligé donne lieu à d'inconcevables mécomptes.

Nous estimons que les livres, annonces ou brochures d'Européens, pleins de zèle ou d'intérêt personnel, nous apprenant à faire fortune avec de la bonne volonté ou de la « roublardise », et pas grand'chose, constituent un péril dont il faut se défendre. La conséquence la plus claire, c'est que le naïf ou le malin qui se sont embarqués sur la foi de promesses et espoirs, courent 99 fois sur 100 à la ruine, et s'en retournent dépouillés de tout, souvent de considération, aigris, dégoûtés, et essayant même de discréditer le Protectorat.

Tâchons de nous dégager des contingences et de penser par nous-mêmes. Pesons les avantages qu'ont les autres à s'intéresser à nos affaires, ne nous abandonnons pas à une opinion de journal sans contrôle et raisonnons avec notre bon sens tout seul. Il est assez lumineux, en général, pour nous guider, si nous savons nous en servir.

Luttons en ce moment en pleine guerre, sans attendre demain, car c'est le bon combat. Les colons sont les auxiliaires les plus précieux de la pacification ; retenant au travail les indigènes et les soustrayant ainsi à l'influence... des influences, ils représentent de véritables bataillons. En effet, l'Arabe qui ne fait rien, c'est un ou plusieurs fusils, suivant sa situation, prêt à écouter des suggestions dangereuses et à se mettre en « siba ».

Il est aussi temps et opportun de réagir contre la réclame maladroite allant juste à l'encontre de ce qu'elle cherche, qui attire au Maghreb une foule de nos compatriotes sans argent ni capacités ; ils constituent un poids mort, souvent même une gêne pour la colonisation.

Nous mettons en garde les braves gens inoccupés qui, sans connaissances spéciales, se croient appelés à régénérer la France et ses colonies. Peu armés pour se défendre, n'ayant fait jusqu'à ce jour rien de très utile, ils végètent à Paris ou dans leur province, puis, tout à coup, se sentant l'âme d'un Christophe Colomb, réalisent leur pécule ou font des emprunts et vont se ruiner.

A ceux-ci, nous conseillerons de rester les pieds au feu l'hiver, et de se chauffer au soleil l'été en lisant des publications patriotiques et en exaltant autour d'eux la bravoure de nos armées; ils feront ainsi quelque chose de bien, et seront assurés de gagner de l'argent en n'en perdant pas.

Le monde est encombré de ciseleurs de mots, de fabricants de boniments, de manieurs d'idées générales rarement étudiées et mises au point. Une foule de personnes bien intentionnées qui lisent leurs articles, ou écoutent leurs palabres, se manifestent à elles-mêmes, avec une volonté insoupçonnée, le désir immédiat de faire fortune avec rien et sans travail; beaucoup meurent de faim, ou sont privés de liberté, d'après la statistique!

Combien, jusqu'à ce jour, avons-nous vu parmi ces valeurs, de bons fils de famille fréquentant le café du Commerce de l'endroit, là où s'élabore l' « Opinion publique », entre de multiples apéritifs, jeunes ou vieux avant l'âge, dont l'occupation principale consistait à chasser, à être dans de vagues affaires, à fabriquer des nouvelles et à regarder d'où vient le vent. Il y a aussi d'excellents ouvriers, fainéants à souhait, des gérants d'usines retirés après infortune faite, des commerçants et des industriels dispersés d'esprit, donc inaptes, qui ont l'idée soudaine de transporter les maigres économies constituant l'ensemble de leur patrimoine, sur une côte lointaine, persuadés qu'il suffit de s'asseoir à la terrasse d'une brasserie achalandée, et de connaître l'homme se disant puissant, pour obtenir, par faveur, de se faire voler.

Ils sont revenus désillusionnés, sans avoir connu autre chose que les charmes incertains et quelquefois dangereux des relations féminines ou neutres de leur port de débarquement.

Est-ce là le meilleur de leurs malheurs? Oui, certes, car beaucoup d'entre eux se sont abouchés avec des « tagers » plus ou moins sans aveu, des trafiquants de titres, d'entreprises, d'industries, de commerce. Ils ont acheté quelque chose constitué par un papier noirci, dont la valeur est imaginative, et lorsqu'ils ont voulu réaliser ce qu'ils croyaient être un gage, ils se sont réveillés en présence du néant ou même de dettes contractées par eux à leur insu.

A ceux-là, nous répéterons : Allez vous distraire au Maroc, en touristes si vous en avez les moyens; vous y trouverez des attractions sportives, des sites curieux et pittoresques. Livrez-vous à la pêche, à la chasse, à tous les beaux-arts, dépensez ce que vous avez prévu, mais ne vous mêlez pas de gagner.

Si, au cours de cette promenade, vous jugez à propos de la transformer en voyage d'études, et de passer quelques mois sur le terrain futur de vos opérations commerciales ou agricoles, rien de mieux. Apprenez alors à parler la langue du pays, et comptez cette dépense comme une première mise de fonds indispensable. Alors, vous devenez intéressants et, pour vous, nous reprenons notre argumentation :

Au bout de quelque temps d'expérience, après vous

être mis en rapports prudents, aussi bien avec les Européens que les indigènes et recueilli des renseignements
utiles autant que désintéressés auprès des Bureaux militaires, après avoir vu à l'œuvre d'anciens colons, et
constaté les avantages ou les inconvénients de telle
région par rapport à telle autre, prenez un parti sans
perdre de vue que le Maroc, sauf pour le commerce
de détail et certaines petites exploitations, les maraîchers par exemple, qui entourent les centres, est destiné à être mis en valeur par des entreprises d'agriculture ou autres disposant de capitaux importants (1).

(1) A titre d'exemple nous donnons le devis type de l'établissement
d'un domaine agricole, extrait de l'ouvrage *Pour coloniser au Maroc*,
par M. Bourote, ingénieur agronome (Hachette).

Aménagement et mise en valeur d'une propriété à céréales de
1 000 hectares, située à un maximum de 50 kilomètres de Casablanca,
dans la plaine de tirs et complètement défrichée, sauf asphodèles et
quelques touffes de palmiers s'enlevant au brabant.

Six cents hectares, ensemencés chaque année au labour de printemps recroisés l'été au polysoc.

Assolement biennal, jachère en partie cultivée avec légumineuses
(pois chiches et maïs) et céréales, avoine, blé dur, blé tendre.

La paille, les cultures faites en pois chiches et maïs en avril sur
une partie de labours ne sont pas comptés, et constituent un bénéfice
supplémentaire utilisé par les animaux de la ferme, pour engraissement, bœufs, porcs.

Le travail doit être réparti de la façon suivante :
Janvier à mai, 130 journées de travail.
Dix brabants à 10 bœufs chacun et 2 hommes : 3 hectares par jour.
Juin à octobre.
Trois trisocs au déchaumage : 8 bœufs et 2 hommes par charrue :
2 hectares et demi par jour.
Cinq trisocs au recroisement : 4 hectares par jour : 8 bœufs et
2 hommes par charrue.
Cent hectares auront déjà été recroisés en avril, pour semis, pois
chiches et maïs.
Travaux de labour arrêtés un mois environ, 15 juin-15 juillet, pour
moisson et rentrée rapide des céréales en meules avec tous les ani-
maux de la ferme.
Sur 6 moissonneuses, 5 fonctionnent chaque jour : 5 hectares par
jour, soit 20 à 30 jours de moisson.
Battages à raison de 150 quintaux par jour, soit 60 jours de battage.
Transports des grains effectués au moyen de chariots et charrettes

Avant de déterminer votre choix, demandez-vous bien ce que vous voulez faire, car il est plus profitable d'apporter une culture à la terre qui lui convient, que de forcer la terre à une production à laquelle sa composition ne la destine pas.

Toutes les céréales, la vigne, la betterave, le tabac, les cultures tropicales, méritent votre attention, l'arboriculture fruitière également.

prévus. Rendement moyen à escompter sur des terres travaillées de la façon indiquée ci-dessus : 15 quintaux à l'hectare à un prix moyen de 13 francs les 100 kilogrammes à la propriété.

Achat de la propriété à 125 francs l'hectare......	125 000
12 charrues brabant (pour 10 en travail).........	3 600
12 charrues trisocs...........................	2 400
3 semoirs, 10 herses, 4 rouleaux................	2 800
6 moissonneuses-lieuses grande coupe............	9 000
Matériel battage à grand travail, locomobile, presse.	30 000
Jougs et chaînes pour bœufs....................	2 000
12 mulets et harnais...........................	6 000
Charrettes et chariots.........................	6 000
Constructions et installations..................	35 000
	221 800

120 bœufs de labour.................	15 000	
Gérance et main-d'œuvre..............	30 000	
Nourriture animaux..................	5 000	
Achat semence 600 quintaux..........	8 400	
Entretien matériel et frais généraux....	4 800	
	63 200	63 200
Total du capital à engager....		285 000

Intérêt de 285 000 francs à 5 0/0................	14 250
Amortissement matériel et construction, 96 800 à 10 0/0..	9 680
Frais de culture : 63 200 francs — 15 000 francs, prix des bœufs de labour qui ne doivent pas s'amortir, mais augmenter plutôt de valeur.....	48 200
Total des frais d'exploitation......	72 130

Récolte : 15 quintaux à l'hectare, soit de 600 × 15 = 9 000 quintaux à 13 francs, 117 000 francs — 72 130 = 44 870 francs de bénéfices nets.

Soit 15 0/0 environ du capital engagé, amortissement et un premier intérêt à 5 0/0 payé.

Le capital de 285 000 francs sera avec avantage porté à 300 000 francs,

L'élevage offre des ressources infinies dans un domaine agricole, mais « qui trop embrasse, mal étreint ». Sachez donc avant tout quel élément directeur doit, avec ses complémentaires, solliciter votre activité, puis, lorsque vous aurez acquis des points certains de comparaison et déterminé votre but, tâchez de surveiller l'occasion et d'en profiter, soit pour acheter un terrain, pour amorcer une culture directe ou en association avec l'indigène, soit pour vous rendre compte des besoins commerciaux et industriels du centre où vous

pour permettre l'achat d'animaux, vaches, moutons, porcs nécessaires pour compléter une ferme et produire du fumier.

En dehors du petit noyau de bêtes de choix que l'on pourra entretenir sur une telle exploitation, il serait indispensable de créer, dans un endroit approprié, une installation d'élevage. Un grand hangar entouré d'un parc clôturé, aménagé près des terrains de parcours, à proximité d'une source ou d'un puits, avec grand abreuvoir, constituerait toute l'installation suffisante pour un élevage de bœufs.

Troupeau de vaches sélectionnées, dont le prix varie de 90 à 120 francs, croisées avec un taureau importé; troupeau d'animaux de maquignonnage, achetés à deux ans et revendus l'année suivante après castration; vente des veaux d'élevage à deux ou trois ans; deux bergers par troupeau de 100 têtes, payés l'un 0 fr. 75 et l'autre 1 fr. 25 environ par jour; telles sont les bases de cette entreprise qui serait d'un gros rapport; la mortalité est très faible : 2 à 3 pour 100 sur les gros animaux, 5 à 6 pour 100 sur les veaux; il faut compter environ 80 pour 100 de naissances annuelles.

Une affaire de moutons serait également intéressante, mais faite en association avec des indigènes bien choisis, connus, et dans une région appropriée.

Les troupeaux de brebis, au nombre de 200 par associé, l'indigène se chargeant de tous les frais et ayant comme rétribution le quart des naissances. De belles brebis coûtent actuellement de 15 à 18 francs pleines; leur toison a une valeur de 2 francs environ. Il faut compter 7 à 8 pour 100 de mortalité, 85 pour 100 de naissances, dont 10 pour 100 de mortalité; les agneaux d'un an se vendent 8 à 10 francs.

Un troupeau de porcs, dans une région de terre légère, à proximité de points d'eau, compléterait une telle affaire; les porcs abîmant beaucoup les pâturages par leurs fouilles, il y aurait intérêt à les isoler.

Nota. — Les prix indiqués datent tous d'avant la guerre; ils sont aujourd'hui considérablement majorés et augmentent chaque jour.

comptez vous fixer en vue de parvenir à un placement rémunérateur.

En général il ne faut pas se hâter, surtout en Islam, où le temps ne compte pas.

Connaissez donc le Marocain, ses habitudes, ses façons d'être ; identifiez-vous d'abord à lui, pour vous l'assimiler un peu dans la suite et ne donnez ni dans l'erreur de la défiance exagérée, ni dans celle de la trop grande confiance.

Vous êtes les pionniers de la Patrie. A l'imprévoyance et au fatalisme de l'habitant, vous devez opposer une patience, une science expérimentale, une bienveillance ferme, qui vous concilieront une main-d'œuvre précieuse. Votre réussite personnelle est celle de la France et du pays que vous colonisez ; votre influence et votre moralité feront la propagande la meilleure en faveur de nos intérêts financiers, politiques et administratifs.

§ 4. Les capitaux dont on doit disposer et la question du crédit.

Jusqu'à ce jour, la mise en valeur de nos colonies, si tant est qu'elle existe avec un plan sérieux, a été laissée, à part quelques exceptions, aux seules ressources de nos compatriotes, pas toujours très riches et dont les entreprises sont guidées en général par l'unique préoccupation d'un intérêt immédiat, n'étant point outillés ni pourvus des capitaux nécessaires, pour s'engager ou attendre des réalisations à échéance lointaine.

Par ailleurs, ils manquent souvent de moyens d'information et de compétence, transportant dans nos nouvelles possessions l'apathie commerciale et en agriculture les cultures métropolitaines qu'ils connaissent déjà, sans se préoccuper de la demande, de la variété de sol et de climat, conditions essentielles entre toutes.

Pourquoi sont-ils donc venus au Maroc, ce bled dont on a fait miroiter l'avenir à leurs yeux? Le savent-ils très bien en dehors de l'idée prédominante de « faire fortune », mots dangereux et sonores qui séduisent toujours les masses.

A maintes reprises, ils ont été entraînés par des lectures, des annonces ou des programmes, quelquefois par des amis, rarement par le besoin raisonné de connaître, amenés à rechercher des sols plus généreux promettant des profits inespérés, qu'ils n'ont pu obtenir sur nos terres de France épuisées, et dans tous les cas, surchargées d'impôts.

Ce n'est pas toujours leur faute s'ils n'ont pas vu leurs espérances se réaliser. Le Gouvernement, en effet, s'est-il préoccupé d'une utilisation rationnelle de nos colonies, en s'inspirant des ressources qu'elles offrent? Les a-t-il envisagées au point de vue de l'approvisionnement de notre marché, pour nous permettre, en soutenant notre change, d'acheter chez nous ce que nous faisons venir du dehors? A-t-il protégé l'initiative de nos nationaux?

Nous avons constaté, dans beaucoup d'endroits du Maghreb, non seulement l'insuffisance d'argent, mais celle de matériel agricole, et surtout une ignorance dans son mode d'emploi. Il convient donc plus que jamais de réformer nos méthodes, et de développer le rendement de nos possessions en dirigeant l'activité française vers les cultures complémentaires et rémunératrices, en mobilisant notre effort contre la production étrangère tout en donnant un stimulant à nos agriculteurs métropolitains. Nous ne sommes point ennemis de la concurrence, même quand elle s'exerce entre nous.

Cette politique est d'autant plus pressante que notre crédit a baissé dans des proportions sérieuses, car la guerre et l'occupation de nos magnifiques départements du Nord et de l'Est ont diminué pour des années notre pouvoir d'expansion et d'achat. Au total, c'est un appauvrissement global que nous subissons, et nous ne voyons pas encore l'époque où, après avoir payé nos dettes, la production nationale sera suffisante pour nous fournir des matières d'échange, contribuant ainsi à remonter le courant vers la richesse.

Si donc nous voulons contribuer à notre relèvement, nous devons intensifier la mise en valeur de nos possessions, pour ramener le chiffre de nos importations au strict minimum et rétablir en notre faveur la balance commerciale dont le fléau penche depuis trois ans du côté des neutres, nos fournisseurs obligatoires.

Notre Protectorat comporte d'immenses étendues de terrains en friche, dont la fertilité est de nature à jeter sur notre marché, du jour au lendemain, une foule de produits et de matières premières que nous avons, jusqu'ici, demandés à l'étranger.

Que nous manque-t-il ? De l'argent, beaucoup d'argent et tout autant d'initiative pondérée.

Depuis la guerre, le Maroc obtient de l'État le crédit qu'il veut. En sera-t-il de même demain, après la victoire ? Non. Comment donc faire ?

Pour répondre, regardons objectivement, du côté de nos ennemis.

« L'expérience nous a appris que deux des principales causes de réussite du commerce allemand sont :

« 1° L'organisation bancaire qui réserve, avant tout,

son concours aux affaires nationales et organise un système de prêts à l'industrie ;

« 2° Les longs découverts accordés à toute la clientèle de l'empire germanique.

« Les industriels d'outre-Rhin vivent surtout par leur formidable exportation. En raison des capitaux énormes qu'ils ont engagés dans les affaires, ils sont dans la nécessité d'escompter leur papier en traites à très longs termes. Souvent même, il leur faut des crédits pour agrandir leurs usines et leur donner de l'essor. Dans ce but, des banques spéciales sont à leur disposition constante et leur actif social est considérable ».....

« Parallèlement, que voyez-vous en France? Les grands établissements de crédit trouvent le principal élément de leur activité dans les habitudes des capitalistes français, qui laissent s'accumuler leurs titres dans les coffres-forts, et se guident pour leur placement sur les conseils de leurs banquiers. Ceux-ci, sans tenir assez compte de l'intérêt de leurs clients, qui doit primer le reste, en font profiter des États étrangers, ennemis quelquefois en perspective; exemples : la Turquie et la Bulgarie.

« Quant à prêter aux industriels, sous une forme quelconque, pour augmenter leurs affaires ou en créer de nouvelles, ils ne sauraient l'envisager.....

« Il nous faudrait donc des banques d'exportation pour venir en aide à l'agriculture, aux industriels et aux commerçants qui débutent, ou dont la prospérité est entravée par le manque d'argent.

« Au contraire, nous ne trouvons en France aucun appui près de la haute finance qui, au début de la guerre, a réclamé le colossal privilège du moratorium, aggravant la situation et dont le résultat a été contraire à l'intérêt public.

« Réclamons de nos financiers beaucoup d'empressement et un peu plus de souplesse à nous satisfaire (1). »

Quel est le résultat de cette politique néfaste?

Pendant une période qui s'étend depuis 1880, date de la grande renaissance du commerce extérieur (2), jusqu'à 1913, veille de la guerre, le mouvement d'exportation de la France s'est accru de 98 0/0, chiffre impressionnant si l'on s'arrête après cette constatation. Mais continuons l'examen consciencieux, et passons en Angleterre, en Allemagne et aux États-Unis, nous trouvons : pour l'Angleterre, une augmentation de 122 0/0; pour les États-Unis, de 195 0/0 et enfin pour l'Allemagne, de 245 0/0 !

Notre expansion coloniale, qui nous semblait donc formidable, s'efface tout d'un coup devant le puissant résultat obtenu par l'ennemi héréditaire.

A qui la faute? On prétend que nos exportateurs se sont montrés réfractaires à employer les moyens dont les Germains se servent avec une maëstria et une souplesse infatigable, qui consistent à aller au-devant des exigences du client étranger. C'est peut-être vrai, c'est même certain. Mais, ce qui a surtout affecté notre prospérité et notre esprit colonisateur, c'est l'obstacle insurmontable créé par le manque de crédit à l'exportation, et certaine rivalité factice entretenue entre le capital et le travail.

L'étroite politique financière de nos grands établisse-

---

(1) Extrait d'un rapport de l'auteur, rapporteur des Douanes à la Commission du Ministère des Affaires Étrangères, pour la reprise des affaires avec la Russie, et au Comité Consultatif de ladite Commission. Mars 1915. Rapport à M. MÉLINE, président.

(2) Notre politique coloniale date, à proprement parler, de François Ier; elle a été continuée par Colbert et abandonnée ensuite, pour être reprise en dernier lieu par Jules Ferry.

ments et de nos hommes d'État ne s'est jamais appliquée à soutenir l'industrie nationale, ni à rien exiger pour elle, mais seulement à placer des titres dont les commissions avantageuses rapportaient aux banques des bénéfices en sens inverse de leur sécurité.

On dit que le Gouvernement aurait compris l'impérieuse nécessité d'encourager la colonisation, et de préparer la reprise des marchés d'outre-mer. Nous ne nous en sommes pas aperçus jusqu'ici; une enquête, pour chercher dans les coins retirés de la cote officielle la trace d'une banque d'exportation en France, ne nous a donné aucune indication.

Lorsque, au Comité consultatif d'une Commission restée célèbre, composée d'industriels, dont l'honorabilité et la grande situation imposent le respect, de parlementaires et de quelques fonctionnaires, on a réclamé d'urgence la création de cet organe, nous nous sommes efforcé d'appuyer ces revendications et de provoquer l'audition *séparée* des chefs des établissements de crédit pour connaître leurs idées personnelles; nos vues furent prises en considération. Or, à la séance suivante, ce n'est point à titre séparé, mais collectivement, que ceux-ci nous apportaient d'accord une réponse cuisinée, polie, obligeante, destinée à entretenir des illusions chez les gens qui ne savent pas entendre, mais le désappointement le plus profond chez les autres.

De grands projets sont à l'étude; souhaitons qu'ils en sortent pour passer dans le domaine pratique.

A l'inverse, que voyons-nous en Angleterre? Toute une organisation : pour répondre aux besoins de son commerce extérieur qui, aujourd'hui, a dépassé le chiffre de 16 milliards, la Grande-Bretagne possède 24 banques d'outre-mer ayant près de 300 succursales.

Ces institutions, destinées à venir en aide à ses vastes colonies, sont surtout spécialisées par régions. Gérées avec une sage prudence qui n'exclut pas l'esprit d'entreprise, elles se maintiennent en relations constantes et étroites avec le pays qui constitue leur centre d'activité, octroyant au commerce les conditions les plus larges, soit dans l'escompte et l'encaissement du papier, soit pour les avances et, en particulier, celles sur documents qui atteignent parfois plus de 80 0/0 du montant des remises.

L'exportateur peut tirer sur elles des traites renouvelables à quatre-vingt-dix jours ou à six mois. Certaines grandes maisons pratiquent même le « revolving credit », crédit personnel par acceptation en blanc, sans contre-partie matérielle. Le délai de vue est plusieurs fois renouvelable et le taux d'environ 5 à 6 0/0.

Malgré ce libéralisme, le système bancaire anglais a été attaqué par les commerçants et industriels de l'Empire britannique, qui lui reprochent son formalisme et ses précautions surannées. Que dirions-nous en France, où aucune facilité de ce genre n'existe encore et ne verra le jour peut-être d'ici longtemps?

Notre alliée s'est mise à l'œuvre sans délai pour augmenter encore sa capacité d'exportation. Dans le but de créer de larges facilités à son commerce d'outremer, elle fonde une banque nouvelle au capital de 250 millions. Conçu sur le modèle des maisons allemandes similaires, le nouvel organisme comprendra un département d'informations spéciales semblable au leur. Il ne se proposera pas de concurrencer les banques existantes, mais de participer avec elles aux affaires qu'elles ne traiteraient pas seules.

A l'encontre des spécialisations anglaises par régions, les banques germaniques ont un caractère mondial. Le crédit, s'adaptant à leur politique de pénétration, est distribué par elles avec une libéralité extravagante, mais qui, en fin de compte, porte des fruits utiles, car leurs exportateurs obtiennent le plus souvent 90 0|0 sur leurs remises, et quelquefois même la totalité. Quand, malgré cela, ils ne parviennent pas à triompher, alors interviennent pour certains produits les cartels et le dumping, dont nous dirons quelques mots à la fin de cet ouvrage.

Quoi qu'il en soit, « pendant la période qui a précédé la guerre, — affirme un journal financier, — ces crédits formidables par le papier de complaisance avaient atteint une telle proportion que la Reichs Bank organisa une véritable campagne de presse, pour engager les banquiers allemands à élever le taux de leurs liquidités. »

Témérité financière, direz-vous? Énormité de conceptions disproportionnées avec le but à atteindre? Possible. Mais tout cela compensé par une souplesse tellement adroite et une si opiniâtre persévérance, que des résultats surprenants ont le plus souvent couronné les efforts de nos ennemis.

Enfin, l'Angleterre et, en particulier, l'Allemagne, sont servies par des consuls, commerçants de premier ordre.

Bien que la question ne se pose pas directement au Maroc, puisque le Protectorat ne doit pas comporter pour nous de représentation dans notre zone, nous sommes obligé d'envisager l'activité extraordinaire de ceux de nos rivaux.

Nous nous permettons de citer encore, à cette occasion, un passage de notre Rapport au Comité consultatif franco-russe :

« A la base de n'importe quelle tentative raisonnée de conquérir les marchés du monde, abandonnés par notre insouciance, ou notre manque de savoir-faire à l'hégémonie des Allemands, se trouve la réforme indispensable de notre corps consulaire, tant dans son mode de recrutement que dans son avancement, car il est utile de séparer enfin les consulats des Affaires Étrangères et de les rattacher au ministère du Commerce (1).

« Tant que nos consuls auront la même origine que nos ambassadeurs, nos commerçants et industriels trouveront chez les représentants de la France infiniment de courtoisie, mais une indifférence aimable dans la protection de leurs intérêts, ou une incompréhension totale de leurs besoins.

« A part d'honorables exceptions, ces Messieurs du corps consulaire suivent une carrière distinguée dans laquelle la première préoccupation est l'avancement, et la seconde, le « pas d'affaires ».

« Lorsque par hasard on rencontre l'homme qu'il faut à la place qui convient, l'un des vices de l'institution, l'instabilité, vient détruire les intentions les plus dévouées..... »

Nous venons d'en voir un exemple regrettable en pleine guerre : le Gouvernement a changé notre consul général à Londres, qui rendait les plus importants services, et l'a expédié à..... Addis-Ababa. N'aurait-on pas pu lui donner son grade sur place en le maintenant à son poste?...

« Conclusion : Il faudrait :

· 1° Qu'un consul, chef de service, fît toute sa carrière

(1) Cette opinion, qui, croyons-nous, a été émise pour la première fois par nous, a suscité des critiques dans le monde officiel, mais tous les industriels et d'éminents parlementaires s'y sont ralliés.

au moins dans la même région, si ce n'est dans la même ville ;

2° Qu'il possédât sous ses ordres, non pas un seul attaché commercial, mais tout un bureau chargé spécialement de l'étude des affaires qui se présentent, de rechercher celles qui pourraient se faire et d'indiquer aux industriels, en même temps qu'aux capitalistes, l'intérêt qu'ils peuvent avoir à suivre telle ou telle voie.

« Nous ne savons pas toujours, en effet, quels sont les produits où nous pouvons avec avántage remplacer les Allemands, ni sous quelle forme nous devons travailler.....

« Enfin nos agences consulaires gagneraient à avoir de larges crédits ainsi qu'un service de renseignements et de contentieux doté de larges ramifications pour documenter les Français sur les capacités d'absorption et le crédit souvent variable de leur clientèle...

« Voyons quel est le recrutement de nos consuls : Suivant les habitudes actuelles, ce sont les Affaires Étrangères qui constituent la Carrière. On nous objectera que, pour le changement projeté dans le but d'obtenir un corps adéquat à ses fonctions, du temps sera nécessaire, et que le rattachement au ministère du Commerce va occasionner une perturbation complète süivie d'un grand nombre de démissions ! C'est précisément ce que le commerce et l'industrie attendent ; de cette manière, la sélection s'opérera d'elle-même par suite du départ volontaire des fonctionnaires qui ne voient dans leur situation qu'un poste administratif ou honorifique, sans en remplir la fonction commerciale qui en est une partie. Ceux qui ne se sentiront pas capables de rendre aux négociants, leurs nationaux, le service qu'ils sont en droit d'en attendre, s'en iront ailleurs enrichir le fonctionnariat de la métropole ou vivre de leurs revenus. On remplacera les manquants sans difficulté en s'adressant à nos Chambres de commerce et aux Écoles spéciales qu'elles ont créées. »

« Nous avons, en France, une pépinière de jeunes gens sérieux, intelligents, ne demandant qu'à employer leurs capacités au service de la Patrie, mais pour cela il faut qu'ils soient bien payés.

« On pourrait peut-être même, c'est une question à mettre au point, leur laisser envisager la perspective d'être rémunérés par les industriels eux-mêmes comme prix de leurs efforts.

Si ce projet de réforme ne peut être agréé, il faut créer un corps spécial. On a dit dans le sens péjoratif que le consul est une béquille pour l'industriel qui ne sait pas marcher seul : nous estimons pour notre part qu'il doit être un soutien (1). »

Et qu'on ne nous parle pas, à titre de panacée universelle, de changer les programmes du concours des Affaires Étrangères, comme un jeune diplomate l'a proposé à la même Commission ; c'est la mentalité qu'il faut réformer à tout prix.

Nous avons terminé notre rapport, dont nous donnons ci-dessus des citations appropriées, par une étude de la question de la main-d'œuvre. On y trouve ceci :

« Elle se présentera, après la guerre, plus difficile et plus âpre que jamais, Or, c'est par un emploi rationnel de l'ouvrier, une éducation persistante de la volonté des chefs, que nos ennemis ont conquis le marché mondial.

« Chez eux, la main-d'œuvre est incomparablement moins intelligente que la nôtre, mais plus disciplinée.

(1) Extrait du même rapport (1915).

Si elle est dépourvue d'initiative, elle a un rendement effectif supérieur, la machine ayant remplacé l'habileté individuelle.

« La limitation de la productivité qui sévit chez nous depuis quelques années est le mal contre lequel nous avons à réagir. Elle a une base peut-être humanitaire, mais elle relève surtout du domaine de la haine de classes, prêchée chaque jour dans les meetings, et même dans les ateliers.

« Après la victoire, espérons-le, la guerre sociale, qui existait à l'état latent avant le conflit actuel, ne subsistera plus, sans cela la marche à l'anarchie se continuerait inéluctable.

« Il faut restaurer ce qui reste du principe d'autorité si l'on ne veut en France arriver aux pires solutions, et laisser les autres peuples profiter de l'affaiblissement dans lequel va se trouver le monde après la défaite de l'ennemi. Faisons de l'impérialisme en matière économique, c'est la meilleure méthode pour développer notre expansion et encourager les entreprises nouvelles (1). »

En résumé, si nous voulons coloniser au Maroc, il faut apporter non pas notre intelligence seule, mais encore nos capitaux à l'abri de toute inquiétude, et les employer avec sagacité et esprit de suite, sans attendre de crédit, ni le secours de personne jusqu'à nouvel ordre.

Une grande partie des cultures riches peuvent être entreprises. L'immense région du Sebou, et même celle de Marrakech, une fois qu'elles auront été irriguées, nous donneront des terrains à coton de premier ordre.

---

(1) Extrait du rapport précité.

Quant aux céréales et à l'élevage, le Maghreb entier est leur terre d'élection; voilà pour l'heure le vrai filon à exploiter.

La vigne vient partout, la betterave aussi. Toutes les plantations faites sous la même latitude peuvent y être également pratiquées; elles réussiront au delà de ce que nous pouvons supposer, si nous y mettons l'énergie, la persévérance et l'argent nécessaires. Ensuite, c'est au Gouvernement de prévoir, d'encourager; c'est à lui de dépenser pour faciliter les transactions par des travaux publics, non pas au hasard, mais suivant un plan et des principes qui ont été maintes fois indiqués par le chef du Protectorat et les services compétents.

Tant que nous nous bornerons aux efforts individuels, nous ferons du petit travail, peut-être bon, mais sans portée générale; le jour où une grande banque d'exportation et l'État nous aideront, le Maroc est appelé à devenir la plus riche de nos colonies africaines.

CHAPITRE II

LA PROPRIÉTÉ

Établissement et transmission de la propriété au Maroc.

Avant d'engager nos compatriotes à prendre position dans notre nouveau Protectorat, il est élémentaire de leur fournir des bases solides pour débuter en pleine sécurité, et ceci nous conduit à parler tout de suite de la question principale : l'acquisition de la propriété (1).

(1) Les textes concernant la transmission de la propriété, auxquels les intéressés pourront se reporter, sont les suivants :
— Circulaire du Grand Vizir du 1er novembre 1912 (définition du domaine public de l'État, et surveillance des mutations immobilières).
— Dahir d'avril 1913 nommant une commission chargée d'élaborer un texte réglementant le régime foncier.
— Dahir du 12 août 1913 organisant l'immatriculation des immeubles.
— Circulaire du 26 juin 1914 aux caïds et cadis, interdisant jusqu'à nouvel ordre l'établissement d'actes constitutifs ou transmissifs de propriété concernant les immeubles situés en dehors des zones de sécurité.
— Dahir de juillet 1914, réglementant la justice civile indigène et la transmission de la propriété immobilière.
— Arrêté du 23 janvier 1915 relatif à la conservation des biens appartenant aux collectivités.
— Juin 1915 : trois Daher, deux Arrêtés et une Instruction générale du Grand Vizir, organisant l'application du régime de l'immatriculation.
On les trouve à la collection du *Bulletin officiel du Protectorat*.

M. le général Lyautey, avec l'esprit prudent qui le
caractérise, s'est attaché à faire épurer la situation
juridique pour garantir avec efficacité les Européens et
leurs capitaux.

Depuis toujours le désordre le plus complet régnait
dans le domaine privé et le domaine public; il serait
trop long de faire l'historique de la gestion et des opérations qui ont causé l'appauvrissement de ce dernier,
le seul qui nous importe.

Voici en quelques mots l'exposé de la loi coranique
en ce qui a trait à la terre : celle-ci est à Dieu, donc à
son vicaire le sultan, qui est propriétaire du sol, soit à
titre royal comme chérif, soit à titre privé. Laissons
de côté la forme privée et n'envisageons que ce que
nous pourrions appeler le domaine de la couronne,
représenté par le Maghzen, c'est-à-dire le Gouvernement.

Ce qui appartient au Maghzen est considéré comme
formant le bien, ou mieux le butin de la communauté
musulmane, le fruit de la conquête sous ses aspects
variés.

Il a des origines très diverses, successions en déshé-
rence, biens vacants ou appartenant à des personnes
disparues, acquisitions politiques ou nécessités administratives. N'insistons pas sur ces derniers mots dont
le développement serait inopportun et jetons un burnous épais sur le passé des pratiques chérifiennes.

Dans sa composition, ce patrimoine présente autant
de diversité que dans son origine; il est souvent en
outre compliqué d'indivisions portant sur des parties
d'immeubles, ce qui rend sa gestion très délicate.

Autrefois, il était considérable; depuis, il s'est peu à
peu effrité, pour des raisons diverses et en particulier
par les dilapidations des anciens sultans.

Le Protectorat, non sans sagesse, a donc fait exercer des reprises et l'on doit dire que, dans l'ensemble, prés de la moitié des immeubles qui étaient sortis depuis 1906 du patrimoine de l'État y ont fait aujourd'hui retour (1916). L'évaluation de ces rentrées ne peut être qu'approximative, mais, d'après les estimations, elles atteignent environ 70 millions de francs. La direction de l'Agriculture les affecte, dans la mesure du possible à la colonisation, en vue de leur lotissement futur, et a déjà commencé à les vendre avec de grandes facilités de payement, sous réserve de l'obligation stricte pour les colons de résider en personne et de mettre eux-mêmes en valeur.

Ces acquisitions constituent le plus sûr moyen de se rendre propriétaire avec toutes garanties, car, en dehors de celles réalisées de cette manière, il faut être défiant à l'excès avant de conclure un marché.

En effet, nous sommes ici au pays où le commerce du faux est en plein épanouissement. Nous savons par exemple autour d'Agadir, à Founti, où peu de civils peuvent se rendre aujourd'hui, des terrains qui ont été vendus près de trente fois et d'autres n'existant que dans l'imagination féconde des Arabes, qui s'en prétendent possesseurs. Partout au Maroc, sauf dans les contrées d'immatriculation, dont nous parlerons plus loin, on vous présentera avec tous les sacrements de longs papiers vieillis par des procédés chimiques, de l'encre jaunie, des sceaux magnifiques qui donneront aux titres l'apparence d'ancienneté véritable.

La mentalité marocaine ne s'effraie pas de ces procédés. C'est regrettable, car la loi musulmane en elle-même est assez claire et pratique. A l'inverse de ce qui se fait en Tunisie, la transmission s'opère au Maroc suivant un seul rite : le rite malékite et la propriété ainsi conférée donne à son titulaire à peu près tous les droits reconnus par notre Code.

On admet, en théorie, la vente comme parfaite par le seul consentement des parties. En pratique, on considère la prise de possession comme nécessaire à sa perfection, et nous attirons l'attention des futurs acquéreurs sur ce point délicat.

Quelles sont donc les garanties pour qu'un titre ait un caractère légal?

D'abord le visa du cadi (juge).

Avant le Protectorat, les transmissions de propriété immobilière, la plupart du temps n'étaient constituées par aucun acte régulier; une simple déclaration faite soit devant la Djemaâ, soit recueillie par un notaire (adel, pluriel : adoul), établissait les droits du nouveau propriétaire.

Lorsque celui-ci, pour une raison quelconque avait besoin de les faire constater, il demandait d'établir une « moulkya », ou acte de notoriété, constatant qu'il en avait la longue et paisible jouissance. Ces actes, qui existent d'ailleurs toujours, sont rédigés de manière à répondre aux cinq obligations de la preuve, savoir :

1° La possession;

2° L'usage de la chose possédée;

3° L'absence de contestations;

4° La notoriété de la possession;

5° La durée de la possession.

Il y a deux formes de moulkya : l'une doit être passée devant deux adoul (notaires), produisant le dire de douze témoins, affirmant que, depuis dix ans, le propriétaire a la paisible et publique jouissance ainsi que l'usage de telle propriété déterminée; l'autre a lieu devant les mêmes adoul, qui seuls affirment en avoir eu connaissance et se portent garants de vos droits.

L'usage des titres de propriété se développa au Maroc dès l'augmentation du nombre des transmissions et surtout en raison de l'accroissement de la valeur des immeubles.

Autrefois l'Arabe était peu soucieux des situations régulières ; aujourd'hui tout transfert, pour être valable, doit être constaté par un acte passé devant deux adoul commis à cet effet par le cadi qui y appose son homologation, afin de lui donner un caractère authentique.

En droit, le rôle de ces notaires est d'examiner les titres du vendeur et d'apprécier s'ils sont établis selon les règles du chraâ.

Le chraâ, sorte de lit de justice, est la réunion sur le terrain des propriétaires prétendant avoir des droits, en présence du cadi, qui, faisant fonction de tribunal, prend connaissance des différents titres et s'enquiert de la validité des signatures.

Certaines opérations du chraâ sont influencées trop souvent par de fortes pressions en numéraire... ; il faut le savoir et éviter d'en parler !

Enfin, le cadi a pour mission de vérifier la capacité des parties et rechercher si le transfert n'atteint pas les droits de mineurs, d'absents ou d'incapables, dont il est le tuteur naturel ; il fait aussi contrôler par l'amin (1) des habous (biens religieux de mainmorte), si l'immeuble ou la terre ne dépend pas de la catégorie des biens maghzen, c'est-à-dire appartenant à l'Administration, ou des habous.

Assez simple en lui-même, ce système a donné lieu dans l'application à des résultats souvent fâcheux pour les raisons que nous venons d'indiquer et aussi parce

---

(1) Pluriel « oumana » — signifie « homme de confiance ». — Au Maroc, le corps des oumana est formé des intendants chargés de services financiers ou juridiques.

que le transfert de propriété n'était autrefois l'objet
d'aucun contrôle, pas plus de la part des adoul que de
celle des cadi.

La fabrication des fausses moulkya, établies avec le
témoignage de douze témoins, était une véritable industrie, enrichie en raison du développement des achats
faits par des Européens. Il devenait indispensable de
songer, dès à présent, à prescrire certaines mesures
de surveillance des transmissions immobilières, et à
faire adopter par les cadi un ensemble de règles
propres à assurer aux justiciables le maximum de
garanties compatibles avec l'organisation encore embryonnaire du moment, tout en s'efforçant de ne pas
heurter les coutumes des indigènes et leur religion.

Dès 1912, la direction compétente élabora un texte
soumettant l'établissement de tous actes constitutifs ou
translatifs de propriété, à des formalités préalables
destinées à en assurer la régularité, en sauvegardant à
la fois les droits de l'État et les intérêts des acquéreurs.
Cette circulaire, datée du 1er novembre 1912, tendait à
apporter une sécurité et une moralité plus grandes dans
les transmissions immobilières des particuliers, à
quelque nationalité qu'ils appartinssent; enfin, elle
précisait la procédure suivant laquelle les étrangers,
en conformité de l'article 60 de l'Acte d'Algeciras, pouvaient être admis à acquérir au Maroc.

Ce règlement a été l'objet de plusieurs critiques :
quelques spéculateurs endurcis, pressés de réaliser de
fructueuses opérations, certains courtiers désireux de
se débarrasser d'affaires litigieuses, se trouvaient gênés
par la multiplication des formalités. Les reproches à
notre avis n'étaient pas fondés, car il n'est pas douteux
que, dans le fonctionnement de la propriété immobilière, aussi primitif que celui existant alors, la sécurité

des transmissions ne pouvait s'acquérir qu'au détriment de leur élasticité. D'autre part, il eût fallu moraliser les hommes chargés de les appliquer et ce n'est pas une petite affaire.

Il restait donc à réglementer l'organisation proprement dite de la justice civile, qui, en raison de son caractère dogmatique, ne pouvait être touchée qu'avec extrême prudence.

Tout en maintenant la loi coranique du chraâ, on pouvait rendre son application plus régulière et plus facile. C'est à quoi est parvenu un dahir chérifien (1), qui soumet les fonctions de mufti, d'adel (notaire), d'oukil (mandataire judiciaire), à des principes de recrutement, de discipline et d'administration assurant la correction dans la tenue des registres, constatant la possession d'actes authentiques et fixant, par un tarif, les honoraires dus pour la rédaction.

Enfin, le règlement a défini le contrôle exercé par le cadi, et les voies de recours admises contre les sentences.

Sur ce dernier point s'élevaient certaines difficultés. La loi du chraâ ne comprend en effet qu'un juge unique et l'autorité de la chose jugée n'existe guère, un cadi pouvant à sa guise reviser les jugements de son collègue, ou même les siens propres!

On institua donc un Conseil supérieur d'oulema (docteurs de la loi), chargés d'examiner au second degré les sentences des cadi et de proposer une solution au ministère de la Justice, qui statuerait en dernier ressort au nom du sultan, souverain juge. C'est devant cette juridiction que sont portés aujourd'hui les appels interjetés par les étrangers en matière immobilière.

(1) Dahir du 7 juillet 1914, qui complète les dispositions de la circulaire de 1912.

Un dahir de 1913, confirmant l'institution de 1912, a donné pouvoir au ministère de la Justice d'en connaître aux lieu et place du ministère des Affaires Étrangères, visé par le texte de l'article 2 de la Convention de Madrid.

Par ailleurs, des mesures ont été prises pour activer le règlement des litiges. Une circulaire a invité les autorités françaises à surveiller la marche de la procédure (1), et une « Commission technique » a été constituée avec mission de se transporter suivant les besoins, pour faire une enquête sur les lieux, établir la situation de fait des immeubles contestés, afin de fournir au juge des éléments d'appréciation.

Enfin, en avril 1913, le Protectorat préparait une solution plus complète du problème foncier et étudiait les conditions d'expérimentation au Maroc d'un régime dérivé de l'Act Torrens. Il instituait, sous une forme facultative, le principe de l'immatriculation des immeubles. Toutefois, le législateur impartial, pressentant les difficultés d'adapter la disposition du nouvel état de choses à l'ensemble du Maroc, laissait le soin d'en fixer la zone d'application à un texte ultérieur.

Les régions ainsi désignées sont : la circonscription territoriale de Rabat, celle de la Chaouïa, du secteur nord Chiadma, et le cercle des Doukkala.

L'innovation consiste à inscrire sur des registres spéciaux, appelés « Livres Fonciers », chaque propriété immobilière examinée et vérifiée sur le terrain, sous un numéro d'ordre particulier et avec une appellation convenue. Cette mention comporte des déterminations topographiques et juridiques, propres à préciser, sans

---

(1) Circulaire du 22 juin 1914.

erreur possible et d'une manière définitive, les prérogatives du propriétaire.

Sur le titre ainsi confectionné, viennent se grouper tous les droits réels et charges foncières intéressant l'immeuble, ainsi que les mutations et notifications qui y sont relatives. Cet acte constitue l'état civil complet de chaque immeuble immatriculé, permettant de connaître sans erreur et avec rapidité, à toute époque, ses origines, son historique et sa situation exacte ; un plan y est annexé. Seuls, les droits portés sur les « Livres Fonciers » font preuve de leur existence légale à l'égard des tiers.

En résumé :

La vente et l'achat d'immeubles au Maroc sont aujourd'hui régis par deux systèmes différents, dont le choix appartient au propriétaire :

1° L'immatriculation pour les zones où elle est appliquée ;

2° Le régime foncier musulman.

On se demande s'il convient de maintenir cette dualité de législation.

Pour notre part, nous opinons pour l'affirmative en raison du respect dû à un état de choses antérieur, ainsi qu'à des besoins et situations divers ; l'indigène, étant habitué au chraâ, paraît devoir s'en contenter et ne prise pas toujours nos réformes à leur juste valeur.

Mieux que les expédients législatifs, la diffusion de notre langue, de nos usages et de nos codes, opérée peu à peu avec tact et modération, fera la propagande la meilleure en faveur du progrès ; mais il faut procéder par échelons, avec beaucoup de calme, de persévérance et de doigté. Nous avons un maître en l'espèce ; gardez-vous, ô gouvernants, de le changer.

Si les nécessités de la Défense nationale réservaient à M. le général Lyautey l'honneur de prendre un jour en mains les directions suprêmes de la guerre, comme on le lui a offert déjà, un général connaissant les colonies et y ayant fait une partie de sa carrière pourrait seul continuer l'œuvre entreprise (1).

(1) Cette page était écrite avant que M. le général Lyautey ne fût appelé à Paris comme ministre de la Guerre et remplacé par un de ceux que le Maroc attendait : M. le général Gouraud. *(Note de l'éditeur.)*

CHAPITRE III

LES VILLES PRINCIPALES

CENTRES ET OUTILLAGE ÉCONOMIQUE

1er. Vers Tanger, ville internationale.

En montant à Madrid dans le sleeping qui nous emportait à Algeciras (1), un hasard diminué, si nous en croyons les confidences, d'une pièce de cinq pesetas, nous fit rencontrer un hidalgo; gentilhomme de belle allure, absolument distingué, que nous sûmes, dans la suite, Secrétaire de quelque chose, quelque part au Pays d'Afrique.

Supériorité incontestable, il parlait le français avec une facilité extrême, une volubilité toute méridionale. Le train à peine en marche, il trouva le moyen d'en-

(1) Nous avons adopté pour cette ville, non l'orthographe française, mais celle espagnole, seule admise par les signataires de la Conférence de 1906.

trer en conversation à l'aide d'un admirable havane qu'il demanda la permission de fumer.

Après quelques banalités qui ressemblaient à de petites escarmouches, sur la politique, la démocratie violente, les hostilités, l'anticléricalisme synthétique de la France qui lui aliène tant d'amis, les profondes sympathies du roi, du peuple, et l'amitié de l'Espagne pour sa voisine du nord, malgré les attirances germaniques que subissent « beaucoup de gens comme il faut », la première question que nous posa notre interlocuteur fut de nous demander si nous restions dans la Péninsule, ou traversions le détroit.

Sur notre réponse que nous allions vers le Maroc, le fin seigneur, après un éloge pompeux et mérité de notre Résident général et de son collègue espagnol le général Jordana, entama la question des droits et devoirs de chaque nationalité, surtout de l'Espagne, « souveraine dans sa sphère de domination au Maghreb ».

Nous l'arrêtâmes assez surpris en lui faisant observer que, peu au courant des protocoles diplomatiques, nous ne saurions traiter cette matière avec autant d'aisance que lui-même. Cependant, les différents traités qui liaient l'Europe, particulièrement les Gouvernements espagnol et français, nous étaient apparus comme ne comportant, ni pour l'un ni l'autre, l'exercice d'une souveraineté quelconque dans l'Empire chérifien dont l'empereur restait le sultan.

« Différence de droits », — répondit notre interlocuteur, — « car S. M. Moulay Youssef réside dans là zone du Protectorat français et dépend de la France; il a renoncé de ce fait à toute autorité sur le territoire que nous occupons. Ma patrie, fort peu avantagée par les conventions, entre autres l'Acte de la Conférence

d'Algeciras, ne possède, sauf Larache, que la côte méditerranéenne, peu riche, peuplée de tribus turbulentes,
et voit ses efforts paralysés chaque jour par les difficultés d'y faire la police, par conséquent de s'y installer,
difficultés dont la principale réside dans l'internationa-
lité de la ville de Tanger. »

Ce point était insidieux, on nous permettra d'ajouter
délicat.

Notre réplique fut la constatation du fait accompli,
résultant de nombreux protocoles et conversations ami-
cales. La situation avait été acceptée telle quelle avant
la guerre mondiale par le Gouvernement espagnol;
certains accords même étaient, en 1914, en voie de réalisation immédiate qui, après l'ouverture du conflit, faisaient à nouveau l'objet d'une controverse! D'ailleurs,
Tanger, refusée de tout temps par la Grande-Bretagne à la
France, ne pouvait constituer en l'état actuel qu'une base
diplomatique internationale, un port franc de transit,
une modalité d'entrepôt plutôt qu'un centre économique,
étant donné mille raisons dont la moins importante
semblait être la pauvreté de son hinterland.

Les deux sœurs latines ayant été chargées au nom
des Hautes Parties Contractantes d'y assurer l'ordre et
la sécurité, il fallait de toute évidence créer deux sphères
de police, comme cela a eu lieu, afin d'éviter des frot-
tements inutiles et souvent irritants. Le Tabor qui est
responsable à Tanger-ville étant espagnol, il était naturel que la zone de protection extérieure, si éprouvée déjà
par de bouillants et audacieux caïds dont l'un n'aspi-
rait à rien moins qu'à gouverner la région, fût confiée
au pays dont les droits étaient également incontestés et
incontestables. L'Angleterre, qui en avait disposé
sans les avoir, nous les avait reconnus sous réserve
qu'au détroit de Gibraltar, dont les colonnes d'Her-

culé sont une porte, aucune autre influence maritime où militaire que la sienne ne pourrait s'établir.

Quelques précisions suivirent concernant les tractations en cours que, par une chaleur communicative, nous paraissions bien connaître tous les deux; elles ne peuvent être rapportées pour des raisons supérieures devant lesquelles nous nous inclinons... C'est la guerre.

L'entretien descendit donc la côte marocaine du nord, — pendant que le train serpentait à travers le merveilleux paysage de l'Andalousie — et se dispersa sur Ceuta, Tétouan, et de là, vers les Présides jusqu'à Melilla, port franc, point de contrebande d'armes, malgré la douane voisine de Nador, administration musulmane, où le contrôle des oumana est plutôt illusoire qu'effectif.

C'est alors qu'une gêne se précisa à travers les fumées odorantes et bleues du deuxième cigare. Notre voisin, qui, cependant, n'avait pas envie de dormir, écouta sans enthousiasme les quelques statistiques officieuses, que nous lui citâmes, des importations d'armes et sorties sur le Rif, par comparaison à la voie qui transite la Moulouya vers l'Algérie.....

« Vous connaissez Melilla? » — Oui, répondîmes-nous et depuis 1905, époque à laquelle nous visitions, en compagnie du lieutenant de vaisseau Louis Say, le Cap de l'Eau et une petite partie de la côte ainsi que la plaine des Beni Mançour...

A ce moment, parut devant nous dans le déchirement d'une nuée, gigantesque et menaçant, le Rocher de Gibraltar, isolé au milieu d'une plaine immense de terre et d'eau. Le spectacle était impressionnant de majestueuse grandeur, et, comme le point culminant, en même temps que dangereux, de notre conversation avait été atteint, que nous nous sentions presque mar-

cher en terrain volcanique, nous nous levâmes mus
par un même ressort, pour admirer le panorama, avec
des sensations qui devaient différer.

D'un geste attentionné, notre compagnon nous offrit
de fumer, en nous présentant une collection de cigares
contenus dans une boîte d'argent somptueusement
armoriée. L'express ralentissait son allure; un va-et-
vient de voyageurs et d'employés dans le couloir, l'annonce de la station d'Algeciras dans cinq minutes, un
échange de cartes, — notre interlocuteur ayant peine
ou ennui à trouver la sienne, — une sympathique poi-
gnée de main, le désir exprimé de se revoir, et chacun fit voile vers ses destinées, lui au bateau de...,
nous à l'hôtel Reina Cristina, dans lequel, à la suite
d'un geste maladroit et impulsif de Guillaume II, une
Conférence régla par un Acte le sort provisoire du
Maroc. Ce Protocole peut se résumer à ceci : passer
une chaîne autour des bras de la France, tout en
faisant d'elle le gendarme économique, pacifique et ·
responsable de l'Empire chérifien!

Tanger, terrain à substratum mouvant, si délicat à
fouler, que le style télégraphique nous paraît, comme
vue d'ensemble, seul de mise pour entrevoir avec autant de rapidité que possible les têtes de chapitres que
nous n'osons pour notre part approfondir, nous bornant
à une sèche nomenclature.

En neuf jours ou neuf mois d'arrêt, avec patience et
esprit critique averti, voyez : Maison de France, Légations étrangères, Mission scientifique, petit et grand
Socco, surveillance mutuelle, cap Spartel, Tabor divers,
compétitions ardentes, ville de passage esthétique et,

par-dessus tout, dominant le reste, la Grande Volonté de la plus Grande-Bretagne.

Voilà ce qu'il importe de savoir d'abord...

Il serait peut-être inopportun de rappeler aujourd'hui la période héroïque de notre installation au Maroc et d'analyser tous les papiers diplomatiques qui l'ont précédée ou suivie. Nous oublions aussi, par crainte respectueuse de Messieurs les Censeurs, les raisons pour lesquelles Tanger, la blanche ville internationale, s'achemine vers la domination espagnole. L'histoire raconte, comme une petite marchande de légendes, que nous avons dû contracter des engagements, que des hostilités irréductibles ont mis leur veto à notre établissement sur la côte méditerranéenne, où nous n'avons obtenu ni un port, ni un point d'appui, pas même un débouché. On ne nous a pas non plus permis de créer une station maritime au nord du fleuve le Sebou, sur l'Atlantique; autrement dit à droite et à gauche de Tanger, pas de France!

Une foule de gens, très haut placés en Europe, ont pris ombrage de l'arrivée des Français au Maroc; la politique, pas toujours belle ni bonne, est intervenue. Nous croyons savoir, à l'honneur de certains de nos dirigeants, que des protestations se sont élevées de notre part; M. Philippe Berthelot, le distingué collaborateur de S. E. M. Briand, président du Conseil et ministre des Affaires Étrangères, a déclaré qu'il voulait le Cap de l'Eau et... Tanger, parlant ainsi en patriote. Mais qu'en résultera-t-il?

On dit que cette opinion n'est pas de mode. Qui sait?

Si, à une certaine date, l'internationalisation (1)

_____

(1) Ce mot nous apparaît comme un barbarisme, bien qu'il soit employé par la Diplomatie.

nous a été imposée par d'excellents amis pratiques,
auxquels nous devons beaucoup à l'heure présente, et
qui nous devront un peu demain leur suprématie mondiale, ce n'est pas un prétexte suffisant, pour qu'ils
soient presque les seuls aujourd'hui à se réserver une
monnaie d'échange en refusant d'abandonner leurs capitulations, et leurs tribunaux consulaires, gênant notre
expansion en soulevant des difficultés auxquelles viennent se joindre comme par hasard « les droits historiques de l'Espagne ». Pourquoi pas le Portugal?

Au fait, on pourrait se demander si ce sont les Espagnols qui ont des droits historiques sur le Maroc, ou les
Marocains qui en possèdent sur l'Espagne. La controverse serait diversement appréciée, surtout par la ville
de Cordoue et celle de Grenade, ex-capitale musulmane
où une multitude de Berbères habitaient de 1235 à
1492. Leurs descendants, d'ailleurs, ont gardé avec reli-
giosité les clés des palais où logeaient leurs ancêtres.

Où sont ici nos amis sincères?

On prétend que l'amitié ne s'impose pas; c'est une
erreur entre nations. Il y a deux sortes d'amitiés politiques : celle, sentimentale, assez fragile si elle n'est pas
intéressée, qui se crée par suite du courant de sympathie, d'instinct ou de communauté de race, et celle
pratique, des gens forts qui se conquiert par le Respect
casqué, et ganté s'il le faut de velours. Cette dernière,
pas belle il est vrai, n'est point toujours sans utilité;
nous le voyons chaque jour par l'attitude des neutres
dans la guerre que nous subissons.

Quoi qu'il en soit, la situation est aujourd'hui la suivante : Tanger, — ville et arrière-pays secondaires, au
point de vue local économique, — se présente comme

une formidable cité de passage, sorte de Port-Saïd de l'ouest que visiteront trafiquants et voyageurs des Grandes Lignes; là est son avenir immédiat, puisque la base navale est écartée. Pittoresque agglomération de 80 000 habitants environ, étendue au bord de la Méditerranée, elle est le panorama de la côte marocaine nord qui, du large, a l'aspect le plus séduisant.

Dès qu'on y entre, on se trouve en cité arabe mille fois décrite, mais ce qu'elle présente de spécial, c'est un régime politico-diplomatique, difficile à nommer, grâce auquel l'Europe, avec distinction et courtoisie, commande, ou a la prétention de le faire, ce qui dans l'espèce n'est pas toujours la même chose.

Le mot de passe semble être : diviser pour que personne ne règne! Est-ce une manière correcte et digne?

Pourquoi ces efforts contrariés et stériles? Parce que Tanger est pour tout voir un incomparable clocher, un poste redoutable de commandement. Sa position privilégiée lui assigne les destinées d'une grande place maritime, et c'est là que gît le brandon de discorde, car en face, il y a un Rocher dominateur et isolé qui conserve la volonté agissante d'être seul et maître.

En effet, point de contact supérieur entre la Méditerranée et l'Atlantique, Tanger pourrait être une position stratégique de premier ordre, et l'escale indiquée de toute la navigation qui transite d'une mer à l'autre.

Cette vision est si exacte que, pour un commerce local modeste, ce port est fréquenté par une flotte mondiale chiffrant, d'après les dernières statistiques pour 1915 :

Entrées : 1475 navires jaugeant 685 712 tonneaux.
Sorties : 1462   —   —   616 183   —

En 1914, les entrées ont été de 1 813 navires se décomposant en 1 661 vapeurs et 152 voiliers, jau-

geant respectivement 1 389 613 tonneaux et 7 720 tonneaux; à la sortie : 1 722 navires dont 1 605 vapeurs
et 117 voiliers d'un tonnage respectif de 1 335 991
et 5 305.

Au point de vue pratique, ces données demanderaient à être détaillées surtout en ce qui concerne le
tonnage des marchandises réellement embarquées ou
débarquées.

On attend aujourd'hui le port dont la construction a
causé l'échange de tant de notes, remuant des intérêts
internationaux puissants. Il servira, entre autres desti-
nations, au ravitaillement des bâtiments de passage,
soit pour décharger le fret, soit pour en embarquer. Ce
sera en outre une station de charbon privilégiée, comme
il est difficile d'en voir de plus importante, donnant
lieu ainsi à un trafic maritime, en dehors de tout mouvement local d'importation, d'exportation, ou du transit résultant de la construction du Tanger-Fez et de
son raccordement aux chemins de fer français du
Maroc.

De par sa situation, Tanger est une « boutique
d'angle », établie au croisement des chemins parcourus
par les trafiquants de la mer et ceux de la terre d'Afrique
du nord-ouest. Pas une station maritime ne saurait être
placée d'une façon plus avantageuse pour le commerce
de transit, et les navigateurs qui vont des ports atlantiques de l'Europe à ceux des Indes et de toute l'Asie,
des centres méditerranéens aux deux Amériques ou
à l'Afrique Occidentale, y trouveraient une gare de
marchandises admirable, placée à l'endroit le plus
propice.

Pour que ce problème d'avenir soit complet, on doit
y ajouter un corollaire indispensable : une telle cité, un
tel entrepôt doit être perfectionné, élargi, et devenir

port franc comme Hambourg. Le commerce étranger y aurait donc la faculté de s'exercer libre de toute redevance, sans que l'administration des Douanes puisse y prétendre à un contrôle et faire payer des droits, autrement que pour les marchandises entrant sur le territoire de l'Empire chérifien. On pourrait arguer, en faveur de cette thèse, que Tanger a toujours été considérée comme port franc depuis 1682, époque à laquelle un traité entre la France et le Sultan en posait le principe, autorisant les marchands, « en cas qu'ils ne missent leurs marchandises à terre pour entrepôt », à pouvoir les réembarquer sans payer aucune taxe.

Enfin, il faudra terminer un jour le chemin de fer international imposé entre Tanger et Fez, aujourd'hui en cours d'exécution, qui, traversant la zone espagnole, passe par El Ksar El Kebir, Souk el Arba du Gharb, Sidi-Kacem et Meknès. Il se relie en deux de ces points (1) à notre futur réseau français dont les études sont poursuivies au nom du Consortium, avec autant de talent que d'autorité, par l'ingénieur en chef de la construction du Paris-Lyon-Méditerranée, M. Séjourné. La ligne sera la source d'un trafic considérable, si nous en jugeons par les produits divers et en particulier les céréales, qui ont été exportés ces dernières années (2); on peut donc fonder de grands espoirs sur l'avenir de cette voie de communication, sans cependant en déterminer le tantième par des chiffres quelconques, à l'époque où nous écrivons.

---

(1) Souk-el-Arba du Gharb et Sidi-Kacem. (Voir page 175 la carte des chemins de fer projetés.)

(2) Voir aux Annexes les tableaux des exportations.

Pour les céréales, les envois en France ont été de 445 187 quintaux métriques en 1915 et de 1 553 252 quintaux métriques en 1916. Les laines se chiffrent en 1915 par 34 183 quintaux métriques et par 37 127 quintaux métriques en 1916.

§ 2. Les centres. Considérations générales.

Les principales villes de centres économiques (1) du Protectorat sont, en dehors de la zone internationale de Tanger où nous avons notre Légation et dont nous venons de parler : Rabat, cité impériale, chef-lieu administratif du Protectorat, qui commande une partie des régions du nord ; Casablanca, débouché général du Maroc et des Chaouïa ; Mazagan et son annexe Azemmour qui conduisent aux Doukkala ; Safi, le port le plus rapproché de Marrakech, commandant le cercle des Abda et tout l'arrière-pays ; Mogador, aboutissement provisoire des Chiadma-Haha et du territoire M'touga ; enfin, Agadir, base navale de demain, futur havre parmi les deux principaux de la côte. Il domine tout le Sous encore peu étudié, bien qu'il ait servi de tremplin aux ambitions germaniques jusqu'au moment où la guerre les en a chassées.

Si nous quittons les côtes pour entrer dans l'intérieur, notre attention est arrêtée sur la seconde capitale, Marrakech, ville saharienne déchue, contrée des irrigations par excellence, où aboutissent toutes les ressources du Haut-Atlas.

Remontant dans le nord-est, nous rencontrons le Tadla, qui est une véritable Beauce ; au nord, la région

(1) Dans le but d'établir une organisation uniforme dans les principaux centres marocains, l'administration prépare un dahir fixant d'une manière définitive le régime municipal des villes de Casablanca, Rabat-Salé, Fez, Marrakech, Meknès, Kenitra, Mazagan, Safi, Mogador, Azemmour, Settat, Sefrou et Taza.

Cet arrêté réglera les attributions du chef des services municipaux, du pacha, ainsi que le mode de constitution et de composition des commissions municipales.

des Zaer et des Zemmour, très riches toutes deux;
enfin, l'hinterland de Fez, point unique, et Taza, dernière ligne fermant la trouée stratégique de l'Innaouen,
qui traverse l'Atlas vers le Maroc Oriental où le chemin de fer militaire nous conduit, par Guersif, Taourirt,
El Aïoun et Oudjda, sur la grande ligne Tlemcen-Oran-
Alger-Tunis, le transafricain du Nord.

En revenant à Fez, nous descendons dans l'ouest à
Meknès, puis vers la direction de la vallée du Sebou
pour atteindre Kenitra, située sur cet oued à 15 kilomètres environ de la côte et appelée à devenir le port
du Maroc le plus rapproché de ces deux villes impé-
riales, à l'embouchure du grand fleuve de ce versant,
le seul actuellement navigable.

L'arrière-pays de Kenitra, le Gharb, comme celui de
Meknès, est entre tous riche et fertile au Protectorat.
C'est pour ce motif que nous avons consacré une étude
à la partie de cette région, qui nous a paru spécialement intéressante pour l'instant présent; celui qui
écrira demain trouvera un champ économique beaucoup plus vaste encore.

Sans vouloir nous permettre de juger la question
diplomatique que nous avons eu l'honneur de traiter
avec l'éminent Délégué à la Résidence générale,
S. E. M. le comte de Saint-Aulaire, nous estimons que
nous ne pouvons sous aucun prétexte et pour quelque
cause que ce soit, nous incliner devant des prétentions
basées sur des différences d'interprétation de divers
traités, dont le contexte semble manquer à dessein de
précision.

Des influences, mises au service de certaines nations,
des intérêts constitués lors de la dilapidation des biens
du Makgzen par les anciens sultans, viennent entraver

aujourd'hui notre essor au Maroc et paralyser par des privilèges excessifs, même l'expansion de nos ports (1).

Il est indispensable que cela cesse et les intrigues auxquelles se livrent des neutres ou des amis ont besoin d'être mises au point avec fermeté. Nous en avons eu la preuve, à la suite d'un voyage en compagnie d'un étranger, qui monologuait un peu haut, sans même prendre la peine de s'objectiver. « Méfiez-vous », disait un ancien ministre de la Guerre...

§ 3. Vue d'ensemble sur les côtes marocaines.

Malgré ses deux façades sur les mers et la grande étendue de son littoral, qui a un développement total de plus de 1 500 kilomètres (2), le Maghreb n'avait eu, jusqu'à ces derniers temps, qu'une activité maritime médiocre. L'insécurité de la partie riffaine, l'inhospitalité de la côte ouest, aussi bien que la politique d'isolement pratiquée par les chérifs, paralysaient les échanges avec l'extérieur par l'Océan et la Méditerranée.

Des rivages du nord, qui, de Ceuta à l'oued Kiss, se prolongent sur une longueur d'environ 420 kilomètres, la France n'a obtenu qu'une partie infime, tant par son périmètre que par sa structure. Le pays soumis à notre protectorat n'a d'accès, vers la Méditerranée, que par la plage sablonneuse, basse, qui sur une vingtaine de kilomètres, borde la plaine des Oulad Mançour, de Port Say, frontière algérienne, à la Moulouya; cette forme ne se prête guère à l'installation d'un port. Après ce fleuve,

---

(1) Voir à Safi, par exemple, les « Droits de Clef » ; lire leur définition, page 118.

(2) De l'oued Kiss sur la Méditerranée à l'oued Dra sur l'Océan.

mais après seulement, il y a une position ayant dé la valeur : le Cap de l'Eau ; il est à l'Espagne.

La côte atlantique, orientée dans l'ensemble du nord-est au sud-ouest, est fort peu hospitalière ; la violence des vents y rend la mer très dure ; la houle du large qui se fait sentir tout le long du rivage et les atterrissements qui barrent l'embouchure des fleuves, y occasionnent de forts brisants. Ces inconvénients sont, d'autre part, aggravés du fait que ce littoral est fort mal articulé, puisque dépourvu de golfes ou de rades s'enfonçant dans les terres.

De la zone espagnole à Rabat il forme une ligne à peu près droite, bordant les plaines alluviales du Gharb de dunes plates et sans autres abris que les coupures du Sebou et du Bou Regreg. Ces deux oueds se terminent dans l'Océan par des estuaires assez vastes, pour constituer des ports naturels offrant des mouillages profonds et sûrs, mais une barre dangereuse en défend l'accès aux navires ayant une calaison supérieure à 3 mètres. A l'entrée du Sebou se trouve le petit refuge ensablé de Mehediya ; les deux rives de l'estuaire du Bou Regreg sont occupées par Rabat et Salé.

Entre Rabat et Casablanca la côte est basse, le plus souvent rocheuse et bordée de récifs ; les sables dominent, au contraire, de Casablanca à Azemmour. Les seuls atterrissages intéressants pour la navigation, dans le littoral peu élevé des Chaouïa, sont la rade de Casablanca et la petite baie de Fedalah ; celle-ci, peu accentuée, constitue cependant un bon mouillage, bien disposé contre les vents sud-ouest-nord-ouest, par un promontoire rocheux qui émerge à marée basse, sur près d'un kilomètre de longueur, et que jalonnent deux îlots de 10 à 15 mètres de haut. La rade de Casablanca, comprise entre la presqu'île d'Oukacha à l'est et le pro-

montoire d'El Anq que prolongent des écueils dangereux
à l'ouest, est spacieuse, mais trop évasée et exposée
par suite à l'assaut des vents violents et des lames qui
déferlent jusqu'à terre. C'est ce point cependant que
les événements, beaucoup plus que ses qualités nau-
tiques, ont désigné comme le débouché principal du
Maroc Occidental. La construction du port s'y poursuit
avec succès et rapidité.

Au sud de l'embouchure de l'Oum-er-Rebia, obs-
truée par les alluvions, Mazagan offre un point important assez bien abrité. Sur l'oued même, à 6 kilomètres de la mer, Azemmour se présente comme
appelée à devenir un port fluvial très utile, en eau profonde.

La côte, qui, jusqu'à Oualidïa, est plutôt plate et formée de dunes, redevient escarpée presque jusqu'à
Mogador. Dans une partie des Doukkala, des Abda, des
Chiadma, le littoral semble généralement formé par des
falaises abruptes hautes parfois de 60 mètres; on y
trouve la rade demi-circulaire de Safi.

Mogador est un des havres les mieux abrités de cette
région de l'Atlantique; son port, protégé par une presqu'île et l'ilot de Joinville, s'entoure d'un cordon de
dunes qui se prolongent jusqu'au Cap Sims; il contient
peu d'eau et tend à s'obstruer.

Dans sa partie méridionale, le rivage atlantique marocain est plus hospitalier, par suite de sa configuration
favorable et du calme relatif de la mer. Le mouillage
d'Agadir apparaît le meilleur de tout le Maroc Occidental.

En résumé, l'Océan Atlantique ne présente, sauf à
Agadir, que des rades foraines battues par une mer
mauvaise, d'un abord difficile pour les navires qui sont
obligés de s'ancrer au large et d'effectuer leurs embar-

quements et débarquements au moyen de barcasses ou
d'allèges. Aussi bien, la question des ports, vitale pour
l'avenir du Maroc, est-elle une des plus délicates que le
Protectorat ait eu à envisager.

§ 4. État des ports en 1913.

A l'époque où la France s'est établie à titre officiel
dans l'Empire chérifien (30 mars 1912), la situation des
ports était la suivante : les opérations maritimes ne
pouvaient s'effectuer dans ceux ouverts au commerce
international, qu'autant que le permettait l'état de la
mer ; en hiver, elles étaient impossibles pendant des
périodes parfois très longues. C'est ainsi que souvent,
après avoir séjourné sur une rade, les navires repar-
taient sans avoir pu décharger leur cargaison ou
embarquer les marchandises qui leur étaient destinées.
Les barcasses elles-mêmes n'y étaient pas à l'abri ; en
raison des installations plus que sommaires, les tempêtes les détruisaient, ou les détérioraient fréquemment
et tout trafic maritime était, de ce fait, suspendu pendant le temps nécessité par les remplacements ou les
réparations. A partir de 1904, on a bien cherché à
remédier en partie à ces inconvénients en dotant
quelques ports d'un outillage fort rudimentaire. L'Acte
d'Algeciras a institué, en son article 66, [une taxe
spéciale destinée à leur amélioration ; elle est perçue
sur les produits importés au Maroc par voie maritime et
s'élève à 2,50 0/0 de la valeur.]
Tanger et Larache ont, les premiers, reçu quelques
aménagements ; comme par hasard, les travaux en
furent confiés à des firmes allemandes. Une société
française, la Compagnie Marocaine, s'était chargée de
la construction d'un petit port à Casablanca et d'un

wharf à Safi, ce dernier avait été prévu trop bas, car les tempêtes l'ont en partie détruit.

Les travaux à Casablanca étaient en cours d'exécution, quand, en 1907, au grand émoi de Berlin, nos troupes durent occuper la Chaouïa; l'essor qui en résulta bientôt pour ce dernier endroit, et les nécessités des échanges avec la métropole en vue du ravitaillement des troupes, incitèrent les autorités à créer dans cette ville un port pouvant recevoir en toute sécurité les grands paquebots; les dépenses devaient être couvertes à l'aide des sommes versées à titre d'indemnité de guerre par des tribus marocaines. La construction d'une grande jetée entreprise dans ces conditions fut cependant abandonnée, faute de ressources et de matériel nécessaire.

Un programme de travaux publics des plus restreints s'étendant sur six années, de 1909 à 1915, comportait diverses améliorations, en particulier l'aménagement des ports et l'éclairage des côtes. La dépense projetée était de 4 905 000 francs. Toutes ces opérations de mise en état ne reposaient sur aucun plan d'ensemble, fragmentaires et de peu d'ampleur, elles ne pouvaient remédier à la situation déplorable qui entravait le trafic.

En prenant charge du Maroc, la France s'obligeait à outiller ce pays au point de vue économique. Dès le mois [de juin 1912' une Commission composée de techniciens étudiait la question de concert avec les services du Protectorat, et, au début de 1913, un programme fut arrêté qui comprenait la construction d'un grand port à Casablanca, au compte de l'emprunt de 1914, ainsi que divers travaux d'aménagement (abris à barcasses, appontements, etc.) pour les ports régionaux de Kenitra, de Rabat-Salé, de Mazagan, de Safi et de Mogador. Les fonds nécessaires aux ouvrages de ces derniers sont prélevés sur la caisse spéciale alimentée par la taxe de 2,50 0/0 sur les produits importés au Maghreb.

Ce rapide exposé de la situation depuis l'année 1913 permettra de se rendre compte, par comparaison avec l'état actuel des travaux, de ce que la France a forgé depuis qu'elle s'occupe de la mise en valeur de l'Empire chérifien.

5. Les ports.

CASABLANCA. — Plusieurs volumes seraient nécessaires pour parler de Casablanca, examiner ses ressources et supputer son avenir, tant son essor à l'américaine a été fantastique.

C'est l'éternel sujet de surprise de ceux qui ont connu cette ville vers 1907, bourgade infime, foyer de discorde et de complots, centre de résistance sans pareil à la pénétration européenne, surtout à la France.

Un chérif des environs de Marrakech, dont nous avons été l'hôte, et qui personnifiait jadis une des âmes de la révolte, nous a conté cette épopée de « baroud ». En d'autres circonstances, nous nous serions fait un plaisir de la rapporter avec ses pittoresques images de « vieux coupeur de routes »; mais Celle qui veille à la pondération du langage et des écrits nous plongerait sans aucune forme son accessoire dans le parchemin, ce à quoi, en Français respectueux de la discipline, nous n'avons nulle envie de nous exposer.

D'ailleurs, Casablanca est le débarcadère de presque tout le monde, l'aboutissement des grandes lignes françaises et étrangères; personne n'éprouve donc de difficultés à y venir, et par cela même, à se documenter dans un but précis, avec plus d'opportunité que nous ne pourrions le faire en parlant de généralités, dans un cadre aussi restreint.

A part la question du port et les projets de développement qu'il comporte, nous nous contenterons de signaler, sans analyse, les nombreux commerces et industries qui peuvent s'y établir et prospérer : tout ce qui a trait au bâtiment, à la meunerie, à l'alimentation, les transports maritimes côtiers et au long cours, les entreprises de pêcherie, certaines métallurgies, le commerce des machines agricoles et celui des céréales, qui trouvera un aliment merveilleux à son activité dans la riche contrée des Chaouïa, et dans tout le Maroc dès que le rail normal fonctionnera, donc dans quatre ou cinq ans environ.

On doit prévoir l'installation de scieries mécaniques, de fabriques de crin végétal, de boissons gazeuses, de conserves diverses et de raffineries de sucre, sans oublier tout ce qui a rapport à la laine.

Enfin, toute entreprise de transports terrestres par automobiles, camions et voitures à voyageurs fournira les éléments de profits avantageux.

Quant aux industries indigènes, elles se bornent aux tapis, nattes, à la bijouterie marocaine, aux selleries arabes et à la céramique. Cette dernière produit des articles assez communs.

Le chemin de fer militaire actuel ne dessert que d'une façon insuffisante Casablanca à Dar Caïd Tounsi, puis à Rabat, Meknès, Fez vers l'Innaouen, et, dans le Maroc Oriental, la vallée de la Moulouya en partant de Taza pour aller à Oudjda.

Ainsi que nous le constatons, Casablanca a pris, depuis quelques années, un accroissement prestigieux (1).

(1) Sa population, d'après le dernier recensement, serait de 85 000 habitants, dont 25 000 Français environ. (Chiffres qui nous

Bien qu'une crise déjà amorcée soit fatale sur les terrains, après l'expansion trop rapide qui a eu lieu et en
raison peut-être de la raréfaction des capitaux après la
guerre, l'avenir de cette ville, qui a été conçue comme
devant être le nombril du Maroc, est une certitude.

Il ne faudrait pas cependant exagérer, et croire que
ce centre seul est digne d'intérêt au Protectorat. Ce
qu'on a appelé « l'erreur de Casablanca » est une opinion qui peut être discutée. Pourquoi y a-t-on débar-
qué? Tout simplement parce que la révolte s'était
produite là; on aurait pu le faire aussi à Rabat, à
Mazagan, ou sur toute autre rade, car celle de Casablanca ne présentait comme avantage spécial qu'une
habitude antérieure. La tenue y était mauvaise, et les
bâtiments obligés de prendre la cape à la moindre
annonce de mauvais temps, ennui plus ou moins commun à presque tous les havres de la côte occidentale,
marocaine.

La raison primordiale, valable et juste, réside en ce
que de nombreux intérêts européens étaient déjà en jeu,
et que le Protectorat les eût déçus, s'il avait choisi un
endroit différent pour en faire le pôle d'attraction. Dans
tous les cas, il est hors de saison de discuter; la détermination est prise, on fera à Casablanca le port du
Maroc et il sera doté de tout l'outillage moderne le plus
perfectionné (1). L'aménagement de Kenitra, Rabat,

ont été fournis et que nous reproduisons sans aucune garantie.)

(1) Le commerce y a triplé depuis 1910, époque où les importations
étaient de 14 570 512 francs et les exportations de 9 740 748 francs,
soit au total 24 311 260 francs.

Or, en 1915, les échanges commerciaux entre la France et notre
grand port marocain atteignaient presque 80 millions de francs. Sur
ce chiffre, les sucres représentent environ 20 millions, les vêtements près de 2 millions et demi, les blés 2 866 656 francs et les orges
6 966 792 francs.

Les principaux produits marocains exportés de Casablanca sur

Mazagan, Safi et Mogador, ne comportera que des sommes modestes. Nous réservons aussi la question d'Agadir que nous traiterons à part, tant au point de vue économique que politique.

*
* *

D'après le projet du 13 octobre 1912, la protection de la rade comporte la création d'un grand port destiné à abriter les navires à fort tirant d'eau, et d'un petit, englobé dans le premier, servant de refuge aux embarcations légères, aux remorqueurs et aux barcasses de l'acconage, ainsi qu'aux bateaux de mer à faible calaison.

Constitué par deux jetées, le grand port aura une surface liquide de 142 hectares environ (1). La jetée nord-ouest, qui s'enroche auprès des remparts de Sour Djedid, s'étendra dans une direction d'abord perpendiculaire, puis parallèle au rivage, sur une longueur de 1 900 mètres et par des fonds de 12 à 18 mètres. L'autre, qui mesurera 1 400 mètres, se soudera à la côte un peu à l'est de l'abattoir et se dirigera transversalement vers la première, qu'elle rejoindra à 300 mètres environ de son extrémité, en ménageant une passe de 250 mètres. Ce bassin sera muni de quais où pourront accoster des navires de 10 mètres de tirant d'eau, et qui comporteront des docks, des appareils puissants pour la manutention des marchandises, etc...

la France sont : les céréales, les peaux, les pois chiches, les graines de lin, la laine, etc. On remarque que les céréales suivent aussi beaucoup d'autres voies.

Son commerce total avec l'Allemagne s'est élevé, l'année qui a précédé la guerre, à 5 769 426 francs.

(1) Voir le plan du port de Casablanca aux annexes.

Deux petites jetées abriteront le port intérieur, dont la surface d'eau sera de 10 hectares environ. L'étendue de ses quais est fixée à 757 mètres et la surface des terre-pleins à 16 hectares et demi.

Ces prévisions sont insuffisantes si l'on veut penser au résultat probable que donnera demain le trafic, car la sagesse indique de travailler pour l'avenir et en vue des transformations qu'il apportera (1).

L'étude, comme le plan d'ensemble dressé pendant l'été de 1914 l'indique, prévoit déjà un agrandissement qui nous paraît une nécessité urgente (2).

Il donnera au grand port 177 hectares de surface d'eau, 5 340 mètres de quais et 161 hectares de terre-pleins. Bien que l'entrée, prenant la barre en

---

(1) La région dont le port de Casablanca est le débouché principal comprend déjà comme surfaces cultivées :

Pour l'orge : Ben Ahmed	52 000	hectares.
Camp Boucheron	46 000	—
Settat	32 000	—
Oulad Saïd	32 000	—
Ber Rechid	19 000	—
Pour le blé : Camp Boucheron	33 000	—
Ben Ahmed	30 000	—
Oulad Saïd	30 000	—
Settat	17 000	—

Nous signalons, enfin, que les cultures maraîchères pratiquées aux environs de la ville sont appelées à un avenir considérable, même au point de vue de l'exportation.

Toutes les indications ci-dessus ne représentent qu'une faible part du trafic futur, car nous ne tenons pas compte des pâturages qui occupent plus de 450 000 hectares et nourrissent, rien que dans la région, plus de 86 000 bœufs, 550 000 moutons, 41 000 ânes, 19 000 chevaux, 137 000 chèvres et plus de 5 000 porcs, dont une partie est destinée à l'exportation, étant donné que la consommation locale ne retient pas plus de 25 000 bœufs, 90 000 moutons et 15 000 chèvres. Enfin, le commerce, les industries et les produits du sous-sol, particulièrement les phosphates découverts dans la région d'El Boroudj, augmenteront le trafic dans des proportions importantes.

Voir pour la répartition des cultures page 223 et la carte n° X aux annexes.

(2) Voir le plan du port de Casablanca aux annexes.

travers, continuera à présenter certaines difficultés, malgré la pointe de 300 mètres abritant les passes, on pourra cependant tirer un parti considérable des arrangements adoptés. Néanmoins, cette condition d'accès étant défectueuse, il faudra savoir si les navires qui sont à quai pourront sortir par mauvais temps et ceux du large entrer dans les mêmes circonstances. C'est ce que les marins discutent et il ne nous appartient pas, quelle que soit notre habitude de la navigation, de donner notre avis.

Malgré les entraves de toutes sortes résultant de la guerre, les travaux ont été poussés avec une grande activité par les adjudicataires, MM. Schneider, du Creusot, et la Compagnie Marocaine.

La jetée ouest du port intérieur est achevée depuis deux ans, elle a une longueur de 220 mètres; divers ouvrages ont été exécutés en outre sur cette partie de la rade. La darse ouest abrite maintenant les nombreux bateaux du service de l'acconage, remorqueurs, barcasses, chaloupes; ses terre-pleins sont utilisés pour le débarquement des voyageurs. Quant à la jetée est du petit port, dont la construction n'a pu être entreprise qu'au cours de l'année 1916, elle mesure aujourd'hui 112 mètres et sa longueur totale sera de 370 mètres. Par contre, les terre-pleins de Sidi Beliouth sont déjà munis d'un outillage qui facilite la manutention des marchandises : voies ferrées Decauville et chaussées nombreuses, dix grues à vapeur, hangars couvrant une superficie de 10 000 mètres carrés, etc...

On semble avoir renoncé au système de la régie pour le débarquement et autres manutentions des marchandises, qui sont assurés par un groupement de compagnies de navigation et d'acconiers professionnels de Marseille ou de Bordeaux.

Les travaux du grand port sont moins avancés; le

tronçon de la jetée ouest n'atteint pas plus de 546 mètres ;
les tempêtes y sont bien pour quelque chose. Il n'y a
donc pas lieu d'en faire grief aux adjudicataires qui,
malgré les difficultés présentes, viennent d'établir des
chantiers très perfectionnés ; nous avons été surpris de
l'ordre, du rendement et de l'assiduité du personnel
ouvrier, tant indigène qu'européen.

*
* *

Il ne faudrait pas comprendre comme arrière-pays
de Casablanca, ainsi que l'ont fait certains auteurs, dont
nous ne suspectons pas la bonne foi, la région des
Doukkala, pas plus que celle des Sgharna, et à plus
forte raison les Rehamna, sous prétexte que notre futur
grand port au Maghreb figure un commandement
unique, une sorte de corps d'araignée dont les pattes,
sous forme de voies ferrées, de routes maritimes et
terrestres, de pistes rayonnantes, s'étendent dans tous
les sens. La capitale commerciale du Protectorat possède d'assez beaux lots dans son entourage sans envier
la fortune des voisins. Ne renouvelons pas à ce sujet la
faute de centralisation excessive que nous avons faite
en France un peu pour tout et en particulier dans l'établissement des chemins de fer.

Les tribus énumérées ci-dessus constituent, avec Marrakech, des contrées indépendantes ayant elles-mêmes
leurs débouchés plus proches, Safi et Mazagan.

Enfermés par l'oued Tensift et l'Oum-er-Rebia, les
Doukkala sont compris entre les rades auxquelles le
rail ne se rendra pas ; il est donc plus pratique de leur
conserver leur autonomie.

Casablanca reste la « great attraction » ; son trafic est
le double du centre le plus favorisé après lui, mais ses

capacités d'absorption, si grandes soient-elles, ne peuvent pas viser à détruire la concurrence. La passion d'hégémonie et l'ambition démesurée ont toujours eu des conséquences funestes et exposeraient le Maroc tout entier à une crise éventuelle.

FEDALAH. — Fedalah est un joli coin sur la rive d'une belle plage, au fond d'une légère dépression, dans une anse tranquille où nous avons toujours vu la mer calme. Actuellement, en dehors de la kasba, des bâtiments de la Compagnie du Port, et d'une briqueterie, on n'y trouve que de rares habitations.

Quel est l'avenir de cette station, qui peut devenir intéressante, lorsqu'on y aura procédé à des aménagements sommaires, planté quelques arbres, et que les projets de lotissement auront reçu une exécution ? — Nul, croyons-nous, ne le sait, mais tout va si vite.

En cas d'encombrement, dit-on, elle servira de décharge obligée au port de Casablanca dont elle évitera l'embouteillage ; c'est dans cette perspective qu'une société est en voie de construire un bel abri à ses frais, sans garantie aucune et sous certaines conditions d'exploitation ; c'est déjà une bonne note.

Située à 25 kilomètres au nord-est de Casablanca, entre cette ville et Rabat distante de 65 kilomètres, la baie de Fedalah est protégée contre les vents du sud-ouest et du nord-ouest par deux îlots de 10 à 15 mètres de hauteur, reposant sur un éperon rocheux qui, à marée basse, émerge sur près d'un kilomètre. Cet abri naturel dont l'entrée est praticable par tous les temps, circonstance exceptionnelle sur la côte atlantique, se trouve déjà amélioré d'une manière notable depuis l'achèvement de deux digues reliant les îlots entre eux

et à la terre ferme. La grande jetée du large est construite sur 140 mètres et l'épi en enrochement a une
longueur de 395 mètres.

Un bassin et un appontement de 160 mètres, muni
de grues à vapeur, sont réservés pour décharger les
barcasses. Enfin deux hangars, d'une superficie totale
de 2 000 mètres carrés, ont été bâtis sur les terre-pleins
que desservent des voies ferrées.

Nous ne croyons pas à un essor immédiat de cette
annexe de Casablanca dont les environs ne présentent
point un intérêt spécial, à moins que la mine de fer située, suppose-t-on, à quelques kilomètres, ne donne un
jour des résultats appréciables. Le minerai, que nous
avons récolté nous-même en affleurements à cet endroit,
n'est pas une raison concluante et nous estimons, avec
l'éminent géologue M. Gentil, que des prospections sérieuses, faites par des spécialistes, pourront seules fixer
les intéressés à cet égard.

Fedalah, qui conservera, dans tous les cas, une
importance relative en tant que station de pêche (1),
où trois sardineries sont déjà prospères (2), a été ouverte
au commerce international le 14 mai 1914. La Compagnie Franco-Marocaine et la Compagnie du Port, qui se
sont chargées de l'aménagement en même temps que
de l'outillage de la baie, étudient la création d'une ville

(1) Tous les ans, viennent d'Espagne 3 ou 400 balancelles armées
en pêche, jaugeant de 25 à 30 tonnes et montées chacune par 7 ou
8 hommes qui pêchent dans les environs de Fedalah au filet dérivant ou au chalut. Elles font la campagne de la sardine et celle du
maquereau, puis descendent vers Safi, Mogador et Agadir, où elles
prennent du merlu, des mulets, des grondins, des soles, des limandes,
des raies, et enfin des langoustes et homards. Une partie du poisson
est vendu frais sur les marchés de Casablanca et de Rabat, le reste
est salé à bord et va en Espagne où il est consommé.

(2) La question industrielle est traitée au point de vue général au
chapitre vi. Nous n'examinerons dans les « Villes » que les spécialités nous paraissant surtout intéressantes pour chacune d'elles.

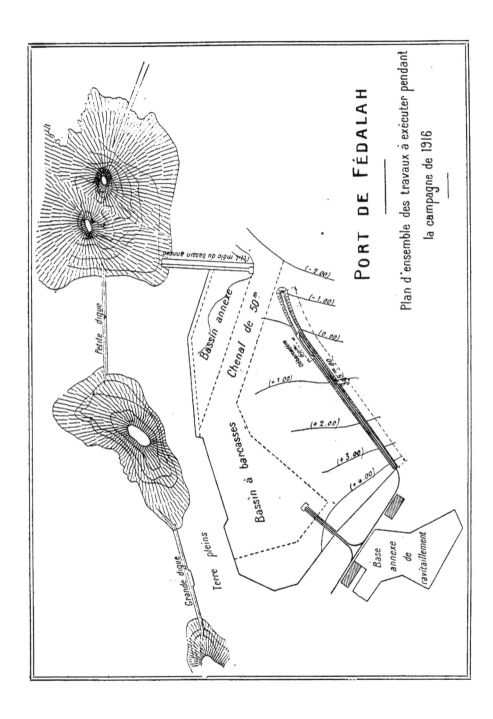

PORT DE FÉDALAH

Plan d'ensemble des travaux à exécuter pendant la campagne de 1916

européenne appelée à devenir une station balnéaire indiquée pour les habitants de Casablanca.

RABAT. — Assise à l'embouchure et sur la rive gauche de l'oued Bou-Regreg, en face de Salé, dont elle n'est séparée que par la rivière, elle compte environ 36 000 habitants, dont 5 000 Français; c'est la ville la plus peuplée après Casablanca. On peut considérer aussi qu'aucune cité n'est plus jolie et ne se développe dans des conditions d'esthétique meilleures.

De longues polémiques se sont élevées à l'origine lorsqu'il s'est agi de fixer la capitale administrative de l'Empire. Nul point ne s'était imposé au choix du Résident général et des luttes fameuses, dont les premiers arrivés ont eu connaissance, eurent lieu pour obtenir ce titre tant convoité.

Les raisons déterminantes qui agirent en définitive nous sont inconnues; on les attribue à un concours de circonstances, auxquelles le facteur politico-économique n'est peut-être pas étranger.

L'hinterland de Rabat est encore presque vierge; possédant de l'eau en abondance et sillonné d'une foule de rivières, sans compter le plus beau fleuve du Maroc, le Sebou, il n'est pas simplement tributaire des pluies d'hiver, comme certaines contrées. Bien que considérable, sa richesse est un peu à l'état embryonnaire, si on la compare à ce qu'elle doit devenir, par l'exploitation rationnelle des merveilleuses régions du Gharb, les Zaer et des Zemmour. Il n'est limité par rien, puisqu'il s'étend jusqu'à Meknès et Fez dont, pour le moment, Rabat est, avec Kenitra, le débouché naturel.

En présence des chiffres atteints aujourd'hui par le trafic du port, dont l'activité n'est pas aidée par des organes suffisants, les résultats s'affirment tels que l'heure est venue d'obtenir l'outillage indispensable ; il permettra une réussite justifiant tous les sacrifices exigés par les travaux qu'une société privée n'a pas hésité à entreprendre. Cette initiative est d'excellent augure.

*
* *

Avant d'aborder la question du port au point de vue de ses moyens d'action et des constructions neuves, nous croyons nécessaire d'examiner le rôle de l'embouchure du Bou-Regreg comme facteur primordial.

La population de Rabat-Salé agglomérée sur ses deux rives, à l'inverse des autres villes du Maroc en général disséminées, semble marquer ici de préférence un point de transactions appelé à un développement spécial, comportant une plus-value dont le seul obstacle consiste dans la barre qui ferme l'entrée de l'oued.

Cependant, il y a beau temps que l'on a mis au point la légende suivant laquelle Rabat passait pour être inabordable. On ne se laisse plus hypnotiser par les mots, ni entraîner à considérer un accident géologique connu, comme un vice rédhibitoire à une expansion commerciale.

Il existe des barres plus ou moins violentes un peu partout sur les rivages du Maroc Occidental. Ce phénomène, constitué par des bancs de sable se formant surtout à l'entrée des estuaires, relève du relief à plissements hercyniens de cette côte et de la désagrégation des rochers qui bordent la mer (1). A Rabat, l'élargissement de l'embouchure crée des remous et contre-courants qui entretiennent le dépôt calcaire dont

(1) Voir l'ouvrage de M. Louis GENTIL, le Maroc physique, page 100. Le prolongement de l'Atlas sous l'océan Atlantique.

l'épaisseur n'est pas inférieure à 7 mètres et atteint même 12 mètres en avant de la pointe de la kasba des Oudaïa.

Les agglomérations de sables, sujettes à des variations constantes, sont dues à des houles, marées et courants qui tendent, suivant leurs sens, à les rejeter vers l'intérieur du fleuve, ou les renvoient au large en les nivelant, car de ce dernier côté le banc est toujours à pente brusque. En effet, les fonds se creusent vers l'ouest en terrasses successives, puisqu'il y a ennoyage des terrains descendant en gradins depuis l'Atlas jusqu'à la côte et se prolongeant sous l'océan; c'est sur ce talus mobile que les rouleaux se forment.

Dans la mauvaise saison, l'accès du Bou-Regreg est difficile, seuls peuvent le franchir par beau temps les navires ne calant pas plus de 3 mètres.

Pour modifier cet état de choses, les mesures à prendre sont en voie de parachèvement et le trafic maritime de Rabat va croître avec l'installation du port. Il est parvenu, en 1913, au chiffre de 25 millions de francs dans lequel les exportations n'entrent que pour 888 530 francs. L'année 1916 a vu un progrès notable; les statistiques douanières nous apprennent que les importations ont atteint 49 millions de tonnes représentant une valeur de 32 millions de francs, justifiant l'espoir et la confiance de ceux qui n'ont jamais douté.

Quant aux travaux prévus pour l'amélioration de l'estuaire, ils consistent dans la construction d'un quai de 300 mètres, où peuvent s'amarrer les bâtiments qui ont le tirant d'eau indiqué ci-dessus; une petite partie est réservée aux barcasses. La société concessionnaire va, en faisant les digues à l'embouchure, aménager de nouveaux terre-pleins avec môle de débarquement en

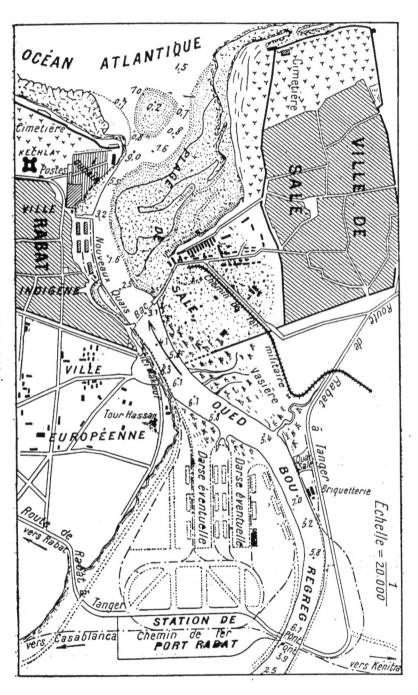

RABAT-SALÉ

amont du quai précédent, à Bab-el-Bahar et à Sidi Maklouf.

Sur la rive droite de l'oued, au-dessus de Salé, un appontement en ciment armé, de 80 mètres de longueur, servira au trafic de cette dernière ville et sera praticable pour les navires ne dépassant pas 3 mètres en charge. Le bac à vapeur qui assure la communication entre les deux villes jumelles, en attendant le pont projeté, devient chaque jour tout à fait insuffisant.

Ces diverses manifestations d'activité sont partie achevées, partie en voie de l'être. Est-il besoin d'ajouter qu'elles ne doivent être qu'un prélude, car tant que la barre du Bou-Regreg ne sera pas mise en état, la navigation restera dangereuse et incertaine. D'après M. Delure, on parviendra à rendre l'entrée « praticable au moins à des navires ayant des calaisons de 5 mètres, par des jetées enserrant le courant du jusant et lui donnant la vitesse et la force nécessaires pour l'entraînement des sables, de façon à ce que les dépôts ne se forment plus comme aujourd'hui en un point quelconque de la passe, mais s'accumulent à son extrémité où ils seront enlevés par des dragages intensifs (1). »

La guerre avait suspendu les négociations que dans cet ordre d'idées le Protectorat avait engagées. Reprises en 1916, elles ont définitivement abouti ; la même société a assumé la construction des ports de Rabat et de Kenitra.

***

Quand ils seront faits, il faudra y mettre des bateaux, car tout le monde reconnaît qu'une flotte commerciale

---

(1) Voir la conférence faite en 1915 à l'Exposition de Casablanca par M. Delure, directeur général des Travaux Publics, et le rapport de M. Long, député (n° 1174 de 1916.)

puissante est indispensable à la France au lendemain même de la paix; c'est une des conditions inéluctables si elle veut, dans l'Europe en ruines, se relever la première (1); sa situation à ce point de vue est grave.

Sans être étatiste le moins du monde, nous estimons, avec M. Jules Charles-Roux, le respecté président des Armateurs de France, que la protection de l'industrie des transports maritimes s'impose au même titre que celle de l'agriculture; nous remarquons sans acrimonie qu'elle a été pour ainsi dire la seule oubliée par nos législateurs, comme une parente malade, lorsqu'ils établirent le régime douanier de 1892.

Personne ne conteste que le navire soit un instrument de travail qui alimente des millions de Français. Il mérite à ce titre qu'on encourage par des primes non pas sa construction seule, mais le fret qui le fera

(1) Les Allemands n'attendent pas la fin des hostilités pour préparer sur terre et sur mer la lutte économique; leurs compagnies de navigation mettent en construction (1915-16-17) une formidable flotte commerciale :

A Hambourg, 2 bateaux de 20 000 tonnes viennent d'être lancés et la Hamburg-Amerika achève le fameux paquebot le *Bismarck* de 56 000 tonnes, donc le plus grand transatlantique du monde; elle a également en chantier un bâtiment de 30 000 tonnes, et 3 autres de 22 000 tonnes chacun.

Le Norddeutscher Lloyd a, en achèvement, un 35 000 tonnes, 2 autres de 16 000, et 12 navires de 12 000 tonnes.

Les chantiers Vulcan sortent 9 grands navires dont 4 de 18 000 tonnes. Dans les chantiers Geestemunde, plusieurs bâtiments dont 2 de 17 000 tonnes.

La Compagnie Afrika a construit 6 navires, la Kosmos 10, dont 4 de plus de 10 000 tonnes; la Haura, 8 bâtiments.

Nous ne parlons que des sociétés les plus importantes, et rien que par ces chiffres on peut se rendre compte de ce que sera la puissance de trafic de l'Allemagne, sans compter tous ses bâtiments de commerce en ce moment internés et qui seront prêts à reprendre la mer après plus de trois années de repos, au cours desquelles ils ont été entretenus avec soin.

Par ailleurs il est certain que l'Angleterre prépare à nos ennemis un... imprévu. Quel sera-t-il? On le devine déjà.

vivre; pour y parvenir on demande au Gouvernement de frapper d'une taxe spéciale tout ce qui arrivera par bateaux étrangers. Le peut-on?

Nous voici amené malgré nous à soulever la question de la surtaxe de pavillon, supprimée depuis cinquante ans. Pouvons-nous la rétablir? Sans aucun doute, car, ainsi que nous le rappelions dans notre « rapport sur la question douanière » au comité consultatif de la Commission franco-russe du ministère des Affaires Étrangères, « l'échéance de 1917 marque le renouvellement des traités de commerce de nombreux pays de l'Europe centrale; il serait donc urgent de dresser sans retard le cahier des desiderata français concernant cette arme puissante et, en tout état de cause, avant la cessation des hostilités ».

Une surtaxe de 5 francs par tonne, telle que l'a proposée M. Edmond Théry, directeur de l'*Économiste Européen,* ne nous semble pas suffisante, au moins dans les débuts, pour aider la marine marchande à sortir de la crise qui peut l'emporter, mais surtout pour lui permettre, après la victoire, de se constituer une flotte et de s'en servir comme levier de notre relèvement économique.

Or, dans l'espèce, Rabat ou Casablanca, de préférence Rabat en raison de sa position géographique, doit apporter un appoint sérieux au mouvement maritime et contribuer à abaisser au Maroc et en France le coût de la vie. Comment?

Voyons d'abord au Maroc :

L'installation des services de la Résidence générale, avec le personnel nombreux qu'elle comporte, a eu pour conséquence d'y faire affluer en peu d'années beaucoup de gens. Il en est résulté une apparence de rupture d'équilibre, qui s'est traduite par une subite augmentation, d'ailleurs exagérée et injustifiée, du coût de la vie.

La ville est ceinte de jardins maraîchers en plein rapport, qui ont de l'eau en abondance et dont l'irrigation, par conséquent, est assurée dans d'excellentes conditions pour faire de la culture intensive à bon marché.

Même observation doit être mentionnée pour le cheptel, car la plaine du Sebou, les Zaer et les Zemmour ne manquent ni de bêtes à cornes ni de moutons; de Rabat à Kenitra, on en rencontre sur toute la route, et sur les bords des rivières, de nombreux troupeaux paissent en désordre (1); le poisson abonde partout.

Quant aux volailles et aux œufs, personne n'ignore que la région a exporté pendant de longues années ses produits sur Tanger, en même temps qu'elle alimentait Larache et même Casablanca; des marchés importants ont lieu en outre dans le Gharb. Où tout cela va-t-il?

Cette situation se présente donc comme inquiétante, tant que l'intensité du trafic n'aura pas donné à cette richesse la direction de ses ports naturels. La progression continue de la population n'est pas près de la faire cesser, car les nécessités d'expansion ont provoqué la création de plusieurs entreprises industrielles et commerciales qui augmentent les besoins. Le jour où le port sera en pleine prospérité, l'affluence des marchandises et du bétail sera dirigée vers Rabat avec la certitude d'y trouver un écoulement, et la crise cessera peut-être; la question est controversée.

Si nous passons ensuite en France, nous voyons que les circonstances actuelles ont depuis trois ans

(1) On observe qu'au Maroc les troupeaux sont relativement peu nombreux en raison du manque de soins dont ils sont l'objet et des maladies qui en découlent. On ne voit guère ensemble plus de 300 bœufs ou de 4 à 500 moutons.

porté un préjudice au cheptel français. Les prix des céréales et de la boucherie marquent des hausses injustifiées par suite de multiples raisons et, avant tout, des exigences des intermédiaires. Penser que ces majorations vont disparaître après la guerre est une utopie, en présence de la consommation croissante. Il faudra donc importer des blés, des bovidés et des ovins en attendant que la production nous permettre d'accroître nos cultures et effectifs, car on estime qu'à la conclusion de la paix l'alimentation étrangère devra fournir un appoint énorme à notre marché, ce qui contribuera encore à déprécier notre change. La Russie nous a fait des ouvertures, que nous serons mal à l'aise pour refuser, si nous ne sommes pas pourvus dans nos colonies ou chez nous.

D'après les évaluations qui ont été faites par M. Maurice Quentin, conseiller municipal de Paris, il nous en faudrait au moins 150 000 tonnes par an; nous allons examiner où nous devons, pour une part, les acheter.

Une solution du problème se trouve à Rabat, centre de la région la mieux dotée au point de vue du cheptel, qui doit augmenter dans des proportions énormes à mesure que les pays agricoles qui la composent, surtout les rives du Sebou, les Zaer et les Zemmour, s'ouvriront à l'agriculture. Voyons donc sous quelle forme cette industrie est appelée à s'exercer de manière moderne et profitable.

L'achat au Maroc, puis l'exportation en France de la viande sur pied semble *a priori* très simple, mais lorsqu'on l'examine, elle a de nombreux inconvénients, surtout en raison de la place qu'occupent les troupeaux pour le transport, sans compter les maladies et les fatigues du voyage qui déterminent une mortalité notable. En outre, les animaux, mal nourris et sujets, comme on le sait, au mal de mer, diminuent de poids pendant les traversées un peu longues ou difficiles, dans des proportions qui atteignent 15 0/0. Leur qualité en est affectée.

Or la viande abattue échappe à la plupart de ces critiques, lorsqu'on la traite avec les précautions nécessaires ; un abattoir industriel comportant un frigorifique, organisé en tenant compte de tous les perfectionnements d'usage en Amérique, créé en plein centre d'élevage comme Rabat située sous un climat fort tempéré, dans le voisinage de la riche plaine du Gharb pouvant servir à un engraissement rapide, aurait les plus heureuses conséquences et amènerait une baisse dans les prix pratiqués, tant sur le marché du pays producteur qu'en notre métropole.

Pour cela, il faudrait adopter le système de la viande congelée à une température inférieure à 15°, pouvant aller à 25° au-dessous de 0, et non pas la viande refroidie à 0° centigrade. Cette dernière, il est vrai, garde la finesse de la viande fraîche, mais présente une durée de conservation beaucoup moindre, au plus trois semaines.

L'industrie à fonder aurait donc l'avantage de donner satisfaction à des intérêts privés qui y apporteraient leurs capitaux et de rendre un éminent service à la France, en lui permettant de préserver son bétail tout en supprimant la principale cause de la vie chère.

Une entreprise, pour réussir, dépend souvent, entre autres choses, de la concurrence. Ici elle n'est pas à craindre et le pionnier audacieux, société ou individu intelligent et riche, qui s'installera en intéressant les habitants, agriculteurs et colons, à son affaire, doit voir son initiative couronnée d'un réel succès. Le premier qui marche avec résolution dans une voie a plus d'atouts en main que ceux qui suivent; c'est le principe de l'attaque. Une pareille conception nécessiterait des acheteurs compétents, une flotte appropriée, des entrepôts bien aménagés sur les lieux d'élevage, des chambres froides construites avec les précautions voulues.

Actuellement, l'industrie de la viande congelée se localise pour ainsi dire aux États-Unis, ainsi qu'en Australie et en République Argentine.

En France, au moment où la guerre éclatait, nous ignorions presque ce procédé, à l'inverse de notre voisine l'Angleterre, et comme tout se tient, le matériel destiné à son transport n'existait pas; enfin, aucun dock ne nous eût permis d'utiliser les marchandises à leur arrivée. Aujourd'hui, la situation s'est un peu modifiée, mais elle n'est pas encore ce qu'elle devrait être, malgré les soins de l'administration de la Guerre, qui a accompli un gros effort en ce sens. Nous avons de vastes entrepôts à Dunkerque et au Havre, et cette organisation donne d'excellents résultats; une société songe à en construire, paraît-il, à Bordeaux et Marseille.

On pourrait y adjoindre, également à Rabat, une entreprise de charcuterie pour y faire des jambons. Le porc revient à très bon marché au Maroc et les immenses terres de parcours en développeront l'élevage avec une grande rapidité, étant constaté que l'hostilité de l'indigène contre cet animal semble un peu décroître et que la Mamora contient de superbes pacages donnant des glandées énormes.

C'est donc aux pouvoirs publics, en même temps qu'à l'initiative privée, que nous nous adressons pour implanter ici l'industrie des viandes frigorifiées, et nous espérons que l'action du chef du Protectorat aidera les novateurs dans leur tentative. Il ne restera plus qu'à obtenir des compagnies de chemins de fer et de navi-

gation la construction de moyens de transport destinés
à véhiculer cette denrée.

Lorsque les municipalités, laissant de côté toute pré-
vention irraisonnée d'ailleurs, auront enfin compris que
des magasins frigorifiques sont nécessaires à l'économie
bien entendue, l'empire chérifien aura contribué à la réalisation d'un problème dans des proportions que nous ne
pouvons pas mesurer tant elles peuvent être importantes.

Quand on suppute que la région de Rabat et ses deux
voisines immédiates, celles de Meknès et de Casablanca,
nourrissent en 1916 356 299 bœufs et 1 322 696 moutons sur un total général, pour l'élevage de tout le Protectorat, de 684 447 bovins et 3 775 201 ovins, utilisant
une partie infime des pâturages par rapport à celle qui
peut servir quand le Maroc sera pacifié en entier et mis
en valeur, on voit quel succès attendrait l'entreprise
dont nous venons de soumettre une courte analyse.

Enfin, nous avons étudié la création d'une industrie
sucrière qui fera l'objet d'une plaquette spéciale, étant
donné le développement nécessaire que comporte ce
projet. Le coton est, après la betterave, une des richesses de demain.

KENITRA. — La création de la ville remonte à quatre
ans. Avant 1912, El Kenitra (le petit pont) n'était qu'une
simple kasba construite par ordre du sultan Moulay
Hassan, pour protéger les caravanes qui suivaient la
piste Salé-Fez et qu'attaquaient les tribus des Zemmour.

En 1912, les débarquements opérés pour le compte
de l'autorité militaire se firent à El Kenitra, au lieu de
Mehediya, minuscule cité en ruines assise à l'embouchure du Sebou et port très médiocre. Un petit appontement y fut construit par la marine et remplacé presque

aussitôt par un autre en charpente comme le premier, mais de plus grandes dimensions, établi par les soins du génie.

Au cours de 1913, des bateaux marchands remontèrent à leur tour le Sebou jusqu'à ce mouillage, dont le trafic commercial atteignit dès cette première année 1 580 000 francs, pour monter à 4 millions en 1914, malgré une baisse sensible des importations pendant les cinq

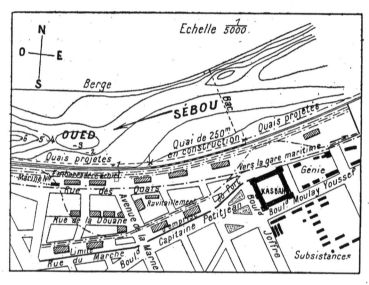

KENITRA

premiers mois de la guerre, et à 20 417 000 francs en 1915.

Aujourd'hui, ce centre compte 3 500 habitants dont 540 Français, en plus d'une garnison de 520 hommes. Il est relié à Mehediya par une piste de 7 kilomètres et se trouve à 17 kilomètres de la barre, qui en hiver devient impraticable seize jours par mois en moyenne. A la belle saison, elle est presque toujours accessible aux bateaux de faible tonnage. Le Sebou a une largeur de 250 mètres à Kenitra, et une profondeur allant jusqu'à 6 mètres.

tons, à cette occasion, que l'Atlantique marne fort peu
sur les côtes marocaines.

Il a été prévu pour toutes ces installations une
première dépense de 3 300 000 francs, dont 500 000
pour la construction des magasins et l'outillage des
quais.

La jetée nord est établie sur 40 mètres, celle du sud
sur 320 et les travaux se poursuivaient, pendant que
nous y étions, avec une activité remarquable. Les services compétents étudiaient alors les dégagements du
port, dont le projet nous a paru tout à fait rationnel; une cité nouvelle allait s'élever aux flancs de la
colline, et un jardin d'essai était en voie de réalisation (1).

Que sortira-t-il de ce moyen terme qui semble ne
donner satisfaction à personne? Les uns disent que
l'établissement d'un port à moins de 100 kilomètres de
Casablanca serait une superfétation, si on devait y faire
des dépenses importantes. D'autres, parmi lesquels une
puissante et honorable société française, appuyée sur
une de nos grandes banques, ont jeté leurs vues sur
cette ville, que les Anglais utilitaires ont découverte
depuis longtemps et dans laquelle ils cherchent à
prendre pied. Seul, disent ces derniers, le plan considérable comportant la jetée sur le grand récif permettrait de créer une rade très abritée, un refuge sûr
et accessible en tout temps aux bâtiments de tous
tonnages, tandis qu'avec le projet en cours, même en y
comprenant des terre-pleins suffisants, on améliorera
un peu l'état actuel sans pouvoir promettre une pers-

(1) Les jardins d'essai présentent de grands avantages lorsqu'ils
s'attachent à perfectionner les cultures qui se développent sous la
latitude et dans le terrain où ils sont situés. Il ne faut pas trop
étendre leur rayon d'action, mais leur nombre. Chaque région
devrait avoir le sien.

pective brillante à ce point qui, peut-être, mériterait
mieux.

* *
*

Le commerce d'importation et d'exportation, nécessitant de gros capitaux, est entre les mains de quelques
Européens, mais surtout des indigènes. De nombreux
magasins de détail, quincaillerie, épiceries, et en particulier un bazar à la mode américaine, pourraient y
prospérer, car on manque d'une foule de choses dans ce
coin privilégié; cependant les hôtels y sont convenables,
et c'est le côté sensible en pays neufs.

Parlant de l'industrie dans quelques cas d'espèces, il
n'y a peut-être pas beaucoup de villes au Maroc qui
soient mieux disposées que Mazagan et sa voisine Azemmour, qu'on a eu le tort de ne pas considérer comme
appelée à devenir un port fluvial.

La première entreprise venant à l'esprit est l'étude,
d'ailleurs très poussée, d'un projet qui consisterait à
utiliser comme force motrice la boucle presque fermée
de l'Oum-er-Rebia, située à Si-Saïd-Machou à environ
65 kilomètres de son embouchure. Un tunnel ou un
simple canal de dérivation, reliant le cours supérieur
au cours inférieur, séparés par moins d'un kilomètre et
ne présentant aucune difficulté d'exécution notable,
donnerait une chute permettant d'obtenir un potentiel
de 2 000 à 3 000 HP d'après les calculs qui ont été faits
à la Direction de l'Agriculture (1). L'installation d'une

(1) Cette utilisation aurait une importance d'autant plus grande
qu'au Maroc il n'existe, pour ainsi dire, aucun combustible, et que
comme conséquence la force motrice et l'éclairage reviennent à des
prix élevés.

(Voir à la Direction de l'Agriculture et à celle des Travaux publics
à Rabat, ce qui été fait au sujet de l'utilisation des fleuves.)

usine électrique, éclairant Mazagan et Azemmour, gagne-
rait de l'argent, surtout si elle s'adjoignait, pour utiliser
son supplément d'énergie, une affaire industrielle, une
sucrerie par exemple, car les terrains environnants se
prêtent à la culture de la betterave, de préférence dans
les alluvions du fleuve. Des devis très au point nous ont
été communiqués et nous regrettons que leur auteur
ne nous ait point permis de les insérer, ce que nous ne
saurions faire sans indiquer la référence.

Nous appelons, en outre, l'attention de nos maisons
de conserves françaises sur la situation exceptionnelle
des deux cités ci-dessus pour y établir des usines destinées à conserver les poissons, les légumes et les
viandes.

La côte atlantique marocaine est excessivement poissonneuse et beaucoup de fonds y sont chalutables ; on y
trouve le thon, le germon, la sardine, le loup, l'anchois,
le maquereau, le mulet, la sole, la raie et, à l'entrée des
rivières, des bancs d'aloses de grande taille ; un peu plus
bas, au sud, une quantité de homards et langoustes,
partout en général toutes les espèces vivant sur nos
rivages, et même un petit squale dont l'huile de foie est
aussi prisée que celle du foie de morue.

Des chalutiers à vapeur, le plus souvent espagnols
ou portugais, viennent pêcher devant le littoral, entas-
sent le poisson mélangé de glace dans les cales et partent le vendre aux ports d'Europe, consommant ainsi à
l'aller et au retour des tonnes de charbon que leur bénéfice parvient cependant à amortir. Nous voyons, par cet
exemple, quels seraient les avantages possédés par une
société puissante qui ferait la préparation et l'emboîtage
sur place.

En 1915, deux firmes de Bergen ont armé des bateaux
spéciaux pour prendre la sardine au Maroc et la con-

server à bord dans le sel, soit pour la vendre telle quelle, soit en attendant qu'on la traite définitivement en Norvège. Il n'existe enfin aucun droit sur la pêche, de par les accords actuels. En établira-t-on?

L'industrie et le commerce des laines et peaux sont également importants à Mazagan, ainsi qu'il résulte des statistiques (1).

*
* *

Quant à l'agriculture, nulle contrée n'est plus qualifiée par sa fertilité et sa situation exceptionnelle. Accompagné du lieutenant de Lestapis, nous avons visité une grande partie de l'arrière-pays, jusqu'à plus de 100 kilomètres de la côte et vu sur pied des céréales aussi belles que les remarquables produits des Chaouïa.

Tout aux environs du M'tal et de Sidi ben Nour, s'étend une région privilégiée et des sols d'un avenir évident. D'ailleurs, c'est l'un des pays où la terre très morcelée atteint ses prix les plus hauts. Nous connaissons un Européen ayant adopté les coutumes marocaines et épousé une indigène, possédant par sa femme

---

(1)   COMMERCE DES LAINES

1913   1914

558 245 kgs représentant 737 088 fr.   407 725 kgs représentant 596 965 fr.

COMMERCE DES PEAUX

1913

Peaux de bœufs........	76 937 kgs représentant	152 335 fr.
— chèvres........	16 344 —	—	32 525 —
— moutons.....	97 607 —	—	102 487 —

1914

Peaux de bœufs........	98 777 kgs représentant	195 578 fr.
— chèvres.....	13 507 —	—	28 365 —
— moutons....	108 974 —	—	119 871 —

des propriétés d'élevage et de culture, qui n'a pas hésité à payer jusqu'à 650 francs l'hectare des terrains d'alluvions avoisinant l'Oum-er-Rebia.

Il ne faudrait pas cependant tabler sur des prétentions semblables que nous citons comme exemple d'un maximum. De bons ensembles peuvent être obtenus à des conditions variant entre 50 et 300 francs l'hectare, exception faite, peut-être, pour certaines parties avoisinant Sidi-Ali où l'indigène cultive le henné. Là, comme partout ailleurs, il importe, pour ceux ayant le désir de s'établir dans les Doukkala, de se renseigner auprès de gens indépendants, de ceux qui ont une expérience notoire et ne rendent pas des arrêts absolus sur toutes choses, la plupart du temps sans les connaître.

L'élevage est une des richesses des Doukkala (1). Non seulement la race bovine y est très répandue et s'y développe dans des conditions excellentes de précocité et d'hygiène, n'étant jamais réduite à l'état de maigreur, en raison de la variété des sols et des pâturages, mais encore les moutons ainsi que les porcins doivent être recommandés à l'attention des immigrants français. Les procédés et soins rudimentaires des indigènes donnent déjà, pour les bœufs et ovins, des résultats et de sérieux bénéfices, tant au point de vue de la viande que de la production de laine (2).

A considérer que les nombreux terrains de parcours conviennent aux moutons et aux porcs; ces derniers trouvent une foule de tubercules divers, entre autres la truffa, se nourrissent seuls et, de ce fait, leur élevage présente un intérêt considérable, puisqu'on ne les soigne

(1) Voir les cartes de répartition des cultures et de l'élevage aux annexes.
(2) Voir au chapitre l'*Élevage*, page 305, bœufs, moutons et porcs.

pas, se contentant de les faire vaguement garder. Seules, les truies, lorsqu'elles mettent bas, et leurs petits, sont l'objet d'attentions pendant quelques semaines. M. Pouleur, colon, nous a renseigné avec exactitude sur les différents modes d'acclimatement du porc, et ses conclusions sont appuyées par les résultats que nous avons constatés. Notre dernière visite, avant de rejoindre Safi, a été pour la ferme fort bien tenue de M. Cotelle dont les produits, malgré quelques ravages locaux causés par les acridiens, ne méritent que des éloges. Même le vin, qu'il a entrepris de faire sur les flancs d'une colline pierreuse, nous a paru agréable, quoiqu'il n'ait pas été soigné dans des conditions suffisantes.

Donc les Doukkala sont un pays de culture, d'élevage et deviendront un centre industriel et commercial. Or, les questions « de culture et d'élevage » sont à l'ordre du jour; elles préoccupent aujourd'hui nos dirigeants avec une anxiété croissante au même titre que le commerce et l'industrie. Il y a, par malheur, à déplorer qu'on s'aperçoive si tard de leur importance, et que les pouvoirs publics les aient reléguées pendant des années au dernier plan.

L'intérêt actuel que comporte la protection immédiate de ces deux productions de notre activité nationale apparaît sans cesse plus grand en France et même dans le monde entier. Non seulement la viande et les denrées agricoles augmentent de prix, chaque jour, mais l'aliment carné devient un luxe.

Par suite de l'évolution, la consommation annuelle des bovins, moutons et porcs, qui était en France il y a cinquante ans, de 26 kilogrammes par habitant, est passée en 1913, dernière année de statistique normale, à 58 kilogrammes, soit plus du double. En Angleterre, où la viande est encore plus recherchée, le chiffre a atteint, pour la même période, 67 kilogrammes. Enfin, l'avenir économique comprend au même titre, dans cet ordre d'idées, toutes les industries de l'alimentation qui en découlent ou s'y rattachent.

La conclusion toute naturelle qui en ressort est que les Doukkala sont très bien placés pour augmenter leur richesse locale, et celle des initiatives intelligentes autant que courageuses qui n'oublieront pas que l'élevage du bétail perfectionné est lié au développement de la culture.

Avant la guerre, la valeur du cheptel français atteignait 6 milliards et demi; cette constatation doit nous inciter à pousser le Maroc sur les traces de la métropole, dont il est appelé à augmenter le bien-être et aussi le sien, en devenant l'un des fournisseurs attitrés de sa Protectrice, très appauvrie depuis la guerre.

Safi. — Débouché de la région des Abda et port le plus rapproché de Marrakech (la distance est de 145 kilomètres), Safi s'est beaucoup développée depuis 1906. Sa population, qui était en 1911 d'environ 17 000 indigènes et de 210 Européens, contre un total de 19 650 en 1914, s'élève aujourd'hui à plus de 22 000 dont 680 Européens. Aussi, l'industrie du bâtiment y est-elle prospère. Un quartier a été construit en peu d'années en dehors de la Medina; quant au faubourg de R'bat, situé au nord de la ville, il s'est agrandi de plus de moitié.

Son commerce maritime a passé de 7 millions et demi en 1906 à 12 millions en 1908, 22 millions en 1911 et 28 millions et demi en 1913. Cette dernière année, à la suite d'une sécheresse désastreuse pour l'agriculture, les exportations de céréales ont été mauvaises et le trafic total a fléchi à 24 millions. La guerre a eu une répercussion sensible sur les échanges de ce port : en 1914, les importations et les exportations réunies n'ont été que de 13 millions et demi. Depuis lors, le commerce de Safi s'est relevé et a atteint, en 1915, 21 millions.

La superficie totale du cercle des Abda est de 3 800 kilomètres carrés, et sa population excède, sans compter la ville de Safi, 100 000 âmes ; la densité représente donc 26 habitants par kilomètre carré, ce qui au Maroc est important.

Nous avons pu réunir, grâce à l'obligeance du commandant Benazet, les chiffres du recensement des matières imposables, au titre du tertib pour 1915 (1). Ils donnent une idée très nette de l'intérêt que présente ce territoire, borné au nord par les Doukkala, à l'est par les Ahmar et au sud par les Chiadma, toutes tribus travailleuses et agricoles. Nous avons adopté pour ce bled, relativement éloigné, la division par circonscriptions afin de permettre aux futurs voyageurs de s'orienter avec plus de facilité, conformément à leurs préférences et à leurs vues.

(1) Voir aussi les cartes de répartition des cultures et de l'élevage aux annexes.

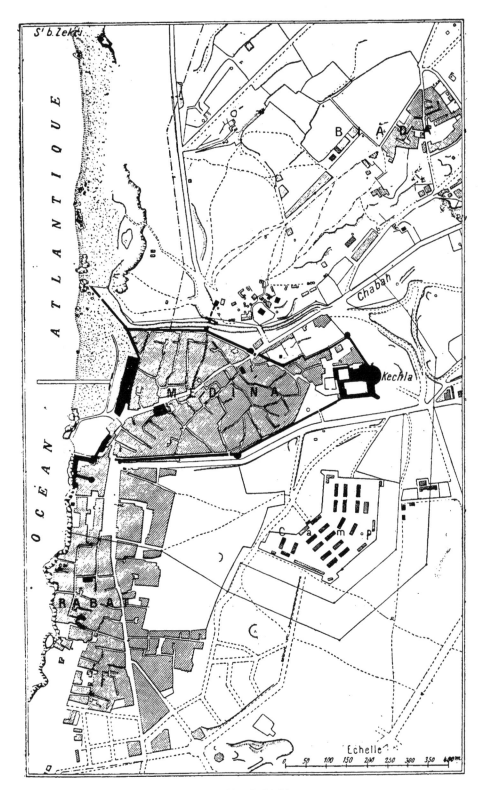

PLAN DE SAFI

NOMBRE D'ANIMAUX DU CERCLE DES ABDA (ANNÉE 1915)

TRIBUS	CHAMEAUX ADULTES	CHAMEAUX JEUNES	CHEVAUX MULETS	ANES	BŒUFS TAUREAUX VACHES	VEAUX GÉNISSES	PORCS	MOUTONS	CHÈVRES
Temra............	546	31	356	1 277	3 242	1 279	202	13 455	1 932
Behatra Centre....	453	22	239	932	2 520	670	238	12 830	1 380
Behatra Sud.......	751	119	442	1 604	4 045	1 848	175	23 735	15 027
Aameur...........	936	46	624	2 151	4 936	498	309	36 804	9 480
Behatra Nord......	788	78	259	2 187	6 449	661	178	19 730	4 169
Rebia Nord........	703	49	557	1 475	3 539	1 103	190	14 736	694
Rebia Sud.........	864	153	832	1 829	3 500	1 398	349	22 278	1 702
TOTAUX GÉNÉRAUX..	5 041	498	3 309	11 455	27 921	7 457	1 641	143 588	34 084

NOMBRE D'HECTARES EN CULTURES (ANNÉE 1915)

TRIBUS	BLÉ	ORGE	FÈVES	MAÏS	ALPISTE	LIN	FENUGREC	POIS CHICHES	AVOINE
	Ha.	Ha.	Ha.	Ha.	Ha.	Ha.	Ha.	Ha.	Ha.
Temra (mi sahel, mi tirs)	2 979,45	6 344,44	543,85	2 393,75	176,71	4 833,77	116,81	5,08	»
Behatra Centre (mi sahel, mi tirs)	1 310,98	3 551,27	454,49	7 692,43	148,72	48,95	77,25	3,06	»
Behatra Sud (sahel)	891,95	17 206,47	13 424,21	5 249,50	97,73	48,32	42,56	4,78	»
Aameur (tirs léger et hamri)	1 789,88	32 941,71	2 714,08	3 489,75	97,81	41,61	125,23	4,78	15,30
Behatra Nord (sahel)	2 051,33	16 922,30	8 204,43	5 290,60	85,73	450,61	48,56	4,88	»
Rebia Nord (tirs)	6 377,54	5 860,08	1 061,09	929,04	184,39	109,14	3 086,75	4,78	»
Rebia Sud (tirs)	4 822,10	7 557,84	1 108,87	2 669,50	1 396,31	450	2 323	3,50	»
TOTAUX GÉNÉRAUX	20 223,23	90 384,08	27 210,72	27 714,57	2 187,40	5 982,40	5 820,16	18,86	15,30

NOMBRE D'ARBRES FRUITIERS (ANNÉE 1915)

TRIBUS	OLIVIERS AMANDIERS	ORANGERS CITRONNIERS	FIGUIERS VIGNES et autres arbres non dénommés.
Temra	97	84	7 001
Behatra Centre	278	150	17 351
Behatra Sud	1 353	68	53 616
Aameur	3 394	68	106 139
Behatra Nord	43	311	49 103
Rebia Nord	29	68	1 835
Rebia Sud	129	70	3 726
TOTAUX GÉNÉRAUX	5 323	819	238 771

QUANTITÉS DE PEAUX DE BŒUFS, DE CHÈVRES ET DE MOUTONS EXPORTÉES
PENDANT LES ANNÉES 1912-1913-1914 ET 1915

ANNÉES	PEAUX		
	DE BŒUFS	DE CHÈVRES	DE MOUTONS
	Kilogr.	Kilogr.	Kilogr.
1912	21 110	175 446	106 042
1913	255 457	217 465	439 438
1914	67 557	55 016	107 630
1915	16 073	65 196	2 748
TOTAUX	360 197	513 123	655 858

MERCURIALES
Marchés aux bestiaux en 1915.

Bœufs	de 250 à 300 P. H. (pesetas hassani).
Vaches	— 150 à 200 —
Veaux	— 50 à 75 —
Génisses	— 50 à 75 —
Chevaux	— 500 à 800 —
Juments	— 300 à 400 —
Mulets et mules	rares et chers.
Chameaux	de 350 à 450 —
Chamelles	— 300 à 350 —
Moutons	— 20 à 25 —

Brebis................... de 12 à 20 P. H (pesetas hassani).
Anes, ânesses........... — 50 à 100 —

Céréales.

Orge les 100 kilogrammes.................. 16 P. H. 50
Blé.. 28 — »
Maïs....................................... 24 — »

Prix moyen des terres rurales.

Tirs des bonnes régions (Sahim, Idala,
  Bkhrati)..................... 300 à 400 P. H. l'hectare.
Hamri (terres rouges).............. 200 à 275 — —
Remel (terrains sablonneux)........ 50 à 100 — —

EMPLACEMENT ET IMPORTANCE DES MARCHÉS, 1915

NOMS DES MARCHÉS	DISTANCE du bureau des renseignements.	NOMBRE approximatif d'indigènes fréquentant le marché.	TRAFIC MOYEN par semaine en P. H. (pesetas hassani).	PRODUIT MENSUEL des adjudications.	OBSERVATIONS
	Kilom.				
Souk el Khémis de Temra.	36	1 000	3 000	600	
El Had de Harara.........	18	2 000	10 000	1 600	Sur la route de Marrakech et des Doukkala, marché important, à favoriser.
Tleta de Bou Ariz........	35	250	6 000	600	
Tnine des Riat.	41	1 500	6 000	800	
Sebt Guezoula..	26	3 000	10 000	2 200	Sur la piste de Mogador, important, à favoriser.
Tleta de Sidi M'Barek.....	25	3 000	10 000	2 000	Sur la piste de Marrakech, important, à favoriser.
Khémis Sidi Amara.......	65	200	1 200	200	
Djemaâ es Sahim.........	36	5 000	25 000	4 000	Au milieu de la riche plaine des Sahim, important, à favoriser.
Had Bkhrati...	50	250	1 500	500	
Arba Mcharen..	45	1 000	6 000	1 000	Important, sur la piste de Mazagan.

Safi reprendra son essor après les hostilités, car sa situation géographique, par rapport à Marrakech, en fait l'exutoire naturel de ce dernier centre.

La tenue en rade y est meilleure qu'à Casablanca, mais le débarquement présente des difficultés beaucoup plus grandes, puisque le mouillage est éloigné et la barre très dure.

En 1909, on y avait établi un wharf commandé par le Maghzen et exécuté par une société française dans des conditions de solidité discutable. Quoi qu'il en soit, il était beaucoup trop bas puisque les mauvais temps le balayaient jusqu'à plusieurs mètres au-dessus du terre-plein. Un beau jour, la partie avancée fut emportée par un coup de mer, sur une longueur de près de 100 mètres, et depuis lors ce débarcadère branlant sert de promenade aux citadins et de portage à deux baleinières de plaisance. Une somme de 1 800 000 francs est accordée pour la construction d'un autre wharf avec terre-pleins et magasins; on a voulu éviter tout ouvrage en maçonnerie formant saillie sur la mer, par crainte de l'ensablement des fonds.

Prévu sur une longueur de 260 mètres, le nouveau wharf comporterait à son extrémité une plate-forme de chargement de 70 mètres de longueur sur 17 de largeur. La hauteur admise serait suffisante pour le placer à l'abri des plus fortes lames. De puissantes grues et quatre coulottes à céréales en sacs perfectionneraient l'outillage de cet appontement. En dehors de la construction d'un petit quai, près de l'abri à barcasses qui n'est encore qu'à l'état de projet, de vastes terre-pleins et magasins seront aménagés et protégés par des digues front de mer. Des terre-pleins de 7 800 mètres carrés et 4 200 mètres carrés de magasins restaurés ou neufs compléteront ceux qui existent et seront bientôt mis à

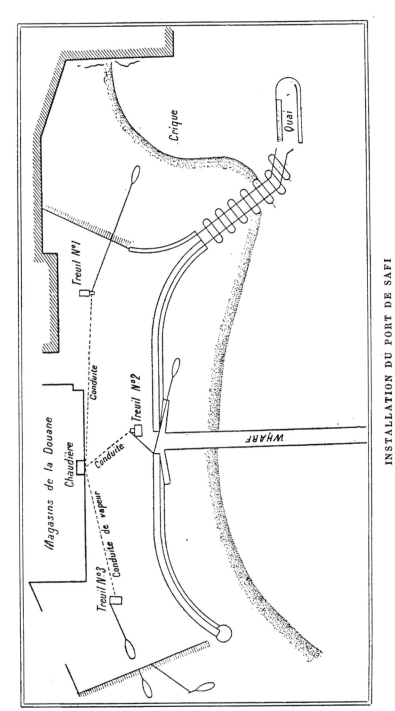

INSTALLATION DU PORT DE SAFI

la disposition du commerce. L'administration a prévu des voies pour dégager les accès du port, mais on se heurte pour les établir à certains « droits de clef » possédés par des ressortissants étrangers dont l'appétit dépasse toute mesure (1).

La municipalité, sous l'active direction de M. le commandant Benazet et M. Bouchet, a fait des prodiges. Bien que ses dépenses aient été payées jusqu'ici par le Protectorat, elle arrivera, grâce à la taxe urbaine de 8 0/0, à faire face, à partir de 1917, aux charges de l'autonomie financière dont jouiront toutes les villes ; l'une des seules difficultés sera l'adduction des eaux venant de Sidi Karrara qu'il faudra, de son altitude, refouler à 90 mètres pour passer un col à 160 mètres.

Il est regrettable qu'en raison de nécessités, la grande route côtière de Rabat à Agadir doive passer à 25 kilomètres de Safi, de façon à desservir les marchés du cercle. Son embranchement avec la voie conduisant à Marrakech sera près du Souk-el-Tleta.

Exprimons l'espoir, en terminant cette notice, que les consuls de nos alliés et des neutres mettront un peu plus de moelleux dans leurs relations avec la France. Ils savent bien cependant que sans elle tout trafic ou essor du commerce serait paralysé.

MOGADOR. — La piste de Safi à Mogador suit en général la côte et serpente dans la plaine adossée au Djebel Kourat et au Djebel El Hadid, traversant le Tensift vers El Djemaa ou au-dessous. Il arrive quelquefois

(1) Le « droit de clefs » est un « orf », coutume existant dans certaines villes du Maroc. Il consiste en ce fait que les habous (administration des biens religieux) louent à bas prix des maisons ou boutiques. Cette location a, dans l'usage, presque la valeur d'un droit de propriété. Ceux qui le possèdent en usent et en abusent.

que l'oued ayant grossi, les voyageurs se trouvent obligés
de remonter à l'est jusqu'au lac salé Zima, situé à
environ 80 kilomètres de la mer, afin de redescendre ensuite, à travers la plaine caillouteuse de la tribu des
Ahmar, jusqu'à la zaouïa de Sidi Mahmoud où on aborde
le fleuve au milieu des tamaris dans des conditions plus
faciles, pour rejoindre ensuite la grande route de Mogador à Marrakech au carrefour d'un des souks importants de la région. C'est ce que nous avons dû faire.

Jusqu'au lac Zima, nappe isolée de superficie variable
et qu'on peut évaluer en moyenne à 2 kilomètres carrés
sur 40 ou 50 centimètres de profondeur, servant à alimenter en sel tout le pays, on traverse des régions de
parcours pour ainsi dire incultes, où seuls des troupeaux
de chèvres et de moutons trouvent une nourriture suffisante pendant la saison des pluies. Lorsqu'on a recoupé
le chemin de Marrakech, commencent seulement les
belles forêts d'arganiers dont nous décrivons les arbres
à un chapitre spécial (1).

En arrivant enfin à la dune qui fait face à Mogador,
l'enserrant dans une sorte d'immense désert de sable
mouvant, le regard s'étend devant soi à perte de vue sur
la ville (2) couchée de la façon la plus gracieuse aux
bords de l'Océan, dans l'écume des récifs. Il découvre, à
gauche, le paysage dont la mer constitue l'horizon,
devant lequel s'estompent sur la plage un vieux fort portugais, curieusement fendu en deux par les tassements
du sol, et l'ancien château du sultan, à demi enseveli.
Ils servent de premier plan à l'île de Joinville, qui
ferme la rade, ménageant à ses deux extrémités des
passes d'inégale profondeur.

(1) Voir *infra*, *Forêts*, page 281.
(2) Population de Mogador au 1ᵉʳ janvier 1916, 18 800 habitants dont
800 Européens.

Nous ne citerons que pour mémoire de ce pays où les Allemands régnaient en maîtres ; quelques-uns se cachent encore dans le bled, déguisés en neutres, grâce à des complicités innommables. Ils avaient annoncé du reste à la colonie juive très prospère, qui forme la majeure partie de la population, qu'ils reviendraient dans peu de temps, et chasseraient les Français. Ceci se passait avant la bataille de la Marne !

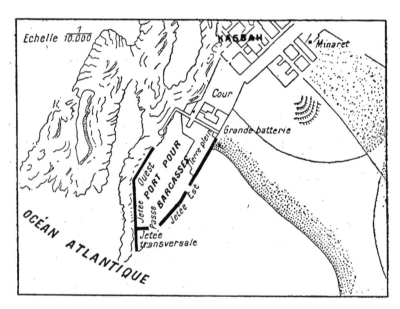

PORT DE MOGADOR

Le port n'a qu'une importance secondaire à cause de son faible tirant d'eau, bien que la rade soit relativement sûre étant protégée des mauvais vents ; toutefois elle a tendance à s'ensabler en raison des courants et du voisinage de la grande dune. La construction à peine commencée d'un abri à barcasses et d'une darse, dans les mêmes conditions que pour Mazagan, ne changera pas sa situation d'une façon appréciable.

Malgré ces travaux assez considérables, Mogador ne

peut vivre qu'en escomptant l'essor touristique, grâce à
son site exceptionnel, et au voisinage original de la forêt
d'arganiers. La ville a jadis beaucoup commercé avec
l'Angleterre, mais, malgré les perspectives d'exploitations minières et d'industries pouvant déterminer à
une échéance lointaine un mouvement d'affaires,
nous ne croyons pas que, même la création de la route
vers Marrakech poursuivie avec activité par le Protectorat, favorisera d'une manière appréciable les relations
terrestres ou maritimes de cette jolie cité.

M. H. Gerlier, correspondant du *Temps* et rédacteur en
chef à l'*Écho du Maroc*, disait dans l'un de ses excellents
articles que Mogador est, avant tout, et sera demain
une ville d'hivernage. « La douceur de son climat,
l'aménité de sa population, le confortable de ses
hôtels, l'ensemble unique et séduisant de son île, de
ses dunes, de sa forêt d'arganiers toujours verdoyants,
aux coins si pittoresques, constitue une série d'attraits
charmeurs qui détermineront, dès le retour des conditions normales, un mouvement toujours croissant vers
ce centre. »

Au point de vue qui nous occupe, Mogador ne vit
qu'en raison de la fermeture momentanée d'Agadir;
elle se videra en partie le jour où cette rade voisine,
qui constitue le meilleur abri au Maroc, sera rendue au
trafic régulier (1).

---

(1) Le commerce d'importation de Mogador, alimenté en majeure
partie (environ 80 0/0) par le sucre, le thé, les cotonnades et les
bougies, a atteint 16 495 000 francs en 1913, 11 268 000 francs en 1914
et 13 464 000 francs en 1915.

Les produits d'exportation sont les laines, les peaux de chèvres
et de moutons, quelques céréales; les amandes et la gomme sandaraque.

La valeur totale des exportations a été de 8 453 000 francs en 1913,
4 598 000 francs en 1914 et de 6 520 000 francs en 1915. L'Angleterre
tient la première place pour les exportations, avec un chiffre de

AGADIR. — Reste Agadir (1.).

Tout le monde connaît le raid du *Panther*, la canonnière allemande minuscule qui a rendu ce port célèbre (2), mais à part quelques officiers, certain diplomate averti et un député journaliste que sa haute autorité qualifie pour parler en pareille matière, peu de personnes, croyons-nous, ont pénétré à fond les desseins et volontés agissantes dont l'Allemagne s'est servie pour occuper moralement la vallée du Sous et une sphère d'influence au sud (3), s'étendant à travers le Petit Atlas jusqu'à l'oued Dra.

Ceux qui se sentiront le désir d'avoir une documentation certaine sur ce point d'histoire diplomatique d'où faillit résulter la guerre, pourront consulter l'excellent

5 277 000 francs et la France vient en tête pour les importations avec 4 942 500 francs, chiffres de 1915.

(1) Agadir signifie, en arabe, « forteresse ».

(2) C'est en juillet 1911 que l'ambassadeur d'Allemagne en France remit le document ci-dessous à notre Gouvernement : « Des maisons allemandes qui ont des affaires dans le Sud du Maroc et particulièrement dans les environs d'Agadir se sont inquiétées d'une certaine agitation qui régnait parmi les tribus de cette région et qui semble avoir été provoquée par les derniers événements. survenus dans d'autres parties du pays.

« Ces maisons se sont adressées au Gouvernement impérial en lui demandant aide et protection pour leur vie et leurs biens.

« Le Gouvernement a fait droit à cette demande en décidant d'envoyer un navire de guerre à Agadir pour aider et secourir, en cas de besoin, les sujets et protégés allemands et pour veiller en même temps aux intérêts allemands, qui sont considérables dans ces régions.

« Dès que l'ordre et la tranquillité seront revenus au Maroc, le navire chargé de cette mission protectrice quittera le port d'Agadir. »

(3) Le motif fourni pour justifier l'envoi du *Panther* à Agadir était indéfendable. Le port étant, en effet, fermé, il n'y pouvait exister aucune maison de commerce européenne; et le 1er juillet, jour de l'arrivée de la canonnière, il ne se trouvait pas un Européen à Agadir; dans le Sous entier on en comptait cinq et les intérêts exclusivement commerciaux de l'Allemagne, représentés par deux maisons de la côte, n'atteignaient pas 100 000 francs, mais derrière cette manifestation guerrière se trouvaient les frères Mannesmann, donc l'empereur Guillaume II lui-même.

ouvrage de M. Tardieu, *le Mystère d'Agadir*, résumant
avec précision et détails les événements qui se sont succédé « de l'été de 1911 au printemps de 1912 ».

Quant à la situation allemande et à l'organisation
scientifique de son commerce en général, notre savant
économiste M. Georges Blondel (1) l'a traitée de magis-
trale façon dans ses différents ouvrages sur l'Allemagne, et plus récemment, dans la *Revue générale des
Sciences* du 30 novembre 1916. Ce qu'il dit s'applique
au Maroc comme à tous les endroits où nos ennemis
prennent pied.

On rencontre cependant des écrivains de bonne foi,
peut-être insuffisamment préparés à leur tâche, ou qui
n'ont connu le Protectorat que dans des conditions relatives, pour y préconiser, *ante bellum* il est vrai, un accord
avec l'Allemagne et déclarer que la Conférence d'Algeciras constituait un « terrain favorable » à cette conciliation!

Pour parler ainsi d'entente, en même temps que de
« l'importance de la paix dans le monde », il fallait
certes n'avoir pas vécu au delà du Rhin et méconnaître la Germanie, ses intentions, son peuple orgueil-
leux et dominateur, la mégalomanie violente de son
pangermanisme, et sa soif de conquête; il est bon de
remémorer que notre ennemie a augmenté sa population de 53 0/0 depuis 1871; elle a donc besoin d'un
exutoire pour faire vivre sa race et la développer en
puissance ainsi qu'en richesse.

Les Allemands, avec l'esprit positif et pratique qui
les caractérise, préparent aujourd'hui le jour d'après

_____

(1) Consulter sur la question allemande les nombreux ouvrages de
M. BLONDEL et les articles parus dans différentes revues, particulièrement *la Réforme sociale*. Lire son livre si documenté sur *l'Éducation
du peuple allemand.* — Paris, Larose, 1909.

guerre avec autant de minutie qu'ils l'ont prévue.
Les facteurs d'expansion de demain les préoccupent,
leur marine s'apprête pour les hostilités commerciales ;
ils n'ont point oublié le Maroc où ils nous destinaient,
gardes-chiourmes soumis, à devenir les humbles domestiques de leurs trafiquants, jusqu'au moment où ils
nous eussent traînés derrière leur char.

Telles étaient les aspirations allemandes, sous l'égide
du dieu « organisation », tels restent les espoirs allemands
non pas des dirigeants seuls mais de la nation entière,
peuple de proie, plus gallophobe encore que ses chefs.
La botte de l'Entente, si dure qu'elle doive se montrer, ne
sera jamais assez lourde pour les empêcher de se relever
avec vigueur, car ils sont de l'espèce des pieuvres, dont
il faut couper tous les bras pour s'en rendre maître (1).

----

(1) Les extravagantes prétentions de l'Allemagne au Maroc sont
caractérisées par l'article suivant extrait d'un journal de propagande
pangermaniste publié sous l'inspiration de M. Erzberger, membre influent du Reichstag :

« La cession d'un ou de plusieurs ports sur la côte de l'Atlantique ne nous suffit pas : *c'est toute une colonie allemande qu'il nous
faut au Maroc.*

« Et cependant l'Angleterre nous a fait comprendre qu'elle ne to-
lérerait pas notre établissement sur la côte ouest du Maroc. Qu'elle
prenne garde. Notre patience a des limites. *Si nos appétits territoriaux
ne sont pas satisfaits, nous aurons recours au glaive.*

« Nous ne croyons pas à la possibilité de rétablir l'autorité du
Sultan. Il est par suite nécessaire que l'Allemagne s'assure de suite
une « sphère d'intérêt ».

« Celle-ci devrait comprendre en premier lieu le Sous, dont Agadir
est la porte, et qui offre des ressources importantes.

« Au sud du Sous, le pays de Wadra et son prolongement côtier
jusqu'au cap Juby.

« A l'intérieur du pays, il ne faudrait pas renoncer à l'Atlas, tant
à cause de ses mines que dans l'intérêt de notre défense vis-à-vis de
la France.

« Il serait juste aussi que nous possédions Marrakech, la deuxième
capitale de l'Empire chérifien, pour compenser l'acquisition de la région de Fez par les Français. La zone d'influence allemande s'étendrait
donc du cap Juby à l'Oum-er-Rbia avec l'hinterland correspondant.

« Mais nos ambitions vont plus loin. La mainmise des Français

La Wilhelmstrasse sait ce qu'elle veut, le but qu'elle poursuit : obtenir cet empire de l'Afrique du Nord qui était son principal objectif, dans l'intention d'y coloniser et surtout de s'y ménager une sphère d'influence. Le pivot eût été Marrakech avec le port d'Agadir, reliés par un chemin de fer qui eût suivi la riche haute vallée du Sous, pour atteindre le gisement ferrifère de Kenadza, signalé par le marquis de Segonzac et M. Doré, et auquel les frères Mannesmann attachaient une « kolossale » importance qui devait compenser tous leurs efforts.

Agadir, à la suite du raid germanique, a été maintenue fermé pour des raisons péremptoires. Si notre ennemi avait choisi ce port, c'est parce qu'il offrait un intérêt considérable et constituait de toute la côte le meilleur point propice à l'établissement d'une base navale, dont la valeur stratégique n'a pas besoin d'être démontrée. M. le général Lyautey, avec son sens des réalités urgentes, y a envoyé des hommes d'énergie, capables d'y maintenir haut et ferme le drapeau de la France.

Les habitants de Mogador, sa voisine, située à environ 120 kilomètres dans le nord, ont si bien compris l'essor futur de la nouvelle rade, que la plupart d'entre eux ont acheté au petit bonheur, — puisque l'accès de cette région est virtuellement interdit, — des par-

sur la Chaouïa, contrairement aux conventions formulées dans l'Acte d'Algésiras, ne leur concède aucun droit sur ce pays.

« L'Allemagne est donc autorisée à revendiquer également, en cas de partage, la partie comprise entre l'Oum-er-Rbia et l'oued Sebou.

« En définitive, c'est *tout le pays qui s'étend entre le cap Juby et l'oued Sebou que nous voulons.* L'avenir de l'Allemagne en dépend.

« La France, de son côté, recevrait le territoire compris entre la frontière ouest Algérie et les nouvelles possessions allemandes. Quant à l'Espagne, on lui donnerait le saillant nord-ouest du Maroc. »

celles dans la ville et sur tout le pourtour, et de préférence en bas, à Founti.

Depuis deux ou trois ans, la spéculation y a pris une forme si intense qu'un même terrain, dominant les pentes descendant jusqu'à la mer, y a été vendu jusqu'à trente fois et que les notables commerçants de Mogador s'apprêtent à quitter leur cité, le jour de l'ouverture du nouveau port, pour profiter de la situation en y arrivant les premiers.

Que nous réserve cette contrée, pour une partie de laquelle l'Union des Mines Marocaines avait présenté une requête de concession en même temps que le groupe Mannesmann, si nous ne nous trompons? Nul ne le sait encore, sauf peut-être le dévoué représentant de la France à Taroudant, qui y vit à la mode indigène depuis plusieurs années. Nous avons eu le plaisir de le rencontrer à Marrakeck chez M. le colonel de Lamothe, lorsqu'il revenait de l'Atlas où il avait accompagné la harka de Si Madani Glaoui; il paraissait plein de confiance dans l'œuvre de police qui avait été entreprise par le grand caïd, et considérait l'avenir avec un calme réconfortant.

Au point de vue agricole, nous ne pouvons nous prononcer sur l'arrière-pays, puisque nous n'avons pu qu'y aborder. A l'heure présente, c'est l'attraction mystérieuse qui table sur des espoirs; elle a été excitée par des demandes de permis de recherches formulées antérieurement, soumises aujourd'hui à la « Commission de révision », et les sphères d'influence créées par l'Allemagne qui, répudiant les accords internationaux, considérait comme caduc l'Acte d'Algéciras (1). Elle

_____

(1) Dans les premiers jours du mois de juillet 1911, le comte Wolff Metternich, ambassadeur d'Allemagne à Londres, déclarait au Foreign Office que « l'Acte d'Algésiras n'avait plus aucune valeur ».

cadenassait la contrée entière, en y entretenant la révolte grâce à ses protégés et censaux.

Quoi qu'il en soit, la manœuvre a échoué, tout en nous prouvant la nécessité évidente pour nous de tenir ferme la ligne qui s'étend d'Agadir vers l'Atlas, afin d'éviter de nous trouver coupés de nos autres possessions africaines.

En quittant le Maroc, nos ennemis ont pu, à la suite de notre manque de décision, emporter la majeure partie des documents concernant leurs complots et les prospections dans le Sous; cependant les quelques papiers sur lesquels les sequestres ont mis la main contiennent des indications dont on ne nous a pas permis de nous servir, mais qui donnent des points de repère intéressants pour les terrains miniers qui y auraient été découverts. Le distingué chef du bureau des Renseignements qui vient d'être nommé à Tiznit, M. le commandant de Mas-Latric, dont nous avons été l'hôte à Marrakech, tout en surveillant l'enclave espagnole d'Ifni, se documentera, avec sa sagacité habituelle, sur toute la région qui relève de son commandement et constitue, avec Agadir, la porte d'entrée du Sous.

Dans le but de ravitailler les troupes et aider plus tard à la construction du port, l'autorité militaire a fait établir à Agadir un appontement qui permet de charger ou décharger les navires sur rade; le général Lyautey l'a inauguré dans le courant de 1916 en allant faire l'inspection du poste commandé par le chef de bataillon Delhomme.

6. Éclairage des côtes.

Il n'existait au 1er janvier 1916, sur le littoral français du Maroc Occidental, qu'un seul phare d'atterrissage, celui du cap Spartel, au confluent de la Méditerranée et de l'Océan. A ce jour, cinq phares de premier ordre ont été prévus dans notre zone : à Casablanca, à Mazagan, au cap Cantin, au cap Ghir et au cap Sims. Le premier qui a fonctionné est celui du cap Cantin, entré en service le 15 avril 1916 ; les phares d'El Anq, près de Casablanca, et de Sidi Bou Afi ou de Mazagan seront allumés aussitôt qu'aura été effectuée la livraison des appareils d'optique. Les tours en maçonnerie sont, en effet, achevées depuis plusieurs mois, elles mesurent chacune 43 mètres de hauteur ; placée sur des points élevés, leur lanterne se trouvera à 62 ou 63 mètres au-dessus du niveau de la mer. Les phares du cap Sims et du cap Ghir sont encore à l'état de projet.

D'autres phares de moindre importance sont prévus à Mehediya (à l'entrée du Sebou), à Rabat (sur le rocher des Oudaïa). On placera un feu de port aux Roches Noires (Casablanca) et un feu de direction de second ordre à secteurs colorés et occultations, à Sidi M'sba, à 7 kilomètres à l'est de Mazagan. La tour carrée en maçonnerie mesurera, pour ce dernier fanal, 13 m. 40 de hauteur au-dessus du sol, la plate-forme devant se trouver à 50 m. 30 au-dessus du niveau de la mer. Enfin, un feu d'alignement signalera, à Mogador, la passe entre le littoral et l'île.

§ 7. Les villes de l'intérieur.

FEZ. — Bâtie sur l'oued qui porte son nom, à 4 kilomètres du Sebou, non loin du débouché de l'Innaouen, Fez se trouve presque au centre de la dépression qui, entre le Rif et le Moyen Atlas, fait communiquer le bassin du Sebou avec celui de la Moulouya et constitue la grande voie de passage stratégique et commerciale reliant la Méditerranée à l'océan Atlantique.

Sa distance de Rabat est de 200 kilomètres en suivant la piste passant par Camp-Monod, Tiflet, et de 247 par la voie ferrée militaire qui, longeant d'abord la côte jusqu'à Kenitra, se dirige ensuite sur la capitale par Dar-Bel-Hamri et Meknès.

Fez compte, sans la garnison, près de 100 000 habitants dont 9 000 Israélites et 600 Européens environ. Les Français sont au nombre de 350.

Ville sainte du Maroc, la capitale de l'ancien royaume de Fez, fondée par Moulay Idriss ben Idriss, en 192 de l'Hégire (1), est la plus belle cité du Maghreb et la plus intéressante, tant au point de vue historique qu'archéologique.

Elle se compose de deux agglomérations comprises dans la même enceinte, mais d'aspects bien différents : Fez el Bali et Fez el Djedid, séparées par le faubourg de Bou Djeloud (2).

Fez el Bali (ou Fez-le-Vieux), entourée de jardins et de vergers splendides irrigués avec abondance, forme la medina. C'est une ville maure, d'un cachet spécial (hadria, citadine, par opposition à badia, bédouine) tant par son origine que par son aspect, ses habitants et ses institutions. C'est là que se trouvent

(1) Au commencement du IXᵉ siècle de l'ère chrétienne.

(2) C'est au début du IXᵉ siècle de notre ère que furent jetées les fondations de Fez el Bali, et seulement en l'an 674 de l'Hégire que le sultan Yacoub ben Abdelhaq fit construire Fez el Djedid dans le but d'y édifier son palais avec ses dépendances et d'y loger ses soldats (le guich). C'est sous la protection de ce souverain, et par ses ordres, que fut bâti le mellah (quartier juif).

Le faubourg et les jardins de Bou Djeloud datent de beaucoup plus tard, à l'époque de Moulay Hassan, qui y fit travailler vers 1875. Cette liaison entre les deux villes est une sorte de passage clos de hauts murs de défense conduisant du « Mechouar » à Bab El Mahrouk.

les quartiers commerçants, la kaïseria et l'attarin (1).

A l'inverse, Fez el Djedid (ou Fez-le-Neuf), qui date du xiii° siècle de notre ère, est la ville maghzen, cité bédouine habitée par les gens du guich, l'administration et les nombreux serviteurs de l'entourage du Sultan. Les Israélites y vivent cantonnés dans leur mellah, qu'on traverse en arrivant de Meknès par la contrée des grands plateaux et des plaines du Saïs, peuplés de palmiers nains.

L'industrie indigène est exercée par les Fazi groupés en quartiers (2); ce sont notamment les tanneries, les tissages, les teintureries, l'orfèvrerie, la fabrication des vêtements et, en particulier, la meunerie installée sur les nombreuses cascades de la rivière et les canaux de dérivation. A ce dernier point de vue, il y a beaucoup à faire pour l'initiative européenne, car le commerce local des céréales est fort développé, la capitale s'étendant chaque jour et ses besoins augmentant en proportion. Quand le réseau entier des chemins de fer sera terminé, on peut prévoir un essor extraordinaire.

Nous attirons l'attention sur les essais de sériciculture et le peuplement du mûrier, qui dépasse, avec la région de Sefrou, 9 000 arbres; rien ne serait plus facile que de restaurer à Fez une industrie qui a fait une partie de sa fortune au xvii°, xviii° et jusque dans la première moitié du xix° siècle (3).

(1) Lire la description de Fez et son histoire dans l'excellent ouvrage de M. Henri GAILLARD intitulé *Fez*.

(2) Il serait utile de créer des écoles professionnelles musulmanes. Un essai a été tenté à Fez par M. BEL et nous souhaitons que cette initiative se développe, surtout pour donner aux indigènes une direction artistique dans leurs travaux, leur enseigner la technique qui leur manque et conserver la tradition des ouvriers d'art leurs ancêtres.

(3) L'industrie séricicole remonterait, d'après la légende, au célèbre

En outre, le travail du cuir présente un intérêt particulier: il est le monopole de quatre tanneries principales: parmi les produits qu'elles fabriquent, la plus grande matière d'exportation est constituée par les babouches, qui font l'objet d'un trafic considérable avec les pays musulmans, surtout la Syrie et l'Égypte. Sa confection occupait, en 1916, à peu près 19 000 ouvriers.

La céramique, qui remonte aux temps les plus reculés, se développe chaque jour; elle produit des mosaïques, plats, coupes, poteries variées' et carreaux de faïence, aussi curieux par leurs dispositions artistiques que par leur bon marché. On peut reprocher à leur pâte de manquer d'homogénéité et d'être mal cuite; les pièces sont couvertes d'une sorte d'émail vernissé très défectueux, auquel il serait facile de remédier sans trop majorer le prix de revient (1).

Quant aux échanges avec le littoral, tant du côté de l'Atlantique que de la Méditerranée, ils ont été entravés jusqu'à ces derniers temps à l'ouest par l'insuffisance des voies et moyens de communication, et à l'est par le manque de sécurité. Les prix des transports, assez élevés, varient, d'ailleurs, suivant la saison, l'état et la protection des pistes. Jusqu'avant la guerre, les transactions s'effectuaient de préférence par Tanger; aujourd'hui,

---

prince de la Chine Hoang-Ti, en 2698 avant notre ère. Sa femme, Louï-Tseu, aurait enseigné aux dames de la Cour à élever les vers à soie, filer les cocons et en tisser une étoffe propre à faire de somptueux vêtements. Cette princesse, placée pour 'ce fait au rang des génies, est encore honorée dans la Céleste... République sous le vocable d' « Esprit des Mûriers ». La production mondiale de la soie grège dépasse actuellement 20 000 tonnes.

(1) Les couleurs dominantes sont le bleu et surtout le vert tendre, qui remontent à la plus haute antiquité égyptienne. La décoration est polychrome, zonaire composée en partie d'ingénieuses conceptions linéaires.

elles prennent plus volontiers l'intermédiaire de Rabat, Larache et Kenitra.

La transformation des pistes en routes praticables en tous temps, et l'utilisation commerciale du chemin de fer militaire à voie étroite venant de Rabat, auront pour conséquences, en attendant mieux étant donné le tonnage réduit, de régulariser le trafic, d'en abaisser le prix et de développer les relations entre Fez, Kenitra et Rabat, qui deviendront, il faut l'espérer, les véritables ports de transit de ce grand marché. Lorsque nos légitimes aspirations sur la Méditerranée auront été satisfaites, la capitale possédera au Cap de l'Eau un port très intéressant. Quant à Tanger, il serait imprudent d'en parler avant l'établissement du rail international.

Au point de vue agricole, le blé dur doit être mis en premier lieu dans les cultures de la plaine, et la facilité d'irrigation lui donnera un rendement considérable. L'orge, le chanvre et le riz y voisineront avec le maïs, les lentilles, les fèves et le sorgho. Des essais de plantations de coton ont donné un splendide rendement.

L'élevage trouvera un peu partout, et surtout du côté des Beni M'Tir, de riches pâturages; les environs de Fez comptent en effet de nombreuses tribus pastorales, les Cherarga, les Oulad Hadj, les Hamyane, les Oulad Djamaa et, vers la trouée de Taza, de grands terrains de parcours pourront être utilisés après des soumissions de tribus qui ne sauraient résister longtemps à notre pression politique et militaire.

Si nous abordons l'arboriculture fruitière, elle prospère à Fez et aux alentours dans un fouillis inextricable; pêchers, abricotiers, cerisiers, pruniers, figuiers,

vigne grimpante portent des fruits médiocres et auraient
besoin d'être soumis à une taille ainsi qu'à un greffage
raisonnés. Les oliveraies qui entourent la ville sont
considérables, moins grandes cependant que celles du
Zerhoum.

D'ici peu, les agriculteurs pourront diriger leurs vues
vers les terres de la vallée de Sefrou, où nous avons
visité, dans un site ravissant, des cultures remarquables
et des essais de plantations d'arbres fruitiers dus à la
compétente initiative de MM. le commandant Wolff et le
capitaine Reisser, qui sont venus avec tant d'obligeance
à notre rencontre, sur une route nouvelle à laquelle travaillent des prisonniers allemands ; on utilisait ces derniers un peu partout au Maroc et cela produisait un
excellent effet sur l'indigène. A l'heure où nous écrivons, cette voie est terminée jusqu'à Sefrou et se pro-
longera vers Anoçeur.

Sefrou, cité farouche de 900 habitants, dominée
par la colline où se trouvent établis le Poste et le Bureau
des Renseignements, est entourée de jardins singuliers
clos de haies vives ; il y a une année à peine ils ser-
vaient encore d'embuscade aux Marocains insoumis et
les coups de fusil y crépitaient dès le coucher du soleil,
souvent même avant. Or, en 1916, c'est à Sefrou, et
jusqu'à Anoçeur, que nous avons pu aller visiter les
terres arables et en rapporter des échantillons. En
nous voyant fouiller le sol, puis remplir un petit sac,
un vieux mendiant à barbe blanche, qui dissimulait
mal son mécontentement, hocha la tête avec un air
de souverain mépris, puis appela deux Arabes qui dor-
maient au soleil et leur conta, avec de grands gestes,
que nous faisions de la magie. O puissance du fana-
tisme et de l'imagination !

MEKNÈS. — A 58 kilomètres au sud-ouest de Fez on parvient, par une belle route, à cette ancienne capitale berbère qui a été le Versailles des sultans (1), au temps de Moulay Ismaël.

Arrosée par l'oued Bou Fekram, elle est entourée de vergers et de potagers florissants, mais dont les procédés de culture sont, comme dans tout le Maroc, primitifs. Sa population, d'environ 36 000 habitants, comprend 5 000 Israélites et 1 100 Européens, parmi lesquels figuraient, au dernier recensement, 750 Français.

Les transactions, même celles qui ont trait aux cafés chantants, y ont acquis un certain essor depuis que la France y a pris pied, mais ce qui fera la richesse de cette ville, c'est la contrée qui l'entoure, toute la plaine irrigable montant vers Fez et en particulier les riches terres du Sebou, ainsi que celles avoisinant la future gare de Sidi-Kacem, embranchement du Tanger-Fez et des chemins de fer français. Les oliveraies et la viticulture sont déjà en honneur sur les pentes du Zerhoum et dans la campagne de Moulay Idriss, lieu célèbre de pèlerinage et le plus joli paysage que nous ayons vu. Les environs sont couverts d'oliviers sur une superficie considérable; la betterave y sera cultivée avec avantage et nous recommandons, après avoir vérifié les essais, la rose demi-sucrière de préférence à la jaune ovoïde des Barres, à la géante de Vauriac et aux autres variétés habituellement préconisées. Elle est plus petite, mais très chargée en sucre et fournira, tant pour la distillerie que pour la nourriture des animaux, une

---

(1) Meknès, placée au milieu de la zone de transition entre la plaine du Sebou et le Moyen-Atlas, est un centre ethnique berbère. Le palais de Moulay Ismaël est un remarquable monument arabe. Ce sultan a construit également les portes monumentales et les beaux remparts de la ville au XVIIᵉ siècle.

matière première ou denrée remarquable; de plus, comme elle supporte bien l'humidité, on pourra la mettre en silos et constituer, presque sans dépense, d'immenses réserves en cas de disette ou en vue d'approvisionnements éventuels.

M. le colonel Poeymirau, qui administre la région avec autant de tact que d'affabilité et possède de si merveilleuses boîtes à cigares, relevées d'illustrations historiques, devrait bien obtenir de la régie co-intéressée des tabacs du Maroc qu'elle lève l'interdiction faite aux particuliers de cultiver cette plante, car une partie de l'avenir agricole de la région de Meknès pourrait être orientée de ce côté. Quant au coton, qui doit constituer à brève échéance la richesse du Protectorat et de la Métropole nous en parlons aux chapitres V et IX traitant de l'agriculture et d'un coin de l'arrière-pays du Gharb, la tribu des Cherarda, située à une trentaine de kilomètres du chef-lieu.

Enfin, les moyens de communication entre Meknès et la côte s'opèrent soit par automobile en passant par Camp Monod, Tiflet, Camp Bataille et Aïn Lorma, soit en empruntant le train militaire ou l'automotrice circulant sur le rail. Le chemin de fer part de Rabat-Salé à 6 h. 30 du matin pour arriver le lendemain à Meknès à 11 h. 20; l'automotrice souvent en panne et remplacée par la drésine, incommode mais rapide plate-forme à moteur, quitte la même gare à 6 h. 50 pour arriver à Meknès à 15 h. 18, soit 182 kilomètres en huit heures et demie; c'est l'express; il prend trois voyageurs! Sur Fez, distante de 65 kilomètres, les trajets en automotrice prennent moins de trois heures, et par le train près de cinq heures.

Du côté de Rabat la route, excellente pour automobiles, est faite de cette ville jusqu'à Sidi Aïech, enfin

entre Fez et Meknès on roule aussi agréablement que
sur nos plus belles voies françaises.

En résumé, la culture des céréales, les arbres fruitiers, surtout les oliviers, et même les forêts, font déjà
de la région de Meknès une des plus favorisées du Maroc.

D'après le dernier recensement, plus de 48 165 hectares de blé et d'orge, 9 110 de maïs et sorgho et
1 600 de cultures diverses, auraient été ensemencés en
1916 sur une superficie d'environ 3 400 kilomètres
carrés, pour une population de 125 000 habitants.
Les possibilités de développement agricole sont donc
énormes et nous en donnerons le détail en parlant de
Petitjean auquel nous consacrons à la fin de ce volume
une étude spéciale.

L'élevage qui se développe sur les nombreux plateaux
compte en moyenne, si l'on s'en rapporte à la taxe,
plus de 45 000 bœufs, 134 000 moutons et 30 000 animaux de bât ou de selle (1).

Les cultures arbustives ont révélé la présence de
270 000 pieds d'oliviers, 50 000 environ d'agrumes et
1 300 000 de vigne, figuiers et autres arbres à fruits.

Toutes ces puissances de production peuvent être
augmentées dans de notables proportions, étant donné
l'importance de la superficie.

Au sud de la région, les forêts constituent une source
de revenus appréciables et le Protectorat agira avec prudence en surveillant les modes d'exploitation, ou plutôt
de dévastation, auxquels se livrent les Beni M'Guild.

L'avenir est ouvert devant un pays qui possède
de telles ressources, si l'administration lui fournit
l'outillage indispensable : les chemins de communication.

---

(1) Voir aux annexes les cartes de répartition du cheptel et des
cultures.

MARRAKECH. — Lorsqu'en quittant la piste de Mogador, après avoir traversé les terrains incultes où
végètent quelques graminées, on arrive en vue de la
palmeraie qui entoure la célèbre capitale du sud de
l'Empire chérifien, construite en 1070 par le sultan
Youssef ven Tachefine, l'émotion vous saisit, singulière
et mystérieuse en présence de la grande cité déchue (1)
restée si longtemps le foyer de l'insurrection. Quand on
en franchit les portes, après un examen sévère de vos
papiers et de vos pièces d'identité, même si vous êtes
en tenue militaire, et qu'on se voit arrêté à chaque pas,
comme un suspect, par les agents de la force publique
qui, deux jours après, vous saluent avec respect, parce
qu'ils savent qui vous êtes, on comprend tout ce qu'a
déployé de prudence et d'énergie le Protectorat pour
arriver à une sécurité complète telle que nous avons
pu, en pleine nuit, nous promener seul dans la palmeraie jusqu'à l'oued Tensift situé à 5 kilomètres environ,
ce que nous n'eussions pas fait sur les boulevards extérieurs de Paris avant la guerre.

Marrakech, à l'inverse de Fez, est une ville saharienne ayant une population de près de 80 000 habitants
composée en majeure partie de Rehamna, de Chleuh
et de Draoua; ses murs ont une longueur de 12 kilomètres et tombent en ruines (2).

Établie dans l'immense plaine à sol rougeâtre que
draine le Tensift, dans une région abondamment irri-

---

(1) Sous le règne d'El Mançour la population était d'au moins
500 000 habitants. C'est ce sultan qui construisit au XIIIᵉ siècle
la mosquée de la Kouthoubia dont le minaret est célèbre. Aujour-
d'hui la ville atteint à peine 80 000 âmes.

(2) Nous avons sous les yeux une carte récente indiquant comme
population à Marrakech : 500 Européens, 105 000 Musulmans et
15 000 Israélites. Nous estimons ces chiffres comme erronés; ils ne
figurent nulle autre part, d'ailleurs.

guée (1), elle émerge d'une vaste oasis et de nombreux jardins parmi lesquels il convient de citer l'Aguedal et la Menara, qui à eux seuls mériteraient une description spéciale.

La couleur de ses maisons construites en pisé lui a valu le surnom de « El Hamra », la Rouge. Comme les vieilles cités marocaines, Marrakech comprend une kasba, siège administratif où sont réunis tous les services du Maghzen, une medina habitée par les musulmans, et un mellah réservé aux israélites. C'est la grande agglomération d'aspect délabré, très étendue et difficile comme circulation. Le climat y est salubre malgré des étés trop chauds.

Les industries indigènes maintiennent leur ancien renom et, en particulier, les tanneries, teintureries, chaudronneries, ainsi que la fabrication des objets en cuir « maroquin ».

Au point de vue commercial, nous ne pensons pas pouvoir conseiller, en l'état présent, l'installation de nouvelles maisons, sauf celle d'un bazar comportant des articles de qualité ordinaire, de la quincaillerie et vendant en même temps les cotonnades, draps, bougies, verroteries, ainsi que les produits d'alimentation et surtout le sucre, le thé, la parfumerie et les conserves. Une telle entreprise, placée dans une artère bien achalandée, ayant son camion automobile pour faire elle-même ses transports de la côte à la ville, descendant en charge de Marrakech avec les matières premières qui en sont exportées, pour remonter avec ses propres

---

(1) Dans son livre excellent et si actuel intitulé *Notre avenir* (chez Payot), M. Victor CAMBON s'exprime ainsi : « Il sera nécessaire d'organiser cette irrigation non pas par petits canaux isolés, mais par de vastes plans d'ensemble mûrement étudiés... »

marchandises, serait appelée à un avenir intéressant, à
condition de posséder les capitaux nécessaires à sa mise
en valeur; il ne faut rien tenter ici sans avoir des
réserves.

Six ou sept maisons européennes se partagent aujour-
d'hui la clientèle qui, jusqu'à la guerre, a été entre les
mains de l'Allemagne. Il est pénible de constater que la
France ne s'est pas trouvée en situation de remplacer
au pied levé nos ennemis dont l'indigène regrette le
départ, son intérêt dominant tout.

Chaque jour, vous entendez dire dans les souks : « Il
nous manque du thé, du sucre, des bougies, des cotonnades; nous n'avons plus de drap pour les cafetans, ni
de teintures pour les étoffes; les savonneries chôment
par défaut de carbonate de potasse, tout cela parce que
les Allemands sont partis »; et le commerce entier de
faire chorus.

Si douloureux que soit, en pareille circonstance, un
hommage rendu à la vérité, nous devons reconnaître les
plaintes de l'habitant comme justifiées. Ajoutons même
que depuis l'exode de nos adversaires, forcés en 1914 de
quitter Marrakech où ils régnaient en maîtres, l'indigène a vécu sur leurs stocks accumulés chez les négociants de la ville et payables, comme d'usage, à long
terme.

Le principe économique veut que plus un produit est
offert, plus il se vend; le marché a donc été écrasé par
les Germains sous la masse, procédé analogue à celui
qu'ils emploient au combat. Leurs successeurs, les
Espagnols et les Hollandais (Zwanenburg et Cᵒ, de
Rotterdam, Morroco, Handels, Maatschappij, commis-
sionnaires en marchandises) etc…, sont chargés d'écouler tous les articles « Made in Germany », d'accord avec
leurs commettants!

Voilà comment les intérêts français se soutiennent, alors que l'après-guerre devrait être une préoccupation constante pour nos trafiquants.

* *

C'est à Marrakech, plus que partout ailleurs, qu'un musée commercial bien disposé, conçu et dirigé sous la surveillance du Protectorat par des commerçants authentiques, aurait une valeur de propagande.

Voici, malgré l'originalité de notre proposition, comment il nous semble pouvoir être compris :

Son immeuble serait construit et aménagé dans le centre de la ville, soit sur une place importante, soit dans la rue la mieux achalandée, par laquelle passent la majeure partie du temps Européens ou indigènes, en allant à leurs affaires ou en flânant.

L'installation intérieure, distribuée dans deux vastes pièces entourées de vitrines, contiendrait les objets de vente courante dans le pays, exposés par spécialités, avec prix marqués en chiffres connus, arabes et français. La salle principale, que nous nommerons le « hall », servirait à l'examen, à la dégustation en même temps qu'à la distribution des échantillons. On la meublerait de tables et de sièges confortables. Les premières proviendraient d'une maison indigène réputée ; les seconds du faubourg Saint-Antoine ; les garçons ou servantes, habillés à la « Belle Maraîchère » ou au « Pont-Vieux », offriraient du thé importé par Cotin, des cafés de Durand dans des tasses de la veuve Lunéville, ou de la bière du Croissant, et, pour les connaisseurs, les apéritifs ou liqueurs de nos grandes marques nationales. Le sucre, enveloppé avec soin de papier, viendrait de la raffinerie C. ; l'argenterie (théières, plateaux, etc...), serait fournie par Saint-Christophe, la verrerie par Bac-Louis, etc... A l'extérieur de chaque vitrine contenant la marchandise serait suspendu, autant que possible, une liasse ou un catalogue descriptif d'échantillons avec prix. Les produits d'utilité domestique auraient un rayon particulier et chaque article porterait sa référence dans un annuaire illustré arabe-français, mis à la disposition du public dans un endroit très apparent.

La seconde pièce se composerait d'une salle de lecture et de repos, tapissée aussi de vitrines; les visiteurs y trouveraient, outre les journaux français et arabes commerciaux et d'exportation, littéraires, financiers ou politiques, les mercuriales des différents marchés; une bibliothèque d'éditions françaises les renseignerait sur tout ce qui se fait dans le pays.

Ceux qui désireraient écrire auraient sous la main des vélins de Paris, des crayons Duconte, des porte-plume-réservoir ou des plumes Ballat, des encres Saint-Antoine, et les lettrés portant burnous, ainsi que les Israélites, pourraient y lire des publications imprimées en leur langue. Les renseignements nécessaires seraient fournis par des femmes coiffées d'un mouchoir en soie de Lyon, ou portant de la bonneterie de Troyes, des articles de Rouen, de Lille, etc...; un brassard pourrait indiquer la provenance de l'étoffe. Ce seraient elles qui, parlant au moins l'arabe et le français, auraient les clés des armoires, se tiendraient à la disposition des acheteurs pour donner des explications et passeraient les commandes aux exposants ou aux négociants de la ville, heureux de les rémunérer pour ce service en leur accordant un léger escompte. Nous croyons qu'un tel musée, auquel les producteurs pourraient adjoindre un entrepôt dans le commerce, aurait quelques chances de succès; dans tous les cas, il présenterait plus d'utilité

que ceux établis en ce moment dans certaine grande
cité marocaine.

A défaut du désert, où nous n'avons pas eu le temps
de pénétrer en 1916, nous avons tenté de forcer la porte
d'un de ces temples commerciaux. Ce n'était pas chose
facile, et nous dûmes revenir trois fois, accompagné
comme témoins de plusieurs officiers, pour découvrir le
saint Pierre de cette mystérieuse habitation.

Bien que nous y fussions seuls, la sécurité nous parut
incomplète, notre premier regard étant tombé sur l'ennemi. Embusqués à l'endroit le plus découvert, les
mots « musée allemand » s'étalaient en grosses lettres
sur une porte derrière laquelle étaient rangées métho-
diquement les pacotilles allemandes qui sont de vente
usuelle. On n'aurait pas mieux fait si nous y avions été
obligés.

Sortant de cet antre, nous cherchâmes en vain la
contre-partie française et parcourûmes dans ce but les
vertueux sentiers où s'alignait une foule de nos marchandises, fort belles d'ailleurs, quoique disparates;
mais ne répondant à aucun des besoins immédiats des
habitants du Protectorat.

Pas de références, pas d'indication d'espèce ou de
qualité, aucun prix marqué, rien en un mot de ce qui
peut renseigner le client et servir le commerçant ou
l'industriel, qui a fait les frais nécessaires pour une
réclame devant être efficace. Le gardien parut nous·
prendre pour des phénomènes lorsque nous nous per-
mîmes de lui demander des éclaircissements et conditions de vente. Pas un carnet, pas un livre pour donner
l'adresse des exposants, dont certains avaient oublié
d'inscrire leur nom sur la vitrine.

Insister serait superflu et la presse marocaine, dans

des articles ou entrefilets fort bien pensés, a exprimé
ses regrets en même temps que ses desiderata. La
sagesse éclairée du Résident général, toujours préoccupé de sauvegarder ce qui s'appelle les intérêts français et marocains, apportera à cet organe les modifications qu'il comporte.

*
* *

Si l'on veut faire quelque chose pour nos nationaux
dans le développement de leurs affaires, il serait de
toute urgence, dès la venue du rail, de créer à Marrakech un entrepôt de douanes qui rendrait des services signalés.

Il y aurait un avantage primordial à éviter dans les ports
le déballage des marchandises destinées à cette ville ou
à tout autre grand centre de l'intérieur. Pour les colis fra-
giles de verrerie, porcelaine, et similaires, par exemple,
débarqués et visités dans les ports puis réemballés sans
la pratique et les soins nécessaires, la casse atteint quelquefois, nous l'avons constaté, la proportion de 20 0/0.
En vue de remédier à ces graves inconvénients, il suffirait qu'au point de débarquement les colis fussent placés
sous le régime du transit et expédiés ensuite vers Marrakech qui, dès maintenant, pourrait être pourvue d'un
bureau de douane.

Dans cette hypothèse, les colis seraient plombés et
des engagements spéciaux garantiraient le paiement
ultérieur des droits de douane; ensuite ils ne seraient
vérifiés qu'au point d'arrivée où les destinataires pourraient surveiller eux-mêmes les opérations de déballage avec les précautions requises.

En attendant la construction de la voie ferrée, les
camions automobiles rendraient de réels services pour
l'utilisation de ce régime.

Nous pensons qu'il faudrait montrer en ces matières beaucoup plus de hardiesse (1) et voyons comme une affaire utile et profitable à ceux qui l'entreprendraient avec l'appui du Protectorat, l'installation de magasins généraux.

Quant aux travaux publics, ils se développent par suite de la construction de la nouvelle ville européenne du Guelliz. M. le colonel de Lamothe l'a créée de toutes pièces, dans un endroit peut-être un peu chaud, mais bien choisi, percé de belles avenues, comportant des établissements publics, des casernes, un cercle pour les officiers et de nombreuses maisons qui émaillent la plaine, habitée déjà par 1 500 personnes; les terrains s'y vendent de trois à cinq francs le mètre.

Les Allemands mis à part, on peut dire que les affaires se localisent presque en entier entre les mains des Israélites qui, par hasard, ne vendent que de la pacotille autrichienne ou de Germanie : papeterie, bonneterie, verrerie, parfumerie, chaussures, quincaillerie et conserves alimentaires. Un bazar français, disions-nous, tenant toutes sortes d'objets dont une partie bon marché, surtout des articles de consommation, à l'instar de l'Amérique et de l'Angleterre, aurait des chances sérieuses de prospérité. La location d'un local assez vaste pour son exploitation convenable, coûterait de 200 à 350 francs par mois, non compris l'aménagement.

*
* *

Nos ennemis ont exercé à Marrakech et jusqu'à la région côtière de Safi et de Mogador tous les com-

---

(1) Voir sur la question des entrepôts l'article de M. L.-J. MAGNAN intitulé *La Réforme du régime des Entrepôts.* — Le *Journal des Chambres de commerce* du 25 avril 1917.

merces (1), ne refusant aucune affaire, si petite qu'elle
fût, mais ils se sont préoccupés surtout du trafic d'influence, dont ils tenaient boutique, et de la vente des
cartes de protégés, moyennant paiement en marchandises, toujours à un terme éloigné et à des prix rémunérateurs pour eux.

La Protection soustrait, comme nous le savons, à
l'action des autorités indigènes, le sujet qui en profite ;
de ce fait, il échappe à son pays d'origine et se trouve
placé sous la juridiction et la dépendance d'un État
étranger qui le reconnaît comme protégé. En somme,
c'est un attentat au bénéfice d'une nation contre les
droits de souveraineté de l'État qui le subit.

Ce principe de la Protection a été posé par la France
en 1767, à la suite du bombardement de Salé, mais on
était convenu de n'y admettre que les personnes au service du consul et leurs ressortissants immédiats. Peu à
peu, les autres peuples profitèrent de cet avantage,
puis l'étendirent; l'Angleterre vint la première, — à ce
moment l'Empire germanique était un mythe économique, — l'Espagne suivit, puis les royaumes qui composent l'Italie actuelle, enfin la Belgique et les États-
Unis. On trouvera dans les annexes à la fin du volume
l'acte qui a consacré le principe de la Protection européenne au Maroc (2).

Le premier droit du Protectorat, en même temps que
son devoir, a été de modifier cette situation dans les

---

(1) Marrakech, Safi et Mogador comptaient, au commencement de
l'année 1914, 23 maisons allemandes; la grande capitale du Sud
en voyait, à elle seule, prospérer 12. Si jamais les travaux de MM. les
sequestres sont publiés, on y trouvera force détails intéressants et
profitables, entre autres que dans ce centre d'action, les Allemands
s'étaient adjugé 70 0/0 de l'activité économique de la région.

(2) Voir à l'annexe n° X le traité de paix et d'amitié conclu entre
la France et le Maroc le 28 mai 1767.

limités où il pouvait le faire; mais nous avons le regret
de constater qu'il a rencontré, dans l'accomplissement
de sa tâche, de véritables embarras suscités par des
neutres et même un État qui n'est pas notre ennemi.

Au fond et dans la forme, la Protection s'exerce au
détriment de la France et constitue une arme contre
notre pays, son influence et son action politique,
en soumettant nos droits à des restrictions intolé-
rables (1). Soyons honnêtes, et qu'on le soit avec nous.

*
* *

L'agriculture européenne dans la région, sauf pour
l'association avec des indigènes, est encore à l'état de
possibilité; deux colons tentent la fortune, mais l'avenir, croyons-nous, est plein de promesses... si nous
savons nous soutenir entre nous (2).

Moins que partout ailleurs, il ne faut faire ici de la
démocratie agricole, ni directe, ni indirecte. Les Bureaux de Renseignements, qui constituent nos guides
officiels, sont bien convaincus, espérons-le, qu'ils n'ar-
riveront à imposer notre domination au pays des
grands caïds, et même des petits, que par le respect du
principe d'autorité à tous les degrés de l'échelle. Nous
voyons chaque jour les inconvénients que présente la
dispersion du pouvoir, et l'Amérique nous donne
l'exemple du véritable impérialisme, dans une confédé-
ration républicaine, qui ne se contente pas du mot mais
pratique la chose.

(1) L'Allemagne est la seule puissance qui ait consenti avant la
guerre à la suppression de la Protection.

(2) Les Allemands occupaient à Marrakech une situation si importante que l'un d'eux était arrivé à se faire nommer correspondant du
Crédit Foncier. Bien que le fait puisse paraître invraisemblable, c'est
à lui qu'on demandait des renseignements sur les commerçants français concurrents de la Germanie !

C'est dans l'hinterland de Marrakech que la formule du Protectorat reçoit sa pleine application puisque M. le colonel de Lamothe (1) y administre avec un rare bonheur tout le Sud par l'intermédiaire des grands caïds. Dans les autres contrées du Maroc, où ces chefs n'ont pas cette envergure et sont souvent de simples petits propriétaires, l'autorité militaire doit les choisir avec le plus grand soin pour ne point avoir à les changer, mesure qui produit un effet regrettable. Ce ne sont pas, il est bon de le rappeler, des fonctionnaires qui passent sans laisser la moindre trace, comme dans notre trop bonne France, mais quelquefois des influences qui s'exercent et, lorsqu'ils sont déposés, des haines qui s'attisent.

Aux mains de nos brillants officiers, que nous avons admirés à l'œuvre, l'administration directe peut quelquefois avoir du bon ; pour notre part, nous continuons à estimer qu'il est encore préférable, au Maghreb, de

---

(1) « Le Maroc est un Protectorat. Mais ce mot, qui contient pourtant une doctrine coloniale grande et simple, est regardé le plus souvent comme une étiquette et non comme une vérité : on y voit, sinon un mensonge, du moins une formule théorique, une formule de transition, destinée à disparaître après les modalités successives. C'est là le résultat de la plupart de nos expériences coloniales. Et ce sentiment est tellement fort qu'au Maroc comme ailleurs, avant la guerre, on résistait avec peine, et déjà presque sans conviction, à cette poussée, que beaucoup croient *fatale*, vers le gouvernement direct, vers l'annexion de fait précédant l'annexion légale. La guerre nous a fait une nécessité politique absolue de changer de voie ; et cette expérience nouvelle, commencée dans un sentiment de prudence, a pleinement réussi. Le Protectorat apparaît ainsi, non pas comme une formule théorique et de transition, non pas même comme une formule, mais comme une réalité durable : la pénétration économique et morale d'un peuple, non par l'asservissement à notre force ou même à nos libertés, mais par une association étroite, dans laquelle nous l'administrons dans la paix par ses propres organes de gouvernement suivant ses coutumes et ses libertés à lui.

« C'est dans ce sens que s'est orientée franchement et définitivement notre politique... »

(Extrait du rapport général sur la situation du Protectorat au Maroc. Préface de M. le général LYAUTEY, page XIII. Janvier 1916.)

l'exercer par l'intermédiaire des chefs indigènes, qu'on tient discrètement dans la main. Beaucoup de motifs nous y engagent, parmi lesquels la diplomatie et la religion entrent comme appoints considérables.

Du reste, pour l'agriculteur, le caïd constitue un facteur ne devant pas être négligé. C'est souvent lui qui soulève des difficultés ou les aplanit, donne des indications sur la valeur du sol, octroie certaines faveurs par ses parents ou ses amis sur les terres de parcours, aide le colon dans ses recherches, lui trouve de la main-d'œuvre et assure à l'Européen vis-à-vis de l'indigène une protection morale apparente, qui n'est pas à dédaigner et devient plus effective en certaines occasions.

Autour de Marrakech, en dehors des immenses propriétés des grands caïds, dont quelques-unes ont pu être visitées par nous, bien que situées au pied du Haut-Atlas, il existe une plaine merveilleuse à exploiter et sa prospérité se réduit à une question d'irrigation; les pluies y tombent, en effet, assez rares et le climat est continental en même temps que saharien (1).

Dans l'est, direction de Tazert, où les Glaoua possèdent des domaines et des kasba fort majestueuses, véritables forteresses qui abritent d'immenses silos pour emmagasiner les récoltes, en continuant vers Demnat et Tanant, où M. le colonel de Lamothe a installé avec succès un poste, on rencontre du tirs et de l'hamri; nous en avons soumis des échantillons à l'analyse du Laboratoire municipal de Paris. Sans valoir le sol des Chaouïa ou des Doukkala, ils ont sur eux l'avantage d'être moins compacts et de pouvoir s'irriguer en toute saison, surtout l'été où ils en ont le plus besoin, puisque les oueds descendent de l'Atlas et sont alimentés par la fonte des neiges.

---

(1) Lire, sur Marrakech, le remarquable ouvrage de M. DOUTTÉ, intitulé *Marrakech*.

Au sud, les terres sont aussi fertiles ; un énorme réseau de rivières qui s'entre-croisent permettrait de les mettre en valeur dans des conditions excellentes.

Enfin, le jour où nous pourrons pénétrer en toute sécurité dans la haute et étroite vallée du Sous, si ardemment convoitée par nos ennemis, des perspectives de tout ordre seront ouvertes à notre activité ; nous y trouverons peut-être le fer, que tout le monde aspire à posséder, et on l'exploitera avec fruit si l'on modifie entre temps la charte provisoire gouvernant depuis 1914 le régime minier (1).

Le commandant de la région, qui tient le pays en diplomate mais avec une volonté agissante, a l'intention d'ici peu, croyons-nous, de partir accompagné d'une force importante pour augmenter la zone de pacification, marquant ainsi la situation prépondérante qu'il a su prendre au nom de notre patrie à la place de l'Allemagne. Cette dernière, vaincue en Europe, le sera également, grâce à lui, dans le Sud Marocain, objet des convoitises violentes de Guillaume II représenté par les infatigables frères Mannesmann ; le seul qui nous reste repose en paix au cimetière de Safi.

On trouvera, au chapitre V : *Agriculture*, les détails intéressant les modes d'irrigation en usage et les méthodes spéciales à l'hinterland de Marrakech (2). Toutes les cultures peuvent y être entreprises, en particulier les céréales, le coton, l'olivier et la vigne, ainsi que les légumes, fruits, primeurs, oranges, citrons, manda-

(1) Dans un avenir très prochain, le fer fera défaut à l'Allemagne. Elle occupait le deuxième rang comme pays producteur et vient de passer au troisième où elle se maintient à grande peine avec 28 millions de tonnes par an. Avant un demi-siècle, nos ennemis auront épuisé leurs derniers gisements.

(2) Page 272.

rines et, en général, l'ensemble des produits qui poussent sous la même latitude.

La question des transports est exposée à un chapitre spécial (1) et plusieurs sociétés d'automobiles se préparent à faire un service régulier entre Mazagan, Safi et Marrakech. Quant aux relations avec Casablanca, éloignée de 240 kilomètres, elles sont assurées par des automobiles, la Compagnie des charrettes Mazella traînées par des mulets, et les chameaux. Le prix de location de ce dernier véhicule est relativement bas pour se rendre à un port, étant donné que le chamelier compte surtout la charge de retour où il rapporte du thé, du sucre, des bougies, des cotonnades et tous les produits de première nécessité. Suivant les saisons, l'état des chemins, le mode d'emballage (les sacs sont moins chers que les caisses), le coût du voyage ressort en moyenne de 27 à 40 francs pour se rendre à Safi ou à Mazagan et la bête peut porter au plus 300 kilogrammes, en accomplissant 40 kilomètres en vingt-quatre heures. Pour Casablanca, on compte de 58 à 72 francs.

D'ici quelques années, la locomotive sifflera entre le grand port et Marrakech, car la ligne est une des premières prévues (2). Alors, l'attirante capitale du Sud perdra l'un de ses charmes, celui que lui trouve l'artiste qui la parcourt en connaisseur, en amant aussi de la nature, des monuments, de la couleur locale et du site inoubliable; mais l'agriculteur, l'industriel et le commerçant y feront la fortune du pays et la leur, ce qui n'est pas non plus un aspect négligeable, à une époque

(1) Voir chapitre IV : *Communications et Fleuves.*

(2) Le rail, voie étroite, va en ce moment jusqu'à 90 kilomètres de la capitale du Sud. Les travaux entre Dar Caïd Tounsi, point terminus actuel, et la future gare de Marrakech sont poussés avec activité. La plate-forme du chemin de fer militaire servira en partie à la voie normale.

prochaine où nous serons forcés d'envisager la lutte réelle pour la vie comme une nécessité inéluctable, une sorte de victoire civile, après l'autre, à laquelle tous les Français devront participer sous peine de disparaître.

OUDJDA. — En arrivant d'Algérie, la première ville du Maroc Oriental que l'on rencontre à 13 kilomètres de la frontière est Oudjda. La voie large de l'Ouest Algérien la relie au département d'Oran et une voie étroite de 0 m. 60 la met en communication avec Taza, distante de 239 kilomètres. Sa population comprend, d'après le dernier recensement, 16 335 indigènes et 4 450 Européens.

Le climat y est tempéré, les pluies très abondantes mais rares. Les terres, irriguées au moyen de la source de Sidi Yahia qui se trouve à 6 kilomètres au sud, sont propres aux diverses cultures, aux céréales et en particulier à la vigne.

Des fermes européennes ont été établies et toutes nous paraissent en voie de prospérité. L'élevage par contre n'a pas encore atteint tout le développement qu'il comporte et le marché, très fréquenté, reçoit en majeure partie les bestiaux provenant de la plaine des Angad et du massif des Beni Snassen.

Chez l'indigène, l'industrie primitive et familiale ne compte que quelques éléments de tissage, teintureries, tanneries, qui se font à l'aide d'appareils rudimentaires. Des Européens ont installé une minoterie, des scieries mécaniques et une huilerie.

Le commerce exporte des peaux, laines, orges, blés et bois de teinture; l'importation se réduit, pour ainsi dire, aux denrées de première nécessité, ainsi qu'aux matériaux de construction et à l'habillement.

CHAPITRE IV

COMMUNICATIONS ET FLEUVES

I. LIGNES DE NAVIGATION

De 1899 à 1913, le trafic général des ports du Maroc a passé de 72 millions de francs à 237 millions. Ce rapide afflux commercial a incité diverses compagnies françaises et étrangères à établir de nombreux services maritimes, desservant les ports marocains ouverts au commerce international. Nous indiquons, ci-après, les lignes directes et d'escale qui existaient avant la guerre. Depuis le mois d'août 1914, plusieurs d'entre elles ont été suspendues; celles appartenant à des compagnies allemandes ou autrichiennes se trouvèrent supprimées.

§ 1er. **Relations de la France avec le Maroc.**

1° SERVICES DIRECTS.

a) Via Marseille.

Compagnie de Navigation Paquet :
Marseille-Tanger-Casablanca : 4 départs par mois, ser-

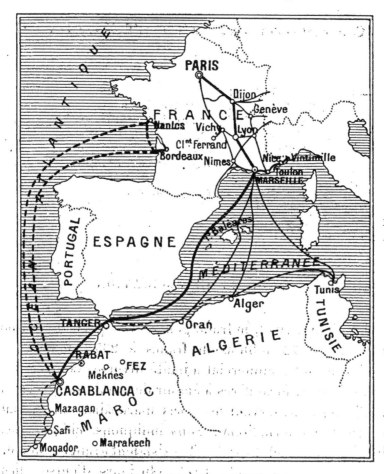

LIGNES DE NAVIGATION

vices rapides. La distance de Marseille-Casablanca est
de 880 milles marins, soit 1630 kilomètres.

Marseille-Tanger-Casablanca-Mazagan-Safi et Mogador :
2 services commerciaux par mois.

Marseille-Larache-Rabat-Kenitra : départs fréquents à
dates variables.

Compagnie Sicard :
Marseille-Casablanca-Rabat : 2 services commerciaux
par mois.

Autres lignes *Marseille-Tanger.* Diverses lignes étrangères comportent des escales à *Marseille* et à *Tanger* (ou à
Gibraltar d'où l'on peut gagner Tanger soit directement,
soit par Algeciras). Telles sont celles de Rotterdam à Ba-
tavia, du Rotterdamsche Lloyd dont le paquebot touche
tous les quatorze jours Tanger ou Gibraltar et Marseille.

Les lignes de Londres en Extrême-Orient, Indes et
Australie de la Peninsular and Oriental Steam Navy
Company..(Service hebdomadaire.)

La ligne de Hambourg à Durban de la Deutsche
Afrika Linie, la ligne de Londres à Ceylan et l'Australie,
de l'Orient-Line desservant Gibraltar et Toulon. (Service
tous les quatorze jours.)

b) Via Bordeaux.

Compagnie Générale Transatlantique.
*Bordeaux-Casablanca et Casablanca-Mazagan (Safi-Moga-
dor).* (Service rapide tri-mensuel.)

La distance de Bordeaux à Casablanca est de
1 082 milles marins, soit 2 000 kilomètres.

Bordeaux-Casablanca-Mazagan-Safi-Mogador. (Service
commercial mensuel accéléré.)

c) Via Nantes.

Compagnie Générale Transatlantique.
Dunkerque-Le Havre-Saint-Nazaire-Nantes-Bordeaux-

Casablanca-Mazagan-Safi et *Mogador* (toutés les trois semaines environ).

2° SERVICES INDIRECTS.

a) Via Espagne.

Pour se rendre au Maroc, on peut aussi traverser
l'Espagne par Madrid et Cadix ou Algeciras, d'où un
service, le Correo Español, permet de rejoindre à Tanger
les paquebots qui desservent le Maroc Occidental.

b) Via Algérie.

Compagnie Générale Transatlantique.
Marseille-Oran. D'Oran, des services de messageries
terrestres assurent les relations avec Oudjda par Lalla-
Marnia.

Compagnie de Navigation Mixte ou Touache.
Marseille-Nemours. De même que pour Oran, des services analogues relient Nemours à Oudjda.

Compagnie Orano-Marocaine, Mazella et Cie.
Marseille-Oran-Tanger-Kenitra. Service postal régulier.
Cette Compagnie utilise, en outre, des voiliers à moteur
qui peuvent franchir les barres des estuaires et arrivent
facilement jusqu'aux ports fluviaux.
Elle assure un service commercial entre les ports
algériens et les ports marocains.

Compagnie de Navigation Paquet.
Oran-Tanger-Casablanca (quatre fois par mois).
Oran-Casablanca avec prolongement sur Dakar (Séné-
gal). (Service mensuel.)

Compagnie Générale Transatlantique.
Alger-Oran-Tanger-Casablanca-Mazagan-Safi et *Moga-* *dor*. (Service rapide bi-mensuel.)

§ 2. Autres lignes reliant l'Algérie, la Tunisie et le Maroc.

Compagnie de Navigation Paquet.
Tunis-Casablanca, avec escales à *Bizerte* (facultatif), *Bône*, *Philippeville* (facultatif), *Alger et Oran*. (Service bi-mensuel.)

Compagnie Générale Transatlantique.
Tunis-Bizerte (facultatif), *Philippeville ou Bône, Alger-Oran-Tanger-Casablanca*. (Service rapide par quinzaine.)

Tunis-Alger-Oran-Gibraltar-Tanger-Casablanca-Larache-Mazagan-Mogador. (Escales bi-mensuelles de la ligne Fiume à *Las Palmas* de la Compagnie Hongroise Adria.)

Alger-Gibraltar (Tanger). (Service mensuel de Bremer Hafen à Yokohama, de la Compagnie Norddeutscher Lloyd.)

§ 3. Autres lignes desservant le Maroc.

Un paquebot, partant d'Hambourg toutes les semaines, touchait alternativement soit Gibraltar-Tanger-Larache-Mehediya et Rabat, soit Casablanca-Mazagan, soit Gibraltar-Tanger-Safi-Mogador.

Un autre départ d'Hambourg avait lieu tous les jours pour Tanger-Gibraltar-Ceuta-Tétouan-Melilla. Ce service était assuré par l'Oldenburg Portugiesische Dampfschiffe Rhederei.

Une ligne circulaire (Royal Mail Steam Packet C°) part de Londres pour Gibraltar-Tanger-Casablanca-Mazagan-Safi-Mogador-Las Palmas-Ténériffe et Madère, d'où s'effectue directement le retour à Londres (bi-mensuel).

Un service mensuel de Barcelone-Cadix-Las Palmas pour Fernando-Po (la Compania Transatlantica) comporte des escales facultatives à Tanger-Casablanca-Mazagan.

La Compañia Valenciana de Vapores Correos de Africa possède un service bi-mensuel de Barcelone à Santa-Cruz, de Ténériffe et *vice versa* avec escale à Ceuta-Tanger-Larache-Casablanca-Mazagan-Safi et Mogador.

The Power Steam Ship C° Limited a installé un service commercial bi-mensuel de Londres aux ports de la côte ouest marocaine et *vice versa*. Ces navires ne prennent qu'exceptionnellement des passagers et en nombre restreint.

La Compagnie Bland, de Gibraltar, assure un service irrégulier mais à départs fréquents (en moyenne tous les quinze jours) entre Gibraltar-Tanger et les ports de la côte ouest du Maroc.

La Compagnie Royale Néerlandaise de navigation à vapeur a ouvert, en mars 1915, une ligne d'Amsterdam à Tanger, à Gibraltar et aux ports de la côte atlantique du Maroc.

Enfin, un certain nombre de voiliers participent au trafic des ports marocains, et plusieurs sociétés nouvelles sont en formation.

II. LES VOIES FLUVIALES

Des nombreux oueds qui sillonnent la zone française du Maghreb occidental, le Sebou est le seul navigable.

Le Bou-Regreg, fleuve de plateaux au cours encaissé et tourmenté dans sa partie inférieure, ne se prête guère aux transports; à ce point de vue, l'Oum-er-Rebia, long de 500 kilomètres environ, présente les mêmes caractères. Au sortir de la plaine du Tadla, il creuse son lit dans le plateau dont les roches dures lui imposent de nombreux méandres souvent à angle droit. Ses hautes berges se dressent en falaise de Mechra-ech-Chaïr à Bou-Laoulàne; il coule dans des failles, véritables cañons profondément encaissés, provoquant un courant rapide. On peut prévoir toutefois la création d'un port fluvial à Azemmour. L'oued Tensift et le Sous, qui ont beaucoup moins d'eau que les précédents, sont aussi inutilisables à ce point de vue.

Sur le versant oriental la Moulouya ne tarit jamais malgré l'intense évaporation qu'elle subit en été dans son cours inférieur; à ce moment, sa largeur est de 30 mètres, mais elle atteint 100 mètres environ en hiver. Sa profondeur va de 0 m. 40 à 1 m. 20 suivant les endroits et la saison. Quant aux autres cours d'eau, leur faible débit ne permet pas non plus d'envisager leur emploi. Il est bon de remarquer à ce sujet que le régime des fleuves au Maroc est généralement inconnu (1).

(1) Le savant doyen de l'Institut catholique de Paris, M. FROIDE-VAUX, archiviste de la Société de Géographie de Paris, nous a confirmé dans cette opinion.

Revenant au Sebou, il a toujours constitué une voie navigable dans la partie inférieure de son cours dont la largeur atteint 300 mètres. Des chalands à fond plat d'un tirant d'eau de 0 m. 45 avec une charge de 30 tonnes peuvent remonter, en remorque, depuis Kenitra jusque vers Sidi Ali Djellami, sur un parcours de 213 à 233 kilomètres environ, malgré les seuils qui encombrent son lit.

Deux Sociétés ont organisé les services, de Kenitra à Mechra bel Kçiri :

1° La Compagnie des Transports sur le Sebou, qui possède 6 remorqueurs et 14 chalands de 15 à 20 tonnes;

2° La Compagnie Lyonnaise, qui dispose d'un remorqueur et de 2 chalands.

Le fret entre les deux points envisagés revient à 0 fr. 50 la tonne kilométrique dans le sens de la montée; à la descente, il s'abaisse à 0 fr. 25.

III. LES ROUTES

Le développement d'un pays est lié à l'existence d'un réseau bien compris d'artères de communication.

Au Maroc, avant l'occupation française, ces voies consistaient en de simples pistes (1) ni entretenues, ni même [repérées, si ce n'est au moyen de quelques

---

(1) Les pistes les plus fréquentées sont : Kenitra-Mogador par les différents ports du littoral; Kenitra-Fez, Kenitra-Meknès, Salé-Meknès-Fez, Kenitra-Dar Gueddari-Bel Ksiri-Souk el Arbà du Gharb-Arbaoua, Casablanca-Boulhaut, Bou Znika-Boulhaut, Casablanca-Marrakech par Ber Rechid et Settat, Mazagan-Marrakech, Safi-Marrakech, Mogador-Marrakech, Marrakech-Amismiz, Marrakech-Kelâa, Settat-Tadla, Meknès-Oued Zem et Tadla, Rabat-Nkheïla-Zaer et Tadla, Meknès-Azrou, Fez-Sefrou, Fez-Souk el Arbà de Tissa, etc., etc.

pierres aux croisements et des traces laissées par le
passage des caravanes. Larges sentiers indécis, rarement directs, elles épousent les modelés du sol et présentent, par suite, en pays accidenté, des pentes excessives les rendant quelquefois impropres à la circulation
des voitures. En outre, coupées par les oueds que, faute
de ponts, il faut franchir à gués dangereux en temps
de crue, ou à l'aide de mahedia et de garb, bacs primitifs et peu nombreux, elles sont le plus souvent dé-
foncées et transformées en fondrières, surtout dans la
région du tirs. L'hiver, leur accès est difficile et même
impossible après quelques jours de pluie.

Cette impraticabilité, jointe à l'insécurité du pays,
rendait longs, incertains et onéreux les transports, qui
s'effectuaient d'ailleurs à dos de bêtes de somme, mulets, chameaux, ou à l'aide de primitives arabas; il
n'y avait, en réalité, aucune route régulièrement construite.

Il devenait donc de toute nécessité, dès les débuts de
notre colonisation, d'aménager ce qui existait comme
pistes, en routes carrossables par tous les temps, dans
les limites permises par les circonstances et les moyens
dont disposaient les Travaux publics.

Un premier pas avait été réalisé dans ce sens, grâce
au corps d'occupation qui, au fur et à mesure qu'il pro-
gressait, améliorait les communications, tant pour la
rapidité des mouvements des troupes que pour les
nécessités de leur ravitaillement.

Conçues dans un but stratégique à l'origine, les nouvelles voies n'ont pas tardé à devenir commerciales; le
trafic s'est, en effet, ressenti de la sécurité qui, dans
les régions pacifiées, a permis aux indigènes d'exploiter
leurs terres et de procéder à leurs échanges dans des
conditions de tranquillité inconnues jusqu'alors.

Bien que constituant un réel progrès par rapport à l'état de choses antérieur, les améliorations poursuivies par l'autorité militaire se limitaient en fait à un travail d'entretien et de nivellement.

Le programme élaboré par le Protectorat dès 1913, largement revisé depuis, comprend un réseau d'environ 2437 kilomètres, se décomposant en routes de grande circulation et en chemins vicinaux, non compris 170 kilomètres déjà construits dans l'amalat d'Oudjda. Sauf pour celle de Rabat à El Ksar (110 kilomètres), qui est exécutée avec des fonds prélevés sur la caisse spéciale dont il a été question à l'occasion des ports, les dépenses afférentes aux autres routes (2327 kilomètres) sont faites au compte des emprunts 1914 et 1916, qui prévoient à cet effet une somme de 71750000 francs.

Pour en établir le plan, on devait tenir compte de la position géographique des villes les plus importantes, la plupart situées sur la côte atlantique, et de l'intérêt primordial qui s'attache à ce que les deux grands centres de l'intérieur, Fez et Marrakech, soient reliés à leurs débouchés naturels, c'est-à-dire aux ports de l'Océan. De là, nécessité pour les vastes plaines du Maroc Occidental d'être sillonnées par des chemins d'exploitation ayant leur tête de ligne sur ce même littoral, dans le but de faciliter l'écoulement des produits du sol et, d'une façon générale, d'aider le trafic; enfin utilité de mettre en état la grande artère commerciale Fez-Taza-Oudjda.

Ces diverses considérations ont imposé au Protectorat les tracés suivants :

Une route côtière du Gharb à Mogador avec prolongement futur sur Agadir ;

Une route reliant Fez et Meknès à Kenitra comportant embranchement sur Souk el Arba du Gharb ;

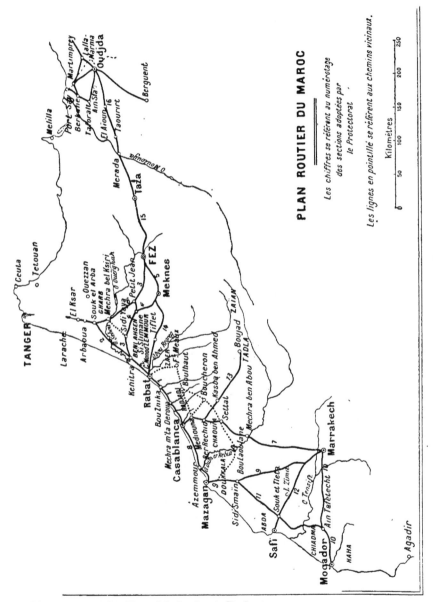

PLAN ROUTIER DU MAROC

Les chiffres se réfèrent au numérotage des sections adoptées par le Protectorat

Les lignes en pointillé se réfèrent aux chemins vicinaux.

Kilomètres

Une route de Fez-Meknès à Rabat ;

Quatre autres assurant le trafic avec Casablanca, Mazagan, Safi et Mogador ;

Une route de Casablanca à Boujad dans le Tadla et au Maroc oriental la principale voie Fez-Taza-Oudjda!

Malgré la guerre, les chantiers ont été poussés avec une activité fiévreuse par la direction des Travaux publics; le prix de revient moyen s'est établi entre 25 000 et 35 000 francs le kilomètre.

Sur les 2 437 kilomètres prévus au programme de 1914 et à celui qui le complète en 1916, plus de 800 sont déjà achevés et près de 700 en construction. Ces travaux ont nécessité un large emploi de la main-d'œuvre indigène, et le bien-être qui en est résulté pour ces derniers n'a pas été sans avoir eu d'heureuses répercussions au point de vue politique et moral.

La grande route littorale reliera entre eux les différents ports de l'Atlantique, Mogador, Safi, Mazagan, Casablanca, Rabat, sans omettre le port fluvial de Kenitra, assurant ainsi entre ces villes des communications qui, par mer, sont souvent impossibles. A vrai dire, elle ne longe réellement la côte que de Rabat à Mazagan. De Kenitra à Rabat, elle en est séparée par une bande de quelques kilomètres de largeur, qui va en augmentant vers le nord. De Mazagan à Mogador, au contraire, elle s'en éloigne davantage pour éviter une zone sableuse peu productive et traverser les principaux marchés. Elle passe à 26 kilomètres de Safi, obligeant ainsi cette ville à construire un embranchement pour s'y relier.

Cette artère comporte un prolongement jusqu'à El Ksar à la frontière espagnole, par Souk el Arba du Ghard et Arbaoua. Elle mesurera au total environ 620 kilomètres et desservira les riches contrées agricoles du Gharb, de la Chaouïa, des Doukkala, des Abda et des Chiadma-Haha.

D'après le numérotage adopté par les services du Protectorat, elle comprend (1) :

1° La section n° 2, qui va de la frontière espagnole (El Ksar) à Rabat-Salé et qui est achevée de Kenitra à Salé. Le passage de l'oued Bou-Regreg, entre cette dernière ville et Rabat, est assuré pour l'instant par un bac à vapeur; mais ce mode de franchissement du fleuve n'est qu'un moyen de fortune qui ne répond plus aux exigences des relations de Casablanca et de Rabat d'une part, avec Meknès et Fez, de l'autre. Il y a un intérêt primordial, tant pour la facilité et la rapidité des communications entre ces divers centres, que pour l'abaissement des prix de transport, aujourd'hui grevés de frais de transbordement, à hâter la construction d'un pont qui franchira l'oued Bou-Regreg de Rabat à Salé. Il ne se combinera pas avec celui de la voie ferrée situé beaucoup plus haut.

2°. La section n° 1, de Rabat à Casablanca, livrée à la circulation en septembre 1915.

La traversée des oueds Mellah, Nefifik, Cherrat et Yquem, qui se trouvent sur son tracé, se fera par des déviations et des passerelles provisoires, en attendant que soit finie la construction des ouvrages d'art en maçonnerie pour les deux premiers, et de ponts suspendus pour les autres.

3° La section n° 8 de Casablanca à Mazagan, livrée à la circulation en avril 1916.

4° La section n° 11 de Mazagan à Mogador avec embranchement sur Safi. Le tronçon Mazagan-Sidi-

(1) Le numérotage adopté dans notre présentation suit la carte en partant du nord, c'est pour cela que nous commençons notre énumération par la section n° 2.

Smaïn est terminé ; du côté de Mogador, la route est amorcée sur un parcours de 5 kilomètres. La traversée de la dune n'a lieu en remblai que sur une minime partie.

En somme, la grande artère côtière est achevée sur une longueur de 280 kilomètres de Kenitra à Sidi Smaïn, point de sa jonction avec la route qui se dirige vers Marrakech.

La nouvelle voie double l'ancienne piste qui, sur tout son parcours, longe de plus près le bord de la mer. La distance entre les deux est de 2 à 3 kilomètres en moyenne, de Rabat à Casablanca ; de 5 à 10, de Casablanca à Mazagan ; à partir de ces dernières villes jusqu'à Mogador, la route, comme nous l'avons vu, s'enfonce davantage dans les terres. La piste, au contraire, très souvent en corniche, mérite d'être entretenue et même améliorée surtout de Rabat à Mazagan ; elle relie entre eux de petits centres de colonisation qui se sont créés ou développés, principalement entre Rabat et Casablanca, le long de la voie ferrée militaire, tels que la plage de Temara, celle de l'oued Yquem, Skhirat, Bou Znika (où se sont fondées des fermes), Mansouria, Fedalah, etc... D'autre part, les caravanes de chameliers, de muletiers, les troupeaux de bestiaux empruntent souvent de préférence cette piste, où ils ne sont pas gênés par les charrois automobiles. La nouvelle route côtière devrait y être raccordée par des chemins transversaux dont la multiplication ne peut que favoriser l'exploitation des terres environnantes.

Fez sera réunie au port de Kenitra, qui tend de plus en plus à devenir un de ses exutoires naturels, à l'aide d'une route de 147 kilomètres, passant par Petitjean et que nous avons vue en cours d'exécution. De Petitjean, point d'avenir, un embranchement se dirigera sur Souk el Arba du Gharb, par Mechra Bel Kçiri, et assurera les relations de la région de Fez avec Tanger.

Entre Fez et Rabat (180 kilomètres), la route empruntera l'itinéraire Meknès, puis Camp Bataille, Tiflet, Camp Monod, en riche pays Zemmour. La partie Fez-Meknès, de 60 kilomètres de longueur, a été achevée au début de 1916. Un chemin de 58 kilomètres reliera les routes Fez-Kenitra et Fez-Rabat de Si Slimane à Meknès, qui sera ainsi rattachée directement au port de Kenitra. Les régions de Fez, de Meknès, du Gharb, des Beni Ahsen et des Zemmour seront bientôt parcourues par d'importantes voies de pénétration, auxquelles viendront s'ajouter des percements de grande vicinalité.

De Casablanca, de Mazagan, de Safi et de Mogador, quatre routes convergent sur Marrakech. Celle de Casablanca-Marrakech aura 237 kilomètres et passera par Mediouna, Ber Rechid, Settat, Mechra bel Abou. La section qui va de Casablanca à Mechra bel Abou, sur l'Oum-er-Rebia, est déjà terminée. Cet oued est franchi par un pont suspendu établi par le génie militaire en 1913; quant au Tensift, un ancien ouvrage d'art portugais réparé et consolidé en assure le passage.

Une voie de 125 kilomètres descendant vers le sud-est par Kasba bel Ahmed, se détachera à Ber Rechid de la route qui, de Casablanca à Mechra bel Abou, traverse la Chaouïa du nord au sud. Après avoir parcouru toute l'arrière-Chaouïa, elle pénétrera dans le Tadla jusqu'à Boujad, et contribuera à la colonisation d'une région agricole réputée pour ses terres à céréales.

La route de Mazagan à Marrakech mesurera 197 kilomètres. La portion comprise dans le riche territoire des Doukkala, soit 60 kilomètres environ, est déjà achevée.

Quant à celle Safi-Marrakech, elle constituera, avec

ses 145 kilomètres, le trajet le plus court de la capitale à la mer. Elle empruntera l'embranchement de Saïfi à la route côtière (26 kilomètres) et une partie de la route de Marrakech à Mazagan.

Enfin, celle de Mogador à Marrakech aura 187 kilomètres de longueur; elle se soudera vers Aïn Tafetecht à la principale voie du littoral.

En dehors de ces artères, des chemins secondaires aux voies de grande communication sont prévus, qui réuniront les centres agricoles disséminés dans les diverses régions à coloniser.

D'après le programme complémentaire de 1916, ce sont, pour le Gharb, le chemin de Mechra bel Kçiri sur le Sebou, à Sidi Yahia sur la route Kenitra-Fez (46 kilomètres), qui mettra Mechra bel Kçiri à 75 kilomètres de Kenitra. Cet accès détournera sur ce port le trafic de cette portion de la vallée du Sebou.

Les autres routes du Maroc Septentrional dont il y a lieu de prévoir la construction dans un avenir plus ou moins lointain sont, à notre avis : celle d'Ouezzan à Souk el Arba du Gharb; celle qui, pénétrant dans la vallée de l'Ouergha, établira des relations directes entre les ports du Maroc français et les territoires traversés par cet oued; enfin la route qui se détachera de l'artère Kenitra-Fez, dans la direction de Tissa (Hayaïna) et desservira les contrées fertiles et riches en pâturages du Moyen Sebou.

Pour la région des Zaër il y aurait intérêt à construire un chemin de Rabat à Formeaux et à l'oued Cherrat.

En ce qui concerne la Chaouïa, nous pouvons indiquer :

1° Le prolongement de la voie précédente jusqu'à Camp Boulhaut à Mediouna sur la route de Casablanca à Marrakech (140 kilomètres);

2° La route qui, de Sidi Hadjadj à Boucheron, desservira une région où les fermes européennes sont déjà
nombreuses;

3° Le chemin de Mechra M'ta Deroua à Camp Boulhaut;

4° Celui qui, partant de Bou Znika, en territoire
Zaer, reliera Boulhaut à Boucheron, à Settat et à Bou
Laoulane sur l'Oum-er-Rebia, d'où il passera en pays
Doukkala pour rejoindre la route Mazagan-Marrakech,
soit au total 222 kilomètres.

Le grand sillon qui fait communiquer le Maroc Occidental avec le Maroc Oriental par la trouée de Taza, les
plaines de Djefira et des Angad, sera traversé par une
route qui reliera Fez à Oudjda par Taza, Merada sur la
Moulouya, Taourirt, El Aïoun. Le tronçon Oudjda-
Merada aura 142 kilomètres.

D'Oudjda part une très bonne route qui passe à Aïn
S'fa, à Taforalt, traverse la plaine des Triffa à Berkane
et à Martimprey, puis revient à Oudjda. Berkane est reliée
par une route à Saïdia et à Port-Say. De Lalla Marnia en
Algérie, deux routes se dirigent l'une sur Martimprey
et de là sur Port-Say, l'autre sur Oudjda. Des pistes où
les automobiles peuvent circuler vont de Berkane et de
Martimprey vers la Moulouya. Une des principales
dessert Mechra el Mellah, Mechra Kerbeka et le poste
espagnol du Cap de l'Eau.

La piste Oudjda-Berguent est en voie d'aménagement.

IV. LES CHEMINS DE FER

Le rôle des routes dans l'économie des transports a
été largement amplifié par l'emploi de la traction auto-

mobile, dont les progrès ont été si rapides au Maghreb, mais ce moyen de locomotion est encore d'un coût trop élevé; d'autre part, il ne se prête guère aux lourds échanges commerciaux à grande distance, et pour les marchandises de faible valeur ou encombrantes, son emploi est pour ainsi dire impossible.

Sans méconnaître les immenses et indispensables services qu'il rend dans un pays où la vie s'intensifie avec une rapidité prodigieuse, il y avait urgence réelle à préparer l'établissement d'un certain nombre de voies ferrées, destinées à assurer les relations entre les principaux centres et à canaliser le trafic vers les ports (1).

Inversement au principe excellent de colonisation adopté par les Anglais qui, avant tout autre moyen de pénétration, se servent du rail, en le reliant à des routes perpendiculaires apportant le trafic au fur et à mesure de son avancement, le Français se préoccupe d'abord de faire un ensemble routier; le chemin de fer ne vient qu'ensuite, souvent assez tard, ainsi que nous l'avons vu en Algérie et dans presque toutes nos possessions.

Au Maroc, la question ne se posait pas d'urgence, puisque aucune voie française ne pouvait primer le tracé international Tanger-Fez, mais aujourd'hui notre devoir et notre intérêt nous poussent à construire, dans le plus bref délai, un réseau aussi dense que le permettra la situation économique. Celui prévu nous paraît insuffisant et ne tient pas compte, du moins il nous

---

(1) « Seul, le rail permet aux forces militaires de se transporter rapidement d'un point à un autre, favorise les échanges, diminue le prix de revient des objets manufacturés, facilite aux indigènes la vente de leurs récoltes et de leur bétail, arrache enfin les tribus à leur isolement et à leurs querelles traditionnelles pour les faire vivre de la vie générale. Il est, pour tout dire d'un mot, le véhicule de la civilisation. » (M. Augustin BERNARD, le Maroc, 1915.)

semble, de la région du Sous où la ligne Agadir-Marra-
kech est indiquée.

L'outillage des ports et le développement des voies
de communication doivent d'ailleurs marcher de pair
dans un pays où, grâce à l'énergie du Résident général,
on a été si vite. Cependant la préoccupation de la
France de faire le nécessaire, s'est vue entravée par ce
fait que le Tanger-Fez traversait la zone espagnole;
nos plénipotentiaires durent entrer en pourparlers avec
le gouvernement de Madrid pour la détermination de
son tracé. D'autres conditions nous étaient, d'ailleurs,
imposées par le Protocole annexé au traité franco-
espagnol du 27 novembre 1912 : c'est ainsi qu'une
société concessionnaire franco-espagnole, chargée de la
préparation des projets, puis de l'exécution et de l'exploitation de la ligne, devait être formée par des
groupes financiers respectivement désignés par la
France et l'Espagne. La convention de concession fut
finalement ratifiée en avril-mai 1914 par les parlements
des deux pays, mais les circonstances résultant de l'état
de guerre retardèrent la formation de la société adjudicataire jusqu'à ces derniers mois. Celle-ci est aujour-
d'hui installée et a entrepris ses travaux; le premier
lot, allant de Petitjean à Sidi-Ahmed-Msérredy, a été
mis en adjudication et les prévisions portent que la
construction totale sera terminée dans trois ans.

On s'était demandé, en 1913, si le réseau devait être
à voie normale de 1 m. 44, ou à voie étroite de 1 mètre.
« Les avantages de la seconde résident uniquement
dans une économie d'argent; ceux de la première consistent surtout dans les trois supériorités suivantes :
a) vitesse plus grande de transport; b) caractère définitif
des installations, quel que puisse devenir le volume

du trafic ; *c*) meilleure utilisation des ressources militaires du Protectorat. » (M. Long. Rapport sur l'emprunt
marocain, 1913.) M. Long opinait pour la voie normale,
faisant au surplus remarquer que, pour la ligne Fez-
Oudjda, la voie étroite nécessiterait le transbordement
des marchandises à destination de l'Algérie. C'est d'ailleurs dans ce sens que s'est prononcée une commission
composée d'économistes, de financiers et de techniciens, réunie au ministère des Affaires Étrangères au
début de 1913. Elle a décidé que la voie aura une largeur de 1 m. 44 ; la question est ainsi résolue, on se
demande même comment elle a pu être posée.

En attendant la construction du réseau des chemins
de fer marocains, le génie avait établi, dès 1911, un
certain nombre de kilomètres de voies ferrées de
0 m. 60 de largeur, système Decauville, destinées au
transport et au ravitaillement des troupes. Devant l'impossibilité de construire des lignes ordinaires, tant que
le Tanger-Fez ne serait pas adjugé, l'autorité militaire
dut étendre son rail, dont les divers tronçons se rac-
cordent comme suit :

1° Bou Laoulane-Ber Rechid-Casablanca-Rabat-Keni-
tra-Sidi Yahia-Dar Bel Hamri-Meknès-Fez ;

2° Oudjda-El Aïoun-Taourirt-Guersif-Safsafat-Msoun-
Taza (1).

N'ayant plus, depuis la guerre, à tenir compte du
veto de l'Allemagne, le Protectorat a ouvert, le 27 mars
1,916 les lignes militaires au commerce ainsi qu'au
transport des voyageurs (2).

(1) La construction se continue actuellement par l'exécution d'un
tronçon qui desservira le Tadla sur Casablanca par Oued Zem et
Ber Rechid.

(2) A l'origine, le tarif a été fixé à 50 francs la tonne kilométrique

Bien que leurs capacités de transport soient très
faibles, les services qu'elles rendent sont tels qu'il est
permis de bien augurer du trafic du futur réseau. Quoi
qu'il en soit, par suite des restrictions imposées par l'Allemagne en 1911, en matière de chemins de fer au Maroc,
la France a dû dépenser pour cette construction plus
de 60 millions qui ne lui seront pas remboursés, alors
qu'elle aurait pu, dès 1912, établir des voies définitives!

*
* *

Le tracé du réseau marocain. — Le Tanger-Fez aura
310 kilomètres de longueur, dont 210 en zone française. Orienté du nord au sud, de Tanger à Souk-el-
Arba du Gharb, il s'infléchit ensuite vers le sud-est,
suit la vallée de l'oued Rhodom jusqu'à Meknès d'où il
se dirige à l'est en remontant à Fez, après avoir ainsi
traversé les régions fertiles du Gharb, de Meknès et de
la capitale.

Bien que l'adjudication de cette ligne nous ait rendu
notre liberté d'action (1) en matière de voies ferrées, il

pour toutes les marchandises indistinctement. Désormais une réglementation plus favorable va être établie; elle comprendra deux catégories : 1° classification générique des marchandises; 2° tarif afférent
aux diverses séries. En outre, un tarif dégressif sera applicable aux
chargements par wagon complet établi sur les bases de nouvelles
tarifications avantageuses pour le commerce.

Ces études, faites par le commandant Burseaux, directeur des
chemins de fer, recevront une solution définitive qui sera appliquée
en 1917.

(1) Du fait de la guerre avec l'Allemagne, les dispositions contenues
dans les lettres-annexes du traité du 4 novembre 1911 devenaient
caduques, et le Protectorat reprenait toute sa liberté d'action pour
l'établissement des autres lignes commerciales. Cependant, en considération de l'entente intervenue avec l'Espagne le 27 novembre 1912,
au sujet de la ligne de Tanger à Fez, la France a poursuivi avec
activité, d'ailleurs, l'exécution de son engagement.

n'y a, à l'heure actuelle, aucune autre concession que la précédente. Le Protectorat a fait une convention avec une Société d'Études, ainsi constituée : Compagnie Générale du Maroc, Compagnie P.-L.-M., Compagnie d'Orléans, pour l'étude des lignes suivantes :

1° Casablanca-Rabat-Salé-Kenitra-Petitjean (220 kilomètres environ);

2° Kenitra-Souk-el-Arba du Gharb (80 kilomètres) (1).

Les tronçons qui, partant de Kenitra, se grefferont sur le Tanger-Fez, l'un à Sidi-Kacem (Petitjean), au débouché de la vallée du Rhodom dans la plaine, et l'autre à Souk-el-Arba du Gharb, desserviront les régions de Fez, de Meknès, du Gharb, des Beni Ahsen et des Zemmour et draineront leur trafic sur les ports français, du moins on l'espère. La distance de la voie ferrée de Petitjean vers Larache serait, en effet, de 132 kilomètres, alors qu'elle n'atteindra que 85 kilomètres sur Kenitra;

3° Casablanca-Marrakech, dont la nécessité se fait de plus en plus sentir, et qui appellera Marrakech-Agadir.

La Société d'Études, qui ne fonctionne que depuis le mois de mars 1916, a prospecté à peu près complètement la ligne Casablanca-Rabat et commencé [les opérations pour Kenitra-Souk-el-Arba du Gharb. Son ingénieur est allé ensuite jusqu'à Taza, puis vers le Maroc oriental.

---

(1) Un projet de loi sera distribué prochainement à la Chambre autorisant la construction d'un réseau de 1 080 kilomètres, en quatre lignes, réunissant celle du Tanger-Fez à Kenitra, Rabat, Casablanca et Marrakech. La Compagnie, formée du groupe indiqué ci-dessus, fournira d'abord un capital de 40 millions. Lorsque celui-ci aura été dépensé, l'État chérifien versera une contribution de 200 millions par une émission d'obligations effectuée par la compagnie concessionnaire avec la garantie de la France. Ces ressources épuisées, des émissions ultérieures seront faites à raison de 80 0/0 au compte de l'État et 20 0/0 à celui des concessionnaires.

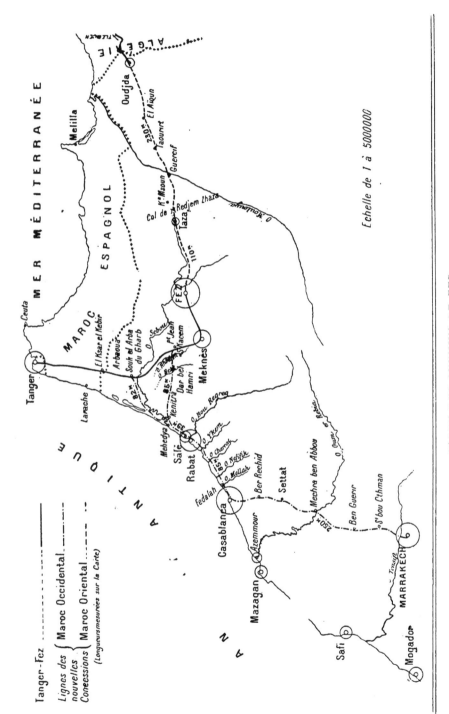

MER MÉDITERRANÉE

ALGERIE

TLEMCEN

Oudjda

Melilla

ESPAGNOL

El Aïoun

230ᵏ Taourirt

Guercif

MAROC

Ceuta

Cal de Kᵗ Msoun

Redjem lhara

Taza

110ᵏ

Arbaoua

El Ksar el Kebir

Souk el Arba
du Gharb

Sebou

FEZ

Tanger

Larache

O Msel

Mᵗ Jean

Nᵗ Kacem

Meknès

Dar bel Hamri

B.2ᵏ

B.5ᵏ

Kenitra

Mehedya

O Bou Regreg

Salé

O Yken

Rabat

B.5ᵏ

O Cherrak

O Beffik

O Mellah

Fedalah

Ber Rechid

Settat

Casablanca

Azemmour

Mechra ben Abbou

Ben Guerir

O Oum el Rbia

S'bou Othman

Mazagan

250ᵏ

Safi

MARRAKECH

Tensift

Mogador

ATLANTIQUE

OCÉAN

Tanger-Fez — — —

Lignes des
nouvelles { Maroc Occidental — — —
Concessions { Maroc Oriental — ·· — ··

(Longueurs mesurées sur la Carte)

Echelle de 1 à 5000000

CARTE DES CHEMINS DE FER

La direction des Travaux publics s'est réservé d'étudier Kenitra-Petitjean et Rabat.

Faute de personnel, on a moins travaillé, au point de vue technique, à la ligne Casablanca-Marrakech, pour laquelle différents tracés ont été envisagés :

a) Casablanca-Ber Rechid, Settat-Mechra ben Abou.

b) Casablanca-Ber Rechid, d'où la ligne obliquerait sur Bou Laoulane à 35 kilomètres en aval de Mechra ben Abou, laissant Settat à l'ouest, puis se dirigerait sur Marrakech en traversant les plateaux qui se rattachent au djebel Lakhdar. Cet itinéraire, plus long que le premier, desservirait la plaine des Oulad Saïd et une partie des Doukkala.

c) Casablanca-Mazagan-Marrakech par les Doukkala.

d) Rapprocher du littoral la ligne directe de Casablanca à Marrakech et y souder un embranchement sur Mazagan.

Il semble que le premier projet (Casablanca-Ber Rechid-Settat-Mechra ben Abou-Ben Guerir-col de Sidi ben Othman) doive l'emporter sur les autres, malgré l'inconvénient grave en résultant pour Mazagan, qui ne sera plus desservie.

Le Consortium est en pourparlers pour la concession de ces diverses lignes. Le Protectorat n'a fixé l'emplacement des gares que pour Casablanca, Rabat, Salé et Sidi-Kacem (Petitjean), les autres stations ne sont pas encore prévues ; il s'est assuré cependant la possession des terrains nécessaires à l'établissement de celles de Casablanca et Rabat. En ce qui concerne ces dernières, l'endroit, comme commodité du trafic, ne pouvait être plus mal choisi, mais il a eu pour but de protéger les villes indigènes et leur pittoresque contre le trop proche contact des stations et de leur entourage.

Ce réseau, dont on ne peut marquer pour le moment

que la direction générale, aura une longueur totale d'environ 540 kilomètres et l'on prévoit une dépense approximative de 106 millions.

La ligne Fez-Oudjda, reliant le Maroc Occidental au Maroc Oriental, s'imposait une des premières tant au point de vue économique que politique. Son itinéraire est tout indiqué : il emprunte le grand passage naturel qui de Fez mène à Taza, par la vallée de l'Innaouen. De Taza, il suivra sans doute, en grande partie jusqu'à la frontière algérienne, le chemin de fer militaire dont on utilisera peut-être la plate-forme, en l'élargissant.

En résumé, le réseau des voies ferrées, prévu jusqu'à ce jour, se modèle sur celui des routes de grande circulation. Il se complétera plus tard, du moins nous l'espérons, par d'autres tronçons qui desserviront les contrées du Sud, et surtout Mazagan, Safi, Mogador et Agadir.

Fez et Meknès devront être reliées directement à Rabat et à Casablanca. Les considérations invoquées à cet égard, par l'administration du Protectorat et mentionnées dans le rapport de M. Long sur l'emprunt marocain (session de la Chambre des députés, 1916) ne paraissent pas décisives (1).

(1) « D'abord cette voie directe, quel que fût celui des deux ports auquel elle viendrait aboutir, recouperait perpendiculairement des vallées nombreuses et toutes assez abruptes et serait par suite très longue et très coûteuse à établir; elle ne traverserait que des régions susceptibles sans doute d'un certain développement agricole, mais très inférieures, en tant que puissance de production, à celles desservies par ailleurs; enfin, la distance Meknès-Casablanca est à vol d'oiseau de 200 kilomètres environ; elle atteindrait probablement 220 kilomètres avec les inflexions qu'imposerait au tracé la traversée des thalwegs; elle excéderait donc de 80 kilomètres celle de Meknès à Kenitra, qui est de 140 kilomètres, et la différence de parcours sur rail deviendrait autrement considérable pour le trafic de toute la zone située au nord de Meknès, qui alors trouverait certai-

Le rail devra doubler aussi la route de pénétration de Casablanca à Boujad (Tadla).

On. peut se demander si, en raison du manque de combustible caractérisant le Maroc, l'importation de la houille, qui sans doute conservera pendant longtemps après la guerre ses cours élevés, ne se fera pas à des prix. tels que les tarifs de transport par voie ferrée en deviendront prohibitifs pour les produits bruts par exemple. En vue de parer à ce danger, la Chambre de commerce de Rabat, toujours si avisée, a demandé dans sa séance du 28 novembre 1916 « que le projet de route du Tadla fût étudié de manière à ménager la possibilité d'installer le chemin de fer sur l'accotement ». Il en résulterait une économie notable dans le coût d'établissement, et le prix des transports en serait diminué dans des proportions sensibles. Quand l'étude des forces hydrauliques du Maghreb sera au point, il conviendra d'envisager la possibilité d'électrifier les lignes, du moins celles dont le rôle sera de faire affluer sur ses grandes artères les produits des territoires de l'intérieur.

nement avantage à emprunter, comme il l'a fait jusqu'à ce jour, la voie de Larache. Rabat, par contre, n'est pas plus éloignée de Meknès que Kenitra, mais la création d'un port sûr et d'accès facile y paraît impossible, l'abaissement de la barre du Bou-Regreg devant être autrement difficile à obtenir que celui de la barre du Sebou, et les quais qu'il faudrait bien établir au voisinage immédiat de la mer, puisque l'on ne trouverait plus à l'amont lès profondeurs d'eau nécessaires, devant toujours rester exposés à la houle. » (Extrait du rapport de M. Long, député, sur l'emprunt chérifien de 1916.)

CHAPITRE V

AGRICULTURE

A. Les conditions physiques :

  I. Le climat.
  II. Les sols agricoles.
  III. Les régions naturelles.

   1° *Maroc occidental* : le Gharb et la région des Beni Ahsen ;
   régions de Meknès et de Fez ; région de Rabat : les Zaer,
   les Zemmour ; région de la Chaouïa, des Doukkala et des
   Abda ; région des Chiadma-Haha ; région de Marrakech ;
   région du Sous.
   2° *Maroc oriental* : Plaines des Oulad Mançour ; des Triffa ;
   des Angad ; de Djefira et de Tafrata ; du Metroh. Rive
   gauche de la Moulouya. Vallée de l'Innaouen. Le Dahra.

B. Les conditions économiques : Productions agricoles et
  procédés de culture.

   I. Cultures :

    § 1ᵉʳ. Répartition des cultures.
    § 2. Cultures alimentaires.
    § 3. Cultures industrielles et fourragères.

   II. L'exploitation des terres :

    § 1ᵉʳ. Méthodes de cultures indigènes.
    § 2. Mise en valeur agricole du sol marocain :
      1° Régime de la propriété ;
      2° Modalités de l'exploitation. Associations agricoles ;
      3° Main d'œuvre ;
      4° Améliorations agricoles. Culture intensive : *a)* Ma-
       tériel agricole ; *b)* Lutte contre la sécheresse :
       1. Les irrigations ; 2. Le « dry-farming ».

   III. Les forêts :

    § 1ᵉʳ. Répartition des essences forestières.
    § 2. Mise en valeur des forêts.

IV. L'ÉLEVAGE :

Un redoutable inconnu plane sur l'avenir, lorsque la guerre nous aura donné la victoire et qu'il y aura lieu d'organiser et de protéger nos puissances de production.

Que feront alors la France et le Maroc? Quels sont les événements qui se produiront pour aider dans leur lourde tâche la métropole et le Protectorat?

L'une aura à réparer ses ruines, à refaire son outillage, à venger sa fortune détruite, à reconstituer la patrie.

Le second devra se suffire à lui-même et aider sa protectrice dans son relèvement dont la rapidité constituera le facteur essentiel de succès. Pour y réussir, en dehors des problèmes industriels à résoudre d'une marine à faire, des barrières à dresser et des facultés d'exportation à créer, la première nécessité inéluctable qui se pose pour tous deux est de devenir grands pays de culture se complétant l'un l'autre. Nous avons donc besoin d'une politique agricole et d'une politique africaine dont le manque s'est toujours fait sentir.

Comme population active la France, qui se répartit en 22 millions d'individus, peut se classer ainsi : 8 900 000 agriculteurs, 10 500 000 personnes occupées dans le commerce et l'industrie, et plus d'un million d'avocats, médecins et fonctionnaires; ce sont ces derniers qui conduisent nos destinées !

Or, combien y a t-il d'élèves dans les écoles spéciales qui se préparent à l'enseignement industriel, commercial ou agricole, par rapport à l'enseignement secondaire et supérieur? Pour l'agriculture, un peu plus de 3 000 ; pour le commerce et l'industrie, un peu moins de 40 000 !

La disproportion est flagrante si l'on considère, en outre, que 160 000 jeunes gens fréquentent les établissements d'enseignement supérieur et secondaire, alimentant le groupe des professions libérales.

En Allemagne on aperçoit tout autre chose. Les futurs travailleurs reçoivent une forte éducation professionnelle dans 11 universités techniques pour l'industrie, 29 gymnases analogues à nos écoles d'arts et métiers et 522 écoles d'enseignement élémentaire. L'enseignement commercial supérieur est donné dans 6 universités; pour le degré moyen 35 écoles de commerce; et on compte pour le degré élémentaire 491 cours de perfectionnement.

Si on suppute que l'empire des Hohenzollern comprend environ 10 millions d'agriculteurs, 13 millions d'industriels et 4 millions de commerçants, on s'explique, par les données ci-dessus, la prodigieuse force de nos ennemis, qui préparent déjà avec une activité débordante la lutte économique qui succédera à la paix.

C'est à M. Méline que notre pays doit d'avoir pu parer au péril constitué par l'abandon de l'agriculture qu'il a sauvée au moment où elle périssait. Les Anglais, nos alliés, n'ont pas été favorisés dans la même proportion et restent tributaires de l'étranger, à tel point que, dans la dernière décade qui a précédé la guerre, ils ont dû importer plus de 60 millions de quintaux de blé, alors que nous nous contentions de 2 millions.

Donc, tout en provoquant la renaissance industrielle par un effort réfléchi, nous avons le devoir de cons-

truire une puissance agricole franco-marocaine, qui
aidera à régulariser notre change en même temps qu'elle
utilisera nos énergies physiques et morales. Il faut espérer que l'ennemi sera contraint de contribuer par le versement d'une indemnité (1) énorme et en nous fabri-
quant de toutes pièces un outillage, juste retour de ses
vols et de ses destructions. Ce sera la revanche du Droit.

Considérée à ce double point de vue, complémentaire
des bénéfices qu'elle procurera à l'aide de mesures de
protection savamment établies, l'agriculture se présente aux Français comme l'occupation par excellence
favorisant la reconstitution de notre richesse et le sain
développement de la race, en même temps que la repo-
pulation.

La vigueur, sans épithète, tient à de nombreuses
causes morales et physiques, en ne comptant pas les lois
d'hygiène qu'on n'enseigne nulle part au grand peuple.
Les raisons de son affaiblissement dérivent les unes de
la politique, d'autres d'un état social fondé soi-disant
sur l'émancipation libertaire exclusive de liberté respectueuse et d'esprit de discipline; beaucoup enfin relèvent

(1) A l'inverse de la France où la fortune mobilière et immobilière
constitue la richesse acquise, l'Allemagne tire ses ressources avant
tout de son sol, de ses gisements miniers, ainsi que de la puissance de
son outillage et du travail discipliné de ses habitants dont le nombre
s'accroît sans cesse.

Un des plus grands industriels d'outre-Rhin, M. W. Rathenau,
estime que la fortune de son pays sera réduite seulement d'un cinquième par la guerre et ramenée à la valeur qu'elle avait en 1900; le
même auteur ajoute : « Pour reconstituer le plus vite possible la fortune perdue par la guerre, il faut que l'Empire augmente considérablement sa puissance productrice, ou ne travaille que d'après les
méthodes les plus rationnelles ou les plus parfaites au point de vue
technique et s'efforce de n'employer que des matières premières
indigènes. »

Nous partageons entièrement cet avis, non pas pour voir notre
ennemie se relever, mais pour lui permettre de payer plus vite ce
qu'elle nous devra en argent et en nature.

de l'influence du milieu, du genre de travail, de l'insalu-
brité consécutive au développement des grands centres.

Par contre, tout le monde admet que la vie au plein
air et la dépense d'activité, sous forme de labeur, qui en
est la conséquence sont fortifiantes au premier chef.

Qu'est-ce donc que l'agriculture, sinon la réalisation
de ces avantages, le jour où l'alcool n'alimentera plus
que les moteurs?

Que ce soit dans nos colonies ou dans la métropole,
l'existence familiale qu'on mène à la campagne et qui
en est pour ainsi dire le corollaire obligatoire, devient
un adjuvant pour refaire l'âme d'un peuple fatigué par
plusieurs années d'une lutte sauvage. A l'âpre et rude
épreuve des tranchées, succédera la paix de la vaste
maison des champs, où le ménage du cultivateur vit à
l'aise, libre, maître vigoureux parce que travaillant au
grand air et constituant autour de lui, sans s'en rendre
compte, une atmosphère sanctifiante d'énergie morali-
satrice et une force de capitalisation.

Grâce à toutes les contingences qui découlent de ce
foyer social, grâce aussi à ses récoltes et à son élevage,
qui lui assureront un large profit tout en pourvoyant à
son alimentation abondante, l'homme de la terre évitera
les difficultés inhérentes à la reprise de la vie urbaine
normale, et contribuera même à la faciliter. Le paysan
et le colon seront ainsi les grands agents de l'existence
nouvelle qui aura besoin de régénérer des mentalités et
de créer des hommes, conditions pour ainsi dire exclu-
sives de la vie en usine (1).

(1) On consultera avec fruit les remarquables ouvrages de M. Victor
CAMBON et, en particulier : *la France au travail* (Lyon-Grenoble), 1911,
chez P. Roger; *la France au travail* (Bordeaux-Marseille), 1912, chez
P. Roger; *l'Allemagne au travail*, et *les Derniers progrès de l'Allemagne*,
chez le même éditeur. Enfin, *Notre avenir*, 1916 (Payot).
Lire : *La terre qui meurt*, par M. René BAZIN, de l'Académie française.

Si vous aiguillez les Français vers l'agriculture (1), ô gouvernements de France et du Protectorat, vous aurez bien mérité de la patrie, en tentant un essai de rénovation de la race glorieuse qui aura soif de se perpétuer et à laquelle le mirage des sonorités verbeuses ne suffira plus.

Étant donné que la nation de demain doit être debout tout entière au travail, sous peine de se rayer elle-même des espoirs d'avenir, voyons en l'espèce ce que notre expansion et notre intérêt peuvent faire pour la résurrection économique de l'Empire chérifien.

Avant d'indiquer en détail les ressources du Maroc, et de peser les possibilités de leur extension, il est nécessaire d'examiner, au préalable, les conditions naturelles auxquelles est soumise l'agriculture dans ce pays.

Nous sommes ainsi amené à étudier d'abord le milieu physique, dont les facteurs essentiels, le climat et le sol, influent sur la nature et l'abondance de la végétation de laquelle dépend, par ailleurs, la prospérité de l'élevage.

(1) Il était nécessaire au gouvernement du Protectorat d'avoir des organes lui permettant de se renseigner sur les désirs d'une colonisation qui se développait, ainsi qu'on va le voir, avec une si prodigieuse rapidité...

C'est dans ce but que l'arrêté résidentiel du 11 juillet 1913 a créé des Chambres mixtes de commerce, d'agriculture et d'industrie. Les membres sont désignés par le Résident général sur la proposition de l'autorité régionale. La durée de leur mandat a été fixée à un an seulement, afin de maintenir autant que possible, dans un pays où les nouveaux arrivants modifient constamment la composition des milieux commerciaux, l'autorité qui doit s'attacher aux avis et aux vœux de ces assemblées.

(Extrait du rapport général sur la situation du Protectorat du Maroc au 31 juillet 1914, dressé par les services de la Résidence générale, sous la direction de M. le général LYAUTEY. Page 145).

A. LES CONDITIONS PHYSIQUES.

I. LE CLIMAT

Des nombreux éléments naturels dont le climat est la résultante, quelques-uns sont encore peu connus dans notre Protectorat.

Compris entre le 29e et le 35e parallèle de latitude nord, le Maghreb, considéré dans son ensemble, reçoit au nord et à l'ouest l'action bienfaisante des mers qui baignent ses côtes, tandis qu'il se ressent au sud du voisinage et de la sécheresse du Sahara. La forme et l'orientation de son relief jouent donc, par rapport à ces facteurs, un rôle important.

*
* *

Maroc Occidental. — Sa configuration, dans l'état actuel de nos connaissances incomplètes, nous le représente comme formé, en ses lignes générales, le long de la côte atlantique, d'une plaine que surplombent de grands plateaux échelonnés, s'adossant eux-mêmes aux montagnes de l'Atlas qui le séparent du désert. Dans l'hinterland du Sebou, l'une des parties les plus intéressantes, la plaine s'élargit et s'étend jusqu'à la dépression de Fez, au nord de laquelle la chaîne majestueuse du Rif se déploie en bordure sur la Méditerranée. Cette disposition du relief en gradins, s'élevant de 350 à 700 mètres, et même à 1 000 mètres aux pieds des contreforts, a pour conséquence de retenir sur les régions fertiles du versant atlantique, les nuées apportées par les vents qui traversent l'océan.

Comme en France, les vents pluvieux viennent de

l'ouest et du sud-ouest. Ces régimes dominent en hiver
et leur fréquence va en augmentant d'Agadir à Tanger.

En été la brise habituelle souffle nord-est et est. A
l'inverse de la saison pluvieuse, elle est plus constante
à mesure qu'on s'avance vers le sud.

Le sirocco est exceptionnel ; il n'a pas les mêmes
caractères de rudesse que dans les autres régions de
l'Afrique du Nord, l'Atlas formant en quelque sorte
un écran qui protège mieux le Maroc Occidental contre
l'influence du vent brûlant du sud-est.

Sur le littoral océanique, la température des mois
d'été est adoucie par les eaux froides, que l'on désigne
sous le nom de « courant des Canaries », ainsi que par
la brise de mer qui s'élève dans la matinée, disperse
les brouillards couvrant la côte et se fait sentir assez
loin dans l'intérieur des terres. Les brumes affectent
quelquefois des formes étranges, telle une traînée de
fumée aux contours délimités s'avançant vers le rivage
où elle s'estompe et disparaît.

La moyenne annuelle est de 16° à Mehediya, Salé,
Rabat, Casablanca ; 17° au camp Boulhaut et Mazagan ;
20° à Safi ; 18° à Mogador.

A mesure que l'on s'éloigne du littoral, l'influence
de la mer va en s'affaiblissant et le climat, de plus en
plus sec, s'en ressent d'une façon quelquefois nuisible
à la végétation, surtout en terrains non irrigués. Alors
les variations de température deviennent excessives, les
journées d'été sont très chaudes, les nuits d'hiver
froides ; le chergui, vent sec et lourd, qui souffle de
l'est sur les plateaux, contribue à accentuer ces écarts.

On a en moyenne 18° à Meknès ; 18° à 19° à Settat ;
20° à Fez et à Marrakech. Dans ces deux dernières
villes, certains moments sont pénibles en été, et même
au printemps.

En général, la période des pluies commence à mi-octobre pour se continuer jusqu'à mi-avril vers le sud et jusqu'aux premiers jours de mai dans le nord; le reste du temps, elles sont rares et presque toujours amenés par le vent d'ouest. Au Maroc Septentrional et surtout dans le Gharb, elles sont relativement abondantes, puis se raréfient à mesure qu'on avance vers le sud où la sécheresse règne de mai à octobre, rendant difficile l'élevage des troupeaux et le développement de l'agriculture. L'année se divise ainsi en deux parties bien tranchées : la saison chaude ou sèche et la saison pluvieuse d'hiver, plus ou moins longues suivant la latitude.

La quantité de pluie tombée en un an sur la plaine côtière du Gharb à Safi, oscille entre 550 et 500 millimètres. Elle s'abaisse à 400 millimètres à Mogador, à 200 à Agadir, pour remonter à 500 millimètres sur les plateaux, du sud des Zaïan à Marrakech. Par contre, aux approches des chaînes de l'Atlas, elle augmente et atteint plus de 600 millimètres. Les précipitations se répartissent sur cinquante à quatre-vingt-cinq jours de l'année.

Quant à la neige, elle tombe en abondance dans les hautes montagnes, sans qu'il existe toutefois de neiges éternelles, malgré quelques affirmations contraires. Pendant la saison chaude, elle alimente les fleuves dont les eaux peuvent servir à l'irrigation des vallées et des plaines qu'ils traversent, lorsque l'oued n'est pas trop encaissé, ce qui est rarement le cas, étant donné la formation géologique (1).

Enfin des rosées abondantes (minsla) entretiennent l'humidité du sol de la zone du littoral et exercent ainsi

_____

(1) Voir le *Maroc physique*, par M. GENTIL.

une action heureuse sur certaines cultures, celle du
maïs entre autres.

En résumé, on peut distinguer dans le Maroc Occidental, soumis aujourd'hui à notre sphère d'influence
(du Gharb au sud du Tensift), deux régions climatériques :

1° La partie littorale, où le climat maritime ne connaît ni les trop fortes chaleurs, ni les froids rigoureux.
Sa température presque uniforme et sa très grande
humidité sont favorables aux cultures ;

2° La zone de l'intérieur ou des plateaux. Le climat y
est continental, donc très chaud en été et très froid en
hiver. Il se prête mieux aux productions arbustives
fruitières ; quant aux cultures proprement dites, elles
se localisent dans les vallées.

*
* *

Maroc Oriental. — Le Maroc Oriental se divise en trois
zones climatériques placées dans le sens de la latitude :

1° Le Tell, qui va du bord de la mer au sud du
Djebel Beni Yala, appartient au climat méditerranéen
doux et pluvieux. L'influence lénitive de la Méditerranée se fait plus ou moins sentir suivant son éloignement et l'altitude du sol ;

2° Les steppes, dont le régime est dur. Très sec, avec
des différences thermométriques considérables, il présente des saisons bien tranchées ; c'est un climat continental ;

3° La zone saharienne, caractérisée par une sécheresse extrême.

Les pluies sont faibles dans le Maroc Oriental, car les
vents n'y arrivent que dépouillés d'une grande partie
de leur humidité. C'est sur le littoral, dans la plaine

des Oulad Mançour et dans la partie septentrionale des Triffa, qu'elles sont le plus abondantes (400 millimètres). La moyenne annuelle des pluies est de 300 à 350 millimètres aux Angad et de 350 à 400 millimètres dans la plaine du Metroh. A Bergüent, elle tombe à 230 millimètres.

II. LES·SOLS AGRICOLES

Le Maroc Occidental, nous l'avons vu, se compose dans l'ensemble, en allant de l'Atlantique vers l'Atlas, d'une plaine côtière et d'une série de plateaux en terrasses, aboutissant aux chaînes de l'Atlas.

Contraste frappant entre la nature du sol de la plaine et celui des plateaux. Alors que ceux-ci paraissent dénudés et formés quelquefois d'une carapace de calcaire, avec un volume insignifiant de terre cultivable, les plaines et les vallées, au contraire, sont remplies d'une couche végétale dont l'épaisseur atteint, dans certaines régions, jusqu'à 3 m. 50.

Suivant leur nature, les terrains se partagent, en adoptant la terminologie la plus courante au Maroc, en tirs, hamri, remel, harroucha, dahs…

Le tirs (au pluriel touaress) comprend des terres argileuses, de couleur très foncée rouge-noire, riches en potasse, en azote et en sels de fer plus ou moins oxydés. Elles manquent quelquefois de calcaire, sont trop compactes et leur teneur en acide phosphorique est un peu faible pour des cultures intensives. C'est un défaut auquel il sera possible de remédier par des apports d'engrais phosphatés qui se trouvent en abon-

dance dans la région d'El Boroudj (1) et n'attendent
que l'exploitant, pour les traiter, lorsque certaines conditions seront remplies.

D'après une analyse faite par l'Institut national agro-
nomique de Paris, le tirs rapporté par nous de la
Chaouïa contient 0/00 de terre fine et sèche :

Azote 1,75
Acide phosphorique 0,80
Potasse 2,74
Chaux à l'état de carbonate 54,17
Magnésie 4,92

Ces terres fortes et noires absorbent très rapidement
l'eau, mais se fendillent et se dessèchent encore plus vite.
Elles nécessitent un travail continuel pour diviser leur
surface, éviter l'évaporation et empêcher les racines
des plantes de brûler. D'une incomparable fécondité,
ce sont de véritables sols à céréales qui, sous forme
d'immenses plaques allongées, localisées dans des dépressions ou des cuvettes et reposant sur un sous-sol
imperméable, occupent en majeure partie le pays compris entre l'oued Bou Regreg et le Tensift.

On les trouve surtout dans les territoires des Zaer,
de la Chaouïa, des Doukkala et des Abda. C'est dans
ces régions qu'elles ont le plus d'épaisseur et de conti-
nuité. Mais on en rencontre aussi beaucoup dans le
Gharb et chez les Beni Ahsen.

L'hamri, ou sol rouge, est une terre légère, sablonneuse, souvent chargée en chaux, en potasse et en
acide phosphorique. Elle se dessèche avec rapidité.

_____

(1) Leur teneur moyenne en acide phosphorique est, d'après le
service de l'Agriculture, de 60 à 66 0/0, donc égale à la richesse des
mines de Gafsa.

C'est aussi une formation bonne aux céréales, mais elle convient davantage aux légumineuses, aux cultures fourragères et arbustives ainsi qu'à la vigne.

Le remel est un sol franchement sablonneux, assez maigre, que l'on trouve sur le littoral, comme en Algérie, où on le désigne sous le nom spécial de sahel. Il renferme des phosphates de chaux en quantité suffisante pour donner des sols fertilisables.

L'hamri et le remel, sans être aussi riches que le tirs, constituent de très bonnes terres de culture pourvu que les pluies soient abondantes ou l'irrigation possible.

Le dahs est une terre alluvionnaire silico-argileuse.

Quant au harroucha, c'est un terrain silico-calcaire, souvent pierreux et en quelques parties recouvert d'une sorte d'écaille, abritant des terrains crétacés plus ou moins en décomposition (1).

III. LES RÉGIONS AGRICOLES

La diversité du climat, du relief et de la nature du sol se traduit par une physionomie agricole très variée. On peut, d'une façon générale, distinguer dans le Maroc soumis au Protectorat français, une zone de cultures littorales, une de steppe herbeux, une de cultures arbustives irriguées qui s'étend au pied de l'Atlas, et une saharienne. Mais ces divisions elles-mêmes sont loin d'être homogènes ; elles se décomposent, à vrai dire, en

(1) Pour tout ce qui a trait aux formations géologiques, consulter l'ouvrage de M. GENTIL, le Maroc physique.

un certain nombre de régions caractérisées par des conditions physiques et économiques communes. Cependant, il importe de remarquer qu'au Maghreb il n'est pas toujours facile, dans l'étude des unités régionales, de faire abstraction complète des groupements historiques. Aussi bien, certaines d'entre elles, telles du moins que nous permettent de les fixer les observations recueillies jusqu'à ce jour, ne présentent pas des limites bien nettes et ne constituent en fait que des divisions artificielles, dont il est prudent de se défier.

§ 1er. Maroc Occidental.

Le Gharb et la région des Beni Ahsen. — Le Gharb proprement dit, surtout la partie soumise à notre action, comprend la région située entre la zone espagnole au nord, l'Océan à l'ouest, le Sebou au sud et les collines qui, à l'est, séparent la zone côtière de la région de Fez. Si nous avions, dans quelques années, après l'aménagement des communications, à nous fixer au Maroc, c'est là que nos vues s'arrêteraient.

La partie orientale, où viennent se prolonger les derniers contreforts du Rif, est formée de plateaux très mouvementés s'infléchissant à l'ouest et au sud vers l'immense plaine du Sebou qui occupe une superficie de 4 000 kilomètres carrés environ.

Dans sa partie occidentale, le Gharb est plutôt plat; il se trouve, comme la région nord des Beni Ahsen, au-dessous du niveau du Sebou, ce qui, joint à l'imperméabilité du sol argileux, le transforme en de vastes marécages de chaque côté du fleuve, dont les crues alimentent les merdja qui n'assèchent d'ailleurs jamais.

Au sud, les Beni Ahsen sont limités par la grande forêt de la Mamora.

Sur le territoire du Gharb, le long de l'Océan, ces marais se transforment en lagunes d'une quarantaine de kilomètres de longueur, sur une largeur de quatre kilomètres.

Nous avons déjà vu que cette contrée est l'une des parties du Maroc les mieux avantagées sous le rapport des pluies. Les précipitations réparties sur soixante-cinq jours y atteignent 550 millimètres par an ; de plus, le Sebou, fleuve à cours ininterrompu, et ses affluents sillonnent la région et permettent d'irriguer de grandes étendues.

Pour la zone littorale, le sol du Gharb est formé de grès et d'hamri pliocène léger, pauvre en acide phosphorique ainsi qu'en chaux ; vers l'est, on trouve des collines argileuses miocènes à pentes douces dont les terres sont fertiles, bien que mouilleuses et froides.

Lorsqu'on arrive en plaine et dans les vallées limoneuses, le long du Sebou, du Beth et du Rhodom, les terrains, fort riches, se présentent en couches alluvionnaires profondes, silico-argileuses et argilo-siliceuses de la nature du dahs et même du tirs sur certains points. On dit — mais que ne dit-on pas? — que le sous-sol est plein de promesses.

En général les plateaux, qui constituent pourtant une bande de végétation forestière, ne sont recouverts que de broussailles et de maquis où dominent les lentisques et les palmiers nains, les indigènes ayant déboisé les forêts pour se chauffer et cuire leurs aliments.

L'aspect agricole du Gharb est assez varié. Le pays se prête bien à la croissance des arbres à fruits (figuiers, orangers, etc.), de l'olivier, de la vigne, des céréales (orge, blé, sorgho) ; la majeure partie des cultures riches de certaines régions tropicales peuvent y être essayées avec beaucoup de chances de réussite.

Les dépressions sont favorables à la culture maraîchère, à celle du tabac, du chanvre ; les jardins qu'on
y rencontre donnent au voyageur une idée de la réelle
fécondité de la terre.

Dans certaines contrées montagneuses, les indigènes
s'occupent du coton mais seulement pour les besoins
familiaux.

Il y a lieu, pensons-nous, de méditer pour notre
Protectorat un avenir basé sur la production cotonnière
qui pourra contribuer à notre approvisionnement national, nous libérant ainsi de la servitude étrangère. La
France importait, en 1913, pour plus de 500 millions
de cette précieuse malvacée, venant d'Égypte et d'Amérique, alors que certaines de nos colonies se prêtant à
cette culture restent incultes (1).

Les essais faits au Maroc, ainsi que nous l'avons
constaté *de visu*, dépassent les prévisions les plus opti-
mistes, malgré les ravages des sauterelles dans beaucoup de contrées, le produit obtenu est plus fin, plus
résistant, plus nerveux que les meilleurs cotons des
rives du Nil.

Les Anglais se sont d'ailleurs préoccupés de cette
concurrence éventuelle, et de nombreux articles ont
paru à ce sujet dans la presse du Caire et d'Alexandrie,
faisant ressortir les avantages climatériques et même
orographiques de notre Protectorat. Sur les 350 hectares qui ont été ensemencés en 1916 (en 1914 :
33 hectares), les récoltes ont été splendides malgré les
circonstances défavorables. Le Porto-Rico, nouveau
plant très en faveur, a dépassé 200 francs les 50 kilogrammes, alors que les cours de certaines variétés cultivées par les colonies anglaises atteignaient seulement

(1) Voir, page 240, la culture du coton.

75 à 120 francs. Le Maghreb, si nous savons l'utiliser, doit compléter nos productions métropolitaines (1).

Mais ce sont surtout la plaine même et les vallées qui conviennent le mieux aux cultures intensives. Aussi la colonisation se développe-t-elle dans une énorme partie du Gharb ; la sécurité y est complète ; nous y avons voyagé à cheval, de jour et de nuit, sans autre protection qu'un mokhazeni.

L'élevage, notamment celui du gros bétail, a une grande importance dans cette région. La race bovine du Gharb et des Beni Ahsen présente de remarquables qualités, les vaches sont bonnes laitières, les bœufs, très résistants au travail, donnent une excellente viande de boucherie ; le marché de la Villette en a été souvent approvisionné, d'une façon indirecte, il est vrai. La race ovine est peut-être la meilleure du pays ; elle se rapproche du mérinos et fournit de la laine de bonne qualité ainsi que de la chair de choix.

*
* *

Région de Meknès et de Fez. — Le pays Guerouan, aux collines miocènes et marneuses, fait suite aux Beni Ahsen et forme transition avec la région montagneuse s'étendant vers Meknès, Sefrou, Fez, dont la disposition en plateaux successifs est assez accentuée.

(1) C'est sous le règne d'Henri IV que nous trouvons, pour la première fois, trace de l'importation du coton en France, où il figure dans un acte de la corporation des drapiers de Rouen. Vers 1775, on comptait dans cette ville 18 000 fileuses qui, à l'aide du rouet, livraient environ 3 000 tonnes de coton filé.

Il fut cultivé primitivement sous le règne de Ramsès II, en Égypte (environ 1292 à 1225 av. J.-C.).

Notons enfin que les prix mentionnés ci-dessus ont augmenté dans des proportions formidables depuis la guerre.

Jusqu'au Saïs, la contrée est accidentée ; puis le plateau dénudé s'abaisse brusquement vers la grande plaine (dans la direction de Fez) qui s'étend du Zerhoum à la capitale et que bordent, au sud, les plateaux calcaires des Beni M'Tir et, au nord, le plateau mamelonné qui se détache du Rif. Cette plaine est ainsi entourée de tous côtés par des hauteurs, en général peu élevées, qui sont les dernières ramifications du massif du Rif et de la chaîne du moyen Atlas.

A l'est de Fez, faisant suite au Sebou, s'ouvre la dépression profonde de l'Innaouen qui conduit à Taza où passe la grande voie de communication stratégique et commerciale, connue depuis les temps les plus reculés, entre le Maroc Occidental et le Maroc Oriental.

La région de Meknès et de Fez reçoit par an une moyenne de 600 millimètres de pluies, réparties en quatre-vingts jours (1). Les sources et les oueds y sont innombrables ; on a pu dire avec raison que cette partie du Maroc est un véritable château d'eau ; celle-ci ruisselle sur toutes les pentes, aussi, la végétation y prend-elle un caractère d'exubérance merveilleuse.

Ses ressources sont aussi variées que la structure de son sol. Le territoire des Cherarda et des Zerhana présente l'aspect d'un pays agricole très riche ; les collines marneuses bien défrichées produisent des céréales : blé dur, orge, avoine, auxquelles s'ajoutent les récoltes printanières (sorgho, pois chiches, etc).

Aux flancs du massif montagneux et pittoresque du

---

(1) Cet hinterland est soumis à de fréquents orages et bien que l'influence de l'électricité sur la végétation ne soit pas encore bien établie, il est certain que l'étincelle électrique ayant le pouvoir de combiner l'azote et l'oxygène de l'air fait que les pluies contiennent une plus grande proportion d'azote ammoniacal et d'azote nitrique ; or, les composés d'azote sont des matières fertilisantes.

Zerhoum, au sol calcaire arrosé par des sources multiples, s'accrochent en terrasses les ceps de vigne et surtout l'olivier : on y compte plus de 23 000 arbres. Autour de Meknès, de Fez, ce sont des vergers luxuriants où abondent noyers, pêchers, abricotiers, cerisiers, pruniers et vigne ; mais, sauf pour le raisin dont les grappes sont magnifiques, les fruits restent petits et de qualité ordinaire.

La plaine du Saïs, qu'arrosent l'oued Fez, les affluents de l'oued Meknès et de nombreux canaux d'irrigation, est un pays fertile où prédominent le blé dur et l'orge. Viennent ensuite la culture des fèves, des lentilles, du sorgho, du maïs et des tomates ; on y rencontre aussi des champs de riz et de chanvre limités pour l'instant aux besoins locaux.

C'est dans les prairies que les troupeaux trouvent leur nourriture, soit en bordure des rivières, soit dans les terrains incultes où poussent le palmier nain, les asphodèles, les jujubiers et le fenouil ; la tige de ce dernier et le palmier nain servent le plus souvent au chauffage.

Les défrichements de palmiers nains (1), qui envahissent certaines parties du Saïs et de la plaine des M'Tir, comprise entre Meknès, Agouraï et El Hadjeb, procureront de bonnes terres à la culture et aux plantations de vergers.

Au sud de ce bled s'étendent les riches pâturages que fréquentent les troupeaux des Beni M'Tir.

Non loin de Fez, l'oued qui porte son nom coule au pied de collines plantées d'oliviers. Le fond de la vallée

---

(1) C'est le *Chamoerops humilis* très abondant en Algérie et utilisable pour faire du crin végétal. Le crin est fourni par la fibre des feuilles et la filasse est employée en corderie, bourrellerie, matelasserie, etc. L'Algérie en a exporté en 1913 595 000 quintaux (dont 89 000 en France), pour une valeur totale de 8 324 000 francs.

et la périphérie de la capitale sont occupés par des vergers de citronniers, d'orangers, d'amandiers, de grenadiers. Au-dessus, s'étagent les cultures maraîchères (tomates, fèves…) qui approvisionnent les marchés de la ville.

Enfin, des oliveraies importantes couvrent les pentes du djebel Zalagh et du djebel Tghat, situés au nord et au nord-ouest de Fez.

Une mention spéciale doit être réservée au mûrier, qui prend de l'extension entre Sefrou et la capitale. Les essais de sériciculture tentés depuis deux ans ont débuté d'une manière encourageante ; il importe de les développer. La betterave mérite aussi d'attirer l'attention des colons et du Protectorat. Nous sommes certain que son introduction judicieuse, tant au point de vue du traitement agricole, du nourrissage du cheptel que de l'industrie sucrière, présente un intérêt considérable.

A l'est de Fez, dans la vallée du Sebou, de beaux pâturages font vivre des troupeaux variés et nombreux, pour lesquels la sélection, pratiquée depuis peu, commence à donner des résultats appréciables.

Région de Rabat : les Zaer ; les Zemmour. — C'est la région drainée par l'oued Bou Regreg qui, dans la banlieue de Rabat et de Salé, traverse deux plaines alluvionnaires (Oudja) de 3 000 hectares environ.

Ces étendues très fertiles permettent une culture intensive qui, en raison du voisinage de ces villes jumelles en voie d'énorme prospérité, paraît devoir consister surtout en jardinage (1).

(1) La presse marocaine et en particulier le journal de Rabat, l'*Écho du Maroc*, ont consacré des articles fort intéressants au déve-

De chaque côté de l'oued Bou Regreg, s'étagent les pays des Zaer et des Zemmour aux terrains schisteux et granitiques, contrées assez accidentées, aux pentes ravinées, dont l'altitude s'élève vers l'est jusqu'à 900 mètres. La terre arable s'est accumulée dans les vallées ou dans les parties basses du pays. Elle est sablonneuse (remel) au nord du Bou Regreg et dans la vallée de l'oued Akreuch: siliceuse (hamri) dans la vallée du Grou et en partie argileuse (tirs) entre cette rivière et l'oued Korifla.

Le long de la côte, court un cordon de grès rouges pliocènes en deçà duquel s'étend une zone de « sahel ».

Sur une profondeur de 60 kilomètres environ à partir de la mer, le pays reçoit par an 550 millimètres de pluies tombant en soixante-trois jours. Ailleurs ce chiffre descend à soixante pour une quantité de 500 millimètres en moyenne.

Ce territoire est recouvert en partie de forêts où abonde le chêne-liège (forêt des Zaer et de la Mamora).

Jusqu'à présent, l'élevage des bœufs et des moutons a été la principale ressource de ces deux tribus à demi nomades et plutôt guerrières.

La culture prédominante est celle de l'orge, sauf dans la partie orientale des Zemmour (camp Bataille), qui produit surtout du blé. La culture maraîchère se pratique près des oueds et des sources, dans des jardins irrigués où la vigne voisine avec les figuiers.

Région de la Chaouïa, des Doukkala et des Abda. — Du pays des Zaer à l'oued Tensift, s'étend une contrée qui, par

loppement économique de la capitale administrative, ce dernier par la plume autorisée de son rédacteur en chef, M. Henri GERLIER, correspondant du *Temps* au Maroc.

son aspect physique et sa physionomie agricole, se différencie des parties du Maroc situées au nord des Zemmour; dans l'ensemble elle se compose, en allant de la mer vers l'intérieur, d'une plaine côtière et d'une série de plateaux en gradins.

Cette plaine, qui atteint une largeur de 80 kilomètres au droit de Mazagan, se rétrécit au nord de Casablanca et au sud de Safi. Son altitude passe insensiblement vers l'est de 150 à 250 mètres. Elle comprend en grande partie les pays de la Chaouïa, des Doukkala et des Abda. A part les fleuves, les petits oueds et les sources y sont clairsemés et les puits très profonds.

Jusqu'au Tensift, cette vaste étendue se prête malgré cela d'une manière remarquable aux cultures proprement dites; le climat, nous l'avons vu, est tempéré et régulier, les pluies assez abondantes. D'autre part, c'est principalement dans cette partie du Maroc que se trouvent les terres noires (tirs) d'une exceptionnelle fécondité.

En vue d'éviter toute confusion, nous adopterons pour l'étude de cet ensemble la division tripartite habituelle, mais en réalité la Chaouïa, les Doukkala et les Abda présentent, au point de vue physique et économique, plus d'un caractère commun; ils ne forment pas à vrai dire des unités régionales bien distinctes et leurs limites en sont plutôt historiques et conventionnelles que géographiques.

*
* *

Chaouïa. — C'est la région comprise entre l'oued Cherrat au nord et à l'est, le massif des Beni Meskin au sud, l'Oum er Rebia au sud-ouest et l'Océan à l'ouest. Elle a une superficie de 1 200 000 hectares.

Lorsqu'on va de la mer vers l'intérieur, on trouve successivement une bande de terres sablonneuses (remel, sable calcaire blanc ou rougeâtre), d'une largeur variable, qui atteint parfois une vingtaine de kilomètres : c'est le sahel; puis, la plaine proprement dite, formée de tirs (2 000 kilomètres carrés) et d'hamri pliocène (3 500 kilomètres carrés); enfin un premier plateau d'une altitude moyenne de 250 mètres, très fertile aussi, surplombé par un autre plus accidenté s'élevant de 500 à 600 mètres.

L'hinterland de Casablanca reçoit 550 millimètres de pluies sur une profondeur de 50 kilomètres environ; la moyenne Chaouïa, 500 millimètres, et la haute Chaouïa, 400 millimètres, se répartissant dans l'ensemble entre cinquante-deux et soixante-trois jours.

A part l'Oum-er-Rebia, le Nefifik, le Cherrat et le Mellah, les oueds de la Chaouïa tarissent souvent.

Quant à la nappe d'eau souterraine, elle se trouve à 10 ou 15 mètres du sol, au milieu de la plaine et à une profondeur allant jusqu'à 100 mètres vers l'intérieur.

Dans le sahel, les cultures, favorisées par la grande humidité du climat, consistent surtout en orge et en maïs.

La plaine, où on ne rencontre pas d'arbres, est le pays par excellence des céréales (blé dur notamment); le blé tendre souffre des brouillards et de la rouille. Le tirs y est d'une fertilité extrême, à condition d'être travaillé comme il faut, c'est-à-dire divisé de façon à empêcher l'humidité de s'évaporer, défaut habituel des terrains compacts qui se fendillent, laissant ainsi brûler les racines par l'air et la sécheresse (1).

Comme autres productions : des fèves, des lentilles,

(1) Voir, page 276, la culture sèche (dry-farming).

des pois chiches, du fenugrec, du coriandre, du lin....

Les pâturages et les terrains de parcours pour les troupeaux occupent plus de 400 000 hectares. On y élève des chevaux, des bœufs, des moutons, des chèvres, des ânes et des chameaux. Ils couvrent surtout les sokharat ou massifs dus aux affleurements anciens, et les Européens doivent, si possible, se conformer aux usages indigènes pour utiliser ces pâtures, d'accord avec les voisins ou les occupants nomades et autres.

Le rendement annuel pour un quintal varie de 10 à 12 pour l'orge, de 6 à 8 pour le blé ; pour le maïs, il serait de 6.

Il est bon d'ajouter que les méthodes locales sont des plus primitives, et les semis d'habitude très clairs (un tiers de moins que dans nos pays) ; avec des procédés modernes, le rendement devient autrement rémunérateur.

La culture maraîchère n'y a pas encore pris une grande extension ; c'est pourtant une branche à préconiser pour son grand rapport, à proximité des agglomérations, et le peu de capitaux qu'elle exige.

Des essais de fourrages artificiels (vesces d'hiver et alpiste) ont été effectués dans la région de Boulhaut-Boucheron et les résultats en sont concluants. Ces deux camps, d'ailleurs, ont contribué dans une large proportion au développement de la région, en assurant la sécurité.

Parmi les cultures industrielles à recommander, nous citerons, avec la betterave, celle du géranium à essence appelée à un avenir certain, ainsi que le tabac, qui sera d'un grand revenu si les méthodes adoptées pour réglementer la plantation ne viennent pas entraver son essor.

Nous tenons à rendre hommage à l'obligeance d'un

colon de marque, M. Bourote, qui nous a fait visiter sa
propriété avec un extrême empressement. C'est un
ingénieur-agronome documenté que tout le monde fera
bien de consulter, car il a réussi.

**
* *

Doukkala. — Le cercle des Doukkala qui longe
l'océan, de la Chaouïa au cap Cantin, est une des parties
les plus riches au point de vue agricole. Nous y sommes
arrivé en automobile un beau soir d'avril, après de nombreux arrêts nécessités par nos enquêtes et de multiples
prélèvements dans les cultures diverses. Les 90 kilomètres qui séparent Casablanca de Mazagan furent, en
effet, franchis en trois jours.

Il se subdivise en trois zones : l'oulja, le sahel et
la plaine intérieure dont la superficie totale est de
627 000 hectares.

En arrière des dunes du littoral, et sur une largeur
de 1 500 à 3 500 mètres, l'oulja forme un long ruban
de terres alluvionnaires siliceuses, que l'irrigation rend
propres à la culture maraîchère (pastèques, courges,
piments...) et à celle du henné. L'eau se rencontre à une
faible profondeur (2 à 8 mètres). La propriété y est
morcelée.

La zone côtière ou sahel a des terres légères, soit
remel, soit hamri ; on y rencontre cependant aussi du
tirs. Ce qui caractérise ce pays, c'est la possibilité d'y
cultiver le maïs et le sorgho sans irrigation ; en outre,
le jardinage et la culture du henné s'y localisent autour
des points d'eau, en particulier à Sidi Ali, le long de
l'Oum-er-Rebia, en face de la rive d'Azemmour.

D'ordinaire, le sahel n'est pas une terre à blé ou à
orge ; la vigne, par contre, est susceptible d'y prendre

un grand développement, à en juger par les ceps indigènes, si mal entretenus et combien productifs cependant. Il est bordé, à l'est, par une bande à carapace rocheuse, constituant un terrain de parcours pour les troupeaux.

Au delà, commence la plaine intérieure dont les terres noires ou rouges (tirs ou hamri) font la richesse. Les emblavements de blé et d'orge en occupent la plus grande partie et nous avons pu constater, aux alentours du M'tal, la qualité des sols dont nous avons prélevé divers échantillons, grâce aux facilités qui nous ont été offertes par M. le lieutenant de Lestapis, mis avec beaucoup d'obligeance à notre disposition par M. le chef d'escadrons Charles-Roux, commandant le cercle des Doukkala.

Les sources paraissent rares dans ce bled; le sahel et l'oudja sont, à ce point de vue, plus favorisés que la plaine intérieure. Quant à la nappe souterraine, sa profondeur oscille dans le sahel entre 2 et 15 mètres; en plaine argileuse, les puits ont parfois une centaine de mètres, mais l'humidité du climat compense l'éloignement ou l'insuffisance des eaux.

C'est une région agricole par excellence; les terres cultivées y occupent une superficie de 300 000 hectares. La population, très attachée au sol, y est plus dense, semble-t-il, que dans le Maroc en général. L'orge, le maïs, le blé sont les principales productions; viennent ensuite le lin, l'alpiste, les fèves, les lentilles, le fenugrec, le piment, etc.

On a prétendu que les achats de terres par les Européens paraissaient devoir y être limités; c'est une erreur partielle, et il ne nous est pas permis, avec notre expérience, de faire de généralités à ce sujet.

La récolte du henné avait pris une très grande

extension, et le rendement en était satisfaisant. Elle
était surtout développée en face d'Azemmour sur les
bords de l'Oum-er-Rebia, mais les droits trop élevés
sur cette culture riche semblent paralyser son essor.

Le coton pourrait réussir également et d'excellents
essais ont été faits depuis trois ans par un Belge ; les
indigènes le cultivaient jadis, mais ils ont dû y renoncer,
le prix que leur en offraient les intermédiaires n'étant
pas assez rémunérateur. Ce sont ces derniers qui ont
tué cette richesse d'avenir ; la question est trop délicate
pour que nous nous permettions d'insister.

Le géranium rosa et le rosier, dont les essences sont si
recherchées au Maroc, mériteraient d'attirer l'attention
des colons, qui trouveraient ici un placement avantageux.

Des vergers plantés de figuiers et de vigne, qui produit un excellent raisin de table, couvrent sur une
étendue de 2 000 hectares environ les collines d'hamri
situées près de l'Oum-er-Rebia, chez les Oulad Bouze-
rara, dans l'Anouak et chez les Oulad Fredj.

Parmi les arbres fruitiers dont la propagation donnerait de bons résultats, nous citerons les agrumes,
auxquelles les terres sont propices et le climat favorable dans le sahel. Les orangeries de Mehoula deviennent florissantes et alimentent les marchés d'Azemmour,
de Mazagan, et même de Casablanca.

Près de 300 000 hectares du pays sont réservés aux
pâturages ; l'élevage y est, par suite, très prospère
(moutons, chèvres, bœufs, ânes, chameaux, chevaux,
mulets, porcs). Ces derniers s'acclimatent mieux dans
l'oulja et dans le sahel où la chaleur est plus suppor-
table que dans la plaine proprement dite ; il y a des bénéfices certains à réaliser en s'occupant de ces animaux qui se nourrissent eux-mêmes avec les nombreux
tubercules que contient le sol.

Enfin la race chevaline est en voie d'amélioration; ce résultat est dû à la création, depuis 1913, d'une station de remonte à Mazagan, dépendant des haras de Temara, où le Gouvernement français a envoyé, grâce à l'initiative du Résident général, de magnifiques étalons, beaucoup de pur sang anglais dont l'emploi devra être fait judicieusement par l'aimable et distingué directeur de ce service, M. le commandant Rastoin.

*
* *

Abda. — Le pays Abda prolonge, au sud, les Doukkala dont il répète certains caractères géographiques et économiques essentiels; cependant, le type de terrain varie d'une façon sensible du nord au sud.

Le sahel, zone littorale, d'une longueur de 20 kilomètres environ sur une largeur variant de 20 à 30 kilomètres, est constitué par un plateau mamelonné qui se termine au bord de la mer en berge escarpée et se relève à l'est en collines de faible hauteur. Son relief s'accentue à mesure que l'on se rapproche de l'oued Tensift, où il forme une transition nette avec le djebel Hadid des Chiadma.

Comme caractéristique le sol est sablonneux (remel), assez maigre, et les puits n'y atteignent que quelques mètres. Les cultures (orge, avoine, maïs) se cantonnent dans les fonds et sur les pentes. Les parties les plus élevées sont revêtues de plantes sauvages, palmiers nains, asphodèles, genêts et aussi d'herbages qui nourrissent de nombreux troupeaux de moutons et de chèvres.

Une plaine, large d'une trentaine de kilomètres du côté des Doukkala, et allant en se rétrécissant vers le sud, fait suite au sahel. C'est la prolongation des terres noires de cette zone et de la Chaouïa.

Moins argileux que dans cette dernière, le tirs du bled Abda est par conséquent plus facile à travailler et se crevasse peu. L'eau pénètre donc à une plus grande profondeur dans le sol qui, moins compact, se laisse mieux ameublir, permettant ainsi de conserver l'humidité du sous-sol. Le Sahim, les Chahli et le Bhrati sont les parties les plus riches; tirs et hamri y donnent d'abondantes récoltes d'orge et de blé dur. Les autres productions sont, pour l'ensemble, le maïs, les fèves, les pois chiches, l'alpiste, le cumin, etc.

Parmi les cultures à développer, citons celles de l'avoine et de la pomme de terre, cette dernière avec précaution; les maraîchers trouveront aussi dans le sahel un terrain propice près des points d'eau assez nombreux.

Rares dans la plaine, les arbres se rencontrent surtout non loin de la mer, dans la partie méridionale qui forme un pays de transition. Au milieu des palmiers nains et des genêts, croissent quelques figuiers rabougris et des oliviers; la nature du sol se prêterait cependant à l'arboriculture fruitière, autant qu'on peut en juger par l'aspect des vergers situés dans la région de Dridrath à 11 kilomètres de Safi.

Après l'oued Tensift, commence la végétation de l'arganier qui fournit aux indigènes une huile comestible, détestable pour notre goût; nous reparlerons plus loin de cet arbre curieux, dont l'utilisation promet d'être lucrative.

*
* *

Région des Chiadma-Haha. — Au sud des Abda, ou plus exactement du Tensift, qui se jette dans l'Atlantique à

Souira Kedima, la côte change d'aspect et la plaine littorale n'y a plus qu'une faible largeur.

L'influence des vents d'ouest diminue, les pluies deviennent donc peu abondantes, la contrée est moins riche que celles situées au nord du fleuve; la plaine alluvionnaire qui le traverse est dominée par le Kourat et le djebel Hadid, plateaux boisés qui s'étendent jusqu'à quelques kilomètres de la mer et au-dessus desquels s'élève une crête de 600 mètres environ. L'ensemble, rouge et pierreux, porte des jujubiers, des lentisques, des genêts, des thuyas et des arganiers, ces derniers beaucoup moins beaux que ceux de la forêt à l'est de Mogador. L'eau y fait défaut en général et la terre est dépourvue de pâturages.

Des Abda à Mogador, le pays est très favorable à la culture des céréales; le blé, surtout l'orge et le maïs de cette partie du Maroc sont à juste titre renommés, mais la paille des céréales est courte; l'indigène, d'ailleurs, ne la coupe pas, la réservant pour paître le bétail.

Les arbres fruitiers sont représentés par des figuiers, grenadiers, oliviers, nopals, caroubiers et arganiers. Les jardins, où dominent l'olivier et le grenadier, se cantonnent dans quelques vallées mieux arrosées.

Chez les Chiadma, la propriété est morcelée, comme chez les Doukkala. Après avoir fait au préalable de l'association agricole avec l'indigène, les colons pourront y acquérir de petits domaines qu'ils exploiteront eux-mêmes. Cet hinterland, étant avec Safi le débouché naturel de l'arrière-pays de Marrakech, peut augmenter d'importance dès que les routes seront faites (1).

L'élevage y offre des ressources très avantageuses;

(1) Voir au chapitre IV « Communications et Fleuves ».

les troupeaux de vaches, de moutons et surtout de chèvres, y trouvent de vastes terrains de parcours.

Vers le Ras Hadid, la plaine littorale ne forme qu'une bande de peu d'étendue, et s'élargit à l'est, au droit de Mogador. Une zone de sables mobiles, d'une longueur de 25 kilomètres sur une largeur de 6 à 10 kilomètres, la sépare du rivage.

Sur la côte sud, derrière la dune et vers la kasba d'Anflous, des maquis de résineux, thuyas, cèdres pygméens, décorés du nom de forêt, s'étendent vers le djebel Amsitten; on se rappelle que la France dut à l'époque héroïque y soutenir de terribles combats.

Au bled des Haha, peuplades indépendantes de tempérament difficile, les terres sont moins riches que chez les Chiadma. A mesure qu'on pénètre dans l'intérieur, ou que la latitude devient plus méridionale, on sent le désert; la brousse apparaît, puis à 50 kilomètres environ de la côte, les steppes parsemés d'arganiers finissent par envahir le sol en masses compactes.

Les jardins sont en grande partie plantés d'amandiers qui forment avec l'arganier (1) l'une des ressources locales.

Parmi les autres productions des Chiadma-Haha, la cire d'abeille tient une place importante, surtout vers le sud. Mogador, qui en est le marché habituel, a exporté, en 1913, 53 850 kilogrammes valant 185 782 francs et, en 1914, 86 908 kilogrammes représentant 297 040 francs.

La gomme sandaraque, la gomme arabique et la gomme ammoniaque, fournissent un appoint appréciable aux exportations de ce cercle.

(1) Voir pour la description et l'utilisation de l'arganier au chapitre V, paragraphe « Les forêts », page 284.

14

***

Région de Marrakech. — En arrière de la zone littorale cultivable, s'étend avant la capitale du sud, sur une longueur de 80 kilomètres, une région plus sèche et de température inégale. Cette portion du plateau intérieur, peu arrosée et moins fertile que la plaine côtière, porte encore des cultures, là où l'épaisseur et la qualité de la terre arable le permettent ; souvent même, le sol se prêterait à des plantations d'oliviers ; mais, dans l'ensemble, c'est une immense surface à végétation courte et intermittente.

Ces steppes cependant constituent, une partie de l'année, de bonnes contrées de pâturages et partant d'élevage. Quantité de jujubiers, de pistachiers, d'alfa, de sparte, d'armoises, de diverses plantes polygonées, labiées ou graminées, rares et dures, y croissent en désordre. Quand elles ne suffisent plus à l'alimentation des troupeaux, ceux-ci descendent dans la plaine côtière après la moisson ou remontent vers la montagne.

A cette contrée appartient un côté notable du pays des Rehamna, qu'on a prétendu à tort complètement nu et desséché ; il tire, en effet, sa principale ressource de son bétail.

***

Zone des cultures irriguées. — Au delà des parcours que nous venons d'indiquer, depuis l'oued Chichaoua, à 70 kilomètres environ de la mer, jusqu'à Boujad dans le Tadla, on rencontre sur une longueur de 300 kilomètres et une largeur de 30 à 40 des cultures irriguées. Bien arrosée par de nombreux ruisseaux qui descendent de la montagne vers le Tensift et l'Oum-er-Rebia, cette portion du Maroc présente, au point de vue agricole, des caractères particuliers qui la rapprochent de la Beauce, mais ici, l'irrigation est une condition absolue de toute production, et, grand avantage, elle est praticable pendant la saison sèche, au moment où les plantes ont le plus besoin d'humidité. Les oueds sont, en effet, alimentés, quand il ne pleut pas, par la fonte des neiges qui se produit au commencement du printemps et dure jusqu'à la fin de l'été; ils sont la source d'innombrables petits canaux à ciel ouvert, ou souterrains, appelés seguia, qui la répandent dans les champs, les jardins et les vergers garnis d'oliviers, d'orangers, de vigne et de palmiers. La richesse de ce pays consiste avant tout en arbres fruitiers, mais on y rencontre aussi du maïs, du sésame, et des cultures maraîchères chez les Sgharna.

Plaine de Marrakech. — Située entre le Djebilet et le Haut-Atlas, elle occupe le centre de cette zone d'irrigation et atteint, à l'est de Marrakech, une altitude moyenne de 600 mètres. Son terrain, caillouteux et limoneux, doit sa fécondité à l'abondance des eaux de surface et du sous-sol; des seguia sinueuses distribuent la première à travers les terres; quant à la seconde, elle est drainée par des khettara ou conduites souterraines, datant de plusieurs siècles, constituées par une ligne de puits distants les uns des autres d'une cinquantaine de mètres, quelquefois moins, et reliés au fond par des canalisations.

Ce système, employé sur toute la palmeraie qui entoure Marrakech ainsi que dans de magnifiques jardins, comme ceux de l'Aguedal et de la Menara, est certes des plus primitifs. Les canaux souterrains sont très souvent obstrués et exigent un entretien continuel; l'emploi de procédés plus modernes permettrait d'étendre la surface irrigable et partant cultivable, en dosant l'eau suivant la nature des sols. Il y a là pour les services de l'hydraulique tout un difficile programme de travaux du plus grand intérêt en vue de la mise en valeur de cette très vaste plaine, où les palmeraies sont déjà considérables.

C'est le côté le plus intéressant qui, à l'est de la ville jusqu'à Sidi Rehal, borde la rive gauche de l'oued Tensift (1) sur une longueur de 50 kilomètres et une largeur de 5 à 8. Parmi les palmiers clairsemés, se développent de nombreux oliviers, des grenadiers, des orangers, [des mûriers; le [maïs y trouve l'humidité suffisante]pour arriver à maturité; l'oasis se prête d'ailleurs au développement des céréales. Les autres produits du sol sont les piments, les aubergines, les courges, les fèves, les cultures florales (rose, jasmin etc.) servant à la fabrication d'eaux parfumées, dont les indigènes font un grand usage.

Toujours à l'est, en avant de Tazert, des blés et des orges s'étendent à perte de vue; les mieux soignés appartiennent au pacha de Marrakech, avec qui nous avons fait la visite de ce contrefort du Grand-Atlas, après une fastueuse réception dans son palais, dont il est lui-même, en véritable artiste, l'architecte.

De Tazert à Demnat et à l'oued Tifli, une zone de vergers et de jardins, vaste oasis de 150 kilomètres environ de longueur, fournit grenades, pêches, figues, citrons et olives.

On cultivait jadis dans les environs et chez les Chichaoua le coton et la canne à sucre; le grand caïd Si

---

(1) Le pont de l'oued Tensift se trouve à 5 kilomètres de Marrakech. C'est le point où cette rivière est le plus rapprochée de la capitale du Sud.

Madani Glaoui, ainsi que son frère El Hadj Thami ont renoué la tradition pour le premier.

Le territoire des Zemrane est un pays producteur de céréales, auxquelles viennent s'ajouter les cultures maraîchères, le sésame, les arbres fruitiers. Le chanvre et le mûrier se rencontrent chez les Mesfioua où on élève le ver à soie. Le pays du Goundafi, qui passe pour merveilleux, se caractérise par des plantations de noyers et d'oliviers.

*
* *

Région du Sous. — Le Sous comprend la dépression étroite traversée par l'oued de ce nom et qui s'étend, croit-on, du djebel Likoumt (3 906 mètres) ou du djebel Siroua (3 000 mètres), à l'Océan entre les deux chaînes du haut Atlas et de l'anti Atlas. Elle a peut-être une largeur de 40 kilomètres sur 200 de longueur.

Il pleut davantage dans la partie supérieure que vers l'embouchure de la rivière, mais l'atmosphère est sèche presque partout.

Les puissantes chaînes de montagnes qui, de trois côtés, dominent cette région, lui donnent une physionomie agricole à part. L'oued Sous [a un cours assez important en toute saison, mais son débit diminue dans sa portion inférieure, par suite des énormes masses d'eau prélevées pour l'irrigation, vers la haute vallée.

Aux alentours des sources supposées, le pays, très fertile, donne de riches récoltes de céréales, mais la culture principale est celle de l'olivier et de l'amandier. Dans la partie moyenne en allant au littoral, dominent l'orge et le maïs; le blé figure en petites quantités. Les champs et les jardins s'échelonnent le long des berges dans la terre facilement irrigable. Sur la rive droite, la plaine, large d'une vingtaine de kilomètres environ et bien arrosée, se divise en céréales, forêts (composées en majorité de petits arbres résineux) et pâturages. Le reste présente de grands espaces incultes importants pour la France, car ce territoire constitue une zone d'influence et de liaison avec nos colonies de l'Afrique Occidentale, et en particulier la Mauritanie. On affirme que son sous-sol donnera des surprises.

De véritables bois sont formés par l'arganier et constituent une des ressources du pays. La pulpe de ses fruits sert à l'alimentation de nombreuses chèvres; quant à l'amande renfermée par le noyau, elle donne une huile fort appréciée par les indigènes (1). Les résidus, sous forme de tourteaux nourrissent, le bétail. La production de l'huile d'argan dépasse 3 500 000 kilogrammes.

La vallée est aussi faite pour l'élevage; bœufs, et surtout moutons, chèvres et chameaux y trouvent des herbages suffisants. Les ovins paraissent appelés à y prendre une certaine prédominance.

Dans l'ensemble, le pays est fertile, boisé et peuplé. Ses possibilités agricoles, sans égaler celles des autres plaines du Maroc Occidental, méritent cependant d'appeler l'attention des colons, sinon pour le moment, tout au moins lorsque la tranquillité sera établie.

A l'heure actuelle il est prématuré de se prononcer sur la question minière. Si, avant la guerre, les Allemands régnaient au Sous en maîtres, ils avaient d'autres raisons immédiates que les mines de Tiznit et de l'Atlas, qui n'étaient qu'un prétexte pour justifier la mainmise de nos ennemis sur cette région politique et stratégique avant d'être économique. Nous ferons bien d'y veiller.

(1) L'amande blanche contient une énorme proportion d'huile, 51,25 0/0 de son poids.

L'enclave d'Ifni, que les Espagnols ont eu de la peine à
découvrir, nous cause assez de difficultés, au point de
vue pacification, pour nous conseiller la prudence et
l'énergie dans l'avenir.

§ 2. Maroc Oriental.

Pour la végétation comme pour le climat, le Maroc
Oriental se divise en trois zones : le tell qui comprend
des cultures et des forêts, la région des steppes qui est
un pays d'élevage et d'industrie pastorale et la sphère
saharienne.

Nous nous occuperons davantage du tell qui, seul,
— pour le moment du moins, — présente, par sa fertilité, un intérêt réel et immédiat au point de vue de la
colonisation. La reconnaissance qui opère entre Taza
Berguent et el Aïoun nous renseignera, peut-être, sur
son trajet, contribuant ainsi à agrandir le champ de nos
investigations.

* *
*

Plaine des Oulad Mançour. — Entre la frontière algérienne et la Moulouya, sur le littoral même, se trouve la
petite plaine de Tachgraret ou des Oulad Mançour, limitée au sud par les collines, revêtues de broussailles, du
Guern-ech-Chems. Le sol en est alluvionnaire sur la
rive gauche du Kiss, et sablonneux du côté de la
Moulouya; l'eau souterraine s'y rencontre à une profondeur de 2 à 5 mètres. Les habitants tirent leur
principale ressource des céréales et de l'élevage de
troupeaux de moutons, de bœufs et de chevaux; les
conditions climatériques, dues au versant de la Méditerranée, et l'abondance de l'eau favoriseraient les primeurs.

⁂

Plaine des Triffa. — Au delà des mamelons du Guern-ech-Chems commence, sur une étendue de 30 000 hec-tares environ, la plaine sub-littorale des Triffa que borde au sud le massif des Beni-Snassen. Le climat en est tem-péré et salubre ; le terrain d'une grande fertilité se com-pose, la plupart du temps, sauf au sud et à l'est, de terres rouges (hamri) riches en matières organiques (de 7 à 13 0/0) avec 0,3 à 4 d'azote assimilable, mais pauvres en acide phosphorique et nécessitant par suite des engrais appropriés. Au sud et à l'est, le sol est à base de terres noires analogues au tirs du Maroc Occi-dental. Elles comprennent jusqu'à 17 0/0 de matières organiques avec 0,650 d'azote assimilable et leur teneur en acide phosphorique dépasse parfois 0,150. Leur productivité est plus grande que celle des autres côtés de la plaine.

On y récolte les céréales (orge et blé tendre) ; le blé dur s'accommode mieux des terres fortes. Les froments ont produit de 7 à 15 quintaux à l'hectare suivant les soins donnés. La betterave, l'agave, la ramie, le coton y réussissent à souhait. D'excellents esprits, tablant sur les projets d'irrigation de ces plaines, envisagent même déjà la possibilité d'y créer une industrie sucrière ; il suffirait d'aménager la Moulouya en houille blanche, le combustible faisant presque défaut, comme dans le reste du Maroc.

Le géranium a pris une extension remarquable à Berkhane et à Aïn Regada. L'essence en est vendue 30 francs le litre. C'est une branche à encourager et il importe qu'après la guerre ce produit marocain puisse lutter avantageusement contre les similaires de provenance austro-hongroise.

On a tenté en 1915 la culture de l'arachide, dont les graines oléagineuses traitées par des procédés perfectionnés donnent une huile employée pour l'alimentation, la fabrication des savons, l'éclairage et le graissage des machines et dont les tiges et les feuilles peuvent être utilisées à nourrir le bétail. Le rendement oscille de 1 500 à 4 500 kilogrammes à l'hectare, les graines produisent 30 à 40 0/0 d'huile. Les principaux pays producteurs sont la Côte Occidentale d'Afrique, la Gambie, la Plata et l'Inde. La France en importe une moyenne annuelle de 230 000 tonnes.

Dans les Triffa et les Angad, la vigne occupe 300 hectares environ; elle doit s'y développer si la politique ne s'en mêle pas.

La culture de l'olivier et des arbres fruitiers est à recommander avec soin; l'Algérie voisine produit en effet 25 millions de kilogrammes d'olives.

On peut enfin se livrer à l'élevage, qui est très rémunérateur si nous en croyons les essais pratiqués depuis quelques années.

A noter que la végétation spontanée (lentisques, sumacs, palmiers nains, jujubiers, genêts) nécessite des défrichements importants revenant en moyenne à 70 francs l'hectare (1). Cependant le sumac arraché est acheté par des sociétés de matières tannantes et de teintures, et le prix qu'on en obtient compense les frais d'arrachage. L'exploitation est le plus souvent assurée directement par les colons; on y pratique aussi l'association agricole avec des Européens ou des indigènes.

Les terrains, acquis en général par des Français venus

(1) Chiffre qui nous a été donné par deux colons en 1912; il subit, aujourd'hui, une majoration considérable.

d'Algérie, dans l'ensemble des plaines comprises entre le littoral, la frontière algérienne et la Moulouya, occupent une superficie de 20 000 hectares ; la mise en valeur en a donné des résultats remarquables. Les agglomérations récentes de cette région, Berkane (900 habitants) et Martimprey (600 habitants), attestent des facultés colonisatrices de nos nationaux.

Quant au massif des Beni Snassen, qui s'allonge presque parallèlement à la mer, il n'offre guère de ressources. L'eau y est un mythe ; on y rencontre des petits thuyas, des chênes verts et des genévriers, et, au fond des vallées, comme dans celle du Zegza, des légumes ainsi que des vergers d'orangers et d'amandiers. Les superficies cultivables sont de très peu d'étendue et d'une profondeur infime.

*
* *

Plaine des Angad. — Elle a une altitude de 500 à 600 mètres et s'étend au sud du massif des Beni Snassen, entre deux rangées de montagnes, depuis la frontière algérienne jusque vers El-Aïoun S'Melleuk. La couche arable est formée, d'ordinaire, de terres légères, argilo-calcaires ou argilo-siliceuses, ne comportant qu'une faible proportion de matières organiques (6 à 7 0/0 avec 0,200 d'azote assimilable).

Les pluies, assez irrégulières, ne sont pas moins abondantes dans cette région que dans les Triffa (300 à 350 millimètres) et vont, d'ailleurs, en diminuant à mesure qu'on se rapproche de la Moulouya. Aussi, la fertilité de cette plaine est-elle plus grande à l'est qu'à l'ouest ; on y voit très peu de sources et les puits vont chercher l'eau à des profondeurs de 14 à 50 mètres. Les céréales y réussissent d'une manière satisfaisante ;

les blés tendres de la plaine des Angad, en raison de l'absence de brumes, sont très réputés dans l'Afrique du Nord. Le blé, l'avoine et l'orge ont donné un rendement de 8 à 15 quintaux à l'hectare.

Des essais de vigne, effectués dans la région d'Oudjda notamment, peuvent être envisagés comme pleins de promesses, sous les mêmes réserves que ci-dessus.

Nous y trouvons peu d'arbres; partout du palmier nain (surtout dans le nord), de rares bétoums et des jujubiers sauvages forment la végétation. Oudjda est, par exception, entourée, sur une grande étendue, d'arbres fruitiers (oliviers, figuiers, abricotiers, grenadiers, etc.). Les plantations d'oliviers effectuées par un colon dans un domaine au nord de la ville prouvent que cette culture pourrait être appelée à un vrai développement.

La plaine des Angad, moins fertile toutefois que celle des Triffa, est, à ce jour, avec celle-ci l'une des contrées les plus intéressantes du Maroc Oriental pour la colonisation européenne. Il y existe plusieurs exploitations agricoles en pleine prospérité, occupant un total de 15 000 hectares environ. Remarquons à ce sujet que dans cette partie du Maghreb, comme nous l'avons constaté déjà, la mise en valeur des terres se fait directement par les colons ou leurs fermiers; les associations agricoles avec les indigènes y sont des exceptions.

*
* *

Plaines de Djefira et des Tafrata. — A l'ouest, la plaine de Djefira continue celle des Angad, à laquelle elle ressemble d'ailleurs beaucoup. Les jardins et les arbres fruitiers sont localisés sur les bords de l'oued Za qui n'assèche jamais, si nous en jugeons par l'époque où nous l'avons observé.

Le pays des Tafrata, situé entre Taourirt et le djebel bou Zeggou au nord, la Moulouya à l'ouest, la Gada de Debdou au sud, est plutôt un bled de steppes sablonneux où les pluies sont exceptionnelles. Tel qu'il est, il se prête mieux à l'élevage du mouton et de la chèvre qu'à la culture.

Dans les territoires de Djefira et des Tafrata, le sol est occupé à titre collectif par les indigènes, d'où difficulté pour les Européens d'y acquérir des terres.

Quant à la Gada de Debdou, c'est un plateau recouvert d'une belle forêt, pour le Maroc. Les sources y sont abondantes ; la vallée où est située Debdou, petite ville entourée de jardins, est remarquable par sa végétation d'oliviers, figuiers, grenadiers, pêchers, vignes, prairies, champs d'orge et de blé.

*
* *

Plaine du Metroh. — Au sud des Angad, entre les massifs des Zerara, des Beni bou Zeggou et le djebel Beni Yala, surplombe la plaine du Metroh dont l'altitude moyenne atteint 900 mètres. On y trouve de bonnes terres légères, riches en calcaires et en matières organiques (11 à 12 0/0 avec 0,250 et 0,300 d'azote assimilable). La quantité des pluies varie de 350 à 400 millimètres et peut permettre la culture du blé et de l'orge. Dans un grand domaine exploité depuis très peu de temps, le rendement a été en 1915 de 12 à l'hectare pour le blé, de 10 pour l'avoine et de 11 pour l'orge.

*
* *

Rive gauche de la Moulouya. — Sur la rive gauche de la Moulouya, dans la région du Garet ou pays des pierres, la plaine d'Er Rechiouat a de beaux pâturages, mais de rares cultures et peu d'arbres; elle est plus pauvre que la plaine des Triffa.

Le long de l'oued M'soun, la plaine de Djel et le Fahma, plateau peu accidenté, continuent la dépression, en forme de couloir, qui va de la Méditerranée à l'océan Atlantique. Élevés de 350 à 570 mètres, arides et sablonneux, recevant peu de pluies, ils ont le caractère des steppes oranais.

Vallée de l'Innaouen. — La vallée de l'Innaouen, qui coule dans une faille profonde, se rattache au Djel et au Fahma et conduit du Maroc oriental à Fez; elle paraît, à première vue, inutilisable pour la culture. Les pluies y sont peu fréquentes. Les champs et jardins se cantonnent dans les bas-fonds où se trouve la bonne terre; cependant, à partir de Taza, ville située au milieu d'un grand verger, la végétation se développe d'autant plus qu'on se rapproche davantage de la capitale. Les averses y deviennent plus abondantes; de nombreux cours d'eau arrosent la région, qui semble être destinée, en dehors de sa situation politique et stratégique, à devenir un centre important de colonisation. Nous y avons vu, au nord de la ville, des froments à lourds épis, dont la paille dépassait 1 m. 80.

* *
*

Le Dahra. — Avec le Dahra, dont l'altitude va de 1 000 à 1 500 mètres, nous entrons dans la zone des steppes. Le climat y est rude, le froid et la sécheresse sont très marqués, les eaux se font rares; de ce fait, les possibilités agricoles ne paraissent pas susceptibles d'une grande extension. La végétation comprend l'alfa, les armoises, le retem; on n'y rencontre pas d'arbres.

Les contrées steppiennes sont essentiellement des régions de pâturages. L'élevage et le commerce du mouton constituent, avec l'exploitation de l'alfa, les ressources principales du Dahra, dont le développement est appelé à un avenir. Il importe, dès la fin de la guerre, d'utiliser nous-mêmes l'alfa pour nos papeteries, au lieu d'acheter à l'Angleterre le papier qu'il produit ; dans ce but, il faut modifier le mode de récolte et les procédés d'emploi.

B. — LES CONDITIONS ÉCONOMIQUES.

PRODUCTIONS AGRICOLES ET PROCÉDÉS DE CULTURE

Nous avons constaté, par l'étude des régions naturelles, que le Maroc possède une aptitude toute spéciale pour l'agriculture. La diversité du climat et du relief, et par suite de la végétation, y crée des ressources des plus variées que nous allons passer en revue.

I. CULTURES

§ 1er. Répartition des cultures.

Grâce aux services de l'Agriculture, et à son éminent directeur M. Malet, secondé par M. Geoffroy Saint-Hilaire, qui porte dignement un nom illustre, nous avons pu établir pour l'année 1916 les différentes répartitions des cultures et du cheptel au Maroc.

Pour plus de facilité, nous avons utilisé les divisions militaires par régions ; un tracé à la couleur a déterminé les limites des différents territoires, dans lesquels des figures géométriques indiquent les pourcentages des cultures et du cheptel par rapport à la superficie totale. En ce qui a trait cependant au Maroc Oriental, les conditions actuelles ne nous ont pas permis de contrôler les statistiques qui nous ont été données avec obligeance (1).

En partant du littoral nord, les divisions sont les suivantes : Régions de Rabat, de Meknès, de Fez, de Tadla-Zaïan, de Casablanca, de Marrakech, cercles des Doukkala, des Abda, des Chiadma-Haha.

Région de Rabat. — 140 015 hectares de blé, 114 515 hectares d'orge, 58 230 hectares de maïs et de sorgho, 217 000 hectares de forêts, 1 400 hectares de jardins et plantations et 20 400 hectares de cultures diverses.

Région de Meknès. — 26 565 hectares de blé, 21 600 hectares d'orge, 9 110 hectares de maïs et sorgho, 1 600 hectares de cultures diverses, 2 000 hectares de jardins et plantations.

Région de Fez. — 67 865 hectares de blé, 63 645 hectares d'orge, 76 235 hectares de maïs et sorgho, 9 405 hectares de cultures diverses, 2 000 hectares de jardins et plantations.

Région de Tadla-Zaïan. — 144 375 hectares de blé, 167 080 hectares d'orge, 172 000 hectares de forêts, 3 200 hectares de jardins et plantations.

Région de Casablanca. — 125 080 hectares de blé, 80 880 hectares d'orge, 25 610 hectares de maïs et sor-

(1) Prière de se reporter aux deux cartes placées à la fin du volume : répartition des cultures et répartition du cheptel.

gho, 14 240 hectares de cultures diverses, 45 000 hectares de forêts, 3 500 hectares de jardins et plantations et 4 180 hectares de lin.

Région de Marrakech. — 44 425 hectares de blé, 80 100 hectares d'orge, 6 050 hectares de maïs et sorgho, 1 575 hectares de cultures diverses, 8 600 hectares de jardins et plantations et 3 000 hectares de forêts.

Cercle des Doukkala. — 26 200 hectares de blé, 62 400 hectares d'orge, 23 670 hectares de maïs et sorgho, 3 130 hectares de cultures diverses, 6 000 hectares de jardins et plantations.

Cercle des Abda. — 20 130 hectares de blé, 98 515 hectares d'orge, 59 020 hectares de maïs et sorgho, 4 920 hectares de cultures diverses, 10 000 hectares de forêts.

Cercle des Chiadma-Haha. — Il a été très difficile de repérer ce cercle en raison de l'insoumission partielle des tribus. Nous estimons à 12 000 hectares environ la culture d'orge, à près de 3 700 hectares celle de maïs et sorgho et à 5 000 hectares les forêts.

Ces diverses cultures sont groupées dans le tableau figurant à la page suivante :

§ 2. **Cultures alimentaires.**

Cette statistique nous montre le Maroc Occidental comme une mine de céréales dont le rendement peut être

beaucoup augmenté. L'orge, le blé, le maïs et le sorgho
occupent, en effet, à eux seuls 1 527 015 hectares sur
une superficie ensemencée totale de 1 619 165 hectares,
abstraction faite des forêts qui recouvrent 518 000 hec-
.tares (1).

Les céréales trouvent, dans les régions de tirs et

RÉPARTITION DES CULTURES DANS LE MAROC OCCIDENTAL

RÉGIONS ET CERCLES	BLÉ	ORGE	MAÏS ET SORGHO	LIN	JARDINS ET PLANTATIONS	CULTURES DIVERSES	FORÊTS	TOTAUX
	Hectares.	Hectares.	Hectares.	Hect.	Hect.	Hect.	Hectares.	Hectares
Région de Rabat	140 015	114 515	58 230	»	1 400	20 400	217 000	551 560
— de Fez..	67 865	63 645	76 235	»	8 000	9 405	66 000	291 150
— de Meknès..........	26 565	21 600	9 110	»	2 000	1 600	»	60 875
Région de Tadla-Zaïan.....	114 375	167 080	»	»	3 200	»	172 000	456 655
Région de Casablanca.......	125 080	80 880	25 610	4 180	3 500	14 240	45 000	298 490
Région de Marrakech	44 425	80 100	6 050	»	8 600	1 575	3 000	143 750
Cercle des Doukkala	26 200	62 400	23 670	»	6 000	3 130	»	121 400
Cercle des Abda.	20 130	98 515	59 020	»	»	4 920	10 000	192 585
— Chiadma-Haha.....	»	12 000	3 700	»	»	»	5 000	20 700
TOTAUX...	564 655	700 635	261 625	4 180	32 700	55 270	518 000	2 137 165

d'hamri de la zone atlantique, les terres les plus favorables à leur développement, mais leur culture n'est
pas limitée à ces contrées, elle est générale, aussi
bien dans tout le Maroc Occidental que dans le Maroc
Oriental.

(1) Ce chiffre approximatif, emprunté aux statistiques officielles,
n'a pu, en l'état actuel, être déterminé exactement.

*
* *

Orge. — L'orge, à laquelle 700 735 hectares sont consacrés, tient la première place parmi les céréales. Elle sert à l'alimentation des indigènes aussi bien qu'à celle des animaux et l'excédent est exporté en grande partie en Angleterre pour la brasserie. Les espèces les plus recherchées pour cet usage sont celles des Chiadma-Haha et des Abda, leur qualité paraissant supérieure.

Cette graminée supporte mieux la sécheresse que le blé et a la propriété de mûrir plus vite; semée en octobre, elle est récoltée en mai-juin. Dans les terres récemment défrichées, nous conseillons de la cultiver d'abord, de préférence au blé. En Chaouïa, son rendement est presque le double de celui qu'obtient l'Algérie.

*
* *

Blé. — Le blé, sans distinction d'espèce, occupe 364 655 hectares environ.

Blé dur. — Jusqu'à présent, sauf dans le Maroc Oriental, les indigènes n'ont cultivé que le blé dur qui, seul, donne des semoules et des farines grumelées, dont ils se servent pour fabriquer leur couscouss, leurs galettes, etc.

Les variétés les plus répandues sont :

Le blé à épi long et droit, aux grumes striées de noir; le blé à épi long, aux grumes claires, barbe paille, bec de la carène très allongé (1); le blé à épi moyen et dense au grain très clair (région d'Oudjda).

(1) Voir à ce sujet l'opinion de M. Maurice Bourote dans sa brochure, *Pour coloniser au Maroc.*

Les blés durs du pays ont l'avantage de résister aux maladies qui s'attaquent à ce grain (charbon, échaudage et rouille). Les habitants ne le sèment qu'après les premières pluies, en novembre, époque où le sol détrempé peut alors être entamé par la primitive charrue arabe; les Européens le font beaucoup plus tard. Les blés lèvent tôt et sont envahis par une végétations herbacée spontanée, qui nécessite de fréquents sarclages effectués par des femmes; on moissonne en mai-juin. Les plus réputés sont ceux des Chaouïa, Doukkala, Abda, Chiadma; ils donnent un rendement de 25 à 60 pour un.

Ces cultures sont destinées à prendre une grande extension. Avec une exploitation plus rationnelle, plus scientifique, les terres noires des plaines côtières atlantiques donneront une production totale et un rapport de beaucoup supérieurs à ceux qu'en obtiennent aujourd'hui les indigènes. La preuve en a été faite par de nombreux colons, spécialement en Chaouïa.

Nous savons, par expérience, que le blé s'accommode mal des terres « creuses ». C'est pourquoi dans les sols nouvellement défrichés, dans ceux qui, par exemple, étaient auparavant recouverts de palmiers nains et ont dû par suite être défoncés, il y a intérêt à cultiver d'abord de l'orge, de l'avoine ou du sarrasin et à ne semer du blé que lorsque le sous-sol ameubli aura subi un certain tassement.

Blé tendre. — La culture du blé tendre a été introduite depuis peu au Maroc, qui importe par an 4 à 5 000 tonnes de farine pour la consommation des Européens.

Des essais, tentés par des colons, ont donné des résultats assez bons en Chaouïa et surtout dans la

plaine des Triffa. Nous conseillons d'adopter le blé colon
d'Oranie ou blé barbu, qui craint moins les brouillards,
et, par suite, la rouille ; nous prévoyons que le Protectorat en produira bientôt assez pour ne plus avoir besoin
d'en faire venir de l'extérieur. On oublie quelquefois que
le blé tendre procure des bénéfices supérieurs, sans
donner plus de peine (1).

*
* *

Maïs. — Le maïs est une précieuse graminée au triple
titre de céréale, plante industrielle et fourragère ; elle
exige à la fois de fortes chaleurs et une grande humidité vers juin, lors de la formation du grain. Le maïs
ne pousse donc surtout que dans les régions chaudes,
en terrains plats et bien irrigués, de la nature des dahs,
par exemple, ou même dans les sols sablonneux, pourvu
que l'eau y soit abondante. On le développe pourtant
avec succès, sans irrigation, vers le littoral atlantique
de Rabat à Mogador où la terre est sèche ; cela tient
au degré d'humidité du climat de cette contrée, où des
rosées imprègnent constamment le sol. Aussi bien, le
maïs prospère-t-il dans la zone du sahel, de la Chaouïa,
des Doukkala et des Abda. Il se sème de mars à mai et
se récolte à la fin août. On en connaît deux variétés au
Maroc : le maïs blanc et le maïs rouge. Les indigènes
en font une grande consommation, sous forme de pain

(1) Certains agriculteurs s'occupent depuis quelque temps en France
de la culture d'un blé à végétation hâtive, le Manitoba. Dans les régions
où il aurait été employé, on a remarqué qu'il avait une précocité éton-
nante, en particulier sur nos côtes de la Méditerranée. Malgré des circonstances défavorables, il ne s'est écoulé que quatre-vingt-quinze
jours de la date de l'ensemencement à celle de la récolte, qui a commencé le dernier jour de juin. Il est possible, si cette espèce est
essayée au Maroc, qu'elle arrive à maturité avec une avance considérable sur les blés du pays.

et de galettes; l'exportation en est, par suite, peu
importante; au surplus, c'est un produit qui ne supporte pas de frets élevés, en raison de son bas prix (1).

Cette plante pourrait servir à de multiples usages
industriels : le savon de maïs, par exemple, qui rivalise
avec le savon de glycérine, et dans la composition des
vernis, son huile peut remplacer celle de coton. Enfin,
des tiges sèches de cette plante, on extrait de la cellulose, servant à la fabrication de certains vernis, des
poudres et explosifs, des papiers, etc. Cent kilogrammes
de tiges, sans feuilles ni épis, contiennent 30 kilogrammes environ de cellulose pure (2).

*
* *

Avoine. — La culture de l'avoine, comme celle du
blé tendre, est nouvelle au Maghreb, où cette céréale
s'accommode de tous les sols, argileux et pierreux, calcaires et sablonneux. En tirs de Chaouïa, elle atteint la
hauteur de 2 mètres; en terrain sec, elle donne un rendement supérieur à celui de l'orge et constitue une
excellente alimentation pour le bétail, surtout pour les
chevaux et les mulets; on doit donc souhaiter sa diffusion. Nous en avons rapporté de magnifiques échantillons prélevés aux Oulad Liane chez M. Bourote, aux
environs du camp Boucheron, aux Doukkala et au pied
du Grand-Atlas.

(1) La France importe chaque année des quantités considérables de
maïs pour la fabrication de l'alcool après saccharification de l'amidon
et la fermentation du résidu qui est sucré.

On peut aussi extraire de l'huile du grain, du sucre de la tige et une
fibre textile de la feuille.

La farine de maïs est une des plus riches en matières grasses que
fournissent les céréales; elle vient immédiatement après l'avoine et le
froment comme valeur nutritive.

(2) Le maïs fut importé en Espagne par Christophe Colomb en 1493.

***

Sorgho ou *bechna*. — Cette graminée, vulgairement appelée mil, qui tient ici une place assez importante dans les productions agricoles, demande des terrains de la nature du dahs; on la sème en mars-avril et la récolte se fait en septembre. Dans les campagnes, les indigènes l'utilisent pour la fabrication d'une sorte de pain, mais elle sert surtout à l'alimentation de la volaille. Le Gharb et le Sous sont les meilleures régions productrices de sorgho, dont on peut aussi retirer 15 ou 16 0/0 de sucre, donc de l'alcool par distillation. Cette grande herbe annuelle s'adapte aux climats les plus secs à condition que le sol soit meuble et profond; elle se cultive aussi comme plante fourragère et peut donner deux coupes; 25 kilos de semences sont nécessaires pour un hectare ensemencé à la volée.

***

Fèves. — Les fèves se plaisent dans les terrains bien arrosés (dahs), mais le rendement y est faible, par suite de la pauvreté du sol en acide phosphorique; de plus, elles sont sujettes à la maladie de la rouille. Elles offrent deux variétés : les fèves indigènes, petites, servant à la nourriture du bétail, et les fèves d'origine extra-marocaine, plus grandes que les précédentes et supérieures en qualité. Les plus renommées sont celles de la Chaouïa et des Doukkala.

Petits pois. — Deux sortes de petits pois se cultivent au Maroc : une espèce indigène bleutée, et une autre d'origine étrangère à teinte blanchâtre. Comme les fèves, ils se sèment en novembre et se récoltent au mois de mai. Une grande humidité leur est nécessaire et ils doivent être mis dans des endroits abrités des vents d'est. Il y aurait intérêt à introduire le petit pois de Bordeaux en sol similaire.

Pois chiches. — Ils s'accommodent mieux des terres fortes ou légèrement sablonneuses (Chaouïa, Doukkala). Leur culture, très rémunératrice, va de mars au mois d'août; on la fait alterner avec le blé, et comme les fèves, elle améliore le sol, en lui fournissant de l'azote. Particularité : les pois chiches résistent admirablement à la sécheresse, à l'exemple du sorgho.

Lentilles. — Ne sont guère répandues, mais viennent bien; la consommation en est insignifiante.

Pastèques, melons. — Les pastèques et les melons réussissent dans le dahs et les terrains sablonneux. Semés en avril-mai, ils se récoltent en juillet-août; on en fait un assez grand usage.

Cheflaka. — Cette plante appartient à la famille des papillonacées et ressemble aux petits pois, auxquels elle est souvent mélangée, mais dont elle se distingue cependant par une raie médiane et un goût prononcé différent.

Orobe (kersana). — C'est aussi une légumineuse papillonacée, qui doit être plutôt considérée comme un fourrage. On l'emploie à l'alimentation des bœufs de labour, soit mélangée au son, soit simplement séchée (grains et tiges). Elle constituerait un vermifuge pour les chevaux, mais c'est un poison violent pour les

porcs. Le grain est tacheté de jaune ou de gris foncé
et à un aspect irrégulier; on peut en extraire une matière
colorante bleue.

Kerfala. — Se cultive dans les pays de montagne, où
l'on en fait du pain et de la bouillie (beisara). C'est une
papillonacée aux grains plus gros que ceux du kersana.

Coriandre, cumin, carvi. — Les indigènes utilisent
surtout ces graines comme condiments pour la sauce
du couscouss (marga). On s'en sert aussi en Europe
pour la pâtisserie, la distillerie ou en guise d'assaison-
nement.

Pommes de terre. — La pomme de terre est peu répandue en raison de quelques déboires résultant des
brumes et gelées printanières. Le sahel, aux terres
sablonneuses, lui conviendrait fort bien, mais le climat
n'est pas des plus favorables; elle craint, au surplus,
les gelées de février et de mars. Cependant de nombreuses tentatives d'acclimatement faites depuis une
année sont en voie d'excellente réussite.

* *
*

Vigne. — La vigne est appelée à prendre une grande
extension et nous sommes au regret qu'une raison politique détourne le Protectorat de l'encourager, les plus
fortes importations provenant d'Espagne. Les indigènes
s'en occupent particulièrement au Zerhoum, dans la
banlieue de Rabat et à Marrakech, où des quartiers
entiers dans les souks sont abrités, ainsi qu'à Fez d'ailleurs, par des ceps séculaires.

Partout on en rencontre, surtout aux Doukkala et

chez les Chiadma, non pour faire du vin, que le musulman ne boit pas ou peu, mais pour manger les raisins
(généralement à gros grains noirs et à peau épaisse,
genre Frankental), soit frais, soit séchés à la mode de
Malaga : c'est un fruit dont les Marocains sont très
friands. En cas de maladie, sans manquer aux préceptes
du Coran, ils peuvent faire usage d'une espèce de vin
très capiteux, le samet, ou gelée de moût de raisin, qui
est fort alcoolisé. Les Juifs, par contre, boivent un produit qui ressemble aux mauvais vins cuits d'Espagne.

Aujourd'hui, la consommation par les Européens
résidant au Maroc est alimentée pour la plus grande
partie par l'Espagne (53 526 hectolitres en 1913) et la
France, le Midi presque exclusivement (27 644 hectolitres en 1913, d'une valeur de 2 653 565 francs) (1).

Les plantations de vigne se développent en Chaouïa,
où les terres légères du sahel se prêtent bien à la constitution des vignobles, et dans la plaine des Triffa
(Maroc Oriental). Il faut choisir des plants greffés et
non des plants directs pour obvier au phylloxera.

L'attention que les colons donnent malgré tout à cette
culture, en vue de la fabrication du vin, laisse supposer
que le Protectorat arrivera progressivement à produire
la quantité nécessaire aux besoins de la colonie européenne ; mais il n'apparaît pas, en ce moment du
moins, que ce pays puisse devenir à son tour exportateur, pour des raisons que la raison ne connaît pas.

*
* *

Cultures maraîchères. — On peut obtenir au Maghreb
tous les légumes de l'Europe méridionale, cependant la

_____

(1) Ces chiffres ne comprennent que la consommation dans le Protectorat français.

culture maraîchère, sauf aux environs des villes où elle
est pratiquée, non seulement pour les besoins de l'indigène mais aussi pour ceux de l'Européen, est fort peu
développée. Les jardiniers ne s'occupent guère que
des tomates, carottes, navets, quelques potirons, des
courges, des oignons blancs et rouges, et des arti-
chauts. Il y a, dans cette voie, pour les Français, toujours aux environs des centres et le long des oueds, un
moyen sérieux de gagner de l'argent avec un petit
pécule.

La préoccupation initiale de tout nouveau venu appelé
à se fixer au Maroc doit être la création d'un potager
destiné à lui fournir en abondance les légumes qui lui
seront indispensables. Il sera composé suivant des
principes rationnels : nos cultures d'Europe devront y
tenir, auprès des plantes du pays, une place dont l'importance sera proportionnée aux besoins de la maison,
ainsi qu'à ceux de la vente.

Nous conseillons de choisir deux emplacements : l'un
à une certaine altitude, doté d'une pente légère pour la
saison des pluies afin de favoriser l'écoulement et d'éviter les excès d'humidité ; ses plates-bandes seront aménagées en surface bombée, dans le but d'éviter les amas
d'eau. L'autre, établi en vue de la saison sèche, sera
organisé près d'un endroit où l'irrigation sera facile de
façon à donner aux plantes les arrosages nécessaires ; les
plates-bandes de ce dernier seront planes ou un peu
concaves, pour retenir les bassinages.

On préférera un sol de consistance moyenne, et le
jardinier prudent évitera la présence des grands arbres;
leur ombre et leurs racines nuisent à la croissance des
légumes qui les entourent et absorbent une partie des
engrais.

Quant aux espèces coloniales qui devront le compléter, on s'inspirera, pour les choisir, du climat où l'on opère ainsi que des besoins locaux.

En Algérie, la culture maraîchère est très florissante ; tous les produits de France y prospèrent, et le rendement de nos trois départements d'Afrique a passé 10 millions de francs en 1913. C'est sur le littoral, à proximité des services réguliers de bateaux, qu'elle s'exerce de préférence avec succès.

***

Arbres fruitiers. — L'arboriculture, jusqu'à ce jour, n'a fait l'objet d'aucun soin de la part des habitants en raison de l'apathie et de l'augmentation des impôts qui frappent chaque pied d'arbre, et pourraient devenir un danger si l'indigène continuait à couper le bois pour en faire du charbon, car le combustible est très rare, sinon impossible à trouver. Jusqu'au jour où les mines et les gisements présumés de pétrole auront été mis en exploitation, la situation se maintiendra telle, étant donné, entre autres causes, l'élévation du fret qui ne baissera pas d'ici plusieurs années eu égard aux circonstances actuelles et à leur répercussion.

Les vergers sont remplis par des figuiers plantés le long des oueds, qui grandissent sans soins ; l'olivier existe aussi à l'état sauvage. On trouve les autres arbres répartis à la périphérie des villes comme à Fez, Sefrou, Meknès, Marrakech, Oudjda. Autour de la capitale, les jardins forment une ceinture pittoresque magnifique, mais les fruits ont besoin d'une amélioration par le greffage et la sélection.

D'une façon générale, les procédés employés par les indigènes dans les cultures arbustives sont des plus primitifs. La taille est presque inconnue, malgré les professeurs envoyés d'Europe, et en tous cas, imparfaite, l'Arabe étant, par essence, distrait, insouciant et hostile à un mouvement qui n'est pas une habitude.

Parmi les beaux vergers, nous citerons : les magnifiques plantations de l'Aguedal et de la Menara, à Marrakech, que M. le colonel de Lamothe nous a fait visiter en détail ; celles de Fez, très remarquables ; de Sefrou, soignées par le glorieux commandant Wolf et le capitaine Reisser ; de Meknès et d'Oudjda, témoignant que l'arboriculture scientifiquement conduite trouverait dans notre Protectorat les conditions de réussite les plus favorables et serait susceptible d'un grand développement.

Autour des villes, la production agricole devient de plus en plus intense. Les jardins occupent aujourd'hui une superficie de 32 700 hectares environ. Ils ne cessent de s'étendre, au fur et à mesure que les canaux d'irrigation poussent plus au loin leurs ramifications. Ces frondaisons comprennent en majeure partie des oliviers et des figuiers, essences rustiques qui se contentent de n'importe quel terrain ; des agrumes, orangers, mandariniers et citronniers, exigeant des terres profondes argilo-calcaires et une abondante irrigation en été ; des grenadiers, noisetiers, pistachiers, pêchers, abricotiers, cognassiers, mûriers ; des caroubiers, dont les cosses sont données au bétail ; des amandiers que l'on rencontre plutôt dans le sud ; des néfliers, des pruniers, de rares pommiers et poiriers, des cerisiers, etc.

Nous dirons quelques mots des plus connus, qui sont d'un rapport important : l'olivier, l'amandier et le figuier.

L'olivier. — L'olivier (1), qui se place au premier rang des plantes oléifères en raison de son importance, est

(1) L'olive donne 14 à 29 0/0 de son poids en huile. Celle tirée des

très répandu au Maghreb où il pousse à l'état plus ou moins sauvage ; les peuplements en sont quelquefois si étendus et si denses, qu'ils donnent l'impression de véritables forêts. A cet égard, les régions les plus favorisées sont les environs de Fez et de Meknès, le massif du Zerhoum et la plaine de Marrakech. On le rencontre aussi chez les Abda, dans le Sous, dans les jardins qui entourent Oudjda. Aux Angad, vers le col du Guerbous, un colon, M. Perez, en a planté plus de 6 000 pieds.

Sa durée est illimitée ; l'arbre paie ses frais au bout de huit ans et est en plein rapport vers la quinzième année.

Il se plaît de préférence dans les pays à climat sec, mais à sol humide, c'est ce qui explique sa belle venue dans la région de Marrakech, caractérisée par l'abondance de ses eaux, sous un climat presque saharien ; il redoute les fonds argileux et imperméables. Sa plantation, favorisée par des conditions naturelles remarquables, semble appelée à un grand avenir, et des huileries perfectionnées se montent un peu partout depuis trois ans. Les indigènes ne savent pas encore lui donner les soins nécessaires ; c'est ainsi que les vastes oliveraies du Maroc Septentrional, ravagées par la fumagine, paraissent vouées à un dépérissement général, si la Direction de l'Agriculture ne prend d'urgence les mesures utiles, telles que taille, pulvérisation, chaulages, etc. La lutte contre cette maladie a déjà été entreprise dans les massifs d'oliviers de la banlieue de Meknès, et il est à présumer que l'application des traitements appropriés, qui va être poursuivie dans les

---

olives mûres, écrasées au moulin, s'appelle *huile vierge* et on nomme *huile ordinaire* le produit de la pâte de grignons mélangée d'eau bouillante et soumise à la presse. Les huiles d'Afrique sont plus riches en margarine que celles d'Europe.

peuplements domaniaux ou habous, aura pour conséquence de revivifier les oliveraies, en incitant les
autochtones à adopter des méthodes d'arboriculture
dont l'excellence leur aura été démontrée par des résultats tangibles; ce sont les seuls enseignements expéri-
mentaux qui comptent.

Les Marocains font une grande consommation d'olives
vertes comme aliment; quant à la fabrication de l'huile,
elle laisse à désirer, en raison de la conservation trop
longue des fruits avant le traitement. La qualité inférieure tient, en outre, à un défaut d'outillage résultant de moyens primitifs, les mêmes qu'à Pompéi,
où nous avons vu dans des fouilles récentes des moulins semblables à ceux qui fonctionnent ici.

Toutefois, il importe d'y remédier en vue de l'exportation, bien qu'actuellement celle-ci soit insignifiante
par rapport à la superficie des oliveraies exploitables. Il
y a pour l'huile marocaine des débouchés tout indiqués
en France et en Algérie où la production est insuffisante eu égard à la demande. Les huileries seront dans
l'avenir une source de richesse pour de nombreuses
contrées du Maroc; certains chérifs et grands caïds l'ont
déjà compris, et nous avons assisté chez l'un d'eux, au
sud de Marrakech, au montage d'appareils perfectionnés, dans un vaste bâtiment construit pour cet usage
d'après les données les plus modernes.

Amandiers. — Le Protectorat a exporté, en 1913,
3 797 tonnes d'amandes, c'est dire l'intérêt que présente cette culture notamment dans les Chiadma-
llaha; chez ces derniers, la proportion d'amandes
amères, par rapport aux amandes douces, est de beaucoup plus forte que dans la région de Marrakech. La

vallée du Sous est appelée, dans quelques années, à fournir un appoint considérable à cette production.

Le figuier. — Le figuier, dont le fruit constitue avec la datte une des bases principales de l'alimentation indigène, a une importance pour le marché français, qui en absorbe une grande quantité, dont la moitié de provenance algérienne.

C'est un arbre qui atteint une dizaine de mètres, mais dont on ne peut tirer de produits convenables dans les climats trop chauds et humides, car il vit même très au nord jusque sur les frontières de notre Normandie. Dans le midi, il donne annuellement deux récoltes et alimente en Espagne, au Maroc et en Algérie l'industrie de la figue sèche obtenue par la simple exposition du fruit au soleil; le moyen des fours à dessiccation est beaucoup moins estimé. Le Maghreb voit croître, dans ses vergers, une quantité innombrable de ces urticacées qui poussent même à l'état sauvage, et sont susceptibles de fournir un appoint économique quand ils seront greffés.

§ 3 Cultures industrielles et fourragères.

Lin. — Le lin se cultive dans les terrains qui d'ordinaire sont ensemencés en blé et en orge; il épuise tellement la terre, qu'il faut rendre à cette dernière sa fertilité par des engrais convenables. On le rencontre en grande quantité dans la Chaouïa, chez les Doukkala et les Abda, et on l'exploite, non pour ses fibres, dont le rouissage exige beaucoup d'eau, mais pour ses graines qui sont exportées en totalité, et dont on tire une huile couramment employée par l'industrie. La graine de lin procure des bénéfices appréciables, elle se vend de 38 à 40 francs les 100 kilogrammes.

Cette plante se sème en janvier et se récolte en mai. En 1915, la production en a été plutôt faible, les indigènes ayant ensemencé leurs terres en céréales, par suite des besoins spéciaux de la métropole et des prix rémunérateurs qui en ont été la conséquence.

Chanvre (kanneb). — On le trouve dans les sols marécageux et dans l'intérieur, particulièrement chez les Mesfioua.

* *
*

Coton. — Pratiquée jadis au Maghreb sur de vastes espaces, ainsi qu'en font foi divers écrits anciens, la culture du cotonnier a décliné très vite au cours du dernier siècle, au point de presque disparaître, la concurrence des cotonnades importées, en particulier par les Anglais, lui ayant été fatale; seuls quelques pays, surtout dans la région du Gharb et de Marrakech, ont persévéré pour satisfaire les besoins familiaux.

Le commandant Toulat, du cercle du Gharb à Arbaoua, a rencontré des champs de coton dans le Sarsar, entre El-Ksar et Ouezzan, et au pied du Haut-Atlas, près de Tazert; le pacha de Marrakech, El Hadj Thami Glaoui, nous a fait visiter ses intéressantes plantations.

Puisque nous parlons de ce personnage, ne faudrait-il pas observer que les grands caïds du Sud, les Glaoua, le M'Tougui, le Goundafi et autres sont les plus gros propriétaires terriens du Maghreb, et ne demanderaient pas mieux que de seconder nos efforts dans cette voie? Ce sont des esprits ouverts, fort avertis, désireux d'accroître le rendement de leurs domaines. Il y aurait lieu de les pousser vers cette culture complémentaire, qui

nous permettra de nous libérer de notre servitude vis-
à-vis de l'étranger, et de contribuer ainsi à la richesse
du Maroc et à la prospérité de la France en soutenant
efficacement son change.

On retrouve encore le coton à l'état sauvage, en
particulier aux environs de Meknès et dans le Maroc
Oriental.

Comme l'Algérie, la Tunisie et l'Égypte, notre Protectorat se prête donc à cette utilisation; son climat
plus régulier et l'abondance relative des eaux lui
donnent, à ce point de vue, une réelle supériorité sur
nos colonies de l'Afrique du Nord, et même sur la terre
des Pharaons, comme les Anglais le reconnaissent.

Le cotonnier exige un sol toujours humide, condition qui se trouve remplie dans le Gharb, et davantage
dans la région du Sebou, limoneuse et fertile. Dans les
hautes vallées et les plaines arrosées par l'Oum-er-
Rebia, le Tensift, le Sous et même la Moulouya, l'irrigation serait aussi facile à effectuer.

Des essais ont été faits ces dernières années dans
diverses contrées; ceux effectués en 1913, par M. Bois-
set, à Souk-el-Arba du Gharb, ont fourni des résultats
positifs; la variété expérimentée était le « mississipi ».

Il en est de même dans le Maroc Oriental et près de
la région d'Oudjda. Le coton récolté dans la plaine des
Triffa par un habitant de Berkane appartient à l'espèce
« sakellaridis »; la fibre en est d'une qualité remarquable.

Les tentatives auxquelles il a été procédé en 1913
dans les jardins de Casablanca et chez les Oulad Saïd
ont été heureuses et les produits, soumis à un expert,
trouvés « plus résistants et plus fins que la plupart de
ceux d'Égypte et de Géorgie ».

Enfin, depuis 1914, des expériences officielles se

16

poursuivent dans les régions de Marrakech, de Casablanca, de Rabat (Gharb, Beni Ahsen, Cherarda), de Meknès et dans celle de Fez. Elles ont donné lieu, la première année, aux constatations suivantes :

Dans l'hinterland du Sebou, la réussite paraît possible en terre sèche, lorsque le sous-sol est frais; trois binages au moins sont nécessaires. La variété qui réussit le mieux est le « nubari ».

Les deux cueillettes faites dans la région de Fez ont donné un rapport total de 1 050 kilogrammes à l'hectare « d'un coton fin et nerveux, longue soie 32/34 millimètres ».

Dans leur ensemble, les essais ont été plus ou moins affectés par le gel.

La conclusion pratique qui se dégage de cette expérimentation est qu'il faut s'attacher à obtenir plus de précocité dans la végétation, de manière à éviter les froids de la fin de décembre. On craint, en général, l'abaissement de la température cause de déboires fréquents.

Autour de Marrakech, il convient, pour cette raison, de ne point semer avant le 15 avril et de ne pas exagérer l'arrosage. Les résultats ont été les suivants pour les cinq espèces cultivées :

	Rendement à l'hectare.	Valeur par 50 kilog. (1).
Abassi....................	780 kilog.	80 francs.
Yansvitch...,.....:......	780 —	92 —
Mitafifi..................	1 040 —	63 —
Nubari...................	1 060 —	86
Sakellaridis....:..........	945 —	101 —

(1) Au moment de mettre sous presse, une des personnalités les plus averties en matière cotonnière, M. MANGIN, nous informe que les prix ci-dessus ont triplé (1917).

Le coton de filature le plus usuellement travaillé vaut 320 francs les 50 kilogrammes. Il ne serait pas étonnant de le voir monter à 450 francs comme au temps de la guerre de Sécession.

A Sidi-Ali et Azemmour, sur l'Oum-er-Rebia, une
variété nouvelle, importée de Porto-Rico, a fourni
du très beau coton blanc brillant, à soie longue, fine et
nerveuse, qui s'est vendu plus cher que les qualités ci-
dessus.

En 1915, les cultures de coton furent en grande
partie détruites par les sauterelles et les criquets. En
1916 (mois de mai), les acridiens ont déjà commencé
leurs ravages ; malgré cela, la récolte s'annonce suffisante.

Le jardin d'essais de Rabat a cependant pu poursuivre
ses expérimentations au cours de cette même année,
mais elles ne valent que pour la nature des terrains où
elles sont faites ; il importe de le souligner. Par ailleurs,
il a été établi qu'avant le 1er avril beaucoup de graines
ne germaient pas, par suite de la basse température du
sol et de son excessive humidité.

Les sauterelles ayant dévoré les plants provenant des
semis du 12 avril, on a recommencé le 12 mai, donc un
peu tard. Le tableau ci-après en indique les rendements :

Variétés	Rendement à l'hect.
Abassi	1 000 kilog.
Mitafifi	300 —
Nubari	1 400 —
Yansvitch	400 —
Porto-Rico	1 000 —

Au point de vue de la végétation, ces tentatives ont
démontré que, dans cette région, il y a intérêt à hâter
la précocité de la cueillette par des semis dans la première quinzaine d'avril, et par l'usage des plantations
serrées, afin d'éviter les gelées de décembre.

En 1916, les demandes de semences de cotonnier se
sont élevées à 818 kilogrammes contre 246 en 1915 et

622 en 1914. Les expériences portaient sur 45 hectares répartis dans la région de Marrakech, dans celles du Gharb et de Fez.

Bien qu'ils aient été entravés par diverses circonstances, parmi lesquelles un peu d'inexpérience, ces résultats prouvent que la culture du cotonnier est susceptible de s'acclimater et de se développer au Maroc, malgré une controverse trop intéressée pour être intéressante.

Quand la technique spéciale à cette plante vivace aura été précisée et qu'on aura ainsi passé la période des tâtonnements, ce qui ne saurait tarder, il importera de favoriser par tous les moyens au pouvoir du Protectorat une culture industrielle qui réunira le triple avantage de procurer un revenu élevé aux agriculteurs du Maroc, de ne pas concurrencer la métropole et d'ouvrir à celle-ci un marché nouveau qui, dans une certaine mesure, pourra la libérer de la dépendance étroite où elle se trouve vis-à-vis des pays étrangers producteurs. Enfin, point de vue qui n'est pas à négliger, le cotonnier doit être envisagé en tant qu'espèce oléifère, produit accessoire qui a son importance. On extrait, en effet, des graines une huile blanche qui s'emploie aux usages alimentaires et à la savonnerie. L'Égypte et les États-Unis en exportent des quantités considérables tant en Angleterre qu'en France; en 1915, nous avons importé 15 154 tonnes d'huile de coton. Les fibres courtes, connues dans le commerce sous le nom de *linters* (poils), et les déchets, servent à la fabrication des explosifs.

Fenugrec ou houlba. — Le fenugrec pousse dans les terres bien arrosées, et surtout dans le dahs. On le mélange à l'orge destinée aux chevaux; il convient aussi à l'engraissement d'autres animaux, mais il communique à leur chair un goût désagréable. C'est en somme un fourrage médiocre peu recherché pour le bétail.

Le fenugrec est surtout cultivé pour l'exportation, qui, en 1913, a atteint 11 270 quintaux. L'industrie européenne extrait de la graine une huile utilisée par les vétérinaires et les fabricants de tissus.

Il se sème en octobre et se récolte en mai-juin. La Chaouïa, les Doukkala et les Abda en sont les grands producteurs.

Safran. — Le safran est cantonné dans la région de Marrakech, le Sous et les environs de Fez, de Sefrou et de Meknès. C'est le *crocus stativus* de Linné, jadis très répandu en France.

Henné. — Le henné se rencontre surtout dans les Doukkala, où il a pris une réelle extension ; ailleurs, il s'est localisé dans les vergers. Cette plante est assez peu difficile sur le choix du terrain, pourvu qu'elle soit bien arrosée ; elle donne jusqu'à trois récoltes, mais il nous paraît opportun de ne point l'imposer par trop, si l'on ne veut pas que le marché s'en ressente.

Les Marocaines fabriquent avec ses feuilles une teinture qu'elles s'appliquent aux mains, aux ongles de pieds et sur les cheveux ; il n'y a pas qu'elles d'ailleurs qui s'en servent pour ce dernier usage, de « très magnifiques » Parisiennes et « moult autres belles personnes » les imitent ; certaines dames en train de vieillir font de la restauration...

Le henné, qui appartient à la famille des lythrariées, est un petit arbuste d'autant plus susceptible de développement agricole, que sa production ne suffit pas à la consommation intérieure ; en 1913, il en a été im-

porté par les ports marocains 48 996 kilogrammes. Son
principal entrepôt est à Marrakech.

Kif (chanvre indien). — Il exige des terrains secs ; les
indigènes mélangent les feuilles et les graines de kif avec
le tabac à fumer. Sous de multiples rapports, ce n'est pas
une culture à encourager.

Alpiste. — L'alpiste fournit un certain appoint à l'exportation (1606 quintaux en 1913 pour la zone française).
Sans parler de son emploi pour la nourriture des oiseaux
en cage, l'industrie européenne en extrait une huile
destinée à l'apprêt des tissus fins et que l'Angleterre
applique de plus en plus dans ce but. C'est de ce côté
qu'un certain avenir se précise.

* * *

Betterave. — Nous ne parlerons que d'une façon sommaire de la betterave. L'étude raisonnée de sa culture
et de ses usages exigerait à elle seule plusieurs volumes pour traiter à fond cette question, dont la réalisation immédiate présente un intérêt de premier ordre
pour le Protectorat, et assurera à ceux qui l'entrepren-
dront des résultats peut-être magnifiques.

De multiples essais de plantation tentés, en particulier
dans les Chaouïa et le Maroc Oriental, surtout pour la
betterave sucrière, prouvent que cette plante pourra
facilement s'acclimater.

Vers la zone atlantique, où le climat est humide,
elle paraît devoir s'accommoder de terrains argileux,
et même des terres légères du sahel.

Dans la région de Berkane et d'Aïn-Regada, la betterave géante de Vauriac, la jaune ovoïde des Barres et la

rose demi-sucrière ont donné des résultats encoura-
geants; cette dernière espèce semble préférée.

La betterave fourragère est à recommander aux
agriculteurs pour les réserves d'été que l'on peut constituer, sous un petit volume, et qui fournissent au
bétail un aliment de première qualité.

Enfin, l'indigène consomme dans son thé beaucoup
de sucre et une entreprise sucrière pourrait être appelée à un grand avenir, si elle était montée par des
compétences et avec des capitaux suffisants.

*
* *

Ricin. — Plante oléifère, originaire de l'Afrique tro-
picale, cette euphorbiacée s'est répandue aujourd'hui
dans tous les pays chauds, où ses tiges peuvent atteindre
cinq ou six mètres de hauteur. Le fruit contient des
graines luisantes, généralement brunes avec des mar-
brures; l'amande est blanche et produit une huile d'une
utilisation générale pour la savonnerie, le graissage des
machines, l'éclairage et la médecine. Elle a l'avantage
de ne pas rancir, de se congeler difficilement et de garder
à de hautes températures sa puissance lubréfiante.

On la cultive dans les sols légers, irrigués ou alluvionnaires, car sa croissance demande beaucoup de chaleur
et d'humidité et nous conseillons aux colons de ne pas
la négliger. En dehors de sa valeur industrielle, elle
constitue un assez bon fourrage ayant une influence
tout à fait favorable sur la lactation des vaches; cependant, le tourteau ne doit jamais être donné au bétail
en raison de son action sur le tube digestif; il forme
un excellent engrais, que l'agriculture commence à
connaître.

Enfin, un ver à soie spécial, très apprécié, l'attacus

ricini, donnant une soie de qualité supérieure, se nourrit des feuilles du ricin.

Les pays producteurs sont : la Chine, la Turquie d'Asie, l'Inde, l'Égypte, la Cochinchine, le Tonkin et les États-Unis.

Mûrier. — Le mûrier a repris en 1914 une importance toute particulière au Maroc en raison de l'essor donné par le Protectorat à l'exploitation du ver à soie. Les plantations actuellement en plein rapport sont celles des régions du Meknès, de Fez, de Sefrou et du territoire des Mesfioua (1).

*
* *

Cultures florales, plantes à essences ou à parfums. — Autant que beaucoup d'autres, la question des parfums et de leur production intéresse nos colonies et en particulier le Protectorat, malgré l'apparition des produits synthétiques d'origine minérale tels que le terpinéol, rhodinol, vanilline, héliotropine, etc., que les laboratoires de chimie, en majorité allemands, livrent dans des conditions réelles de bon marché. Cela n'empêche pas, en effet, la région de Nice, Menton, Cannes, Grasse et une partie de la Riviera italienne de pratiquer

---

(1) Ce sont les Chinois qui passent pour avoir connu les premiers le précieux textile qu'est la soie.

Alexandre le Grand l'apporta aux Grecs qui, à leur tour, la firent connaître à l'Italie sous le pape Anastase.

Les moines grecs, probablement les prédécesseurs de ceux qui habitent actuellement le mont Athos, auraient transporté les premiers vers à soie à Byzance, sous le règne de Justinien.

Nous n'avons pu trouver la date exacte à laquelle cette industrie est née en France. Nous constatons seulement qu'elle fut protégée par Louis XI, et que sous le règne de François Ier les premières fabriques furent fondées à Lyon.

en grand la culture industrielle des fleurs qui, en général, demande des sols profonds, légers, très perméables
et surtout abrités des vents froids. L'Algérie s'est, d'ailleurs, spécialisée dans la fabrication de nombreuses
essences et en tire un revenu assez rémunérateur, qui
augmentera dans des proportions certaines quand cette
industrie coloniale sera protégée, comme il convient,
contre la concurrence étrangère, en particulier celle de
l'Espagne et de l'Orient.

Nous attirons l'attention des agriculteurs sur le géra-
nium-rosa, la lavande, la menthe, le jasmin, certaines
roses spéciales à parfum, la violette, les tubéreuses, la
verveine, la cassie, le patchouli, la citronnelle et l'euca-
lyptus, de préférence l'espèce « globulus » à laquelle
l'Algérie doit une partie de sa salubrité. Cet arbre à
pousse très rapide est introduit partout en Provence et
dans nos colonies. Un sujet de dix ans peut atteindre
vingt-deux mètres de hauteur et les effluves de son
feuillage se répandent au loin ; la distillation des feuilles
permet d'en tirer une essence à odeur caractéristique et
légèrement camphrée.

*
* *

Gommiers. — La végétation spontanée du Sud Marocain (Chiadma, Haha, Sous) fournit à l'industrie européenne d'assez importantes quantités de gommes de
diverses espèces. On sait que certaines d'entre elles
sont plus ou moins solubles dans l'eau et insolubles
dans les éthers, essences, alcools. Les résines qui s'en
rapprochent paraissent insolubles dans l'eau ; elles le
deviennent plus ou moins dans l'alcool, l'essence de
térébenthine, l'éther, etc... Les substances appelées
« gommes résines » participent aux propriétés individuelles des gommes et des résines.

En Égypte on se servait déjà, dix-sept siècles avant
l'ère chrétienne, de la gomme arabique pour la fabrication des couleurs. L'arbrisseau qui la sécrète serait originaire de ce pays et se développerait également dans
une grande partie de l'Afrique, ainsi que dans l'Arabie
et dans l'Inde.

On trouve en outre au Maghreb la gomme ammoniaque extraite d'une ombellifère, la « dorena ammo-
niacum », qui entre dans la composition du diachylon,
la gomme d'euphorbe utilisée en médecine vétérinaire
et enfin la sandaraque.

Cette dernière est une résine produite par un coni-
fère et qui exsude du tronc par une entaille semblable à
celle usitée pour l'exploitation des autres résines ; c'est
le procédé dit du « gemmage ». Il y a, d'ailleurs, de très
nombreuses espèces d'arbres qui donnent de la résine
par incision. L'industrie des vernis les recherche, ainsi
que les copals durs extraits d'un grand arbre de la
famille des légumineuses qui se rencontre sur la côte
orientale d'Afrique. Les copals tendres, originaires de
l'Extrême-Orient et dont la Nouvelle-Calédonie possède trois espèces intéressantes, pourraient être cultivés, pensons-nous, au Protectorat dans des conditions
rémunératrices.

* *

Alfa. — Un autre produit naturel du sol d'une importance considérable est l'alfa, grande herbe vivace atteignant jusqu'à un mètre de haut et dont les rhizomes
forment des souches compactes. Ses nombreuses fibres
résistantes lui assurent, non seulement des usages
industriels très variés, mais un emploi qui deviendra
chaque jour plus important dans la fabrication des
papiers de luxe, soit qu'on travaille les fibres seules,

ou mélangées à une trame solide provenant d'un autre textile. Le papier d'alfa est d'une excessive pureté; souple, résistant, soyeux, transparent, il apparaît, à poids égal, plus épais que tout autre et prend admirablement l'impression.

Moins répandu au Maroc qu'en Algérie ou en Tunisie, l'alfa, repaire préféré des vipères à cornes, occupe cependant de très vastes espaces chez les Chiadma, les Haha, dans le Dahra au Maroc Oriental, où sa pulpe sert de nourriture aux bestiaux.

Les terrains où il pousse sont les contrées sèches et la zone des steppes dont il est la plante caractéristique; on le trouve sur les mamelons, dans les parties pauvres et rocailleuses, mais jamais dans les fonds argileux ou humides, ni dans les régions où les pluies dépassent annuellement 500 millimètres.

La France ne reçoit qu'une très faible portion des exportations d'alfa faites d'Algérie, de Tunisie ou du Maroc, car la production est prise presque entièrement par l'Angleterre et l'Écosse, ce qui nous permet de constater une fois de plus cette anomalie notoire, à savoir que la métropole, grand pays de fabrication de papier, en achète à l'étranger pour des sommes qui varient entre 10 et 20 millions de francs. Les procédés de préparation sont cependant connus et ceux perfectionnés qu'étudie un de nos distingués chimistes, M. Paul Kestner, permettront, il faut l'espérer, de tirer de cette source de richesse tout ce qu'elle nous promet (1).

_____

(1) Depuis de très nombreuses années, la papeterie utilise des essences forestières comme matières premières indispensables.

L'emploi du bois n'est pas nouveau dans cette industrie, car les Chinois et les Japonais exploitent depuis longtemps une espèce de bambou pour cet usage, et, bien avant eux, les Égyptiens cultivaient sur les bords du Nil le Cyperus papyrus.

Aujourd'hui, à défaut des chiffons et déchets de tissus, nous avons

*
* *

Fourrages. — On rencontre peu de prairies naturelles et elles sont de faible étendue, ainsi que les
prairies artificielles, l'Arabe n'ayant attaché jusqu'à ce
jour aucune importance au fourrage coupé, soit à maturité, soit en vert. Seules, les parcelles de terrains
abandonnés situés dans les fonds ou les cuvettes donnent des herbages en quantité appréciable pour les chevaux, les mulets, les bœufs et vaches de labour. Cette
végétation ressemble beaucoup, en dehors de la zone
saharienne, à celle du bassin méditerranéen (1).

Voici comment elle se comporte : la prairie pousse
pendant la saison pluvieuse, donc en hiver, et disparaît
au moment des chaleurs, si le sol n'est pas assez humidifié. Au printemps, ceux qui se trouvent à proximité
de l'Atlas envoient leurs troupeaux dans les zones
montagneuses et les régions boisées où les pâturages
sont abondants.

Les herbages qui ne sont pas pâturés meurent sur
place et sont perdus; cependant ces foins naturels fauchés et séchés constitueraient d'utiles réserves; il est
à souhaiter que l'exemple donné à ce sujet par plusieurs colons soit bientôt suivi des indigènes.

dû réduire en pâte les pins, trembles, épicéas et bouleaux de l'Amérique du Nord et de l'Europe septentrionale. La matière première
tendant à se raréfier, il n'est peut-être pas inutile de dire que nos
colonies et protectorats peuvent fournir dans ce but, en dehors de
l'alfa, d'autres plantes arborescentes ou herbacées telles que l'herbe
à paillote, et de nombreuses espèces de bambous qui s'acclimateraient
facilement dans le Sud Marocain.

Dès que l'état de pacification le permettra, les forêts de l'Atlas
donneront aussi sous ce rapport un rendement fructueux.

(1) Une mention spéciale doit être réservée à une espèce de sainfoin, le soulla, plante ligneuse poussant dans des terrains ravinés
et qui est excellente pour l'alimentation du bétail.

Nous devons aussi encourager la culture des fourrages artificiels, de la luzerne de préférence; elle est d'abord très rémunératrice, elle permet ensuite un élevage plus rationnel de nature à améliorer le cheptel. La luzerne n'est pas, au surplus, inconnue au Protectorat; on en rencontre de petits carrés le long des oueds et surtout dans le Sous, Des colons, en Chaouïa, s'en occupent et obtiennent des rendements splendides.

La direction de l'Agriculture fait procéder à une étude, en vue de déterminer les variétés spontanées de luzernes, de trèfles, etc. qui seront l'objet d'essais, avec irrigation ou même en terre sèche.

* *
*

Au cours de l'exposé des diverses cultures, nous avons vu que certaines plantes se sèment d'octobre à janvier et se récoltent en mai-juin, tandis que pour d'autres les semailles ont lieu de février à mai et les récoltes en août-septembre.

Les indigènes désignent la première catégorie sous le nom de bekri, ou précoce, et la deuxième sous le vocable de mazouzi, ou tardive; on peut les faire alterner.

Parmi les cultures bekri, dont les semailles ont ainsi lieu en octobre, on comprend : l'orge, le blé dur, les fèves, les petits pois, l'alpiste, l'orobe, le fenugrec, le henné, le kif, le lin, etc. Aux cultures mazouzi, dont les semailles se font au printemps, se rattachent le sorgho, le maïs, les pastèques et les melons, les pois chiches, le kerfala, les haricots, etc.

II. L'EXPLOITATION DES TERRES

§ 1. Méthodes de cultures indigènes.

Les méthodes agricoles employées par les Arabes sont des plus primitives. La charrue en bois, peu puissante et légère, dont ils se servent, ne fait que gratter le sol à 5 ou 6 centimètres, encore faut-il que ce dernier soit détrempé par les pluies. Ils sèment d'habitude le grain très clair, même dans les endroits bien arrosés; un autre labour aussi superficiel que le premier tient lieu de hersage.

Sauf dans la région de Féz, la fumure, telle que nous la concevons, ne se pratique que dans les jardins potagers et dans quelques terres de grande culture. De même le binage, effectué à l'aide d'un instrument très court (gadann), est réservé aux maraîchers, rarement aux champs si ce n'est pour le semis des fèves, pois, etc. Les terrains emblavés sont par exception assez bien sarclés.

L'assolement le plus employé consiste à faire alterner le blé ou l'orge avec le maïs, le sorgho ou une légumineuse. Les parties les moins fertiles sont laissées en jachère un an ou deux, mais toutes les fois qu'il le peut, le laboureur pratique de préférence la culture extensive; il choisit chaque année un champ nouveau, et ne revient à celui précédemment en rapport qu'après avoir fait, pour ainsi dire, son tour d'horizon.

La moisson du blé et de l'orge s'opère à l'aide de la faucille, parfois même d'un simple couteau, car la faux est inconnue du Marocain. Étalés ensuite sur des aires,

les épis sont piétinés par des animaux pour le dépi-
quage, qui est suivi d'un vannage, consistant à jeter le
grain en l'air avec une pelle pour permettre au vent
d'emporter la balle.

D'ailleurs, les indigènes laissent là paille sur place,
longue de 25 à 40 centimètres, au lieu de la couper au
ras du sol; les récoltes enlevées, les champs servent
de pâture aux troupeaux, qui se nourrissent de ces
chaumes abandonnés. Aux premières pluies, un labour enfouit ceux qui restent, les transformant ainsi
en engrais.

§ 2. Mise en valeur agricole du sol marocain.

Nos devoirs et nos droits nous obligent à modifier
des procédés de culture rudimentaires qui ne sont pas
compatibles avec une exploitation intensive devenue
indispensable. Jusqu'à ces dernières années, la plupart des tribus nomades ou demi-nomades limitaient la
production agricole aux besoins locaux immédiats, le
manque absolu de sécurité ne permettant pas de tabler
sur le lendemain.

Avec la pénétration française, le calme et la confiance
sont nés et de nouvelles méthodes se sont fait jour, du
moins dans la zone soumise à notre action, qui se transforme et s'adapte aux exigences modernes.

*
* *

1° *Régime de la propriété.* — L'une des conditions premières de la colonisation agricole consistait à fixer le
régime de la propriété foncière qui, dans ce pays, était
des plus incertains.

Cette œuvre, menée avec une rare compétence et
un juste souci des divers intérêts en cause, par M. de
Chavigny, directeur des Domaines, assisté de M. Fontana, docteur en droit, a déjà permis de reconstituer
une foule de biens domaniaux Maghzen, qu'une véritable dilapidation avait beaucoup amoindris, au cours
de la période troublée qui avait précédé notre Protectorat.

Nous avons déjà indiqué dans un précédent chapitre
ses modes d'établissement et de transmission (1). Il
nous reste à signaler le système adopté pour mettre
en valeur les terres faisant partie du domaine public,
des habous, et intensifier la colonisation.

Au fur et à mesure que la situation juridique des
biens domaniaux est définitivement réglée, la direction de l'Agriculture choisit les terrains qui, par leur
nature ou leur emplacement, se prêtent le mieux à
une exploitation ; elle les partage en un certain nombre
de lots mis à la disposition des colons sous réserves
destinées à assurer la mise en valeur réelle des parcelles ainsi concédées. La plupart sont vendus ou loués
aux habitants sans distinction.

Il existe, d'un autre côté, au Maghreb, une catégorie
de propriétés inaliénables appartenant à la communauté
religieuse musulmane, et qu'on désigne sous le nom de
habous ; un dahir du 6 septembre 1913 en a autorisé
la location par la voie des enchères publiques.

En ce qui concerne les terrains non bâtis, les baux
sont consentis pour une période soit d'un an, soit de dix
ans. Dans ce dernier cas, ils peuvent être renouvelés
deux fois si l'attributaire du lot a effectué certaines
améliorations augmentant la valeur du domaine, tels

(1) Voir chapitre II, « la Propriété ».

que construction de bâtiments, puits, canalisation d'arrosage, plantations d'arbres, etc., ayant nécessité des dépenses égales au montant de cinq années de loyer. Chaque fois qu'un bail est renouvelé dans ces conditions, l'administration majore d'un cinquième le prix de location.

Le but du Protectorat, en instituant ce régime, a été d'inciter les agriculteurs à entreprendre des travaux importants et durables, susceptibles de mettre le sol en plein rapport. La perspective d'exploiter les mêmes terres pendant vingt ou trente ans permet aux intéressés d'amortir rapidement les capitaux ainsi engagés et d'obtenir par la suite des bénéfices proportionnels à la plus-value.

Considérés au point de vue de la division superficielle et de la destination qui doit leur être donnée, ces ensembles de biens maghzen et habous se répartissent en quatre catégories : a) petite colonisation, — b) colonisation autour des gares, — c) colonisation moyenne, — d) grande colonisation.

a) Petite colonisation :

Elle a pour objet de développer la culture maraîchère aux environs des villes, pour subvenir aux besoins croissants des populations urbaines. C'est ainsi qu'à Kenitra, vingt-trois lots variant de 2 hect. 25 à 5 hect. 65, suivant leur situation, seront loués avec promesse de vente, qui devra intervenir dès que l'immatriculation aura été prononcée. Ils seront adjugés de préférence aux habitants français de ce centre justifiant de leur installation réelle.

A Sidi-Kacem (Poste de Petitjean), un lotissement du même genre, fort bien compris du reste, et voisin de la future gare, est en voie de réalisation; le capitaine Malinjoud s'en occupe avec un véritable zèle.

Dans la banlieue de Fez, onze lots, en moyenne de 3 hect. 50 chacun, sont offerts aux enchères publiques pour une période de six ans.

A Casablanca, un projet concernant des parcelles domaniales situées près de Bouskoura, en prévoit huit de 4 à 7 hectares à louer pour une durée de dix ans.

A Meknès, la question est à l'étude.

A Marrakech, le besoin de s'attacher à la culture maraîchère se fait moins sentir que dans les autres villes, par suite de l'existence de nombreux jardins dans la banlieue; quelques parties du domaine ont cependant été mises en adjudication. En outre, une ville européenne, le Guelliz, a été fondée hors des murs, au pied du rocher de ce nom où se trouve la citadelle; elle devra être entourée de tout ce qui doit pourvoir à ses besoins, et l'on verrait avec plaisir des vergers s'élever autour pour tempérer la situation assez chaude de cette nouvelle création.

b) Colonisation autour des gares :

Des lots, ne dépassant pas 20 hectares chacun, seront attribués autour des stations placées exprès loin des villes, dans l'intention de ne pas gêner leur développement paisible, leur caractère original et cela dès que le tracé des nouvelles voies ferrées sera définitivement arrêté.

M. l'ingénieur en chef Séjourné, du P.-L.-M., avec lequel nous avons eu le plaisir de rentrer en Europe, en achève l'étude qui demandera deux années (1).

Un lotissement est sur le point de sortir pour le centre de Sidi Yahia, entre Kenitra et Dar bel Hamri sur la

(1) Nous donnons page 175 une carte du projet actuel des chemins de fer, à laquelle le lecteur voudra bien se reporter.

ligne du chemin de fer militaire ; son importance économique est appelée à un véritable développement.

c) Colonisation moyenne :

A la direction de l'Agriculture on se préoccupe de constituer, pour la fin des hostilités, des domaines de 50 hectares, fixés par la suite à 100 et 150 hectares, surface minima à notre avis, en vue de la création de fermes se livrant à la culture générale, surtout celle des céréales, des plantes industrielles et à l'élevage du bétail. A cet effet, le service des Domaines poursuit, avec une activité à laquelle ne nous ont point habitués les administrations métropolitaines, l'épuration de la situation juridique des biens domaniaux. Ces lots, sis à proximité des voies de communication, seront vendus aussi bien aux Européens qu'aux indigènes ; les projets prévoient des facilités de payement ainsi que des clauses destinées à assurer l'installation personnelle du bénéficiaire et la mise en valeur immédiate des terrains.

d) Grande colonisation :

Enfin, le Protectorat aidera les sociétés foncières qui consentiront au morcellement de leurs propriétés en vue de former des fermes à culture directe.

Cette collaboration se traduira en particulier par la création de chemins de desserte et le développement de l'outillage public. La question de la grande colonisation soulève des problèmes que le Résident général suivra, à n'en point douter, avec un soin spécial. Exercée réellement, elle est une marche vers le progrès ; si les spéculateurs seuls s'en mêlent, cette concentration devient une arme à double tranchant et retardera la mise en valeur du territoire de notre magnifique colonie.

L'ensemble de ces mesures montre que le Gouvernement du Maroc a cherché à solutionner la question
des achats immobiliers au mieux des intérêts des Européens, sans nuire toutefois à ceux des indigènes. Les
projets du général Lyautey, sagement inspiré, prévoient, en effet, comme nous l'avons vu, que les uns aussi
bien que les autres peuvent se rendre acquéreurs de
certaines parcelles aliénées par le Maghzen.

D'autre part, en offrant aux habitants des terrains
appartenant au domaine public, avec des facilités de
payement et surtout des garanties de toutes sortes
quant à leur situation juridique, l'État défend les autochtones contre leur propre entraînement en leur
enlevant de nombreuses occasions de vendre leurs propriétés. Cette considération a son importance dans tout
pays qui s'ouvre à la civilisation : l'argent provenant de
la vente est souvent gaspillé, et les vendeurs, réduits
à l'indigence, sont obligés de louer leurs services pour
vivre honnêtement ou presque et de se livrer aux travaux mercenaires, pendant que le fusil sommeille dans
le sillon, car privés de leur petit bien, ils deviennent
vite des mécontents et enfin des révoltés.

Quant à l'instauration de la très grande propriété,
elle est difficile et ceux qui tenteront de l'acquérir devront rechercher la région la plus propice à leur entreprise. L'aménagement d'une exploitation agricole de
1 000 hectares exige 400 000 à 500 000 francs. Nous ne
donnons ces chiffres qu'après avoir vérifié des bilans
complets, établis par des colons dont la réussite est un
gage de la confiance qu'on peut accorder à leurs indications motivées.

Après la guerre, la belle plaine du Tadla sera accessible, espérons-le, ainsi que les terres situées à l'est
de Marrakech dans le territoire de Demnat. La con-

versation que nous avons eue à cet égard avec M. le
colonel de Certain nous laisse les plus grands espoirs.

Sous le bénéfice de ces remarques, nous pouvons
conclure que le Maroc réserve un avenir à ceux qui
voudront s'y installer et faire eux-mêmes de la colonisation agricole.

Pour l'instant, nous conseillons de se fixer dans les
régions pacifiées, pas trop loin de la côte (Gharb,
Meknès, Chaouïa, Doukkala, Abda) et sur le tracé des
routes et chemins de fer, de préférence dans le voisinage des gares, dont nous indiquons l'emplacement,
pour quelques-unes, au chapitre des « communications
et fleuves ».

*
* *

2° *Modalités de l'exploitation.* — *Association agricole.* —
Comme nous l'avons écrit dans nos « considérations générales », les Européens désireux de se fixer dans le Protectorat doivent faire d'abord, après un sérieux voyage
d'études, de l'association avec les indigènes, pour acheter ensuite des terrains et les exploiter eux-mêmes. Ces
collaborations datent, d'après les renseignements que
nous avons pu recueillir sur place, de 1907, époque où
elles auraient été pratiquées d'abord dans les Chaouïa.
Pendant notre séjour au camp du Boucheron, nous
avons visité, grâce à l'obligeance de M. le capitaine
Simonnet, une terre bien aménagée, d'un rendement
supérieur, et cultivée depuis quelques années dans ces
conditions.

Dès l'origine, cette méthode a donné des résultats
avantageux pour nos compatriotes, tout en leur demandant peu de peine et, depuis lors, le principe s'est
développé dans une partie du territoire soumis, même

près de l'Atlas, où des colons de Casablanca font valoir de grosses propriétés de moitié avec de grands caïds.

Comme corollaire, voici un type de contrat avec un indigène possédant une toute petite propriété : 15 hectares.

Si nous avons choisi à dessein cet exemple, c'est pour permettre à la masse des Français, à laquelle nous nous adressons, de trouver une application et un emploi de fonds modestes, mais suffisants, dont ils peuvent disposer.

Une exploitation, telle que nous l'envisageons, comporte quatre bœufs, soit au cours moyen actuel (mai 1916) environ 1 600 francs, qui resteront à l'Européen, après sa récolte. Il devra fournir, en outre, 7 hectolitres de blé, dont un de blé tendre, 8 hectolitres d'orge, un de lin et un d'alpiste.

De plus, il paiera 30 francs environ (au cours actuel de la peseta hassani), pour la moitié du sarclage et 100 francs pour la moitié des frais occasionnés par les moissonneurs.

Dans ces conditions, il aura droit à la moitié du revenu ; il est donc facile de tabler en quelques instants, d'après les prix moyens de l'année, sur le bénéfice réalisé en tenant compte des aléas.

3° *Main-d'œuvre.* — Les riches indigènes font valoir en général leurs domaines en faisant travailler leurs serviteurs, dont l'état rappelle assez celui des anciens serfs.

Par contre, les petits propriétaires opèrent eux-mêmes et ne s'adjoignent des aides qu'au moment des récoltes. Quant aux associés agricoles étrangers, leur collaboration se traduit en principe par des mises de fonds qui, à notre humble avis, devraient se compléter d'une surveillance périodique.

C'est l'Arabe qui s'occupe de recruter, s'il y a lieu, les ouvriers nécessaires à l'exploitation de la terre ou la garde des troupeaux. Les habitants sont très aptes aux travaux des champs; leur journée commence en hiver à 7 heures du matin pour finir à 4 heures du soir, avec une heure de repos. En été, elle va de 6 heures du matin à 5 heures du soir avec trois heures de repos. Les sarclages sont presque toujours effectués par des femmes dont les salaires sont infimes.

Les clauses du contrat de louage varient selon qu'il s'agit d'un étranger employant un indigène, ou d'un de ceux-ci s'adjoignant un de ses coreligionnaires; dans ce dernier cas, le salaire est inférieur à celui exigé du roumi, du moins à l'époque des moissons. L'usage veut que le journalier reçoive la nourriture en plus du prix convenu.

Jusqu'en 1912, les colons cultivant eux-mêmes leurs biens recrutaient sans peine la main-d'œuvre, soit sur place, soit dans les tribus voisines.

Pour se constituer un petit pécule, le Marocain n'hésitait pas à effectuer de longs trajets; c'est ainsi que dans l'Oranie, au moment de la moisson, affluaient plus de 30 000 ouvriers musulmans, dont plusieurs, venus de la région du Sous, avaient traversé à pied tout le pays.

En 1910, les salaires variaient, dans la Chaouïa, entre 0 fr. 50 et 1 fr. 25 pour les journaliers; entre 1 fr. 25 et 2 francs pour les moissonneurs à qui on remettait, en plus, du blé et de l'orge ou des fèves. En 1912, la cherté des vivres et l'augmentation de la demande ont fait monter le taux. Le journalier européen recevait de 5 à 7 francs; l'indigène de 2 à 3 francs; un cultivateur était payé de 2 à 3 francs s'il était adulte et de 1 fr. 50 à 2 francs s'il n'était qu'adolescent. En 1916, en raison de la guerre qui raréfie les travailleurs, les prix, en certaines régions, ont presque doublé.

Remarquons que les jeunes Marocains de quinze à dix-huit ans se plient mieux que les adultes à nos procédés modernes de culture; les leçons de choses auxquelles ils prennent part influent sur leur esprit et contribuent à leur faire apprécier les avantages de nos méthodes.

D'ailleurs, depuis l'occupation française, la main-d'œuvre n'a cessé de renchérir dans des proportions sensibles; cela tient à ce que les indigènes qui, jusqu'à présent, se livraient aux travaux des champs, se sont trouvés sollicités par les occupations les plus diverses : exécution de grandes entreprises d'intérêt général, exploitation des forêts domaniales, développement des transports. De plus, l'extension de la production intensive, en vue d'aider au ravitaillement de la métropole, n'a fait qu'aggraver la crise suivant le jeu normal de la loi de l'offre et de la demande; enfin beaucoup de musulmans se sont engagés et servent la France avec bravoure et loyauté.

La population indigène n'est pas aussi dense qu'on le supposait tout d'abord. Le Maroc, en définitive, est peu habité, prétend-on (environ 3 500 000 à 4 millions d'habitants pour la zone française) (1); le nombre des ouvriers disponibles est donc très restreint. De ce chiffre, il faut retrancher les tribus en *siba*, qui, natu-

(1) La question est tellement controversée et les bases d'appréciation si incertaines, que nous devons nous contenter de citer des chiffres sans émettre la moindre opinion. Un de nos chefs militaires les plus estimés et qui commande depuis longtemps au Maghreb estime sa population totale à 7 000 000 d'âmes au moins.

rellement, ne participent pas aux entreprises dans la
zone pacifiée ; on doit en déduire aussi les 10 000 guerriers marocains rangés aux côtés de nos soldats.

Ainsi, d'une part, les ressources du Maroc sont limitées, de l'autre, les grands travaux d'outillage public les
occupent en partie pendant toute l'année. Il n'y a donc
pas à s'étonner que les prix aient augmenté aussi vite ;
aujourd'hui, l'ouvrier indigène devient de plus en
plus exigeant, dans le Maroc Occidental tout au
moins ; il ne loue plus ses services qu'aux taux de
4, 6 et même 8 francs par jour, nourriture non comprise.

Dans ces conditions, l'emploi des machines devient
de toute nécessité ; les moto-charrues, les défonceuses,
les semeuses mécaniques, les moissonneuses-lieuses,
les batteuses à vapeur, etc., permettront de remédier
à la pénurie et à la cherté de la mise en valeur, tout en
assurant des rendements plus rémunérateurs. Les syndicats agricoles, les coopératives faciliteront l'usage de
ces appareils aux petits exploitants.

Une société est en formation pour remédier à cette
crise et faire cultures et moissons à forfait, car là encore
nous devons mettre en garde nos compatriotes contre
deux dangers : l'inexpérience des machines, qui dégoûte l'autochtone d'employer un instrument nouveau,
et l'exploitation honteuse dont les agriculteurs sont
les victimes de la part de quelques revendeurs et mécaniciens sans scrupules.

Au Maroc Oriental, la main-d'œuvre reste plus facile
et abondante et de nombreux Riffains se rendent au moment des récoltes dans la plaine des Triffa. Chez les
Angad, les indigènes sont payés à la journée ou rétri-
bués au moyen d'un cinquième de la récolte.

*
* *

4° Améliorations agricoles. Culture intensive. — A la culture extensive, habituellement pratiquée par l'Arabe et le Berbère, une exploitation logique des terres doit substituer par progression la culture intensive qui, pour des espaces moindres, donne un rapport plus élevé.

Le perfectionnement de l'outillage et des procédés agricoles; une connaissance exacte de la composition des sols cultivables et, par suite, des amendements qui peuvent leur être nécessaires ainsi que des assolements ménageant la fertilité de la terre; l'adaptation des plantes à la nature de ces sols; un aménagement rationnel de ces derniers permettant de lutter contre la sécheresse; une meilleure disposition des eaux d'arrosage; la diffusion des plantations nouvelles, telles que le cotonnier, la betterave, les graines fourragères qui donneraient un grand développement à l'élevage, voilà autant de facteurs indispensables pour faciliter cette culture et réaliser la productivité intégrale du sol marocain.

Deux de ces conditions retiendront surtout notre attention :

a) La question du matériel agricole ;
b) La lutte contre la sécheresse.

a) Matériel agricole. — A part les colons français avertis et expérimentés qui opèrent, en particulier dans les Chaouïa et les Doukkala, d'une façon scientifique et perfectionnée, pratiquant en grand la motoculture, l'indigène ne possède, nous l'avons dit, qu'une char-

rue primitive, du même modèle que celle employée
en Algérie.

Le bâti est en chêne-liège provenant de la zone forestière, et le soc en fer d'environ 30 centimètres de long
sur 8 à 10 de large; l'extrémité seule est en acier. Le
prix moyen d'une charrue est de 15 francs, en 1916.

Suivant les régions, les attelages sont variés et se
composent, souvent, de deux bœufs ou de deux mulets;
il nous est arrivé de rencontrer un cheval accouplé avec
un chameau, ou un âne avec un bœuf, et même deux
ânes avec des femmes. La charrue européenne ne paraît
pas jusqu'à ce jour appelée à remplacer sa sœur marocaine en raison de l'habitude, de la nature du sol, et
aussi de la mise en coupe réglée dont l'habitant est
l'objet de la part de certains marchands.

Quant au semoir, les Arabes s'en passent, pratiquant
les semences à la volée avec une très grande régularité.

Pour les autres machines, moissonneuses, batteuses,
lieuses, etc., les Européens ont voulu, comme nous
l'avons dit, trop abuser de la situation en augmentant
les prix dans des proportions maladroites, dégoûtant
les cultivateurs de faire des achats quelconques. Il est
juste d'ajouter que, dans les pays irrigués, les seguia
constituent une difficulté réelle : les machines lourdes
s'y embourbent et, étant difficiles à retirer, restent où
un hasard malheureux, doublé d'inexpérience, les ont
conduites.

En marchant vers le Haut-Atlas, aux environs de
Tazert, nous avons rencontré, effondrée dans une canalisation, une moissonneuse française que notre guide et
compagnon, un grand caïd du Sud, nous indiqua
comme preuve du perfectionnement apporté par les
roumis : « Cette machine, vois-tu, fera plus de mal au
progrès, par sa présence seule, que dix tribus en *siba*,

qui se soumettent au plus fort. » En effet, la question de
mécanique intervient comme une chose très importante. Les Arabes sont fatalistes et pas mécaniciens ; si
une pièce leur manque ou se dérange, il leur faut longtemps pour y penser, la faire venir, ou la réparer, et la
présence d'un Européen du métier est souvent indispensable.

Or, s'il existe, et en grand nombre, des commerçants
honnêtes, il y en a d'autres qui le sont peu, témoin dans
le Haouz, le cas de ce caïd qui a dû payer 250 francs
(frais de voyage et mise en place) pour une clavette
dont le coût était de 2 fr. 40 ; heureux quand certains... réparateurs n'ont rien démoli, avec intention,
pour préparer à leur maison un travail futur ; c'est du
moins ainsi qu'ils envisagent leur mauvaise action.

L'instrument qui semblerait répondre le mieux aux
besoins actuels, étant donné le peu d'efforts de traction qu'il exige et sa facilité de manœuvre, est le « cultivateur » préconisé en France dans le midi et qui est
appliqué depuis longtemps dans les cultures canadiennes
dont il porte le nom.

Cet appareil supprime la charrue et sert d'unique
outil pour travailler la terre.

A l'origine, « la canadienne » était appliquée chez
nous pour les déchaumages et l'on fut amené, à cette
occasion, à se demander si la même machine perfectionnée ne pouvait pas servir à toutes les façons que
comporte un labourage. Suivant la méthode ordinaire,
le soc retourne le sol sur une assez grande profondeur, soulevant de grosses mottes, qui sont d'autant
plus dures et difficiles à réduire que le terrain est plus
sec (point important au Maroc surtout dans la région
du tirs), d'où augmentation de traction et de dépense.

Avec une ou plusieurs paires de bœufs, vous défoncez à 15 et 25 centimètres et, suivant les cas, on peut atteindre 30 centimètres en triplant l'attelage ; le labour dans ces conditions est très long et encore plus pénible. Lorsqu'il est effectué, il faut émotter et, pendant ce temps, le sol laissé à lui-même épuise ses forces à nourrir les mauvaises herbes.

Le meilleur système, croyons-nous, serait d'agir comme le fait la canadienne, par grattages successifs, en approfondissant peu à peu ; ces diverses façons opéreraient en même temps débinage et sarclage, débarrassant les cultures des plantes parasites qui en sont le plus grand ennemi, surtout au Maghreb. L'idéal serait donc d'ameublir la terre en même temps que de la nettoyer. Or, la herse canadienne simple est insuffisante, mais le « cultivateur », canadienne perfectionnée, donne de bons résultats. Il a été mis au point par M. Jean ; voici son procédé d'application :

L'agriculteur prend un « cultivateur » à ressorts (canadienne) qui, à travail égal, nécessite des efforts de traction moindres que le même instrument à tige rigide. Lorsqu'il rencontre une résistance, il est obligé de l'attaquer, évitant ainsi les inégalités continuelles dans les profondeurs qu'un levier à crémaillère automatique permet de régler. Le bâti est divisé en quatre parties indépendantes, afin de faciliter le passage sur les rocs, pierres et autres objets dangereux ; mais une barre transversale, maintenue par d'ingénieux ressorts, arrête les mouvements exagérés des dents, qui tendraient à franchir l'obstacle au lieu de le vaincre.

Cette canadienne se compose de treize dents espacées sur une largeur de 1 m. 70, dans des conditions de stabilité absolue, même dans les champs en pente, et permet, à l'allure lente d'un seul attelage de bœufs, de

travailler à fond un hectare de bonne terre en quatre
heures environ. Le système consiste en grattages répétés
qui creusent chaque fois la couche arable de 3 à 6 centimètres. Au bout de sept passages, l'approfondissement
régulier obtenu est d'au moins 20 à 30 centimètres.
L'émottage, le rouleau, la herse, nécessitent plusieurs
machines, c'est donc un matériel et une main-d'œuvre
considérables et coûteux qui se trouvent supprimés.

Les emplois du « cultivateur » doivent être distants
d'une semaine l'un de l'autre. Au cours des opérations,
à l'instant propice, un semeur mécanique, intelligem-
ment compris, est posé dessus, et, grâce au mouvement
que lui communique un simple engrenage, distribue
les semences avec régularité. Une fois les semailles
terminées, on l'enlève, sans rien changer à l'usage
ordinaire.

Mais, dira-t-on, il est indispensable, suivant notre
pratique actuelle, de retourner le champ pour l'aérer.
Est-ce utile, ou seulement une habitude, et ceux qui
parlent ainsi en ont-ils fait l'expérience?

Pour notre part, après l'avoir essayé en Bretagne,
nous estimons l'effet qu'on obtient avec le « cultivateur »
comme satisfaisant; il permet à l'air de se répandre
avec autant de facilité dans le sol, grâce à l'ameublissement produit par les emplois reitérés.

On sait que les céréales sont gros consommateurs
d'azote, et c'est pour cela que le principe de gratter et
d'ouvrir sans cesse le terrain, dans des moments bien
entendu où l'état climatérique est favorable, donnera
des résultats certains surtout dans le tirs. Nous avons
constaté l'augmentation de la production, la distribution
régulière des récoltes, la propreté de la terre qui se
trouve débarrassée des mauvaises herbes, sans compter la facilité de culture et l'économie de main-d'œuvre.

qui, ici, comme partout ailleurs, devient de plus en plus
chère, de plus en plus rare et de plus en plus difficile à
manier.

b) La lutte contre la sécheresse.

1° Les irrigations. — La culture, en thèse absolue, n'est
possible que dans un sol humidifié à point pendant la
croissance des plantes. Or, au Maroc, si les pluies sont
abondantes, bien que rares, — en ce sens qu'elles sont
réparties sur un petit nombre de jours (cinquante à
quatre-vingt-cinq), — elles tombent presque toutes en
automne et en hiver, dans la plus grande partie du
pays. Il en est ainsi dans les régions de Fez, de Meknès,
dans le Gharb, dans la zone qui longe l'Océan depuis le
Sebou jusqu'à 50 kilomètres environ au sud de Casablanca et qui comprend ainsi l'hinterland de Rabat et
de Casablanca; la même alternative existe dans la plaine
des Angad.

La saison qui va de mai à octobre est, à l'inverse,
caractérisée par l'absence presque complète de pluies;
la sécheresse, activée par une évaporation intense, est
donc extrême durant cette période.

Cependant vers la zone côtière atlantique, de grandes
rosées entretiennent l'humidité, surtout de mai à septembre, et, au Maroc Septentrional, dans le bassin du
Sebou, l'eau ne fait jamais défaut.

D'autre part, le régime particulier des pluies d'automne et d'hiver, brusques et limitées à un petit
nombre de jours, imprime aux oueds marocains une
allure torrentielle, se traduisant par de grosses crues en
février et en mars. De fortes masses d'eau sont ainsi
entraînées jusqu'à la mer sans profit pour l'agriculture.
Malgré l'absence de pluies d'été, la plupart des fleuves
méditerranéens et atlantiques ne tarissent jamais; ils

sont en grande partie alimentés dès le mois d'avril par la fonte des neiges qui couvrent les hautes cimes de l'Atlas.

L'utilisation de ces eaux courantes, affectées à l'arrosage artificiel, permet de remédier à la sécheresse, due en certaines régions à l'évaporation rapide et, pour d'autres, à l'insuffisance des pluies, comme dans le Sous, par exemple; l'irrigation est donc une nécessité imposée par le climat.

De tous temps, les Marocains se sont ingéniés à arroser leurs jardins soit au moyen de « seguia », canaux et rigoles à ciel ouvert dérivant les oueds, soit au moyen de canalisations souterraines appelées « khettara » (1) puisant l'eau dans le sous-sol, soit même, dans la zone côtière, à l'aide des « noria », manèges à chaînes sans fin, munies de godets et placées sur des puits parfois très profonds. La construction des seguia est fort simple, celle des khettara exige un travail long et pénible et leur entretien demande des soins continuels, les galeries souterraines étant souvent obstruées par des éboulements.

Ces divers modes d'arrosage doivent être perfectionnés en vue d'un rendement plus avantageux.

On s'est demandé, à ce sujet, quelle pourrait être la meilleure utilisation des fleuves marocains. Doivent-ils servir à l'irrigation du sol, à la production de force motrice ou à la navigation?

Une distinction a besoin d'être établie entre eux, suivant leur débit, le niveau auquel ils coulent par rapport

(1) M. Malet, directeur de l'Agriculture, les nomme « foggarats ».

à la plaine, et la nature des terrains qu'ils traversent.

Dans l'état actuel de nos observations, il semble que l'emploi le plus fructueux des eaux fluviales soit avant tout, quand cela est possible, de les consacrer à la fécondation des terres, et certains, comme l'Oum-er-Rebia et la Moulouya, en formant divers barrages et biefs appropriés à la force motrice indispensable au progrès économique.

Considérons, en effet, que le Maroc est encore pour longtemps, comme les pays neufs, une contrée agricole ; par suite, ce qu'on se préoccupera de rechercher d'abord, c'est le développement rationnel de l'agriculture, puisqu'elle constitue une œuvre de première nécessité en attendant l'éclosion de l'industrie.

La question de navigabilité ne paraît d'ailleurs se poser, dans le versant atlantique de la zone française, que pour le Sebou ; ce fleuve est le seul qui, par sa faible pente et l'importance de son débit, se prête à un service commercial.

Quoi qu'il en soit, pour l'heure présente, il est logique de réserver à l'irrigation des eaux et celles des autres oueds, sans négliger cependant le facteur industriel comme nous le disions, en particulier pour deux boucles de l'Oum-er-Rebia, en amont d'Azemmour. Ce dernier fleuve est formé géologiquement par la réunion de deux cours d'eau au niveau d'un lac pléistocène ; il coule dans un pays montagneux parallèlement à l'Atlas et devient un fleuve de plaines lorsqu'il prend la direction de l'Atlantique. Les cluses et courbes qu'il a creusées dans son lit supérieur, au milieu des terrains jurassiques et triasiques, produisent des méandres angulaires utilisables sous diverses formes ; on les retrouve arrondis dans le régime moyen, et de nouveau à angles dans les schistes primaires vers le littoral.

L'établissement d'un réseau de canaux d'irrigation demande à être conduit suivant un plan d'ensemble, comme cela a été fait en Égypte et en Californie (1). Le résultat à obtenir, en effet, c'est l'arrosage, donc la fertilité de la plus grande étendue possible de terrains cultivables ; il importe dès lors d'éviter la dispersion des efforts et le gaspillage, qui résulteraient fatalement de tout système fragmentaire de canalisation.

Cette organisation nécessite une connaissance très exacte du débit des oueds, de la nature du sol et des exigences spéciales à chaque plante ; de ces conditions dépend la surface pouvant être irriguée avec efficacité.

En outre la composition géologique influe aussi sur la rapidité d'absorption et règle ainsi la quantité de liquide à distribuer chaque fois. Dans les terrains à grande imperméabilité, l'eau s'infiltre avec difficulté ; pour éviter une humidité excessive, les apports ne devront donc pas être trop copieux. Les terres très perméables, par contre, ont un pouvoir absorbant considérable.

L'intervalle à observer entre les distributions successives dépend, non seulement du degré d'imperméabilité des couches, mais aussi des besoins des cultures. Les plantes qui ont des racines étalées en surface nécessitent des bassinages plus fréquents que celles qui s'enfoncent verticalement dans la terre et peuvent bénéficier de l'humidité du sous-sol profond, qui conserve l'eau plus longtemps que les parties superficielles.

Notons que le cotonnier exige le double de liquide suffisant au développement des autres plantes.

L'essentiel est de donner à chaque parcelle de terre la quantité qui lui est nécessaire sans jamais la dé-

(1) M. Nacivet, ingénieur en chef des améliorations agricoles, très compétent en cette matière, est chargé du service de l'hydraulique.

passer. Cette utilisation exacte procure une économie et facilite l'usage sur d'autres propriétés, permettant d'en retirer leur maximum d'effet.

Dans une étude très intéressante sur l'emploi de la Moulouya, pour la plaine des Triffa et des environs, M. Gin (1) indique qu'au Maroc le débit moyen continu, indispensable pour irriguer 60 000 hectares, serait de vingt mètres cubes par seconde, soit un peu plus de la moitié du cours de cette rivière, en dehors des temps de crue; le débit maximum coïncide, d'ailleurs, avec l'époque des épandages les plus copieux. La superficie pouvant être ainsi mise en valeur serait de 100 000 hectares à peu près. Pour les terres riveraines, il estime que l'arrosage pratiqué tous les sept ou huit jours en temps normal devra être le plus avantageux.

Cet auteur très averti expose, qu'en ce qui concerne la Moulouya, on peut concilier les irrigations, la production de la force motrice et la navigation, en s'arrangeant de telle sorte que ces applications se prêtent un mutuel secours. C'est ainsi qu'il examine et décrit l'installation d'une usine hydro-électrique à Mechra el Mellah. Quant à la navigation, le problème consisterait à se servir, non pas de la rivière elle-même, mais des canaux primaires en dérivation. Le procédé est usité notamment pour les rizières de Lombardie, où nous l'avons vu fonctionner dans les conditions les plus intelligentes. Une disposition analogue pourrait être étudiée vers le cours inférieur du Sebou du côté du marais des Beni-Ahsen, qui, s'il était aménagé, offrirait à la culture du riz un sol propice, sans gêner le service commercial.

(1) *Syndicat de l'hydraulique du Maroc. Utilisation des eaux courantes.* — Syndicat agricole du Maroc. Rapport sur l'œuvre préparée par le comité de l'hydraulique du Maroc.

2° *Le dry-farming*. — Lorsque pour une raison quelconque l'irrigation n'est pas possible dans une région
sèche, c'est-à-dire dans un pays où il tombe moins de
500 millimètres de pluie par an, on peut appliquer la
méthode connue sous le nom de « dry-farming » ou
« culture sèche », qui permet d'obtenir avec profit des
récoltes presque normales dans des terrains mal arrosés.

L'expression « culture sèche » est impropre et ne
répond pas au principe dont s'inspirent ces systèmes.
Elle ne signifie pas, en effet, comme l'appellation semblerait l'indiquer, que les cultures pratiquées, suivant
lesdites applications, puissent se passer de la quantité
d'eau nécessaire au développement de la végétation,
elle prévoit simplement un meilleur usage de l'humidité
du sol pour la mise en rapport des terrains secs ou considérés comme tels.

A ce sujet, notons avec M. Roger Marès (1) que le
dry-farming ne doit pas être limité aux pays sur lesquels il ne tombe pas plus de 500 millimètres de pluie
par an. Son emploi peut être étendu aux régions qui
en reçoivent entre 500 et 750, mais qui sont toutefois
soumises à des averses torrentielles, à de grands vents,
à une répartition défavorable des pluies, ainsi qu'à
d'autres causes de déperdition, et qui, par ailleurs, ne
sont pas irrigables.

Le dry-farming est employé en Russie, en Californie, en Argentine, en Australie, en Tunisie et en Algérie où, si le mot est nouveau, la chose est connue depuis longtemps (2). D'une manière générale, il consiste

---

(1) Le *dry-farming et l'expérimentation*, conférence faite à Constan-
tine par M. Roger Marès, professeur d'agriculture, le 20 juin 1911.

(2) Au Maroc, une application intéressante en est faite dans une
exploitation de 4 000 hectares située dans la plaine des Angad, entre
Bou-Houria et le Trik-Soltane.

à approprier le sol de telle sorte qu'il puisse conserver, pour la culture, la plus grande partie des pluies qu'il a reçues.

En pays peu pluvieux, le sol abandonné à lui-même ne retient pas longtemps l'humidité. L'évaporation, d'autant plus intense que la contrée est plus aride, dessèche avec rapidité la couche superficielle qui se fendille, surtout lorsqu'elle est compacte; l'eau se trouvant dans le sous-sol remonte alors à la surface par capillarité et s'évapore à son tour.

Souvent aussi, dans ces mêmes régions, les averses sont brusques. Si le terrain est lourd, elles le martèlent et ne pénètrent pas; ruisselant sur la surface durcie, elles vont se perdre dans les bas-fonds, pour y disparaître. Enfin, ces précipitations n'ont pas toujours lieu au moment où elles seraient le plus utiles à la végétation.

Pour rendre possible la culture en pays sec sans irrigations, il faut donc, de toute nécessité, remédier à ces inconvénients en augmentant d'abord la capacité d'absorption du sol et en atténuant ensuite la perte qui résulte de l'évaporation.

Il s'agit, en somme, de constituer des réserves liquides dans la terre elle-même, de façon à pouvoir les utiliser au moment opportun et de préférence à l'époque des semailles.

Dans le but de faciliter cette opération, il convient d'ouvrir (1) le champ ou la prairie par un labour ou un grattage profond et de les rendre pour ainsi dire spongieux, puis d'entraver le phénomène de l'attraction capillaire, car c'est elle qui ramène à la surface la nappe aquifère et en favorise ainsi la disparition.

(1) Nous ne disons pas « retourner ». Voir les principes exposés plus haut à propos de la « canadienne ».

Les maraîchers réussissent à la réduire avec des couvertures de paille ou de fumier, qui font office d'isolant ; leur état de dissociation s'oppose au phénomène de la capillarité, donc à l'évaporation.

Pour les grandes étendues il ne saurait être possible de recourir à ce procédé, mais il a été établi qu'on arrive au même résultat, *en rendant la superficie de la terre friable* et *en la maintenant sèche*. Cette épaisseur ainsi travaillée, appelée « mulch » en Amérique, et que, par analogie avec le paillis des jardiniers, on peut désigner sous le nom de « couche », possède en effet la propriété d'empêcher la capillarité et se comporte comme un écran. On réduira donc la perte d'humidité interne en ameublissant et en favorisant la dessiccation de cette couche.

Tout en protégeant avec efficacité le mouillage du sous-sol, le travail de la surface, opéré dans ces conditions, permet une infiltration plus rapide et plus complète de l'eau, et par là même empêche le ruissellement dans les pays à averses torrentielles.

En pratique, au Maroc, ce mode de culture exige d'abord des grattages ou labours d'hiver réguliers, profonds de 15 centimètres de préférence, effectués lorsque le terrain n'est ni trop sec ni trop détrempé. S'il est trop sec, il devient dur, motteux et se pulvérise mal, l'ameublissement est alors plus difficile et entraîne un surcroît de labeur ; dans le cas contraire, il faut attendre qu'il soit assez desséché pour pouvoir le herser et l'émietter, mais, pendant ce temps, l'eau du sol s'évapore et est perdue à l'agriculture. Pour bien faire, les labours doivent être aussitôt hersés afin de diviser davantage la surface et de la niveler.

Le but de cette partie protectrice étant, comme nous l'avons dit, de faire obstacle à la capillarité, et, par suite,

à l'évaporation, il y a lieu de l'entretenir au moyen
d'un « cultivateur » toutes les fois qu'elle est tassée
par la pluie, surtout dans les endroits marneux. Il ne
faut pas perdre de vue que le pouvoir isolant de cette
couche dépend essentiellement de son état de pulvérisation, pour ainsi dire, et de sécheresse ; d'autre part, la
pluie, en détrempant la surface et en la tassant, rétablit
l'adhérence et par conséquent la capillarité.

Il n'y a pas de règle absolue pour sa préparation et
son entretien, la nature, la géologie et les conditions
atmosphériques pouvant seules fournir à ce sujet des
indications utiles ; l'expérience indique cependant que
l'épaisseur la plus efficace doit être de 6 à 8 centimètres.

En dehors de la mise en état du terrain, il faut
veiller au choix des semences, qui doivent être prises
parmi les variétés adaptées aux conditions des milieux
secs.

Enfin, la quantité d'eau pouvant être emmagasinée
en terre est fonction de la densité des ensemence-
ments ; en d'autres termes, on sème d'autant plus clair
que l'humidité est moins grande. Procéder d'une manière différente serait compromettre la récolte entière,
car, à un moment donné, les réserves ne suffiraient
plus aux besoins d'une végétation trop compacte ;
celle-ci serait arrêtée dans son essor et dépérirait.

Les systèmes qui se réclament du dry-farming sont
très variés ; le cadre de notre étude ne nous permet pas
d'en faire un exposé même succinct. Nous avons dû
nous borner à en dégager l'élément qui les domine tous,
à savoir la conservation de l'humidité intérieure, principe dont nous avons ensuite montré le mode d'application le plus général.

Ainsi que nous l'avons déjà indiqué, la réussite du

dry-farming dépend d'une appréciation aussi exacte que possible :

1° De la nature du sol, c'est-à-dire de son état physique et chimique. Les terres fortes et argileuses, par exemple, se prêtent mal à ce traitement et demandent des façons différentes de celles employées pour les terres humifères;

2° Des exigences propres à chaque culture. La possibilité de faire pousser telle ou telle plante dépend en effet de la quantité annuelle d'eau susceptible d'être emmagasinée;

3° Des conditions climatériques propres à chaque région.

La connaissance précise de ces divers modes d'application du dry-farming nécessite bien des études et occasionne des tâtonnements, des expériences; elle entraîne donc des dépenses qu'il importe d'éviter aux colons. Les stations expérimentales agricoles sont tout désignées pour se livrer à ce travail scientifique et pratique, et déterminer le système le mieux adapté à chaque contrée.

Il est à souhaiter que ces recherches, qui ne peuvent être effectuées en pratique que par les services techniques du Protectorat, soient menées avec l'activité désirable, pour intensifier la mise en valeur du Maroc, enrichir notre colonie en même temps que la métropole, et nous libérer au moyen des cultures complémentaires, le coton, par exemple, de notre servitude vis-à-vis de l'étranger.

L'avenir de la France dépendra de la rapidité avec laquelle elle se relèvera de la crise terrible que le monde traverse. Or le change est fonction de sa prospérité; soutenons-le donc par tous les moyens. L'un des meil-

leurs, tant au point de vue moral que matériel, nous
est offert par l'agriculture au Protectorat.

III. LES FORÊTS

§ 1er. **Répartition des essences forestières maro-
caines.**

Parmi les principales essences forestières qui retien-
nent notre attention, se placent d'abord le chêne, représenté par quatre espèces : le chêne-liège, le chêne zéen,
le chêne afarès et le chêne-yeuse, puis le pin, l'alep, le
cèdre, le thuya, le genévrier de Phénicie, l'arganier.

En dehors de ces arbres, qui seuls constituent de
grands massifs, on rencontre l'if, l'érable, et le long
des oueds, le peuplier, l'orme, le frêne, etc.

Le chêne-liège domine dans la région comprise entre
l'oued Nefifikh, au nord de Casablanca, le cours supérieur du Bou-Regreg et l'oued Beth. Il forme diverses
agglomérations, dont la plus considérable est la forêt de
la Mamora, qui s'étend de la plaine des Beni-Ahsen au
plateau de Tiflet d'une part, et du littoral de l'Atlantique
à l'oued Beth de l'autre, sur une superficie de plus de
125 000 hectares.

Cet immense peuplement qui manque d'homogénéité
a été dévasté par de nombreux incendies, allumés par
imprudence ou dans le but d'étendre les pâturages, ou
même à titre de représailles, par les Beni-Ahsen et les
Zemmour. Avec les écorceurs et les charbonniers, les
guerriers ont compromis pour longtemps la régénération de la forêt par la suppression de presque tous les
jeunes plants.

Les indigènes, jusqu'à ces derniers temps, prati-
quaient sur une vaste échelle l'écorcement des chênes-
lièges, sans méthode ni précaution, pour en obtenir le
tanin, opération qui entraînait presque toujours la
mort de l'arbre. On peut se faire une idée des ravages
ainsi causés, en considérant, d'après les renseignements fournis par le service forestier du Maroc, que
les 10 000 quintaux de tanin utilisés par an dans les
tanneries locales nécessitaient la décortication de cent
à cent cinquante mille sujets de 1 mètre à 1 m. 50 de
tour.

De plus en plus nombreux, les charbonniers sacca-
geaient de leur côté la forêt en s'attaquant à tous les
arbres ; c'est alors que le Protectorat dut prendre des
mesures énergiques pour enrayer la destruction de la
Mamora.

Les autres massifs de la région côtière où domine
le chêne-liège sont : la forêt du Camp Boulhaut, d'une
superficie de 10 000 hectares ; celles des Sehoul, des
Mkreinga, des Maarif, qui couvrent 20 000 hectares ;
celles de Tamara et de Souk-el-Arba du Gharb.

Les forêts des Zaer, limitées par l'oued Cherrat et
l'oued Korifla, et celle des M'Dakra, d'une étendue totale
de 50 000 hectares, sont formées de chênes-lièges mélangés de thuyas. Cette dernière essence, connue sous
le nom d'arar (1), en arabe, et d'azouka en berbère
chleuh, fournit la gomme sandaraque.

Comme la Mamora, ces forêts ont été la proie des
mêmes ennemis. Celle des Zaer surtout s'est trouvée
très réduite par des déboisements continus ; elle est
clairsemée et coupée encore de grands espaces vides.

(1) C'est l'araar de la Bible qui aurait servi à construire l'arche
de Noé.

A l'intérieur, le chêne-liège se retrouve dans le Tafondeit, la région d'Oulmès, chez les Zaïan.

Au sud de Meknès, commence la végétation du chêne vert ou yeuse, et, à partir d'une altitude de 700 mètres, celle du chêne zéen. Ces deux espèces constituent la forêt de Jaba qui, jadis, s'étendait jusqu'à El Hajeb. Le chêne afarès fait son apparition à partir de 1000 mètres. A 1400 mètres, et à mesure que l'altitude devient plus grande sur le Moyen-Atlas, le chêne vert, le chêne zéen, le chêne afarès, l'if, l'érable, le pin d'Alep, etc., se mélangent avec le cèdre.

A 2000 mètres, le chêne zéen disparaît; le chêne vert et le chêne afarès s'espacent de plus en plus en se rapprochant de la limite extrême de la végétation. Le cèdre, par contre, comporte à partir de 1800 mètres des ensembles de plus en plus homogènes et finit par former l'essence dominante des boisements qui couvrent les versants du Moyen-Atlas jusqu'à 2500 mètres d'altitude. Sa zone s'étend des Beni Quaraïn jusqu'au delà de Khenifra et vers la Moulouya, au sud; elle paraît, dit-on, avoir une superficie de 300000 hectares environ. La vérification en est encore impossible, car une grande portion du terrain qu'elle recouvre est en « siba »; les territoires des Beni M'Tir et des Beni Guild en forment la partie la plus intéressante.

Le cèdre fournit une matière très appréciée par l'ébénisterie, mais les indigènes le saccagent comme les autres d'ailleurs; leurs modes d'exploitation sont tels que les boisements les plus considérables sont voués à une destruction certaine si le service compétent ne parvient à y mettre bon ordre.

A l'est de la Moulouya, la végétation forestière comprend des chênes, des thuyas et des genévriers.

La Gada de Debdou est couverte d'une forêt de

chênes et de thuyas. Chez les Beni Yala, les Zekkara et les Beni Snassen, on rencontre quelques grands bois de chênes-lièges, de chênes verts, de thuyas et de genévriers.

Dans le Haut-Atlas, existent d'importants centres de chênes verts, de thuyas, de pins d'Alep, de genévriers de Phénicie. Les essences du sud-ouest du Maroc sont le thuya, l'arganier et le genévrier.

L'exploitation du thuya à gomme sandaraque qui est très répandu dans cette région, notamment chez les Haha, au sud de Mogador, constitue une ressource appréciable pour les indigènes. En 1914, l'exportation a été de 3 125 quintaux, représentant une valeur de 468 832 francs.

Mais la caractéristique du sud-ouest est l'arganier ou arbre d'argan. Dans les territoires des Chiadma, des Haha, des M'touga et surtout dans le Sous, il forme de véritables forêts plus ou moins étendues suivant les contrées. On le trouve parfois à l'état de pieds isolés sur la rive droite du Tensift, chez les Abda, jusqu'auprès de Safi, mais le premier bel ensemble est à 20 kilomètres environ dans l'est de Mogador, où nous avons photographié des types hauts de 8 mètres couvrant une superficie de près de 2 ares.

C'est donc à tort que des autorités nous l'ont dépeint comme un modeste arbuste, une manière de brousse, alors qu'en réalité il atteint des proportions bien plus importantes. Son aspect est assez semblable à celui de l'olivier : tronc noueux et se ramifiant à faible hauteur en de nombreuses branches, verdure sombre, petites feuilles allongées persistantes, fruits olivaires.

Il croît sur les sols les plus divers et les plus pauvres; il est très précieux pour l'habitant, qui en utilise le bois dur, lourd et compact pour le chauffage, la feuille et la

pulpe du fruit pour la nourriture des chèvres et des
chameaux qui en sont très friands ; enfin l'amande sert
à la fabrication de l'huile.

En effet, à l'inverse de ce qui se pratique en Europe,
où la matière oléagineuse est tirée de la pulpe, le Maro-
rocain ne prélève que l'amande, qu'il obtient d'une
façon peut-être pratique, mais répugnante à l'excès :
lorsque le fourrage fait défaut, à la saison chaude,
on voit souvent les animaux grimper le long des arganiers pour brouter feuilles et fruits qui servent d'ailleurs à alimenter tout le bétail. Le noyau, qui n'est
pas assimilé, suit le tube digestif et, lorsque le cycle de
la digestion est terminé, les enfants le ramassent par
terre dans les déjections ; ensuite, l'amande est extraite,
torréfiée, puis broyée dans des moulins à main, sorte
de mortiers de pierre dans lesquels les femmes font
mouvoir circulairement un pilon de bois dur ou de métal. La pâte ainsi obtenue est triturée dans une terrine
où l'on verse de l'eau tiède ; l'huile s'en sépare, sur-
nage et est enfin décantée (1). Elle a un goût âcre
qui nous a paru insupportable, quoique les indigènes
la prisent beaucoup ; dans le Sous, ceux-ci ne se servent
pas d'autre produit pour la cuisine, l'alimentation et
l'éclairage.

Des coupes déréglées ont fait disparaître une grande
partie des arganiers et des thuyas de cette zone ; celles
effectuées par les charbonniers pour alimenter les villes
du littoral ont pris, depuis l'occupation française, des
proportions inquiétantes.

Cependant ces essences méritent, à plus d'un titre,
d'être préservées de la destruction qui les menace ; on
y parviendra en faisant appel à l'importation du char-

(1) Comme nous l'avons déjà fait remarquer, l'amande contenue
dans le drupe renferme par rapport à son poids 51,25 0/0 d'huile.

bon, pour l'approvisionnement des villes, et en ouvrant
les mines, s'il en existe.

Exploitées avec méthode, les forêts d'argans seraient
une source appréciable de profits; le bois d'arganier,
très résistant, trouverait un emploi rémunérateur en
ébénisterie; quant à l'huile, extraite bien entendu
par des procédés moins rudimentaires, elle pourrait
être employée pour la fabrication du savon et servir à
d'autres usages industriels.

§ 2. Mise en valeur des forêts.

De ce rapide exposé de la répartition et de la situation des forêts, il ressort que des mesures urgentes
s'imposaient en vue de les préserver d'une ruine inévitable, dans les conditions où elles sont dévastées par
les Marocains.

Sur la zone littorale, les chefs de service estiment que
les déboisements résultant de la fabrication du charbon
et de l'écorcement des arbres atteignent 75 0/0 des
surfaces autrefois plantées en chênes-lièges. Or, en
plus des ressources directes que fournissent les arbres,
il y a un intérêt, ici peut-être plus qu'ailleurs, à éviter
les conséquences désastreuses qu'entraîne, pour une
contrée, un tel état de choses.

Les mesures prises par le Protectorat pour la Mamora, mesures qui seront étendues aux autres peuplements quand les circonstances le permettront, laissent
espérer que les forêts de chênes-lièges, de cèdres, de
thuyas et d'arganiers pourront être sauvées de la
destruction. Elles visent d'ailleurs, tout à la fois, la
consommation et la mise en valeur rationnelle des boisements. La principale cause de la déprédation des chênes-

lièges résidant dans les pratiques abusives des charbonniers et des écorceurs; pour y obvier, le Protectorat,
après de courts tâtonnements, a adopté une solution
radicale consistant à faire exploiter ces propriétés par
l'État. Aux chantiers privés qui s'attaquaient à tous
les arbres sans souci aucun de conservation, le Gouvernement a substitué des exploitations dirigées par le
service des Eaux et Forêts, qui n'a utilisé, jusqu'ici,
que les seuls sujets déjà écorcés ou de mauvaise venue,
en assumant la fabrication du charbon et la récolte de
l'écorce à tan. Les résultats en ont été pour ainsi dire
immédiats : le nouveau mode d'aménagement a, en effet,
les conséquences les plus heureuses, la forêt est progressivement épurée par la disparition des arbres ma-
lingres et d'autre part, les chênes-lièges vigoureux sont
à l'abri des suppressions arbitraires.

L'administration compétente a pensé que ces dispositions ne pouvaient être que momentanées, car les
sujets inférieurs disparus, il faudra bien s'attaquer aux
autres; elle a donc décidé qu'elles devraient être com-
plétées :

1° Par la création, dans les grands centres urbains,
de dépôts de charbon alimentés par l'importation;

2° Par la vulgarisation, chez les tanneurs, de l'emploi
des extraits tanniques.

L'approvisionnement des villes en combustible sera
d'ailleurs bien facilité, le jour où il deviendra possible
de tirer parti des futaies de chênes verts de l'Atlas.

A ces procédés de conservation résultant de la régie
directe, s'ajoutent les travaux de protection contre les
incendies effectués dans la Mamora, et consistant en un
réseau méthodique de tranchées débroussaillées.

En même temps qu'ils s'occupaient de mettre un
terme aux gaspillages des chênes-lièges, les Forestiers

entreprenaient la régénération et la mies en valeur des massifs de la zone littorale. D'une part, les espaces déboisés, les clairières ont été plantés par recépage en chênes-lièges et en pins maritimes ; de l'autre, des chantiers de démasclage, de fabrication de charbon et de récolte d'écorce à tan ont régulièrement exploité les chênes-lièges. Quant au poirier sauvage et au thuya, ils ont donné du bois d'ébénisterie et de menuiserie.

Ainsi utilisée, la Mamora ne tardera pas à devenir de plein rapport ; on estime qu'elle pourra fournir dans dix ans environ 100 000 quintaux de liège, 30 000 quintaux de charbon, 20 000 quintaux d'écorce à tan d'une valeur approximative de 4 millions de francs.

Les autres forêts de chênes-lièges de la zone littorale n'ont pu bénéficier dans l'ensemble des mesures de surveillance appliquées à la Mamora. Le Protectorat se propose d'y remédier à mesure que le permettra l'organisation de ce service, dont le recrutement rencontre de sérieuses difficultés ; il n'est pas le seul.

Nous ne pouvons envisager, pour le moment, la protection directe et l'exploitation des forêts de cèdres qui se trouvent sur des territoires dont les tribus échappent à notre action. Le général Lyautey a, toutefois, prescrit d'employer le moins souvent possible ce bois pour les constructions civiles et militaires, édifiées dans les régions de Meknès et de Fez.

Au point où elle en est aujourd'hui, l'œuvre entreprise, dans tout l'immense massif de la Mamora, laisse entrevoir les résultats heureux que l'on peut attendre de la solution donnée en haut lieu à cette question.

Là, comme ailleurs, la France applique des principes de colonisation basés sur la coopération des Marocains au développement économique du pays. Ainsi que l'a défini le Résident général, « la politique forestière à

suivre au Maroc se ramènera à des termes très simples :
respect scrupuleux des droits d'usage des riverains,
notamment des droits au parcours, et utilisation de ces
populations, pour la mise en valeur et l'exploitation
rationnelle de la forêt ».

IV. L'ÉLEVAGE

§ 1er. Considérations générales sur l'élevage au Maroc.

De tout temps les Marocains se sont adonnés à l'industrie pastorale, les uns sédentaires ou demi-nomades,
associant la culture à l'élève du bétail, les autres, grands
nomades, vivant des produits de leurs troupeaux. Par
son climat, la distribution de ses eaux et l'étendue de
ses terrains de parcours, le Maroc se prête, en effet,
par essence à l'élevage.

Les conditions sociales qui, pendant des siècles, ont
été toujours troublées par la rivalité des tribus, l'instabilité permanente fruit de l'insécurité, favorisaient
et gênaient tout à la fois son développement. Les
razzias effectuées au cours des incursions ennemies
incitaient les indigènes à abandonner, ou tout au moins
à restreindre la culture du sol, dont les récoltes pouvaient trop facilement devenir la proie de l'envahisseur
et à rechercher leurs moyens d'existence dans la constitution d'un troupeau, qui, en cas d'attaque, était
vite rassemblé, mobilisé en quelque sorte, et soustrait à l'emprise du parti hostile.

Par contre, ces déplacements continuels n'étaient

pas sans inconvénients pour le cheptel. Obligés d'en
avoir l'ensemble sous la main, les autochtones groupaient
souvent des animaux d'espèces différentes dans des
espaces restreints, dont les herbages ne répondaient pas
toujours aux besoins suffisants ou opposés de ces variétés. Il y avait ensuite impossibilité de leur assurer
un abri contre les intempéries et de constituer des
réserves fourragères pour les périodes de sécheresse.
Aussi les disettes et les épizooties entraînaient-elles une
mortalité considérable parmi les bêtes; leur diminution
prenait des proportions si inquiétantes, surtout en ce
qui concerne les bovidés, que pour l'enrayer le Protectorat a dû, dès le début de sa gestion, prohiber l'exportation des bovins et appliquer à la lettre la réglementation relative à l'abatage des femelles bovines et
ovines encore en état de procréer.

Avec la colonisation française, a pénétré dans une
partie du Maroc une véritable sécurité, mais les habitants n'ont pas amélioré pour cela leurs procédés d'élevage, qui restent encore à l'état rudimentaire. C'est
notre tâche de leur enseigner les méthodes à suivre,
pour obtenir, en cette matière, des résultats en rapport
avec l'aptitude spéciale du pays à l'industrie pastorale.
Comme tout enseignement, celui-ci devra être vivifié
par des démonstrations et des applications dont les
effets seront contrôlés; ce rôle incombe aux stations
expérimentales et aussi aux colons, dont l'exemple constituera encore la meilleure des vulgarisations.

Autant qu'il nous a été possible d'en juger par nous-
même, le troupeau marocain présente d'assez bons
éléments, mais, dans l'ensemble, les espèces en sont

dégénérées par suite des conditions défectueuses dans lesquelles elles sont appelées à-se développer et surtout du manque de soins ainsi que de nourriture. Ce sont ces facteurs d'appauvrissement qu'il importe de modifier, en assurant d'abord au bétail une alimentation plus rationnelle, un logement, et en sélectionnant ensuite les races animales au moyen de reproducteurs choisis avec prudence et une connaissance approfondie, au point de vue des ressources de la région à laquelle ils seront affectés. Si, par exemple, un taureau du Jura ou du Limousin peut convenir dans l'hinterland plantureux du Sebou, il ne donnera pas d'aussi bons résultats dans le Haouz ou vers le sud; en tous cas, les espèces délicates comme le Durham doivent être proscrites comme croisement (1).

Ce que nous remarquons pour les bovins s'applique au cheptel en général.

Pour faire une œuvre utile, il faut, avant tout, unité de programme, unité d'impulsion, unité d'action.

Il nous paraît prudent, si on veut y arriver avec succès, d'avoir un groupe central directeur très peu nombreux, composé de techniciens notoires, établissant des programmes de perfectionnements et faisant porter les expériences sur chaque région suivant ses besoins, son climat, la nature de son sol et sa végétation.

§ 2. **Répartition du cheptel.**

Nous avons adopté pour la répartition du cheptel en 1916 le même principe que pour les cultures :

---

(1) Le bétail marocain a probablement la même origine que la race brune de l'Atlas; il conviendrait de le croiser avec des races ayant certaines affinités avec lui tout en cherchant à augmenter sa taille.

La région de Rabat comprend à elle seule 224 260 bœufs sur un chiffre, pour tout le Maroc, de 684 447, et 640 520 moutons sur 3 775 201.

Les chevaux et mulets sont au nombre de 35 002 sur un total de 138 869.

Les caprins figurent pour 170 650 sur un ensemble de 1 269 046.

Les ânes sont au nombre de 38 336 sur un total de 255 726.

Enfin, les chameaux comptent pour 6 296 sur un total de 80 798.

Nous ne parlons que pour mémoire des porcs, qui figurent dans le cheptel pour moins de 5 000 têtes, mais sont appelés à prendre une importance considérable.

La région de Meknès, qui s'étend jusqu'en bordure du Moyen-Atlas, comporte 45 820 bœufs, 134 036 moutons, 15 028 chevaux et mulets, 13 429 ânes, 47 564 caprins et moins de 200 chameaux.

La région de Fez recense 94 096 bœufs, 394 351 moutons, 21 586 chevaux et mulets, 173 554 caprins et 25 452 ânes.

Les chameaux sont au nombre de moins de 500.

La région des Tadla-Zaïan, qui se prolonge également en bordure du Moyen-Atlas, a permis de relever, malgré l'état de « siba » d'une partie du pays, 62 260 bovins, 493 518 ovins, 166 600 caprins, 30 177 ânes, 14 831 chevaux et mulets et 13 244 chameaux.

La région de Marrakech voit pâturer 581 959 moutons, 43 854 bovins, 240 331 caprins, 35 032 ânes, 8 120 chevaux et mulets et 7 633 chameaux.

Le cercle des Chiadma-Haha, entre l'oued Tensift et l'oued Sous, comprend 13 934 bovins, 74 844 caprins, 40 701 ovins, 5 712 ânes, 2 111 chameaux, 1 950 chevaux et mulets.

Le cercle des Abda, le plus petit de tous comme superficie, compte 36 341 bovins, 144 801 moutons, 5 637 chameaux, 11 985 ânes, 34 328 caprins, 3 667 chevaux et mulets et moins de 2 000 porcs ; on peut élever plus du double de ces derniers.

RÉPARTITION DU CHEPTEL

RÉGIONS	BŒUFS	MOUTONS	CHEVAUX et MULETS	CAPRINS	ANES	CHAMEAUX	PORCS
Région de Rabat...	224 260	640 520	35 002	170 650	38 336	6 296	4 976
— de Meknès.	45 820	134 036	15 028	47 564	13 429	178	»
— de Fez.....	94 096	394 351	21 586	173 554	25 452	438	»
— des Tadla-Zaïan	62 260	493 518	14 831	166 600	30 177	13 244	»
Région de Marrakech	43 854	581 959	8 120	240 331	35 032	7 633	»
Cercle des Chiadma-Haha.......	13 934	40 701	1 950	74 844	5 712	2 111	»
Cercle des Abda ..	36 341	144 801	3 667	34 328	11 985	5 637	1 727
— des Doukkala..........	60 663	197 175	3 580	17 892	24 835	8 354	3 684
Région de Casablanca........	86 219	548 140	19 105	136 283	40 768	15 907	5 568
Maroc oriental....	17 000	600 000	16 000	207 000	30 000	21 000	»
TOTAUX......	684 447	3 775 201	138 869	1 269 046	255 726	80 798	16 955

Le cercle des Doukkala mentionne à sa statistique 60 663 bovins, 197 175 ovins, 24 835 ânes, 8 354 chameaux, 3 580 chevaux et mulets, 17 892 caprins et 3 684 porcs, ceux-ci appelés à augmenter beaucoup.

La région de Casablanca relève 86 219 bovins,
548 140 ovins, 40 768 ânes, 19 105 chevaux et mulets,
136 283 caprins, 15 907 chameaux, et une quantité de
porcs qui varie chaque jour, en progression considérable sur un chiffre moyen de 5 000 animaux.

Le Maroc Oriental, dont la nature générale des terrains est beaucoup plus saharienne, nourrit environ
600 000 moutons, 207 000 caprins, 21 000 chameaux,
17 000 bœufs, 16 000 chevaux et mulets et 30 000 ânes.
Un recensement exact y est presque impossible en
l'état actuel (1).

§ 3. **Étude sommaire des
différentes races ani-
males.**

Le cheval. — L'étude du cheval, quelque tentante
qu'elle puisse paraître à un cavalier ayant gardé le sou-
venir de ses galops en terre d'Afrique, sort du cadre de
notre ouvrage. Nous nous bornerons donc à de simples
considérations sur une question d'espèce : l'animal
dont nous devons encourager l'élevage au Maroc.

Nous estimons, en principe, que la monture bonne
pour un individu ne l'est pas pour tout autre, parce qu'il
y a, entre le caractère de la bête et celui de l'homme
qui s'en sert, une harmonie nécessaire à préétablir.

Plus au Maghreb que partout ailleurs, il nous faut
vérifier par le raisonnement et l'observation expérimentale les opinions émises en tenant compte de
l'influence du milieu. Par suite de leurs habitudes
mauvaises d'équitation, l'Arabe et le Berbère de l'ouest

---

(1) Voir aux annexes la carte de répartition du cheptel.

dé l'Atlas ont besoin, avant de profiter de nos leçons et de celles de l'accoutumance, d'avoir entre les mains un animal proche du leur, dont l'équilibre soit bien assuré, afin de résister aux multiples et brusques emplois auxquels son maître le soumet. En outre la guerre et l'agriculture attendent aussi des services importants d'une transformation nécessaire.

Le cheval marocain dégénéré, dont le type varie quelque peu suivant les régions, se rattache à la souche berbère. En général, il manque de taille, sa tête est massive avec des ganaches très prononcées, l'encolure courte terminée par un bon garrot épais, le dos bien conformé, mais sa croupe est ravalée, quoique moins oblique que chez le cheval algérien. Sa cuisse est grêle, les jarrets plutôt mauvais, l'épaule courte; cependant, sa poitrine est haute et même assez profonde. Il possède, certaines qualités qui le rendent précieux comme cheval d'armes; endurant, rustique, très résistant aux maladies, il a montré une fois de plus, dans la guerre actuelle, que la race barbe est excellente pour remonter la cavalerie légère. M. Monod, vétérinaire principal de l'armée, chef du service zootechnique du Maroc, le caractérise ainsi : « Comme ensemble, c'est un cheval à assez beau profil, mais manquant d'ampleur, étriqué surtout dans son arrière-main et souvent défectueux dans ses aplombs antérieurs et la coupe de ses jarrets. Il est froid, mou et manque d'influx nerveux... »

Cette bête de selle a été déformée encore par les indigènes, et convertie, sans nourriture suffisante, en cheval de bât, de labour, de trait; l'abâtardissement qui en est résulté a été accentué par les disettes et les épizooties.

Son élevage paraît destiné à prendre un développement inespéré, si on arrive à enrayer la dégénérescence dont est frappée la race. Le problème consiste à lui donner du sang et de la pureté dans les formes, de la finesse dans les tissus, de la distinction dans le geste, un peu de taille, tout en conservant ses qualités si nécessaires, dans un pays sujet à des périodes de sécheresse et partant de disette.

La question touchant à l'amélioration du type autochtone doit donc être traitée, non pas à un point de vue idéal, mais pour satisfaire aux besoins des collectivités qui seront appelées à s'en servir, c'est-à-dire le colon, l'Arabe et l'armée.

Une foule de facteurs très importants interviennent en plus : il ne suffit pas de posséder des étalons de tout premier ordre, et des chefs de service aussi distingués que MM. les commandants Le Gorrec et Rastoin, qui ont été nos guides, pour arriver à une production d'élite (1). Les accouplements méritent d'être longue-

---

(1) Nous devons à l'obligeance d'un chef d'escadrons de cavalerie de nos amis, ancien commandant d'un très important dépôt de remontes et dont la compétence est connue, la note suivante sur l'amélioration du cheval barbe; elle confirme en partie nos observations personnelles, tout en émettant, au point de vue de la sélection, des idées qui ne sont pas entièrement les nôtres.

NOTE SUR L'AMÉLIORATION DU CHEVAL BARBE

« La taille et l'importance d'un cheval dépendent en grande partie de l'alimentation qu'il peut se procurer. Ce fait est reconnu depuis longtemps par les éleveurs normands qui l'expriment en disant que « la taille est dans le coffre à avoine ».

Quant aux croisements, l'expérience démontre qu'ils ne donnent de bons résultats qu'entre animaux dont le type ne diffère pas trop, sinon, les produits sont toujours incertains, le plus souvent mauvais, dans tous les cas médiocres reproducteurs eux-mêmes.

Pour améliorer une race, il faut donc lui appliquer un étalon qui ne soit pas trop différent d'elle et d'une taille en rapport avec celle que peut donner et entretenir chez le produit l'alimentation qu'il est destiné à trouver.

Ces principes sont absolus. Ils sont d'ailleurs admis par tous les éleveurs sérieux, consacrés par l'expérience et toutes les tentatives qui ne s'y sont pas conformées ont misérablement échoué.

Le cheval barbe est un dérivé dégénéré de l'arabe. Il vit sur

ment étudiés, en vue d'un coefficient d'utilisation pratique de l'animal, sans négliger l'esthétique, et effectués avec beaucoup de science, de jugement, par conséquent d'appropriation. Pour y arriver, il faut de la perpétuité

un sol dont les pâturages sont rares et maigres, où le grain lui est rarement et parcimonieusement distribué. Il n'a pas une alimentation suffisante pour développer et entretenir chez lui un volume satisfaisant avec de la taille. Il doit donc rester petit pour rester bon. Le pur sang anglais, trop différent du barbe, surtout trop grand pour lui, donne quand même de la taille et le produit, insuffisamment nourri pour cette taille, reste grêle, plat et perd toute valeur tant comme animal de service que comme reproducteur. L'étalon anglo-arabe donne à peu près les mêmes résultats.

Le seul procédé logique d'amélioration du barbe, conforme aux principes énoncés plus haut, paraît donc être le suivant :

1° Emploi de l'étalon barbe bien choisi, c'est-à-dire la sélection, moyen lent mais certain d'amélioration ;

2° Pour hâter le progrès, emploi de l'étalon arabe pur, type voisin du barbe, de taille lui convenant, d'une conformation plus correcte avec plus d'espèce, d'étendue générale et de moyens ;

3° Adoption de la castration pour faire disparaître la nuée de mauvais étalons qui dégradent la race.

Où prendre l'étalon arabe? En Syrie ou en Égypte, où les haras de France et les remontes d'Algérie vont périodiquement le chercher. Il est relativement coûteux, mais pour 8 à 10 000 francs on trouve déjà bien ; d'ailleurs, qui veut la fin, veut les moyens.

Les achats sont délicats, la fraude régnant en Orient comme ailleurs et les vendeurs n'étant plus des naïfs, s'ils l'ont jamais été. L'arabe pur ne dégénère pas en Algérie, où il retrouve un climat très voisin de celui de son pays natal. Rien n'empêche, en important avec les étalons quelques juments pures, de créer sur place des familles arabes pures, pépinières d'étalons supérieurs qui nous dispenseraient dans l'avenir de recourir à l'Orient.

Le service des Remontes, chargé des haras en Algérie, travaille depuis vingt ans dans ce sens logique. Il prend sur place des étalons barbes de choix, en Orient des arabes purs, et cherche à créer avec ces derniers des juments de même race dans son établissement de Tiaret, la pépinière d'étalons dont il est question dans le paragraphe ci-dessus. Pour la remonte des régiments, il achète les chevaux castrés plus chers que les entiers pour exciter les éleveurs à castrer leurs animaux médiocres.

Sans être merveilleux, les résultats de cette manière de faire sont très appréciables. Ce qui les entrave c'est, comme toujours dans notre pays, *la politique, les considérations électorales, le manque de suite dans l'application, les crédits irréguliers.*

On peut cependant affirmer qu'en persévérant dans cette voie on

dans la direction à suivre; en donne-t-on la liberté à nos directeurs de remonte?

Si la reproduction est livrée, nous ne dirons pas au hasard, mais seulement à de remarquables cavaliers d'une valeur incontestable, comme nos officiers des haras ou de cavalerie, certains non pénétrés du sens économique et du besoin actuel, quelles que soient leurs bonnes intentions, on n'aboutira qu'à créer un animal ne rendant pas les services exigés à la fois par le milieu où il doit vivre et son emploi comme cheval de guerre.

Dans les travaux qui ont été faits sur cette question, nous avons le regret de trouver quelquefois un parti pris pour ou contre le cheval barbe, sans justification suffisante, et beaucoup trop de jugements par analogie, ce qui est, à notre avis, le pire des procédés de discussion. Un autre phénomène psychologique nous a frappé, c'est la force avec laquelle un sentiment enraciné s'oppose à la naissance et à l'évolution de tout raisonnement.

L'élevage de France trouve aux barbes une quantité de défauts qu'il juge d'après les apparences et des observations de la métropole; elles ne sont pas toujours justes et quelques-uns prennent inconsciemment leurs préjugés pour des raisons.

Les tenants d'Afrique, de leur côté, vitupèrent contre le pur sang anglais, l'anglo-arabe, l'étalon percheron ou ardennais, sans prendre assez de souci de leurs aptitudes diverses, sans s'inquiéter de nombreuses con-

---

peut faire du cheval barbe, dont la décadence était manifeste il y a quelques années, un cheval de guerre remarquable, apte au trait léger et à la culture légère. Il ne peut faire un tracteur puissant en raison de son volume et de sa taille qui doit demeurer restreinte, comme l'est son alimentation. »

tingences, des défectuosités de race, et surtout de l'ac-
commodation indispensable, résultant de la différence
qui existe entre le propriétaire européen et l'indigène,
des soins qu'ils donnent aux animaux, de leurs méthodes
et moyens d'élevage ainsi que de leur mode de dres-
sage, qui influent sur le caractère et la qualité du produit.

Il y a du vrai partout ; mais combien difficile de se
mouvoir entre des opinions et des intérêts, pour arriver
à l'esprit scientifique dépouillé de toute autre considération.

D'abord, il faut savoir ce que nous voulons faire au
Maroc : du cheval exclusivement agricole ou du cheval
de guerre et de trait léger, bon à tout, semble-t-il.

Dans la première hypothèse, avez-vous pour objectif
de créer la race de gros trait, envisagée au point de
vue spécial du barbe et de son croisement? Agissez
avec prudence, car si vous recourez aux étalons du
Perche, vous provoquerez une dégénérescence contre
laquelle il sera impossible de réagir ; l'influence du
milieu vous ramènera alors très vite au type primitif
enlaidi ; nous ajoutons que le barbe ne deviendra jamais
un gros tracteur.

Voulez-vous faire du trait léger, ce qui est rationnel?
Allez vers le pur sang arabe, nous dirons pourquoi.

Par ailleurs, le cheval se comporte diversement, suivant qu'il est utilisé dans un endroit déterminé d'Europe
ou au Maghreb, sur les bords de la mer, en atmosphère
d'humidité, en plaine, sur les hauts plateaux, ou dans
le sud. Même remarqué s'il est soigné par un indigène
ou un Européen, la taille et l'esthétique dépendant
dans une grande mesure de l'alimentation.

Après avoir écarté du croisement, pour le cheval

agricole, certaines de nos races nationales trop lourdes,
nous serions tenté d'attirer l'attention de quelques éleveurs qui font du demi-gros sur le postier breton, dont
les qualités d'endurance et de rusticité sont voisines
de celles du barbe et qui, ayant grandi dans un pays
de richesse moyenne, pourrait s'acclimater un peu partout en raison de sa sobriété.

Mais, avant de faire un choix, il est sage de nous
préoccuper de savoir comment il faut procéder; par
sélection ou par croisement? Nous croyons devoir
nous prononcer contre la sélection, trop lente et incertaine, et pour le croisement qui a fait ses preuves, afin
de modifier le tempérament du barbe, sa mollesse,
son élégance, ses tissus et un peu son volume, ce
dernier pas dans une trop grande proportion.

Deux façons de l'opérer : par le père ou par la mère ;
ce dernier système, en important des juments sélectionnées destinées à des étalons barbes. Encore une fois,
nous opinons pour le croisement au moyen du père,
parce qu'il est plus économique, plus simple, plus rationnel et que de nombreuses expériences, tant en
France qu'en Algérie, confirment sa supériorité.

Comme nous le disions plus haut, un résultat satisfaisant sera obtenu en important des races ayant de l'affinité l'une pour l'autre ; c'est pour cela que nous avons
préconisé, pour un cas spécial, le breton, qui nous permettrait de grossir le barbe en lui conservant ses qualités. Seulement, choisissez bien le sujet, prenez un type
possédant une forte puissance héréditaire, afin d'éviter
le retour à la race primitive.

Préférez-vous, à l'inverse, chercher l'amélioration du
barbe en vue d'obtenir une bête à deux fins, plus près
du sang, qui répondra un peu à tous les besoins? Vous

êtes certes dans le vrai, mais il faudrait un ouvrage spécial pour étudier cette question brûlante et non résolue. Dans tous les cas, le même procédé de croisement par le père nous paraît toujours supérieur.

Agissons avec prudence cependant, car nous sommes, au Maroc, en terre nouvelle et nous avons besoin de beaucoup observer avant de décider.

Au contraire de l'Algérien, pour qui le cheval est un ami, le Marocain ne s'intéresse point à cette monture, il préfère la mule, plus placide et plus calme. De toute éternité cependant, il a eu des chevaux, car la race numide, l'ancêtre du barbe, est originaire du Maghreb; assez belle à l'origine, elle a été abîmée par ses maîtres et l'usage brutal qu'ils en ont fait.

Quoi de plus pénible que de voir ces malheureux animaux, étiques, mous, les membres antérieurs très arqués; ils sont sur « leur devant » en raison des arrêts subits et violents auxquels le cavalier les oblige; tous les aplombs s'en ressentent.

A l'état de nature, ils ne sont pas parfaits, c'est entendu; il y a de nombreuses critiques à faire : comme nous l'avons noté plus haut, le barbe a entre autres défauts la croupe défectueuse et l'épaule pas bien dirigée. Gardez-vous, toutefois, de lui substituer tout d'un coup l'épaule longue et droite du cheval de course, qui ne répondrait pas à l'utilisation cherchée; procédez par étapes, transformez, mais pour y parvenir ne l'abreuvez pas tout d'un coup de pur sang anglais, bête noble, mais très délicate, dans un pays aussi primitif et dissemblable de l'Europe que l'est la côte nord-ouest de l'Afrique, particulièrement au point de vue géologique, climatérique et alimentaire.

Le barbe possède, cependant, des qualités que nous avons mentionnées; rappelons que son encolure n'est pas

mauvaise, sa poitrine profonde, son garrot bien res-
sorti, le rein solide et pas mal attaché; quoique la
croupe soit laide, elle ne manque point cependant de
puissance; doux de caractère, il est intelligent et remar-
quablement sobre.

Vers quel type devons-nous donc nous tourner, pour
lui donner les qualités qui lui manquent, dans le but
précis d'en faire un cheval de guerre et de trait léger?

Nous n'inclinons pas du côté des anglo-arabes, pas
plus que des anglo-normands pour débuter dans le croisement, et c'est au pur sang arabe de grande origine
que vont nos préférences, parce qu'il a de l'affinité avec
le barbe, qu'il vit sur un sol équivalent, se contente de
la même nourriture et possède toutes les qualités que
nous recherchons.

Il nous a servi en Turquie, Syrie, Égypte, Tripolitaine, Algérie, dans le sud d'El Golea et au Maroc, donc
d'un bout à l'autre de la Méditerranée et souvent dans
les conditions les plus rudes, sans que nous ayons
jamais eu à nous en plaindre.

Plus tard, très tard, quand l'expérience aura démontré qu'une première amélioration en appelle une autre,
essayez des espèces analogues aux magnifiques pur sang
anglais que, dans sa libéralité de guerre, le gouvernement a envoyés au Protectorat.

A Tamara, à l'Aguedal, un peu partout, grâce à l'obligeante réception de MM. les officiers attachés à ce service (1), nous avons admiré de splendides modèles, d'une
perfection de forme et d'une puissance extraordinaires.

Ils ont toutes nos sympathies personnelles, mais
nous ne saurions les préconiser pour l'instant, comme

(1) Nommons particulièrement MM. le commandant RASTOIN. chef
de service, et le capitaine BONNARDET, dont l'activité et l'esprit d'organisation sont excellents.

nous l'avons dit, en raison de la trop grande distance entre les origines; les produits sont la plupart du temps douteux et font eux-mêmes de mauvais reproducteurs.

C'est, d'ailleurs, dans le but de favoriser l'amélioration de la race chevaline indigène, par une sélection rigoureuse des reproducteurs mâles, que les remontes ont établi de nombreuses stations avec gratuité de l'étalon.

De plus, par un dahir de 1915, on a créé un « stud-book » de la race marocaine de chevaux de selle et de ses dérivés. A ce livre généalogique ne pourront figurer que :

1° Les chevaux et juments marocains de race pure;

2° Les sujets de parents inscrits au stud-book algérien, tunisien ou marocain;

3° Les dérivés du barbe, du syrien, de l'anglo-arabe et de l'anglo-arabe avec le marocain, à condition de n'avoir pas plus de 25 0/0 de sang anglais.

Pour obtenir l'inscription de leurs chevaux à ce stud-book, ce qui leur confère une valeur spéciale, les éleveurs auront donc intérêt à les préserver de tout croisement qui ne donnerait pas des sujets remplissant les conditions imposées par le dahir précité.

Actuellement, le prix d'un cheval de selle ordinaire varie de 390 à 620 francs; celui d'un cheval de trait va de 200 à 320 francs.

On a prétendu que le cheval barbe était dénigré en France; peut-être, mais surtout par ceux qui l'ignorent ou l'ont employé hors des conditions d'utilisation et de climat où il doit l'être.

En principe, il ne faut pas trop le dépayser; mais encore une fois, ce n'est pas seulement pour la métropole, et pour rendre service aux éleveurs français de France que nous tendons à cette amélioration. Elle a

pour objet aussi de permettre au colon et à l'indigène
de posséder une ressource économique nouvelle, dont il
puisse tirer parti, tant au point de vue de la vente à l'armée que du transport et de l'agriculture. On y parviendra en transformant l'élevage et en introduisant au
Maghreb une industrie et un commerce dont les bénéfices seront un encouragement précieux pour ceux qui
s'y adonneront. Procédons avec précaution, car le doute
est le premier pas de la science.

Ne voyons donc pas ce qu'on appelle à tort le profit
des éleveurs de tel ou tel pays, mais la race à sélection-
ner pour un but auquel nous devons parvenir. L'intérêt
s'accordera vite avec nos méthodes, en raison directe
des résultats, si nous nous abstenons avant tout de faire
de la politique lorsqu'il s'agit seulement du cheval.

*
* *

Le mulet. — Dans les régions accidentées du Maroc, où
les voies de communication sont d'ailleurs des plus pré-
caires, le mulet indigène rend plus de services que le
cheval. Sa force, sa sobriété jointe à une grande rusticité, la sûreté de son pied, le font rechercher aussi
bien comme monture que comme animal de bât ou de
trait. Monté, il peut effectuer de longs trajets à une
allure assez vive et les riches Marocains préfèrent les
mules aux meilleurs chevaux. Avec une charge de 200
à 250 kilos, le mulet parcourt 30 kilomètres par jour.

Son élevage rapporte davantage que celui du cheval.
Moins exigeant que ce dernier comme nourriture, il
peut, en outre, travailler dès l'âge de deux ans. La bête
de selle se vend de 540 à 770 francs en moyenne; les
beaux sujets atteignent même 2 000 francs. Quant au
mulet de trait, il se paie de 350 à 540 francs. Ces prix

sont très rémunérateurs; si l'on considère d'autre part qu'au Maroc les mulets trouvent toujours acheteurs, on peut prédire à ceux qui s'en occuperont un fort bel avenir. Les Marocains ont avantage à s'attacher à l'amélioration de la race locale dans le sens d'une plus grande taille; des baudets étalons bien conformés et d'un type approprié au pays devront donc être répartis dans les stations des services des remontes et haras.

*
* *

L'âne. — De petite taille, endurant, l'âne est très répandu au Maroc (plus de 255 000 têtes). C'est un précieux auxiliaire pour l'indigène pauvre, qui s'en sert comme monture et bête de somme.

A part quelques sujets sélectionnés en vue de la production du mulet, l'élevage de l'âne n'est l'objet d'aucun soin.

Son prix ordinaire est de 30 à 100 francs.

*
* *

Le bœuf. — La race bovine du Maroc, qui compte plus de 684 000 têtes, présente trois types principaux : celui du Loukkos, du Sebou et des Zemmour.

Les deux premiers, brachycéphales, peuvent se rattacher à la race ibérique de Sanson; on les rencontre surtout dans la région du Gharb et des Beni-Ahsen.

Le type du Loukkos, à robe grise; noirâtre, ton sur ton, donne des rapports élevés au point de vue du travail et de la viande, mais les vaches sont de médiocres laitières.

Celui du Sebou, au pelage d'un beau brun roux clair, fournit peut-être un rendement moins important; les vaches sont bien meilleures laitières, tant au point de vue de la quantité que de la richesse du lait.

Aux Zemmour, on trouve des bœufs dolichocéphales, à la robe marbrée et zébrée de noir; les vaches sont bonnes laitières.

Ces divers échantillons se recommandent, dans l'ensemble, par leur sobriété, leur vigueur au travail, une grande rusticité ainsi que par la qualité de leur viande. Ils ont, en outre, la propriété très appréciable de pouvoir être engraissés rapidement (1).

Les bovidés du littoral et des plateaux sont, en général, plus développés que ceux des montagnes. Ainsi, le Maroc du nord, — du Gharb à la vallée du Bou-Regreg, — avec ses pâturages plus humides, se prête mieux à l'élevage des bêtes à cornes que les régions méridionales. Le Gharb, les Beni-Ahsen, les Zemmour et les Zaer comprennent les meilleures variétés.

Malgré les réelles qualités que possèdent les bœufs marocains, l'état habituel du troupeau est médiocre. Cette situation tient, en partie, à ce que les Arabes ne pratiquent aucune sélection, mais elle provient aussi d'une alimentation défectueuse ou incomplète et d'un manque de précautions de toutes sortes. Les indigènes, très amateurs de lait, n'en laissent pas assez aux jeunes veaux, dont la croissance est ainsi ralentie; les animaux adultes subissent ensuite les vicissitudes de la végétation spontanée du sol. Personne n'ayant l'habitude de faire des réserves de fourrages pour l'été, les bœufs ne trouvent à brouter, pendant les périodes de sécheresse, qu'une herbe rare, desséchée et sans valeur nutritive.

---

(1) On peut d'une manière générale et en pâturage moyen engraisser trois bœufs de 300 kilogrammes environ chacun sur deux hectares, et y avoir en même temps dix moutons. Aucun élevage intensif n'a encore été tenté en grand à notre connaissance.

La disette et les épizooties qui l'accompagnent, l'affaiblissement qui en résulte causent alors de véritables ravages : c'est ainsi qu'au cours de l'année 1915, la mortalité a été très grande parmi les bovidés. Le gouvernement chérifien a dû en interdire l'exportation en vue de garantir l'approvisionnement du Maroc en viande, en même temps que la reconstitution du cheptel très menacé.

Ces constatations ne sont pas pour rebuter les éleveurs. Il est cependant possible de pallier aux conséquences de la sécheresse, par la constitution de fortes réserves de fourrages divers pour la saison chaude, et certaines contrées irrigables n'ont rien à craindre si elles sont aménagées en conséquence.

La race bovine locale est plutôt petite et peu précoce dans son ensemble ; il conviendrait, par une sélection bien conduite et surtout des croisements appropriés, d'augmenter son volume, tout en lui conservant ses qualités actuelles.

Dans le but de lui donner de la force, de l'ampleur et une plus grande résistance à la piroplasmose, maladie endémique qui la décime, on effectue des croisements de taureaux zébus, par conséquent très rustiques, avec la vache indigène, comme cela a déjà été pratiqué avec succès en Algérie, en Tunisie et au Sénégal. Les résultats que nous avons constatés en Chaouïa, chez les Doukkala et les Zemmour nous paraissent bons et, fait curieux, la gibbosité du zébu disparaît presque dans les produits de croisement. Il semble pourtant, d'après certains colons, qu'il soit préférable de rechercher l'amélioration de la race locale par la sélection et de ne recourir que le moins possible aux tentatives de ce genre.

*
* *

Le mouton. — L'élevage du mouton se pratique un peu partout au Maroc; mais il est plus développé dans le Gharb, la Chaouïa, le Tadla, la région de Marrakech, et dans les vastes steppes du Dahra. Les ovins sont au nombre de 3 775 000 environ (1).

Cet animal constitue l'une des plus précieuses ressources du pays; il fournit aux indigènes la majeure partie de la viande qu'ils consomment, ainsi que la laine qui sert à la confection de leurs vêtements; il alimente, en outre, dans une très large mesure, le commerce d'exportation.

Les acheteurs de laine qui opéraient pour le Gouvernement français en 1916 nous ont confirmé dans l'opinion qu'un avenir était réservé à cette branche de notre activité. Il est regrettable que ces spécialistes n'aient pu toujours acheter eux-mêmes, au lieu de recourir à des intermédiaires imposés par des coutumes difficiles, paraît-il, à modifier.

Ainsi que le montre le tableau ci-contre, les ovins et les produits qui en dérivent entrent pour près d'un tiers dans les exportations totales du pays, malgré que la sortie des moutons vivants soit prohibée par la voie de la mer.

Mieux que n'importe quel commentaire ces chiffres indiquent l'importance que prend au Maroc l'élève du mouton. C'est, avec le porc (ce dernier suivant la région),

(1) M. H. Geoffroy de Saint-Hilaire, inspecteur des services de l'agriculture au Maroc dit, dans une conférence faite en 1915 : « La population ovine, que les statistiques donnent comme étant de 3 250 000 têtes en 1915 au Maroc Occidental, semble par cela même être en concordance avec la règle qui veut, en pays musulman, que la population ovine égale la population humaine... »

une des productions agricoles les plus avantageuses
qu'il importe de recommander, pour les gros bénéfices
qu'elle procure soit par exploitation directe, soit par
association.

L'espèce ovine comprend ici trois races de qualités
inégales :

1° Celle que l'on rencontre dans le Gharb, le Tadla

MOUTONS, LAINES ET PEAUX DE MOUTONS
EXPORTÉES DU MAROC
(Valeurs en francs).

		1914		1913	
		Zone française, zone internationale (Tanger) et zone espagnole réunies (1).	Zone française.	Zone française, zone internationale (Tanger) et zone espagnole réunies (1).	Zone française.
Par les ports ..	Laines...	3 070 633	2 723 412	5 330 167	4 895 135
	Peaux ...	1 150 159	· 1 108 978	2 007 736	1 966 747
Par l'Algérie, voie de terre..	Moutons vivants..	»	3 899 000	»	· 4 769 000
	Laine et déchets de laine.	»	2 763 000	» ·	1 211 000
	Peaux ...	»	254 195	»	28 000

(1) Une partie des exportations effectuées par Tanger et par les ports
de la zone espagnole revient à la zone française.

et chez les Beni Meskin, est de la famille du mérinos.
De taille moyenne, la tête rougeâtre ou noire, la toison
abondante et serrée pesant souvent près de 5 kilogrammes (1), elle fournit une laine « ourdigha », très

(1) Le poids moyen mondial est de $2^{kg},152$.

fine, homogène, ondulée. Sa viande est de très bonne
qualité. Cette variété de mouton peut peser jusqu'à
70 kilogrammes;

2° Sur le littoral, dans la Chaouïa et la région de Fez,
domine une race plus grande que la précédente, plus
longiligne, plus plate. Sa chair est filandreuse et sa toison à demi ouverte donne une laine « beldia » irrégulière, longue, grossière et très jarreuse. C'est une
espèce qui a besoin d'être améliorée;

3° On trouve enfin, dans les hauts plateaux et dans
les pays montagneux, un type offrant quelque ressem-
blance avec le mouton oranais. L'animal est plus petit,
plus ramassé que les deux premières variétés. Il pèse
en général une cinquantaine de kilogrammes. Sa chair
est savoureuse et sa laine souvent tassée apparaît fine,
quoiqu'un peu jarreuse.

Pratiqué d'une manière judicieuse, cet élevage ne
peut manquer de prendre au Maroc une extension en
rapport avec les ressources qu'offrent d'immenses terrains de parcours, à coteaux couverts de rocailles,
broussailleux, vastes steppes herbeux, impropres à la
culture. Les champs de céréales constituent aussi, grâce
aux chaumes après la moisson, d'excellents pâturages;
mais, au préalable, il faut amener les indigènes à modifier leurs procédés, qui sont encore à l'état barbare,
et à renoncer à tuer des femelles ovines encore aptes à
la reproduction.

L'interdiction d'abatage existe bien, mais elle n'est
pas respectée, du moins à l'intérieur du pays. Dans les
villes, où la surveillance est plus facile, la règle est
mieux observée, le service des abattoirs s'opposant à ce
qu'on lui amène des brebis âgées de moins de cinq ans.

Le mouton est sujet, au Maghreb, à diverses maladies dont quelques-unes causent de grands ravages;

les plus dangereuses sont la distomatose ou cachexie aqueuse, due à la présence de vers dans les canaux du foie, et la strongulose, occasionnée par des vers blancs filiformes qui infestent l'intestin grêle.

D'après M. Maurice Bourote, ingénieur-agronome déjà cité, ces maladies n'existent pas dans les contrées où ces animaux ne boivent que des eaux de puits. Elles ne se propagent que vers les régions où ils se désaltèrent dans des eaux stagnantes et celles des oueds polluées par certaines larves.

La simple observation des règles d'hygiène les plus élémentaires, consistant à assurer au cheptel une alimentation rationnelle ainsi qu'un abri pendant l'hiver, contribuera à relever l'état sanitaire des ovins.

Enfin, la sélection et le croisement combinés amélioreront à leur tour les races locales, au point de vue de la qualité de la laine et de la viande. Les béliers mérinos de la Crau et de l'Escurial donnent de bons produits, mais si les troupeaux ne pouvaient bénéficier des conditions d'alimentation et de logement auxquelles nous avons déjà fait allusion, il serait préférable de recourir aux métis mérinos marocains qui sont déjà acclimatés et par suite plus résistants.

*
* *

Le porc. — De race ibérique, les porcs indigènes fournissent une viande de bonne qualité. Leur entretien n'est pas coûteux; ils cherchent d'habitude leur nourriture dans les terrains de parcours riches en racines, en tubercules, et surtout en truffa (1). Dans

(1) La truffa est une sorte de tubercule dont nous avons goûté avec les indigènes, et qui ne ressemble que par sa forme à la truffe de France; il constitue une alimentation saine.

les bois où existent des chênes, le glandage, d'usage courant, a été réglementé ; en forêt de la Mamora, du côté de Kenitra, l'administration des Eaux et Forêts désignait jusqu'à présent la place affectée aux porcs, imposait le débroussaillement des alentours par crainte des incendies et exigeait une redevance annuelle représentant le prix de location. D'après la nouvelle décision, les lots destinés à cet élevage seront désormais mis en adjudication.

Autour des villes, les porcs sont élevés en demi-stabulation ; la vie en plein air qu'ils mènent, et qui se rapproche de l'état de nature, leur donne une grande rusticité, mais la race est peu féconde, encore moins précoce. Il y aurait intérêt à la croiser avec le Yorkshire qui donne des produits la plupart du temps blancs et d'une aptitude spéciale à l'engraissement rapide, ou mieux avec la race craonnaise et le Berkshire qui lui conserveraient sa robe noire. L'action du soleil sur les peaux de teinte claire peut, en effet, déterminer des lésions d'une certaine gravité.

Depuis l'occupation française, le porc s'est généralisé au Maroc, par suite des revenus excellents qu'il procure et du peu de peine qu'il donne. L'approvisionnement des villes en viande porcine, pour les besoins de la population européenne, assure aux vendeurs un débouché notable sur place. Il est à prévoir, d'ailleurs, qu'à la suite de la suppression par le sultan du dahir qui interdisait la sortie de ces animaux, cet élevage va prendre un nouvel essor.

A titre temporaire, l'exportation des porcs par les particuliers vient d'être interdite, en vue de réserver tout le superflu de la production marocaine pour la reconstitution du troupeau français. On paie, du reste, ces animaux un prix rémunérateur dans le but d'encourager la production.

La France, de son côté, a supprimé la formalité sanitaire qui prescrivait d'abattre les porcs marocains dans les dix jours de leur débarquement en terre métropolitaine. Ce court délai obligeait les exportateurs à liquider coûte que coûte et à subir les exigences des acheteurs qui, tablant sur l'état de fatigue dans lequel se trouvait le bétail, offraient des prix trop inférieurs. Cette interdiction rapportée, les éleveurs auront la possibilité de soigner leurs animaux à leur arrivée et d'attendre le moment opportun pour les mettre au marché.

Une solution avantageuse pour tout le monde, comme nous l'indiquions, consisterait à installer, dans un grand centre du littoral marocain, une fabrique de jambons et autres produits dérivés du porc, qui seraient écoulés sur place ou expédiés en France et à l'étranger. Leur prix de revient est inférieur à celui des mêmes articles des autres pays, par suite des facilités spéciales de l'élevage au Maroc; il assurerait aux propriétaires de la fabrique, comme aux producteurs, des revenus considérables qui, pour ces derniers, seraient supérieurs à ceux qu'ils retirent de l'exportation des animaux vivants. Dans les premiers mois de 1916, le prix du kilogramme vif a varié de 1 franc à 1 fr. 10.

Chèvres. — La chèvre, que l'on a appelée la « vache du pauvre », est, après le mouton, l'animal le plus répandu au Maghreb. Les troupeaux en sont surtout très denses dans la région des Chiadma-Haha, et au Maroc Oriental. Elle se plaît de préférence au milieu des terrains broussailleux et au sud du Tensift, où sa nourriture principale se compose des feuilles et de la pulpe du fruit de l'arganier.

Les peaux de chèvres sont l'objet d'un trafic important. L'industrie locale en fait des babouches, des sacoches, des harnais. Les exportations en France, provenant de la zone du Protectorat, ont atteint en 1913 : 2 006 099 francs, sur un total de 3 346 194 francs pour les peaux et 29 763 francs sur un total de 46 042 pour les poils. Il est vrai qu'en 1913, la sécheresse a entraîné une grande mortalité dans le bétail, et que, par suite, ce commerce a été très prospère.

En 1914, les envois en France ne sont parvenus qu'à 458 509 francs, sur une exportation totale de 1 666 075 francs en raison du meilleur état sanitaire.

Autruches. — Une autrucherie d'essai existe à Meknès. Le service qui la gère a pour mission « d'étudier l'élevage de l'autruche au point de vue économique et les possibilités de son extension à certaines régions du Maroc ». Les sujets qui composent le petit troupeau de cette station sont d'origine saharienne.

En 1914, le port de Mogador a exporté en France 114 kilogrammes de plumes d'autruches d'une valeur de 22 800 francs, soit 200 francs le kilo.

Volailles. — Le commerce des volailles est très florissant. Les poules contribuent en outre pour une large part à l'alimentation de la population européenne et indigène. De petite taille, très rustiques, celles de race locale sont bonnes pondeuses et couveuses, mais leur chair est filandreuse et dure, et le manque absolu de soins est la principale cause de la dégénérescence de l'espèce. Aussi bien, toute amélioration par croisement avec des produits de choix demeurera impossible tant que les Marocains n'auront pas changé leur mode d'élevage qui, à proprement parler, n'en est pas un.

Les exportations du Maroc (trois zones réunies) en France et en Algérie se sont élevées : en 1914 à 317 383 têtes sur un total de 2 029 931, en 1915 à 2 828 000 têtes sur un total dépassant 4 millions.

CHAPITRE VI

INDUSTRIE

Nous avons indiqué ou traité sommairement au chapitre III (les Villes), sans vouloir empiéter sur ceux de
l'Industrie et du Commerce, quelques cas d'espèce qui
nous paraissaient davantage se rapporter directement
à chacune d'elles. Il nous reste à examiner, au point
de vue général, les différentes modalités qui peuvent
intéresser les colons, tant européens qu'indigènes, dans
les deux branches de cette activité et à connaître par
conséquent notre situation actuelle par les évaluations
du trafic intérieur ou extérieur, ainsi que leurs formes
variées.

*
* *

La patrie vit des heures tragiques. La victoire cependant se présente à nous comme certaine; il est donc
indispensable de savoir d'urgence sur quelles bases
notre activité pourra reprendre, aussitôt la guerre finie.
La réussite ne viendra pas seule. Nous devons bannir
l'insouciance, couchée paresseusement derrière une for-
tification douanière, le manque d'ambition, les erre-
ments anciens et les procédés empiriques, pour leur

substituer l'ardeur combative, ainsi que tous les perfectionnements techniques et scientifiques qui ont fait la
fortune de nos ennemis, surprenant les Américains eux-
mêmes, empiriques habitués à tailler en grand.

Au jour de la paix, nous dirons mieux, à la veille, le
globe entier assistera à une ruée en masse des peuples
belligérants vers les marchés du monde et les débouchés tumultueux qu'ils offriront.

Si nous n'examinons pas dès maintenant, sans par-
lotes inutiles et fausse sentimentalité, les méthodes
positives qui nous permettront de faire face à ces demandes, nous ne recueillerons qu'une infime partie des
bénéfices de la lutte gigantesque et sanglante, où nous
aurons perdu les meilleurs de nos enfants.

Parmi les moyens à considérer et mettre en œuvre
pour réaliser ces objectifs, se trouvent nos colonies et
protectorats.

Nous verrons donc au point de vue industriel et commercial ce que fait le Maroc, ce qu'il peut faire, les dé-
veloppements qu'il comporte et les ressources minérales et autres que nous pouvons en tirer.

§ 1er. Industrie indigène.

Comme tous les pays qui viennent de s'ouvrir à l'exploitation, le Maroc n'est pas industriel ; les indigènes,
gens nomades ou semi-nomades, s'adonnent surtout à
l'élevage et à la culture, rudimentaire d'ailleurs, de
quelques arpents de terre, le tout dans la mesure des
besoins de leur famille.

Les transformations que doivent subir certains produits du sol et du troupeau (filage et tissage de la laine,
fabrication de la farine, de l'huile, etc.) sont effectuées
par les femmes dans chaque intérieur et en proportion

des nécessités domestiques. C'est ainsi que sont confectionnés les grandes couvertures en laine appelées « bet-
tania »; les divers lainages servant à l'habillement :
chemises (1), haïk, longues pièces de fin tissu, djellaba,
dont la contexture est si originale : les toiles de tentes
formées de flidj, bandes d'étoffes noires tissées avec un
mélange de laine ou de poils de chèvre et de fibres de
palmier nain, ou de pieds d'asphodèles...

Chacun fabrique aussi les poteries grossières servant
aux usages journaliers : jarres, cruches, amphores, gar-
goulettes, godets de noria, plats et pots divers.

Dans les campagnes, cette production reste individuelle, et le forgeron est en général le seul ouvrier spé-
cialiste que l'on y rencontre.

Quant à l'activité industrielle des villes, elle se
résume, en dehors de la meunerie, en quelques professions s'appliquant aux tissus, vêtements, broderies,
cuirs, poteries, armes, orfèvrerie et groupant en corpo-
rations des artisans habiles certes, mais dont les procédés
de travail n'ont fait aucun progrès depuis des siècles.

Grâce cependant à l'isolement dans lequel le Maroc
s'était complu jusqu'à ces dernières années, les traditions originales de certains métiers avaient pu se maintenir dans toute leur pureté. On admire encore dans
les souks ou les boutiques des vieilles cités maghre-
bines, de beaux et délicats lainages, des tapis genre
Rabat, à juste titre célèbres, des broderies de Fez,
des maroquins finement ouvragés, des « belgha »,
chaussures en cuir souple et de couleurs différentes,
suivant qu'elles sont destinées aux musulmans (jaunes),

(1) Les chemises de laine sont surtout usitées dans le nord; dans le
sud, les indigènes se servent de kachchaba, pièce de cotonnade indigo
(guinée).

aux femmes (rouges) ou aux juifs (noires) (1), etc.

Au contact de la concurrence européenne, la plupart de ces minuscules industries n'ont pas tardé à péricliter. Le bon marché et la diversité des produits importés du dehors, une habile adaptation, surtout allemande, de ces derniers au goût de la clientèle, un large usage du crédit à long terme, tout, en un mot, contribue à rendre cette lutte funeste pour les petits patrons, en ce qui concerne les articles d'usage courant.

Industrie textile. — Le tisserand des villes fournit des étoffes variées servant à la confection des burnous, djellaba, haïk, foulards, turbans, couvertures, etc.

Le lavage et le blanchiment des laines occupe à Fez près de 20 000 ouvriers; la filature, qui emploie surtout la laine de mouton, le poil de chameau et la soie, utilise des rouets primitifs. Des expériences de teintures végétales ont été entreprises à la medersa de la kasba des Oudaïa, à Rabat, suivant les méthodes anciennes perfectionnées; elles ont donné des résultats excellents pour teindre les laines servant à la confection des tapis modernes qui s'opère dans la même école.

Des essais heureux de sériciculture permettent d'espérer que bientôt le Maroc fournira lui-même sa matière première qui provient, aujourd'hui, de l'extérieur; quant aux métiers de tissage, ils ressemblent à nos métiers à main.

Fez s'était spécialisée dans la fabrication de broderies de soie sur cotonnades et étamines pour rideaux, taies et enveloppes de matelas; sur drap pour tentures murales ou haïtis, le tout très recherché dans le pays;

(1) Les Arabes et tous les musulmans en général ont l'horreur superstitieuse du noir qui « porte malheur ». C'est pour cette raison qu'ils ont imposé le costume noir aux Juifs.

le tricotage de la laine et la confection des tarbouch y avaient aussi une certaine importance.

Ces diverses industries perdent tous les jours du terrain devant l'importation des tissus étrangers qui, bien que de qualité inférieure, sont préférés par les indigènes à cause de leurs prix plus modiques. Au lieu de chercher à imposer leurs goûts à la clientèle, reproche que l'on peut quelquefois adresser aux exportateurs français, certains concurrents européens imitent, au contraire, avec servilité, les produits de la fabrication locale et réussissent ainsi à supplanter cette dernière.

Industrie des cuirs. — L'industrie des cuirs est une des plus originales au Maghreb ; les tanneries locales préparent en particulier les peaux de moutons et de chèvres et leur donnent de belles couleurs jaunes et rouges, par l'emploi de la cochenille et de l'écorce de grenade. Les maroquineries ouvragées et brodées de Marrakech, Fez, Safi sont renommées à juste titre. Les babouches, sacoches, ceintures, selles, harnachements, etc., paraissent remarquables par leurs belles teintes et le fini du travail ; elles donnent lieu à une exportation assez active, sur l'Égypte (113 344 kilogrammes de babouches en 1913) et sur la France (76 421 kilogrammes du même article).

Industrie du bâtiment. — L'ouvrier indigène du bâtiment, qui ne manquait pas de goût artistique, à en juger par les anciens monuments que renferment les capitales chérifiennes, ne construisait plus depuis longtemps, à part certaines riches maisons bourgeoises et palais de

grands caïds, que des édifices en tuf et pisé. Aujourd'hui,
c'est toujours le laid .qui domine, sauf à Rabat où
une véritable renaissance a présidé aux constructions
neuves, s'inspirant de la plus délicate. expression de
l'art arabe. On fait encore, en effet, au Maghreb, des
décorations d'intérieur qui sont exécutées, surtout à
Fez et Marrakech, par d'excellents dessinateurs et sculp-
teurs sur plâtre.

*
* *

Industrie du bois. — Les objets d'ameublement consistent en coffres, tabourets, tables, plateaux en bois
d'arar (thuya). Meknès renferme des meubles sculptés
d'une certaine valeur artistique, bien que ne répondant
pas à nos conceptions. Dans la région de l'arganier on
fabrique des tables originales.

*
* *

Industrie de la céramique. — Les Arabes ont toujours
témoigné du goût pour les décorations brillantes. En
arrivant au Maghreb, ils y avaient introduit le luxe des
constructions en marbre et la magnificence des revête-
ments céramiques formés de carreaux vernis offrant une
grande variété de dessins. Par malheur les voyageurs anciens ont mis peu d'empressement à nous éclairer sur
les origines, la nature et le style de ces œuvres d'art, dont
on peut admirer les manifestations, en visitant, en particulier à Fez, les magnifiques maisons arabes, les palais
et les medersa qui y ont été conservés. On demeure
stupéfait devant la nombreuse suite d'ouvrages remarquables qui sont parvenus jusqu'à nous et nous avons
admiré des urnes et des vases d'une élégance presque
antique, couverts d'un émail gris jaunâtre et rehaussés

d'une décoration polychrome composée de figures géo-métriques, fleurons, denticules, rinceaux, où le vert et le bleu, qui sont les couleurs les plus anciennes, voisi-naient harmonieusement avec le jaune lentille, le citrin et le brun de manganèse.

Mais la série d'ouvrages dans laquelle on trouve aujourd'hui le plus de variété est celle composée des plats et coupes, où les artistes arabes ont fait usage de combinaisons sphériques très originales, formant de gigantesques étoiles à segments variés ou des com-partiments stellaires d'une liberté d'application éton-nante, qui ne manque ni d'énergie ni de hardiesse.

Aujourd'hui tout cet art est dégénéré et les seuls centres céramiques de la zone française se sont can-tonnés à Fez et Safi; les produits qui en sortent sont plutôt grossiers, tout en rappelant de loin les concep-tions d'autrefois. Les poteries de nos jours sont vul-gaires, cuites et vernissées sans soins et n'ont conservé d'intéressant que la polychromie curieuse de jadis où dominent toujours le bleu et le vert. Il y aurait intérêt pour le Protectorat à relever cette industrie d'art.

Industrie des métaux. — Le travail du fer et de l'acier est limité à la fabrication des verrous, fers à cheval, chaînettes pour freins de chevaux, étriers, grillages pour fenêtres, diverses ferrures et pentures artistiques, etc.; le métal employé provient d'Europe. Les ateliers d'ar-murerie, autrefois si florissants au Maroc, sont en pleine décadence; ils se bornent aujourd'hui à garnir d'incrustations les objets qu'ils reçoivent de France ou d'ailleurs.

Parmi les ouvrages en cuivre ou en laiton dont la

concurrence étrangère, surtout allemande, restreint de plus en plus la fabrication locale, citons les plateaux à thé ornés d'arabesques ciselées, les théières et toute la bimbeloterie similaire.

La bijouterie indigène paraît encore jouir d'une certaine vogue : les bracelets, bagues, broches, diadèmes, colliers divers, boucles d'oreilles, épingles, sont très recherchés, soit par les Marocaines, qui aiment à se parer de bijoux multiples et volumineux, soit par les étrangers de passage, à titre de curiosité.

*
* *

L'industrie de la minoterie est une des plus développées. Fez possède de multiples moulins actionnés par l'oued dont les diverses branches traversent la ville. Ces établissements sont très prospères et les habitants des environs, même les plus éloignés, y font moudre leur grain ; de nombreux centres voient se développer les moulins à cylindres.

*
* *

Parmi les ouvrages de sparterie et de vannerie tressés par les Fazi et autres citadins, nommons les nattes en jonc, les cordages, tellis ou grands sacs doubles, contenant les provisions de blé, d'orge, de dattes ; chaouris, couffins, couvertures de bâts faits avec des fibres de doum, palmier nain, etc.

En résumé, l'industrie indigène n'est pas corporative dans l'ensemble. Même dans les villes, elle ne traite qu'un nombre très restreint de produits et ne comporte pas de manufactures, au sens propre de ce mot ; les artisans travaillent à l'état isolé, rarement ils se groupent à plus de deux ou trois et, dans ce cas, leur réunion con-

serve malgré tout l'allure d'un atelier de famille. Cette
absence d'union et de division du travail, jointe au
manque de voies de communication et à l'insécurité des
transports, a entravé son développement pendant des
siècles. Stationnaire jusqu'à ces dernières années, l'industrie est aujourd'hui en décadence, les conditions
dans lesquelles on la pratique ne lui permettent pas de
résister à la concurrence étrangère, mieux organisée et
surtout mieux outillée.

Il y a donc au Protectorat d'intéressants débouchés
pour les industriels ou commerçants français qui, aban-
donnant des méthodes surannées, sauront se plier aux
habitudes de payement, aux goûts et exigences de la
clientèle.

2. Industrie européenne.

Au Maghreb, l'industrie européenne se préoccupe,
pour le moment, de transformer sur place les produits
du sol et de les transporter dans des conditions nouvelles de sécurité et de rapidité.

La variété de la production du pays permet d'envisager diverses installations, dont plusieurs sont déjà en
plein développement, telles que minoteries, pâtes alimentaires, boulangeries mécaniques, biscuiteries, fabriques de crin végétal, usines pour broyer l'écorce à
tan, laveries de laine, scieries mécaniques, huileries qui,
par un traitement des graines oléagineuses moins primitif que celui employé par les indigènes, fourniraient à
l'exportation un appoint appréciable. Des fabriques de
conserves pourraient prospérer du côté de Casablanca,
de Fedalah, de Mazagan, d'Azemmour, où la côte est
très poissonneuse; il existe déjà plusieurs maisons qui
débutent.

Ajoutons la création de services de transports terrestres, automobiles ou autres, qui multiplient d'autant plus les relations commerciales, qu'ils satisfont davantage aux trois conditions de vitesse, puissance et bon marché. On a pu dire fort à propos, à ce sujet, que le transport est fonction de la vie économique; toute nouvelle entreprise qui favorise les communications augmente par là même le coefficient de production.

N'oublions pas de mentionner les constructions de maisons et d'établissements de toutes sortes (hôtelleries, écoles, etc.). Dans ce Maroc s'ouvrant à la civilisation, ils surgissent de terre comme par enchantement et transforment en centres de colonisation des bourgades qui, il y a quelques années à peine, végétaient dans la misère.

L'industrie des matériaux se rapportant au bâtiment (chaux, ciment, briqueterie, agglomérés, etc.) connaît aussi une prospérité qui n'est pas près de se ralentir; plusieurs installations de ce genre existent à Casablanca.

Enfin des ateliers de confection civile et militaire, des imprimeries, s'y établissent, utilisant une main-d'œuvre de plus en plus importante et contribuent à stabiliser une catégorie de colons peu fortunés, mais laborieux.

En produisant sur place de nombreux articles de consommation, ces diverses branches d'activité tendent à modifier le rapport entre les importations et les exportations. Ces dernières se développeront au détriment des premières au fur et à mesure que le pays se suffira à lui-même. Un exemple caractéristique nous est fourni par le sucre, dont les entrées sont appelées à diminuer; les essais de culture de betterave ont été concluants et entraîneront la fondation de sucreries. La question est déjà posée pour le Maroc Oriental.

Ressources minérales. — Il est encore trop tôt pour parler des richesses minières, les recherches multipliées mais superficielles qui ont eu lieu jusqu'à présent n'étant pas concluantes; elles ont été entravées, avant l'établissement du Protectorat, par le mauvais vouloir du gouvernement chérifien qui s'opposait à toute entreprise de ce genre, car seule l'exploitation des salines était autorisée.

On dit le Gharb favorisé à ce point de vue; on y voit quelques suintements de pétrole et de naphte, des carrières de marbre et de plâtre, des eaux sulfureuses. Dans l'Atlas, les Allemands affirment qu'il y a du fer en abondance; ils signalent le gisement de Kenadza et un peu partout on rencontre des affleurements qui, en l'état actuel, ne signifient pas grand'chose. La constitution et la morphologie du sol ont besoin de prospections plus approfondies, pour obtenir la connaissance des conditions géologiques et celle des gîtes métallifères, des plans d'eau, de la spéléologie, etc.

Près de Fedalah nous voyons des terrains cristallophydiens, des schistes à métamorphisme à l'ouest de Ben Guérir, des pyrites de fer dans les Beni M'saken (vallée d'Ouaham), du plomb sous forme de galène à différents endroits de l'Atlas, fort peu de chalcopyrite. Le Djebilet réserve peut-être des surprises, failles, filons métallifères et calcaires caverneux; enfin au Maroc Oriental un centre minier existerait près d'El Aïoun où, paraît-il, 80 000 tonnes de fer magnétique gisent à découvert à Tarhilest (1).

La légende place dans le Sous mystérieux de l'or, de l'argent, du plomb, du fer, du cuivre, de l'antimoine... Il convient d'être réservé en pareille ma-

(1) M. GREFFULHE. Voir sa conférence publiée en 1915 par la direction de l'Agriculture au Maroc.

tière, en attendant les études de M. Gentil, professeur à
la Sorbonne, qui a reçu mission de faire sur ces points
et sur la question pétrolifère un travail complet (1).

Un dahir du 19 janvier 1914, publié au *Bulletin officiel*
du 30 et complété par un *Avis* du 27 mars 1914 (B. O.
du 27), a réglementé la recherche et l'exploitation des
mines dans la zone du Protectorat français de l'Empire
chérifien. La recherche est libre en principe ; le droit
exclusif dans un carré de 1 à 4 kilomètres de côté donne
lieu à la délivrance d'un permis moyennant une taxe
de 0 fr. 20 par hectare et par an ; il est négociable (taxe
de transmission, 300 francs) et ne constitue qu'une
preuve de priorité.

Les permis, accordés par dahir, portent sur une
superficie de 100 à 2 000 hectares et entraînent les
charges ci-après : taxe de 500 francs ; taxe annuelle
variant de 1 à 3 fr. 50 par hectare suivant la matière ;
taxe de sortie, 3 à 10 0/0 *ad valorem*. Les gisements
de phosphates, nitrates, etc., ne peuvent être concédés
que par adjudication publique. Le gouvernement chérifien se réserve l'exploitation des salines.

Une commission a été instituée pour reviser les abus
et résoudre les litiges antérieurs au règlement minier (2). Les Puissances l'ont placée sous la présidence
d'un Norvégien dans le but de consacrer sa haute impartialité, la Norvège n'ayant que peu ou pas d'intérêts au
Maroc.

La question grave qui se pose aujourd'hui avant toutes
les autres est celle du combustible qui fait défaut.

Il semble possible que, comme l'Algérie et la Tuni-

---

(1) M. Gentil est chargé, au service des Travaux publics du Maroc,
de la direction de l'Institut des recherches scientifiques.
(2) *Notice sur le Protectorat français du Maroc* (1916). Dahir du
19 janvier 1914.

sie, le Maroc manque de houille. Cette considération serait de nature à faire douter des possibilités de développement de l'industrie manufacturière, si le pays ne possédait de grands oueds permanents pouvant être employés pour la production de l'énergie électrique; quoi qu'on en ait dit, il ne paraît pas téméraire de prévoir, pour quelques fleuves, une double utilisation agricole et industrielle.

A 6 kilomètres de Sidi-Ali et Azemmour, l'Oum-er-Rebia débouche dans l'Océan. Peut-être à 65 kilomètres en amont de l'estuaire le fleuve fait une boucle presque fermée à l'endroit dit Si Saïd Machou; une route qui part de Sidi Ali y conduit par la rive droite. En perçant un tunnel de 1 000 mètres, pour détourner le courant sur des turbines, on obtiendrait une chute qui a été calculée par la direction de l'Agriculture, du Commerce et de la Colonisation; elle donnerait 2 000 à 3 000 HP et permettrait d'éclairer à l'électricité Azemmour et Mazagan dans des conditions avantageuses (1).

Il est bon de noter, à cette occasion, que l'indigène est grand consommateur de bougies; à l'inverse de nos paysans qui se couchent avec le soleil ou peu après, l'Arabe vit beaucoup le soir et sa dépense de luminaire est pour lui fort importante. Il deviendrait, à n'en pas douter, un bon client pour une entreprise d'éclairage. En outre, il est aussi gros mangeur de sucre, en employant environ 15 kilos par an et par habitant. Une sucrerie, comportant des plantations de betteraves avec une force hydraulique dérivée de l'Oum-er-Rebia, donnerait des résultats certains (2). On parle de mettre en adju-

---

(1) Voir au chapitre III, « Villes principales, centres et outillage économique », page 104, et au chapitre V. page 273.
(2) Au-dessus de cette boucle, vers l'endroit où passera la voie

dication cette boucle et celle située au-dessus. Il est probable que ce projet sera mis à l'étude par le Protectorat, si ce n'est déjà fait. Deux sociétés, à notre connaissance, se sont livrées à des enquêtes concluantes sur ce sujet.

ferrée, un deuxième méandre fournirait en l'aménageant environ 4 000 HP. Ce point est situé à 160 kilomètres en amont, à Bou-Laoulane. Nous n'avons pu contrôler l'exactitude de ce dernier renseignement.

CHAPITRE VII

COMMERCE

I. COMMERCE INTÉRIEUR

Nous ne possédons pas, pour évaluer le trafic intérieur d'un pays, les mêmes facilités que pour le commerce international. Quelle que soit la vertu des statistiques, elles ne sauraient prétendre tenir compte d'une manière précise, autrement que par une véritable inquisition qui n'existe pas, de toutes les transactions et des

échanges continuels s'effectuant dans un pays. Ces
manifestations de la vie économique peuvent cependant
être déterminées, dans l'ensemble, par le plus ou moins
d'activité des transports et pour une contrée surtout agricole comme le Maroc, au moyen de l'importance des
souks ou marchés ainsi que par le montant des taxes
qui y sont perçues. L'examen de chacun de ces trois
éléments d'appréciation nous permet d'affirmer que le
commerce intérieur est en voie d'accroissement rapide.

*
* *

§ 1er. Les transports.

Les transports s'effectuent le plus souvent à dos de
bêtes de somme, chameaux dans le sud, mulets dans
le nord, ânes un peu partout.

Les caravanes utilisent les pistes, vagues et larges
sentiers plus ou moins bien entretenus. Depuis l'occupation française, beaucoup de ces chemins ont été aménagés de telle sorte que, sauf en hiver, quand le sol est
trop détrempé par les pluies, ils peuvent servir à la circulation des automobiles et des charrettes appelées
« araba », dont la charge maximum est de 1 500 kilogrammes.

Il résulte donc de cette voirie intermittente, ainsi
que de l'état climatérique, un manque de stabilité dans
les tarifs des caravanes, charrettes ou camions automobiles, qui varient suivant la saison. Ils sont, en outre,
soumis à la loi de l'offre et de la demande, c'est-à-
dire que moins il y a de chameaux et de mulets disponibles, plus les conditions sont élevées; seuls les
chemins de fer militaires assurent une fixité dans les
prix.

A l'heure actuelle, en plus des nouvelles routes

empierrées (entre autres la grande artère côtière), qui permettent un gros charroi, la voie ferrée a été ouverte au commerce et ses tarifs ont été abaissés ces derniers temps de 50 0/0 sur certaines matières; malgré cela, ils sont encore fort élevés, et la capacité de trafic demeure faible.

Rappelons, enfin, que deux compagnies de navigation fluviale sur le Sebou assurent le fret de Kenitra à Mechra-bel-Kçiri, soit sur près de 90 kilomètres.

Jusqu'ici, en résumé, les transports marocains se maintiennent très chers et même douteux quand ils sont confiés à des caravanes.

*
* *

a) *Transports automobiles*. — Aujourd'hui, les seuls services automobiles réguliers sont ceux de Casablanca à Rabat et de Casablanca à Marrakech; celui de Fez est intermittent. De Rabat à Casablanca, il y a 92 kilomètres; le service a lieu deux fois par jour dans chaque sens à 8 heures et à 13 heures. Les voitures sont des 24 HP à 4 ou 6 places, dont le prix par voyageur est de 25 francs. Le transport d'une tonne de marchandises revient à 200 francs en moyenne.

Des autobus de 30 HP, plus spécialement affectés aux indigènes, mais qui prennent aussi des Européens, et dont le confortable n'est pas comparable à celui des voitures ci-dessus, partent tous les matins à 7 heures et demie; le prix de la place est de 15 francs; les bagages sont tarifés à 25 francs les 100 kilos.

Il n'y a pas de service organisé dans la région qui s'étend entre Mehediya et Fez et nous estimons qu'une compagnie bien outillée pourrait faire un travail profitable; elle trouverait, avec une bonne administration, à récupérer, dans une large mesure, les capitaux qui auraient servi à sa constitution. C'est, en effet, une des contrées très fertiles et parmi celles destinées au plus grand avenir, croyons-nous.

En ce moment, les transports, hors ceux assurés par le chemin de fer, se font au moyen de charrettes, appartenant soit à la Compagnie Mazella, dont les affaires semblent prospères, soit à des particuliers.

Les deux principaux centres des départs automobiles sont Rabat, pour toutes les voies vers Fez et le nord, et Casablanca pour le reste du Maroc. De cette dernière ville, partent les services de Marrakech qui se font par automobiles, charrettes et chameaux.

Avant la guerre, trois départs vers la capitale du sud avaient lieu par semaine pour une distance kilométrique de 240 kilomètres. Le prix de la tonne était au maximum de 360 francs, il n'a pas augmenté depuis : durée de transport, deux jours. Comme matériel, quatre gros camions de trois tonnes qui prennent par exception des passagers. Quant aux voyageurs, le Protectorat a établi un service postal avec deux voitures convenables et assez fortes, dont le départ quotidien a lieu à 7 heures du matin pour arriver le soir à Marrakech vers 17 heures. Le prix de la place aller est de 70 francs et de 120 francs aller et retour.

On peut obtenir sans peine des camions automobiles pour transports complets et affectés au service exclusif de la personne qui les loue. Le prix de la tonne dans ces conditions est d'environ 400 francs.

De Marrakech à Safi, il existait en 1914 un service automobile fonctionnant d'une façon suffisante moyennant 198 francs l'hiver et 228 francs l'été, par tonne.

La ligne de Marrakech à Mazagan est appelée aussi à un rendement; aujourd'hui, elle ne comporte pas de traction mécanique, son trafic n'étant point encore

tout à fait orienté et les charrettes ne faisant que peu
de transport.

Les grands garages sont établis à Casablanca; ils
sont nombreux et gagnent de l'argent. Il y a lieu de
prévoir une augmentation de mouvement des marchandises et aussi des voyageurs. Toute maison sérieuse, qui viendra s'établir avec le matériel convenable
et des mécaniciens honnêtes, est certaine de prospérer
dans le plus bref délai. La Société d'Études et de Commerce a envisagé une ligne sur Marrakech par camions
de 35 HP qu'elle va mettre en exploitation dans quelques mois. Les prix ne sont pas encore établis, mais
étant donné l'importance du trafic vers ce centre et
l'encombrement actuel, on ne prévoit pas d'ici longtemps une baisse de tarifs par rapport aux autres
lignes.

b) Transports par chameaux. — Le transport d'une
charge habituelle de chameaux, soit 250 kilogrammes (1), coûte :

En allant vers l'intérieur, de 0 fr. 15 à 0 fr. 25 le

(1) La charge varie aussi suivant les grains qu'elle contient. Voici
les chiffres admis en Chaouïa :

CATÉGORIES de grains.	POIDS DE LA CHARGE de chameau.
Blé...	245 kilogrammes.
Orge......................................	225 —
Fenugrec...............................	225 —
Pois chiches...........................	250 —
Fèves.....................................	250 —
Coriandre...............................	185 —

De 48 à 60 francs......	de Casablanca à Marrakech.
De 18 à 23 —	de Casablanca à Rabat.
De 16 à 20 —	de Kenitra à Salé.
De 50 à 60 —	de Kenitra à Meknès.
46 —	de Kenitra à Fez.
De 23 à 30 —	de Marrakech à Safi (l'été).
De 27 à 32 —	de Marrakech à Safi (l'hiver).

quintal kilométrique, suivant l'état des pistes et la nature de l'emballage.

Les services par la voie ferrée stratégique sont moins chers. Il est à peine besoin d'ajouter qu'ils sont tout à fait insuffisants et que le Protectorat attend avec impatience la mise en chantier des chemins de fer français au Maroc, dont les études sont poursuivies dans des conditions excellentes et avec autant de rapidité que les difficultés actuelles le permettent.

c) Transports par charrettes (araba) (1). — Les prix en sont moins élevés que par camions automobiles; la tonne kilométrique revient à 1 fr. 76 de Mehediya à Fez; à 1 fr. 56 de Rabat à Fez. De Rabat à Casablanca, on paie 92 francs l'été et 115 l'hiver. De Casablanca à Marrakech, le coût est de 192 francs la tonne l'été et de 240 francs l'hiver. De Marrakech à Safi, Mazella demande 152 francs l'été et 198 francs l'hiver.

d) Transports par mulets. — La charge de mulet (120 kilos) revient à :

24 francs................. de Kenitra à Meknès.
29   —   .... de Rabat à Meknès.
14   —   .... de Fez à Meknès.

e) Transports par la voie du Sebou. — Nous avons déjà indiqué que, de Kenitra à Mechra-bel-Kçiri, la tonne kilométrique revient à 0 fr. 50 à la montée et à 0 fr. 25 à la descente.

Le tableau ci-contre permet de se rendre compte que les transports par camions automobiles sont par trop

(1) Voir, pour les distances entre les divers points, à la page suivante.

onéreux; ils paraissent ne pouvoir être utilisés que pour les voyageurs et les marchandises de prix ou périssables, et pour les transactions locales.

COUT DES TRANSPORTS PAR TERRE
ENTRE LES PRINCIPAUX CENTRES DU MAROC

(A l'exclusion des transports par chemin de fer qui s'effectuent au prix moyen de 0 fr. 50 la tonne kilométrique).

TRAJETS	MODE DE TRANSPORT	CONDITIONS DE TRANSPORT	AU 15 juillet 1916.
			francs.
Kenitra-Fez 160 km.	Automobiles.	Pas de service organisé.	»
	Charrettes ..	Par tonne kilométrique.	1,76
	Chameaux...	— —	1,16
Larache-Fez 190 km.	Automobiles.	Pas de service organisé.	»
	Charrettes...	— —	»
	Chameaux...	Par tonne kilométrique.	1,16
Rabat-Fez par Tiflet 194 km. Kenitra 196 —	Automobiles.	Pas de service organisé.	»
	Charrettes...	Par tonne kilométrique.	1,56
	Chameaux...	— —	1,16
Rabat-Casablanca 92 km.	Automobiles.	Par tonne kilométrique.	1,50 à 2 »
	Charrettes...	— —	1 » à 1,25
	Chameaux...	— —	0,80 à 1 »
Casablanca-Marrakech 240 km.	Automobiles.	Par tonne kilométrique.	1,40 à 1,50
	Charrettes...	— —	0,80 à 1 »
	Chameaux...	— —	0,80 à 1 »
Safi-Marrakech 145 km.	Automobiles.	Par tonne kilométrique.	1,30 à 1,50
	Charrettes...	— —	1 » à 1,30
	Chameaux...	— —	0,60 à 0,80
Mazagan-Marrakech 189 km.	Automobiles.	Pas de service organisé.	»
	Charrettes...	— —	»
	Chameaux...	Par tonne kilométrique.	0,75 à 1 »

§ 2. Les souks.

Presque toutes les transactions commerciales indigènes s'effectuent aux souks ou marchés, soit dans les
villes, soit au bled à des carrefours de routes, sur les
limites de tribus, ou dans des centres ; ils portent en
général le nom du jour où ils se tiennent : souk-el-
arba, marché du quatrième jour (mercredi); souk-el-
had, marché du dimanche ; souk-el-khemis, marché
du jeudi, etc... Ils ont lieu à périodes fixes. Campa-
gnards ou citadins y apportent ce qu'ils ont l'intention
de vendre : grains, légumes, viandes, fruits, bétail,
œufs, huiles, babouches, sucre, thé, allumettes, aiguilles, étoffes de laine, cotonnades, nattes, couffins,
bâts, cordes, poteries, etc. Les affaires s'y traitent depuis l'aube jusque vers le milieu du jour.

Dans le sud, plus spécialement au Sous, de grandes
foires annuelles appelées « mouzzar » se passent à Mri-
mima, à souk-el-Mouloud chez les Aït-Youssa, à Sidi
Ahmed ou Moussa dans le Tazeroualt. Elles centralisent
les produits du pays, différents objets fabriqués soit au
Maroc soit en Europe, enfin les provenances du Sou-
dan : l'or, les plumes d'autruche, l'ivoire, que les Sou-
danais troquent contre la pacotille européenne.

Parfois, mais c'est l'exception, quelques indigènes
disposant d'un certain capital se rendent dans une ville,
s'y procurent des articles européens qu'ils échangent
contre leurs produits et, de retour chez eux, revendent
ces marchandises étrangères, faisant ainsi office de
commerçants détaillants.

Les souks, tant urbains que ruraux, sont le siège
d'une extraordinaire animation.

Dans la Chaouïa, en dehors du grand marché de Casa-

blanca, les souks de Casablanca-banlieue, de Ber-Re-
chid, de Settat, des Oulad-Saïd, d'El-Boroudj, de Ben
Ahmed, de Boulhaut-Boucheron, font un chiffre d'affaires total de plus de neuf millions de pesetas hassani.

Les taxes fiscales qui y sont perçues accusent des
plus-values qui mettent en évidence l'accroissement du
mouvement d'affaires dans le commerce intérieur.

II. COMMERCE EXTÉRIEUR

A. PHYSIONOMIE GÉNÉRALE ET PORTÉE DES STATISTIQUES

Physionomie générale.

A la politique d'isolement pratiquée par les Sultans
s'est substitué ces dernières années un vaste mouvement d'échanges commerciaux avec les autres nations.

L'établissement du Protectorat français a eu pour
conséquences de pacifier une grande partie de ce pays,
jusqu'alors divisé par les luttes continuelles des tribus;
la sécurité qui en est résultée pour les colons et pour
les indigènes eux-mêmes s'est traduite en une activité
dont l'exposition de Casablanca et la foire de Fez ont
permis de mesurer toute l'ampleur.

Ces deux manifestations de vitalité, qui, organisées
en pleine guerre sous l'impulsion de M. Berti, ont obtenu
un si vif succès, marquent deux étapes décisives dans la
voie du progrès où le Maroc s'est engagé sous l'égide de
notre France éternelle.

**
* *

Pour mettre en relief ainsi qu'il convient ce rapide
essor du trafic international, il est de toute nécessité

d'avoir recours aux statistiques que publient le Comité des Douanes, le Contrôle de la Dette du Maroc (1) et la Direction générale des Douanes françaises en ce qui concerne les relations entre le Maghreb et la métropole. Ces divers états doivent cependant être consultés avec beaucoup de réserve, ainsi qu'on pourra s'en rendre compte en compulsant la documentation officielle.

Signalons aussi un rapport que le Contrôle de la Dette a publié sur les commerces français, anglais, allemand et austro-hongrois au Protectorat de 1902 à 1914; il pourra être lu par les intéressés qui mettront en regard les chiffres des statistiques publiées par le Comité des Douanes.

Il comprend :

1° La comparaison du commerce des quatre nations précitées pendant un temps donné ;

2° Une étude détaillée des articles de vente courante allemands et autrichiens importés au Maroc;

3° Une analyse des principales marchandises exportées du Maroc en Allemagne et en Autriche;

4° La liste par produits des principales maisons importatrices des articles austro-allemands ou articles similaires d'autre provenance.

b) **Portée des données statistiques**.

Nous professons pour la statistique le respect distant dont on a coutume d'entourer les pratiques mysté-

(1) Le Contrôle de la Dette marocaine est présidé avec autorité par le délégué des porteurs, M. Duréault, ancien préfet; le directeur à Rabat est M. Berti.

rieuses. Cet art des mesures incertaines, cette science de « l'à peu près » rend des services diversement appréciés, quand on lui accorde juste l'importance qu'elle mérite et qu'on en déduit, sans logique trop serrée, des enseignements destinés à être contrôlés avec sévérité.

Qu'on s'en inspire en certaines circonstances, et en particulier dans la lutte que nous avons entreprise contre le commerce austro-allemand, nous l'admettons, mais alors, il faut faire suivre les données qui nous sont offertes d'une vérification, puis d'une étude complète du sujet, ce qui représente une somme de travail et des renseignements qui ne sont pas à la portée de tous, car c'est un labeur ingrat.

Nous n'oublierons jamais d'épiques discussions parlementaires, dans lesquelles les orateurs, se servant des mêmes chiffres, dans le même but, étaient amenés à des conclusions diamétralement opposées pour s'apercevoir enfin que leur point de départ commun manquait... d'exactitude ; c'est très dangereux de manier des statistiques.

Pour apprécier les progrès comparatifs des échanges français, anglais, allemands et autrichiens au Protectorat, le Contrôle de la Dette s'est basé sur les variations du pourcentage de ces quatre nations dans le trafic général ; elle-estime, en effet, que c'est cette étude qui permet de déterminer le mieux l'effort de chacun. Cette opinion est contestable, peut-être moins cependant que la comparaison du chiffre des échanges, qui n'est nullement concluante.

Les totaux des importations et des exportations ne donnent pas, d'ailleurs, à eux seuls, l'appréciation exacte de l'activité d'un pays ; celle-ci est constituée par un ensemble de comptes et de tractations dont la balance

paraît malaisée à établir, ou qui échappent à toute statistique.

En outre, de nombreux produits parviennent au Maroc après avoir été pris en charge par un autre pays
que celui d'origine, telles des marchandises fabriquées
en France ou à l'étranger par des maisons allemandes,
employant des matériaux allemands et un personnel en
majeure partie allemand. Ce qu'il faut dire enfin et ce
que les additions sont impuissantes à faire ressortir, ce
sont les sphères d'influence créées dans l'Empire chérifien par nos ennemis.

Si l'on ouvre le registre des permis de recherches
demandées par les ressortissants de l'Empire germanique et en particulier par les frères Manessmann, on
s'aperçoit qu'ils avaient envahi toute une ligne qui
s'étend d'Agadir à Marrakech, et débordaient vers le
sud d'une façon inquiétante, tendant à couper ainsi nos
communications avec l'ouest africain.

Dans des régions déterminées, les fermes allemandes représentaient surtout des points stratégiques,
les propriétés allemandes, des endroits propres à
contrecarrer notre développement et battre en brèche
notre influence légitime, ainsi que notre droit de domination.

Il serait intéressant d'entrer dans les détails de ces
tractations, mais le cadre de notre ouvrage ne le comporte pas; nous nous bornerons à signaler que notre
Résident général y a paré par la manière forte, la seule
qui nous permette, là et ailleurs, de maintenir notre
prestige.

B. — PROGRESSION DU MOUVEMENT COMMERCIAL EXTÉRIEUR
DU MAROC

1er. **Zones française, espagnole et de Tanger réunies.**

1° **Vue d'ensemble.**

Des divers relevés statistiques publiés sur le Maroc, il résulte que son trafic extérieur, qui ne dépassait pas 78 millions de francs en 1899, s'est élevé à 102 millions en 1902, puis, après un fléchissement sensible portant sur les années 1905, 1906, 1907, a atteint 228 millions en 1912 et 277 en 1913.

Le tableau suivant, établi pour une période de seize

COMMERCE EXTÉRIEUR DE L'ENSEMBLE DU MAROC
(Voies de mer et de terre.) Valeurs en francs.

ANNÉES	IMPORTATIONS	EXPORTATIONS	TOTAUX
1899...............	40 322 273	37 401 449	77 723 722
1900...............	41 975 385	56 544 688	98 520 073
1901...............	46 311 786	47 872 325	94 184 111
1902...............	53 907 193	48 857 315	102 764 507
1903...............	68 326 359	44 041 867	112 368 226
1904...............	61 545 043	39 751 679	101 304 722
1905...............	46 105 010	32 518 163	78 643 193
1906...............	50 021 860	34 505 719	84 527 579
1907...............	43 690 640	33 237 702	76 928 342
1908...............	61 528 479	51 872 980	113 401 459
1909...............	80 049 890	52 562 754	132 612 544
1910...............	71 910 482	53 533 468	125 443 950
1911...............	94 278 719	73 600 242	177 878 961
1912...............	152 983 272	75 137 356	228 120 628
1913...............	231 216 665	46 464 540	277 681 205
1914...............	182 939 118	35 378 306	218 317 424

ans, met en relief les différentes phases de cette évolution. Remarquons, toutefois, que les chiffres antérieurs à 1908 ne sont qu'approximatifs, le contrôle effectif des importations et des exportations ne fonctionnant que depuis cette dernière date.

Ce qui caractérise le commerce extérieur marocain de 1907 à 1913, c'est, d'une part, sa progression rapide,

PARTICIPATION DES PRINCIPALES PUISSANCES DANS LE COMMERCE TOTAL DU MAROC

Importations et exportations réunies. Valeurs en francs.

ANNÉES	FRANCE et ALGÉRIE voies de terre et de mer.	ANGLE-TERRE	ESPAGNE	ALLE-MAGNE	AUTRES PAYS	COMMERCE TOTAL
1908	50 947 640	40 977 218	4 444 279	10 847 254	6 185 050	113 401 459
1909	51 255 999	52 339 763	6 455 946	13 582 539	8 978 397	132 612 644
1910	56 195 370	34 659 380	9 265 263	16 656 135	8 667 802	125 443 950
1911	76 732 310	48 978 476	12 051 533	25 289 843	14 826 799	177 878 961
1912	93 249 960	66 342 565	14 140 531	31 047 362	23 340 210	228 120 628
1913	152 145 132	50 975 180	15 197 627	26 907 071	32 456 195	277 681 205
1914	116 649 670	45 795 907	18 454 150	13 242 241	24 175 456	218 317 424

et de l'autre, l'excédent considérable des importations sur les exportations. Ces dernières sont loin d'avoir suivi la marche ascendante des premières; leur moyenne n'est, en effet, que de 59 millions de francs de 1908 à 1913, alors que celle des importations arrive pendant la même période à 115 millions. La part de la France et de l'Algérie, dans le trafic total des trois zones (zone française, zone espagnole, zone de Tanger), a été de 51 millions de francs en 1908, de 93 en 1912 et de 152 en 1913. L'Angleterre vient aussitôt après avec 41 millions en 1908 et 51 en 1913. L'Allemagne suit

avec 11 millions en 1908 et 26 en 1913. Au cours de la
même période, l'Espagne voit son commerce avec le
Maroc passer de 4 à 15 millions de francs. Dans ces
données statistiques, en 1913, la Belgique figure pour
9 millions de francs et l'Autriche-Hongrie pour 6 millions.

Le tableau de la page 344 permet de déterminer les
progrès réalisés par la plupart de ces États dans leurs
relations avec le Maghreb.

2° Décomposition des importations au Maroc

(Trois zones réunies)

Commerce maritime. — D'après les grandes divisions
adoptées dans les statistiques douanières (1), les importations du Maroc, par voie de mer, se répartissent, au
cours des années 1913 et 1914, conformément au tableau figurant à la page suivante.

PRINCIPAUX ARTICLES IMPORTÉS AU MAROC EN 1913

Nous nous permettons d'attirer l'attention des agriculteurs, industriels et commerçants sur l'importation des
sucres (37 689 679 francs en 1913), chaque habitant du
Maghreb en consommant environ 15 kilogrammes par
an ; sur les bières, dont l'importation totale dépassait, en
1913, un million ; les alcools, qui se sont élevés à près
de 700 000 francs ; les fers et aciers, qui ont passé 6 millions de francs.

Les produits chimiques atteignent près de 1 100 000 fr. ;

---

(1) Les statistiques douanières françaises, au lieu d'adopter l'ordre
alphabétique qui paraît plus rationnel, se servent de la division en
matières animales, végétales, minérales et objets fabriqués.

les teintures et couleurs dépassent 500 000 francs; la parfumerie et les savons tendent à croître chaque jour, les indigènes se servent de plus en plus de ces articles et surtout d'eau de Cologne. Les entrées pour ces produits sont de 432 000 francs, non compris les savons ordinaires, qui se chiffrent par près d'un million. Les bougies représentent, avec les cotonnades, une des principales matières de consommation, car l'Européen et l'indigène en font un usage considérable.

L'importation des bougies est inscrite aux statistiques pour près de 4 millions sur lesquels l'Angleterre s'adjugeait environ 3 millions. (France : 148 000 francs.)

. Quant aux cotonnades, l'importation totale en 1913 atteignait 25 millions sur lesquels l'Angleterre entrait en ligne avec plus de 21 millions, alors que la France comptait 2 millions et demi et l'Allemagne 223 000 francs approximativement.

Les tissus de laine et draperies marquaient au total près de 4 millions et demi en 1913, sur lesquels l'Allemagne marquait un chiffre voisin de 2 300 000 francs. (France : 611 269 francs.)

Les tissus de soie figurent au commerce de 1913 pour 1 419 190 francs dont 1 271 183 au compte de la France. Les tissus soie et laine mélangées vendus au Maroc ont une valeur de 2 225 416 francs. La France arrive dans ce chiffre pour 2 041 702 francs.

Quant à la lingerie confectionnée, aux vêtements, à la bonneterie, aux chechias, à la passementerie, dentelles et rideaux, l'importation totale arrivait à plus de 6 millions, sur lesquels la France s'adjugeait 4 400 000 francs à peu près, contre un million à l'Angleterre et 300 000 francs environ à l'Allemagne.

Les faïences et la porcelaine s'inscrivaient à l'importation totale en 1913 pour près de 700 000 francs.

IMPORTATIONS (Valeurs en francs)

	1913				1914			
	ZONES			TOTAL DES TROIS ZONES	ZONES			TOTAL DES TROIS ZONES
	FRANÇAISE	ESPAGNOLE	INTERNATIONALE (Tanger)		FRANÇAISE	ESPAGNOLE	INTERNATIONALE (Tanger)	
Matières animales (1)	4 173 228	1 086 009	1 027 304	6 286 541	4 366 601	1 838 857	1 485 138	7 486 172
— végétales (2)	80 446 576	13 134 356	10 403 962	103 684 894	48 550 174	14 800 747	10 119 201	73 674 576
— minérales (3)	12 823 424	4 037 759	2 059 367	15 920 550	7 659 432	1 368 450	1 799 727	10 826 579
Fabrications (4)	52 351 715	10 077 133	11 263 832	73 692 680	43 638 993	10 672 547	7 896 251	62 208 791
TOTAUX GÉNÉRAUX	149 794 943	25 335 257	24 454 465	199 584 665	104 215 200	28 680 601	21 300 317	154 196 118

(1) Animaux vivants; produits et dépouilles d'animaux; pêches; substances animales propres à la médecine ou à la parfumerie; matières dures à tailler.

(2) Farineux alimentaires; fruits et graines; denrées coloniales de consommation; huiles et sucs végétaux; espèces médicinales; bois, filaments, tiges et outils à ouvrer; teintures et tanins; produits et déchets divers; boissons.

(3) Marbres, pierres, terres et combustibles minéraux; métaux.

(4) Produits chimiques; teintures préparées, couleurs; compositions diverses : poteries, verres et cristaux; fils; tissus et vêtements; papier et ses applications; peaux et pelleteries ouvrées; ouvrages en métaux; armes, poudres et munitions; meubles et ouvrages en bois; objets de musique; ouvrages de sparterie et de vannerie, ouvrages en matières diverses.

Les verres et les cristaux, un million et demi; les fils, ficelles et cordages à peú près un million; les papiers de fantaisie et autres, près de 500000 francs; les papiers d'emballage, 370 000 francs; l'horlogerie, 320000 francs environ; les achats de machines et mécanique se chiffrent en 1913 par près de 2 500 000 francs, sur lesquels la France est comprise pour plus de 1 200 000 francs et l'Allemagne pour près de 550000 francs.

Cette dernière nation s'est spécialisée, pour ses ventes au Maroc, dans les dynamos génératrices et réceptrices bi-polaires à courant continu, les moteurs asynchrones triphasés, les moulins à cylindres, les appareils de meunerie, les machines agricoles, les machines à bloc de ciment pour la fabrication des blocs pleins ou creux en béton; les pompes, les machines outils, les machines à coudre, très demandées, les machines à écrire, les balances et les bascules. (Importation totale, 293000 francs.)

Les ouvrages en fer et acier comptaient à l'importation, en 1913, près de 5 800 000 francs et comprennent les toiles métalliques et grillages, les aiguilles, ferronnerie, outils (2 459 697 pour ces deux dernières catégories d'objets), serrurerie, clouterie, colonnes pleines et creuses pour le bâtiment, articles de ménage et divers (d'une valeur de 1 272000 francs). La France vient en tête avec plus de 3 millions et l'Allemagne la suit aussitôt avec plus d'un million.

Les voitures automobiles livrées au Maroc atteignent une valeur de 1 747 145 francs, dont 1 534 769 pour la France.

La bimbeloterie, très en faveur près des indigènes, comprend les jouets, jeux, montres pour enfants, bagues, bracelets, broches, croissants en pacotille, col-

fiers et perles en celluloïd, miroirs de poche, etc.,
marquant à l'importation totale pour un million environ
en 1913 sur lesquels la France s'attribuait près de
500 000 francs contre 156 000 francs à l'Allemagne.

*
* *

Commerce par voie de terre. — Importations au Maroc
par la frontière algérienne.

En 1913, le Maroc a importé, par la voie de terre,
pour 31 632 000 francs de marchandises (d'origine algérienne, métropolitaine ou étrangère) dont les principales
sont : les céréales (graines et farines), 117 287 quintaux ;
les tabacs, 1 675 quintaux ; les tissus, 4 951 quintaux ; les
vins, 25 359 hectolitres ; la lingerie, les vêtements et
articles confectionnés, 812 quintaux ; les ouvrages en
peau ou en cuir, 669 quintaux ; les bestiaux de race
bovine, 6 790 têtes ; la carrosserie, 3 438 quintaux ; outils
et ouvrages en métaux, 18 676 quintaux ; machines et
mécanique, 3 466 quintaux ; eaux-de-vie et esprits,
2 501 hectolitres (en alcool pur) ; pommes de terre,
légumes secs et leur farine, 13 302 quintaux ; gruaux,
semoules et pâtes d'Italie, 37 534 quintaux ; fonte,
fer et acier, 40 510 quintaux ; thé, 4 884 quintaux ;
café, 2 379 quintaux ; sucres bruts ou raffinés, 93 283
quintaux.

3° Décomposition des exportations au Maroc.

Trois zones réunies. En 1913, les exportations du
Maroc ont atteint 46 464 540 francs, dont 37 144 540
affectent le trafic des ports.

Elles consistent essentiellement en produits agri-

coles. Les principaux articles exportés sont : les bœufs,
5 723 têtes d'une valeur de 1 058 755 francs ; les
volailles, 165 822 francs ; la cire, 660 000 francs ;
la laine, 4 252 169 kilogrammes d'une valeur de
5 330 167 francs ; les œufs de volaille, 5 millions de
francs ; les peaux de bœufs, 3 millions et demi de francs ;
de chèvres, près de 4 millions ; de moutons, 2 millions ;
les céréales : blé, maïs, orge, 2 millions environ (1) ;
légumes secs : fèves et pois chiches, plus d'un million ;
l'alpiste, 534 000 francs ; les amandes, 7 millions et
demi, dont plus de 3 millions pour l'Allemagne ; les
graines de lin, 541 766 francs ; les gommes : euphorbe,
ammoniaque, arabique, sandaraque, 586 000 francs (2) ;
les graines de coriandre, 550 000 francs ; de cumin,
227 000 francs ; de fenugrec, 248 000 francs ; les babouches, 1 099 902 francs.

§ 2. Zone française.

Nous avons considéré, jusqu'à présent, le trafic
extérieur de tout le Maroc, en d'autres termes des trois
zones réunies (française, espagnole et internationale).
Il nous reste à indiquer, d'une manière sommaire, la
part revenant à la zone française.

Le commerce extérieur du Protectorat se fait pour
quatre cinquièmes par voie de mer et pour un cinquième
par voie de terre (Algérie). Sa progression est tout aussi
caractéristique que celle de l'ensemble du Maghreb, elle
donne lieu aux mêmes constatations générales et appelle
les mêmes remarques.

Voici, synthétisées sous forme de tableau, les don-

(1) L'année 1913 a été exceptionnellement déficitaire en céréales.
(2) Les statistiques du Contrôle de la Dette indiquent à tort 76 099.
Voir pour contrôle les statistiques du Comité des Douanes, page 308.

nées relatives d'abord au commerce maritime du Protectorat, puis au commerce par la voie de terre.

1° COMMERCE MARITIME
(Valeurs en francs).

ANNÉES	IMPORTATIONS	EXPORTATIONS	TOTAUX
1908.............	37 465 725	30 071 479	67 537 204
1909.............	47 579 485	36 745 240	84 324 725
1910.............	40 646 590	29 644 668	70 291 258
1911.............	52 899 202	55 032 778	107 931 980
1912.............	92 479 340	58 087 383	150 566 723
1913.............	149 794 943	30 860 291	180 655 234
1914.............	104 215 200	21 877 437	126 092 637

2° COMMERCE PAR LA VOIE DE TERRE (Algérie)
(Valeurs en francs).

ANNÉES	IMPORTATIONS	EXPORTATIONS	TOTAUX
1908.............	6 792 000	12 650 000	19 442 000
1909.............	9 810 000	7 374 000	17 184 000
1910.............	10 199 000	14 148 000	24 347 000
1911.............	16 362 000	15 405 000	31 767 000
1912.............	18 674 000	9 083 000	27 757 000
1913.............	31 632 000	9 320 000	40 952 000
1914.............	28 743 000	9 164 000	37 907 000

* *
*

1° *Voie de mer*. — La France, qui de 1908 à 1911 s'était laissé distancer par l'Angleterre, occupe le premier rang depuis cette dernière date. En 1913, son commerce atteint 91 millions de francs contre 37 à l'Angleterre, 21 à l'Allemagne, 8 à l'Espagne, 7 à la Belgique, 3 à l'Autriche-Hongrie, 3 aux Pays-Bas, 3 à

la Suède, 2 aux États-Unis et un à l'Italie. Le tableau
ci-après fait ressortir que le trafic a suivi une progression presque constante pour la France, tandis que pour,
l'Angleterre et l'Allemagne il y a fléchissement des
échanges en 1913.

PARTICIPATION DES PRINCIPALES PUISSANCES AU COMMERCE MARITIME DU PROTECTORAT

Importations et exportations réunies. Valeurs en millions de francs.

PAYS	1906	1908	1909	1910	1911	1912	1913	1914
France........	19	21	25	20	31	50	91	63
Angleterre.....	13	29	37	22	33	50	37	32
Allemagne.....	4	9	11	13	22	27	21	9
Espagne........	1	1,5	3	4	6	8	8	5

Bien plus, le rapport entre les importations et les
exportations s'est trouvé très modifié. Alors que jusqu'en 1915, ainsi que nous l'avons déjà vu, les entrées
de marchandises au Maroc l'emportaient, et de beaucoup, sur les sorties, en 1916, celles-ci se rappro-
chaient des premières, à 4 millions près, comme l'indique le relevé qui suit (page 353).

La guerre ne pouvait manquer d'avoir sa répercussion
sur le mouvement commercial du Protectorat. En 1914,
le chiffre total d'affaires tombait à 218 millions de francs
et la part de la France et de l'Algérie, dans ce trafic
maritime, baissait à 78 millions. Mais cet arrêt ne devait
être que momentané. Les échanges avec la métropole
remontaient, en effet, d'un bond à 130 millions de francs
en 1915 et à 160 millions en 1916.

L'augmentation des exportations du Maroc porte principalement sur les céréales, les œufs, les bestiaux, les

dari (1), millet, alpiste, sur les tissus de jute, de phor-
mium tenax, etc. Elle met en évidence l'aide matérielle
apportée par le Protectorat à la métropole dans une

. RELATIONS COMMERCIALES DE LA FRANCE ET DU MAROC
: (Algérie non comprise). Valeurs en milliers de francs (2).

	ANNÉES			D'après les documents statistiques, sur le commerce de la France réunis par l'Administration des Douanes. métropolitaines.
	1914	1915	1916	
Exportations de France au Maroc	60 337	88 860	82 010	
Exportations du Maroc en France.	17 435	41 540	78 611	
Trafic total...	77 772	130 400	160 621	

lutte qui groupe autour d'elle les plus jeunes comme les
plus vieilles de ses possessions (2).

Pour donner une vue d'ensemble du mouvement
commercial de l'Afrique française du Nord, et placer
ainsi le Protectorat dans son véritable cadre, nous avons
groupé dans le tableau de la page suivante les valeurs
attribuées aux importations et aux exportations de l'Algérie, de la Tunisie et du Maroc.

*
* *

. 2° *Voie de terre.* —(Exportations du Maroc par la frontière algérienne.)

(1) Espèce de sorgho dont la panicule est dressée, compacte, et les
grains nus et globuleux ; c'est la qualité la plus estimée pour l'alimentation de l'homme.
(2) Voir aux annexes, pour le détail des marchandises, le tableau
des exportations du Maroc en France et celui des exportations de
France au Maroc.

Au cours de l'année 1913, les exportations du Maroc en Algérie ont atteint 9 320 000 francs, contre 9 083 000 en 1912 et 9 164 000 en 1914. Elles se décomposent ainsi : bestiaux, race ovine, 144 531 têtes ; race bovine, 483 têtes ; race caprine, 2 517 têtes, représentant au total près de 5 millions de francs ; laines, 11 321 quin-

		ALGÉRIE		TUNISIE	MAROC ZONE FRANÇAISE
		COMMERCE GÉNÉRAL	COMMERCE SPÉCIAL		
1912	Importations.	722 363 000	669 638 000	156 293 999	111 153 340
	Exportations.	591 009 000	546 099 000	154 655 189	67 170 383
1913	Importations.	729 111 000	667 305 000	144 254 678	181 426 943
	Exportations.	562 917 000	501 169 000	178 663 605	40 180 291
1914	Importations.	566 828 000	524 109 000	132 487 834	132 958 200
	Exportations.	427 609 000	374 624 000	106 623 141	31 041 437
1915	Importations.	»	373 113 000	107 246 504	»
	Exportations.	»	47 272 000	125 536 674	»

taux ; peaux et pelleteries brutes, 3 128 quintaux ; ouvrages de sparterie, de vannerie et de corderie, 2 542 quintaux ; peaux préparées, 453 quintaux valant 442 000 francs ; fruits de table, 5 099 quintaux estimés à 366 000 francs ; lingerie, vêtements et articles confectionnés, 305 000 francs ; poils bruts, 570 quintaux d'une valeur de plus de 200 000 francs ; crin végétal, 12 265 quintaux représentant 123 000 francs ; tabacs fabriqués, 97 quintaux d'une valeur de 360 000 francs.

C. — L'AIDE MATÉRIELLE APPORTÉE PAR LE MAROC A LA FRANCE PENDANT LA GUERRE

Le tableau ci-contre indique les principales ressources qu'en dehors de l'aide financière, la France

TABLEAU DES MATIÈRES EXPORTÉES ET LEUR VALEUR

MATIÈRES EXPORTÉES	QUANTITÉS EXPRIMÉES EN QUINTAUX MÉTRIQUES			VALEURS EN FRANCS		
	1914	1915	1916	1914	1915	1916
Bestiaux (têtes)................	18	243	5 424	2 000	34 000	760 000
Peaux et pelleteries brutes......	20 389	8 630	9 122	6 946 000	3 418 000	4 639 000
Laines........................	26 375	34 183	37 127	6 725 000	12 138 000	13 200 000
Œufs.........................	413	22 092	57 379	53 000	3 102 000	8 033 000
Céréales (graines et farines).....	46	445 187	1 553 252	1 000	11 766 000	43 358 000
Légumes secs..................	4 390	68 063	49 742	143 000	2 261 000	1 665 000
Dari, millet et alpiste..........	2 360	8 310	17 387	64 000	258 000	539 000
Fruits de table................	901	484	1 200	239 000	128 000	323 000
Graines et fruits oléagineux......	15 653	71 005	12 314	497 000	2 805 000	486 000
Huiles fines végétales...........	»	24	1 245	»	3 000	165 000
Fourrages et son...............	98	10 929	5 624	2 000	175 000	88 000
Minerais (?)..................	»	14 300	310 125 (?)	»	49 000	403 000 (?)
Tissus de jute, etc.............	596	8 439	20 308	30 000	407 000	1 016 000

a tirées du Maghreb depuis le début des hostilités.

Mieux que n'importe quels commentaires, ces chiffres font ressortir les conséquences heureuses de l'œuvre grandiose accomplie par M. le général Lyautey. Ce sera un titre de gloire impérissable que d'avoir voulu nous conserver le Maroc et d'avoir pu l'organiser au milieu des difficultés de toutes sortes créées par la guerre. Chaque fois que nous voudrons apprécier l'œuvre de cet administrateur et de ce chef, il nous suffira de rappeler qu'au mois d'août 1914 le Gouvernement français manifestait l'intention d'abandonner le Maroc, disant que le sort de ce pays allait se décider sur les champs de bataille de la Lorraine !

En nous retournant vers ce passé, vers ces heures de poignante angoisse, qui de nous ne se sent pris d'admiration et de reconnaissance patriotique envers « Lyautey » dont l'esprit de décision et la claire vision des intérêts de la France ont permis, en un moment des plus tragiques de notre histoire, de maintenir et même d'affermir notre situation dans le Maghreb que les Allemands se flattaient de soulever contre nous.

D. — LES RELATIONS COMMERCIALES DU MAROC AVEC L'ALLEMAGNE

Le trafic maritime du Maroc avec l'Allemagne, qui s'élevait, en 1908, à près de 11 millions de francs, avait atteint 14 millions en 1909, 17 millions en 1910 et 25 millions en 1911. L'année 1912 marque le point culminant de cette progression avec 31 millions de francs.

En 1913, la valeur des échanges tombe à 27 millions. La part revenant à l'Allemagne dans le commerce total de chaque zone est indiquée dans le tableau suivant :

COMMERCE MARITIME DU MAROC AVEC L'ALLEMAGNE
Importations et exportations réunies. Valeurs en francs.

ANNÉES	PORTS DE LA ZONE		ZONE internationale de Tanger.	TOTAUX	LE COMMERCE TOTAL du Maroc avec les différentes puissances a été de :
	FRANÇAISE	ESPAGNOLE			
1908	8 916 000	955 000	976 000	10 847 000	93 959 000
1909	11 197 000	1 327 000	989 000	13 583 000	115 429 000
1910	13 799 000	1 889 000	968 000	16 656 000	101 097 000
1911	22 203 000	2 162 000	923 000	25 288 000	146 112 000
1912	27 046 000	2 181 000	1 820 000	31 047 000	200 364 000
1913	21 477 000	3 508 000	1 922 000	26 907 000	236 729 000

En 1912, les exportations de l'Allemagne au Maroc se chiffrent à la somme de 13 millions de francs envi-

Valeurs en francs.

IMPORTATIONS D'ALLEMAGNE		PORTS	EXPORTATIONS EN ALLEMAGNE	
1912	1913		1912	1913
366 000	775 000	Tétouan.	42 000	24 000
1 759 000	1 839 000	Tanger.	61 000	83 000
1 543 000	2 458 000	Larache.	230 000	231 000
1 550 000	2 354 000	Rabat.	182 000	167 000
1 367 000	3 509 000	Casablanca.	5 821 000	2 261 000
1 305 000	1 275 000	Mazagan.	3 234 000	1 448 000
3 407 000	4 186 000	Safi.	5 475 000	2 350 000
910 000	1 840 000	Mogador.	2 798 000	2 073 000
»	14 000	Kenitra.	»	»
13 207 000	18 250 000		17 840 000	8 657 000

ron, alors que celles du Maroc en Allemagne s'élèvent à près de 18 millions.

En 1913, la proportion se trouve renversée; le Maroc reçoit pour 18 millions de marchandises et lui en envoie pour près de 9 millions.

La part des différents ports marocains dans ce trafic est indiquée dans le tableau précédent.

Les principaux articles que l'Allemagne a vendus au Maroc en 1913, sont :

Fromages	18 000 francs.
Maïs...........................	447 000 —
Farine de froment..............	659 000 —
Riz............................	891 000 —
Pommes de terre................	104 000 —
Sucre, brut et raffiné..........	5 362 000 —
Café	120 000 —
Poivre	73 000 —
Piment.........................	13 000 —
Thé............................	1 002 000 —
Huiles volatiles ou essences de toutes sortes.........................	34 000 —
Bière..........................	464 000 —
Alcool pur........	455 000 —
Eau-de-vie de genièvre..........	36 000 —
Fers bruts.....................	141 000 —
Aciers en barres, tôles ou filé	59 000 —
Bougies........................	73 000 —
Porcelaines, faïences et poteries de toutes sortes...................	152 000 —
Verres et cristaux.............	487 000 —
Tissus de coton	222 000 —
Tissus de laine	2 293 000 —
Tissus de soie.................	38 000 —
Lingerie, vêtements, bonneterie, chechias, passementerie, rubanerie, dentelles, tulles, broderies.......	267 000 —
Papier	146 000 —
Horlogerie.....................	131 000 —
Machines et mécanique : motrices à vapeur et autos.	343 000 —
Machines à coudre..............	147 000 —
Ferronnerie et outils..........	382 000 —
Serrurerie	139 000 —

Articles de ménage.............. 379 000 francs.
Bimbeloterie.................... 155 000 —

D'autre part, l'Allemagne a acheté au Maroc, en 1913 :

Boyaux..............	77 000 francs.
Cire brute......................	525 000 —
Laines en suint.................	2 258 000 —
Laine lavée.....................	99 000 —
Peaux de bœufs..................	424 000 —
Peaux de chèvres...............	680 000 —
Peaux de moutons...............	689 000 —
Poils de chèvres................	22 000 —
Alpiste.........................	59 000 —
Amandes........................	3 170 000 —
Graines de lin	53 000 —
Gomme sandaraque..............	176 000 —
Graines de coriandre...........	111 000 —
Graines de cumin...............	152 000 —
Graines de fenugrec...........	68 000 —
Etc...	

* * *

Puisque nous traitons des relations commerciales du Maroc avec l'Allemagne, nous nous permettons de faire remarquer quelques anomalies sur lesquelles il est bon d'attirer l'attention des pouvoirs publics :

1° L'Allemagne avait imposé aux protégés allemands, censaux et associés agricoles, de vendre exclusivement leurs produits aux maisons allemandes;

2° L'empire germanique admet en franchise des produits naturels du Maroc;

3° Enfin le prix du fret était moins élevé pour Hambourg que pour Marseille !

Sans commentaires, n'est-ce pas?

Si l'on considère seulement l'active propagande commerciale des agents de l'Allemagne, ce pays n'a pas obtenu au Maroc des résultats proportionnés à son effort. En 1913, son trafic avec les ports du Protectorat avait même baissé de 27 millions (1912) à 21 millions.

Au contraire, si on tient compte des sphères d'influence considérables qui avaient été créées dans tout le Maghreb avec une organisation, un plan et une persévérance sans pareils, constatons qu'à la veille des hostilités, la situation aurait pu être grave si le chef qui préside aux destinées de notre Protectorat n'avait été un homme de décision.

En résumé, nous ferons observer à nos compatriotes qu'en général les progrès du commerce allemand sont dus, non seulement au bon marché des articles produits et à leur choix conforme aux habitudes locales, mais surtout aux grandes facilités de payement faites au client. Les maisons allemandes accordent presque toujours des crédits de huit, dix et douze mois, quelquefois plus, moyennant le versement d'un intérêt de 6 0/0 au moins, très volontiers payé par l'importateur. Nous connaissons des exemples de fournitures importantes qui ont été réglées scrupuleusement après trois années; en même temps que les intérêts courus depuis la date de l'échéance primitive.

En outre, les visites fréquentes à la clientèle par les représentants indigènes bien payés, des voyageurs entreprenants, parlant l'arabe et que rien ne rebute, l'envoi et la remise soignée d'échantillons nombreux et variés, en tenant compte non du goût du fabricant, mais des exigences du consommateur, ont beaucoup contribué, joints à une publicité intense, à l'introduction et à la vogue des produits de nos rivaux.

Nous ne saurions quitter cette question de la concurrence ennemie sans dire quelques mots de certains procédés qu'elle emploie : les cartels et le dumping; leur action vise et intéresse le Protectorat qui utilise pour l'industrie du bâtiment, et beaucoup d'autres, des fers

bruts ou ouvrés, et va avoir besoin en outre d'un matériel considérable pour la construction de ses chemins de
fer.

* *
*

a) *Les cartels.* — Un des rouages essentiels de l'organisation commerciale et industrielle allemande consiste
dans les « cartels » qui datent, si nous ne nous trompons, de 1865 et dont elle a fait, en les perfectionnant,
l'instrument par excellence de son exportation.

Le principe de ce véritable trust est de grouper divers
établissements similaires sous forme d'une société, dans
laquelle chacun conserve son individualité propre, tout
en se soumettant, comme sociétaire, à une discipline
absolue et à une direction unique. La principale attribution de cette dernière est de s'occuper de la vente
des produits, tant à l'intérieur qu'à l'étranger, et d'en
fixer les conditions.

En les constituant, le but a été :

1° de limiter les effets de la concurrence;

2° de maintenir le niveau des prix à l'intérieur.

Cette situation, favorable au producteur, lui a permis
d'abaisser ses tarifs pour l'exportation, en lui octroyant
une compensation en dedans de ses barrières douanières, et de conquérir les marchés mondiaux surtout
l'Angleterre et l'Amérique. Pour y parvenir, l'Allemand doit vendre coûte que coûte au dehors, même
à perte.

* *
*

b) *Le dumping.* — Ce procédé de vente à perte, quitte
à récupération d'un autre côté, s'appelle le « dumping »,
vieille méthode bien connue, consistant à tuer l'indus-

trie étrangère, en avilissant pendant un temps donné les prix, pour ensuite leur faire reprendre leur niveau normal dès que la concurrence se trouve supprimée.

Il est évident que l'industriel d'outre-Rhin ne peut faire ce sacrifice s'il n'a une compensation ailleurs ; il la trouve donc dans sa propre nation, à l'abri des barrières douanières, comme nous venons de le dire, en réparant, par des cours imposés sur son marché, les pertes qu'il subit ailleurs. C'est ainsi qu'avant la guerre de nombreuses locomotives allemandes étaient vendues en France environ 35 0/0 moins cher qu'en Allemagne, et que les poutrelles, dont le prix moyen de revient oscillait autour de 110 francs la tonne, coûtaient 150 francs en Suisse, 135 francs en Angleterre, 95 francs en Italie (1) et 160 francs en Allemagne.

En 1902, le « dumping » fut complété par l'application de « primes à l'exportation », octroyées en proportion du degré de « fini » des produits. Elles sont allouées, soit sous forme de réductions sur les prix de vente, soit à l'aide de « primes effectives » attribuées par les cartels des échelons inférieurs, c'est-à-dire la matière première et ce qui s'en rapproche immédiatement, aux cartels des échelons supérieurs, qui sont ceux des produits ayant subi le plus grand nombre de transformations, donc d'un finissage plus complet.

En 1912, le Syndicat allemand des houilles (matières premières) donnait comme prime 3 fr. 12 par tonne de houille consommée pour l'exportation ; la fonte, plus travaillée, touchait 7 fr. 80 ; les fers de machinerie, plus finis encore, 14 fr. 38 et jusqu'à 20 fr. 62 pour les

---

(1) Voir l'ouvrage du directeur de la *Vita italiana*, M. GIOVANNI PREZIOSI, intitulé : *L'Allemagne à la conquête de l'Italie*. C'est un exposé magistral de l'emprise savante et patiente exercée depuis de longues années par l'Empire germanique sur son alliée.

machines perfectionnées, et ainsi de suite. La réussite suppose une discipline confiante et sans réserve.

Il en résulte une solidarité nationale étroite qui, du haut en bas de l'échelle, lie les producteurs les uns aux autres; c'est la concrétion des initiatives individuelles et de la liberté industrielle, au profit de la collectivité impérialiste devenue omnipotente et invincible.

Personne ne peut résister à ce formidable système qui assure le pouvoir offensif par la masse. L'Allemagne, en effet, a organisé sa production comme sa force guerrière, car c'est le gouvernement lui-même qui a soutenu le développement des « cartels ».

Sûr de sa méthode et de ses résultats, il n'a pas hésité à marcher contre l'opinion publique qui, à l'origine, n'avait pas compris l'intérêt vital s'attachant au développement de son exportation. Le particularisme étroit qui est à la base de tout individu ne permettait aux Germains de voir qu'une chose, c'est qu'ils payaient trop cher des objets que leurs industriels vendaient meilleur marché aux étrangers; le peuple simpliste ne s'apercevait pas que toute vente à l'étranger, fût-elle sans bénéfice, fait naître une créance sur l'extérieur et, par conséquent, constitue une puissance d'expansion et une force financière à nulle autre pareille.

Résultat tangible : le « dumping » allemand de 1910 à 1914 a fait éteindre de nombreux hauts fourneaux anglais, et tué chez nous les industries chimiques indépendantes, au fur et à mesure qu'elles manifestaient le désir de naître. Espérons que la Société des Matières Colorantes, formée sur l'initiative du Gouvernement et le haut appui de puissantes personnalités, arrivera à triompher de ces difficultés (1).

(1) La consommation de la France en colorants était avant la guerre d'environ 26 millions, venant en majeure partie d'Allemagne ou de

En résumé, cartels, dumping et droits de douane sont les rouages essentiels de l'exportation ennemie; nous devons nous pénétrer de leur force, pour nous l'assimiler et pouvoir lutter à l'avenir contre l'envahissement qui tarirait dans sa source notre richesse nationale. Pour cela, il faut faire de l'impérialisme économique, voir loin, ne pas se laisser aller à des idéologies étatistes ou sentimentales dont le mirage disparaît vite, et qui se retournent contre celui en faveur duquel elles paraissaient avoir été prises en considération : le peuple.

Sans doute cette machine redoutable ne peut fonctionner universellement, mais elle s'applique aux produits offrant une certaine uniformité dans la qualité et le prix de revient, et ceux qui s'y prêtent sont très nombreux.

Nous citerons au hasard : toutes les matières premières, les semi-ouvrées, les produits achevés qui servent de matière première à d'autres industries, tels que les poutrelles, les rails, les aciers laminés, les filés de coton, etc., en somme, presque tout ce qui n'est pas marchandise de luxe (1). La question se posera plus nette encore quand l'Alsace et la Lorraine auront fait retour à la patrie.

Dans l'élaboration du traité de paix, l'une des clauses essentielles aura donc pour objet de viser la formation des cartels, le dumping, l'établissement de droits de sortie sur les objets manufacturés allemands et de droits de douane dont le relèvement sera d'autant

ses succursales françaises. Sur 43 fabriques de colorants réparties dans le monde, l'Empire germanique en possède 28 et ce sont les plus puissantes; il a en outre des intérêts dans 11 autres. En France on comptait 7 usines en partie filiales allemandes.

(1) Cf. les *Méthodes d'exportation allemandes*, par M. Lucien PETIT, inspecteur des finances. (*Revue politique et parlementaire.*)

plus facile à opérer que beaucoup de traités arrivent à expiration en 1917. L'administration des Douanes devra, en conséquence, avoir une grande latitude et plus d'élasticité qu'aujourd'hui pour l'organisation de mesures spéciales « anti-dumping ».

Les autres méthodes employées pour lui faire échec, et qui consistent en la conclusion d'accords internationaux et de précautions de défense industrielle prises par l'État menacé, n'ont pas donné les résultats qu'on en attendait.

Si nous analysons cet important sujet à propos du Maroc, c'est qu'il va y recevoir une application directe en raison de son accroissement économique, des minoteries nouvelles qui se créent, des usines qui se fondent, de l'industrie du bâtiment qui prospère, surtout de la construction prochaine des chemins de fer pour laquelle l'adjudication internationale est imposée, comme pour tous les travaux publics d'ailleurs. Nous aboutirions donc, sans une protection effective, à intensifier le commerce et l'industrie étrangers en proportion de la prospérité marocaine, et ce, à notre propre détriment.

CHAPITRE VIII

LES FINANCES MAROCAINES

Les finances du Maroc se comportent en leur développement comme celles des États en tutelle, dont le revenu est tout ou partie donné en gage aux porteurs d'emprunts, qui établissent un contrôle pour administrer la Dette.

Nous examinerons séparément les impôts et les taxes, dont l'assiette est établie d'après des principes et évaluations différents, et l'organe qui, à la suite de l'emprunt de 1904, a été institué pour surveiller sa garantie.

La question douanière, enfin, est un problème qui se pose; sa solution pourra influencer l'avenir et la fortune française au Protectorat.

A. — LES IMPOTS

Les impôts directs perçus dans la zone française sont le « tertib » pour le Maroc Occidental, l' « achour » et le « zekkat » pour le Maroc Oriental, et la « taxe urbaine ». Parmi les impôts indirects recouvrés par l'administration du Protectorat, figurent les droits de marché, d'enregistrement, les impôts sur le sucre et l'alcool, les droits de porte, les droits de transit et de sortie du Maroc Oriental.

Dans les ports, les droits de douane sont payés à un service spécial pour le compte du Contrôle de la Dette.

§ 1er. Le tertib.

Le « tertib », mot qui signifie règlement, est un impôt foncier qui remplace les anciennes redevances agricoles d'origine coranique connues sous les noms d' « achour » (impôt sur les récoltes) et de « zekkat » (impôt sur le cheptel). Il est dû par les indigènes aussi bien que par les Français, les étrangers et les ressortissants étrangers.

On le distingue des taxes antérieures par sa généralité

d'application, ainsi que par une répartition et une perception plus régulières. Les notables, certaines collectivités religieuses, qui jouissaient auparavant d'immunités injustifiées, ont été astreints au payement du tertib; quant aux agents de perception, entre autres les caïds, ils ne peuvent plus exiger des assujettis des sommes arbitraires, comme ils avaient coutume de le faire autrefois.

Cet impôt a été remanié et codifié en 1915. La réforme a donné d'excellents résultats. De 3 300 000, il passe en 1915-1916 à 14 800 000 et on prévoit 18 500 000 pour l'exercice 1916-1917. Il n'a pas encore été appliqué au Maroc Oriental, où l' « achour » et le « zekkat » sont toujours en vigueur.

2. Taxe urbaine.

Elle consiste en une contribution annuelle sur les constructions urbaines, établie dans tout l'Empire chérifien, sans distinction de nationalité, au moyen d'une réglementation élaborée par le Corps diplomatique, en exécution de l'article 61 de l'Acte général d'Algeciras et promulguée à Tanger le 10 janvier 1908 (1). Mise tout d'abord en application dans les ports ouverts au commerce, elle a été étendue par la suite à Salé, Fez, Meknès, Azemmour, Oudjda, Berkane, Martimprey, El Aïoun et Taza.

La taxe frappe les constructions de toute nature situées dans l'étendue du territoire des villes; elle est assise sur la valeur locative brute de l'immeuble, sans qu'il y ait lieu de distinguer entre ceux occupés ou vacants, loués ou utilisés par le propriétaire ou ses

(1) Voir ce règlement dans le *Statut International du Maroc,* par Léon Deloncle. Édition de 1912, p. 218.

ayants droit, sauf certaines exemptions : elles concernent les palais du Sultan, les légations et les édifices affectés aux services diplomatiques et consulaires, aux administrations publiques, aux cultes, à l'enseignement gratuit, aux institutions de charité publique, les hôpitaux, les constructions habitées par leurs propriétaires ou usufruitiers et dont la valeur locative mensuelle n'excède pas une somme à fixer, dans chaque ville, par la commission de recensement, somme qui toutefois ne pourra pas dépasser 2 douros makhzeni argent. Le propriétaire de deux ou plusieurs de ces constructions ne jouit pas de la dispense.

Enfin les bâtiments neufs et agrandissements en sont exonérés, soit en totalité, soit en partie, jusqu'à ce que les locaux aient été loués ou occupés, sans que cette exemption puisse dépasser un délai de deux ans à partir de l'achèvement des travaux. (Articles 1er, 3, 4 et 5 du règlement précité.)

Dans l'estimation de la valeur locative sont comprises toutes les charges imposées au preneur, en particulier les grosses réparations.

S'il s'agit d'établissements industriels, la valeur locative des machines et appareils attachés au bâtiment à perpétuelle demeure et en constituant une partie essentielle, nécessaire, sera ajoutée à l'estimation, mais si c'est une maison meublée, celle des meubles n'y sera pas comprise (Article 1er, paragraphes 5, 6, 7 du même règlement.)

Le taux de la taxe est de 8 0/0 de la valeur locative réelle. (Articles 2 et 13.) Le produit net de cet impôt est partagé par moitié entre l'État et les municipalités, celles-ci devant affecter la part qui leur est attribuée aux besoins de l'hygiène, de la voirie et, d'une façon générale, aux dépenses d'amélioration et d'entretien des villes.

C'est le propriétaire ou usufruitier qui doit acquitter la taxe; à défaut de payement par eux, elle est imputée sur le loyer. Les locataires sont contraints, sur réquisition écrite de l'administration, et sans qu'il soit besoin de formalités judiciaires, de payer l'impôt jusqu'à concurrence du montant des loyers; les reçus leur serviront de quittances à l'égard du bailleur. (Article 6.)

Ce même article 6 prévoit l'application de la « taxe urbaine » aux biens maghzen établis par décret chérifien, par bail ou par « contrat de 6 0/0 » et aux biens habous concédés par décret.

Le recensement général de l'ensemble des constructions est fait, par périodes triennales, au moyen d'une commission composée de trois notables marocains, de trois notables étrangers, de deux contrôleurs désignés l'un par le Maghzen et l'autre par la Banque d'État du Maroc, ainsi que d'un délégué de la municipalité. Un comité spécial examine les réclamations soulevées par les assujettis.

Le rendement de cette taxe a été, pour les ports où elle fonctionne depuis 1910, de :

255 581	pesetas hassani en	1910
273 591	—	— 1911
292 738	—	— 1912
466 105	—	— 1913

Les prévisions correspondantes s'élevaient à :

268 567	pesetas hassani
293 514	—
512 270	—
756 280	—

§ 3. Droits de marchés.

Les droits de place et de vente sont perçus sur les marchés ruraux du Maroc Oriental par l'administration du Protectorat, mais dans des conditions spéciales découlant des Accords franco-marocains du 20 juillet 1901, 20 avril et 7 mai 1902. Les tarifs qui visent des droits de statistiques, de taxe sanitaire et de place sont annexés à l'Accord d'Alger (7 mai 1902).

§ 4. Droits d'enregistrement.

Cet impôt affecte les mutations ld'immeubles, les sentences des cadi et des tribunaux français, tous les actes civils judiciaires et extra-juridiques reçus par les secrétaires, greffiers et adoul. En dehors de la question financière, l'enregistrement des actes a l'avantage d'assurer leur conservation et de donner date certaine aux conventions sous seings privés; les droits sont fixes ou proportionnels.

§ 5. Impôts sur le sucre et l'alcool.

Il s'agit de droits de consommation fixés à : 15 pesetas hassani les 100 kilogrammes pour le sucre et 200 pesetas hassani pour l'hectolitre d'alcool pur.

§ 6. Droits de transit et de sortie.

Ils ont été établis par l'Accord franco-marocain du 7 mai 1902. A l'entrée et à la sortie des villes, chaque

charge d'animal est frappée du « droit de hafer » (sabot)
ou « droit de portes ». Cet impôt, dû par les étrangers
comme par tous les indigènes, est affermé dans le
Maroc Occidental et exploité en régie directe dans le
Maroc Oriental.

En dehors de ces revenus, le Protectorat dispose
encore d'autres produits, parmi lesquels nous citerons
ceux des Postes et Télégraphes, des Domaines de l'État
et l'excédent des sommes affectées chaque année à la
garantie des emprunts.

B. LE CONTROLE DE LA DETTE

La perception des droits de douane est assurée par
un organisme financier et spécial, l'administration du
Contrôle de la Dette dont l'établissement est antérieur
au Protectorat, qui date du 30 mars 1912.

L'origine de l'institution du Contrôle de la Dette
remonte en effet au mois de juin 1904. A cette époque,
le sultan, par suite du mauvais rendement des impôts, dut faire appel au crédit; il négocia donc avec le
consortium des Banques françaises un emprunt de
62 500 000 francs garanti par la totalité (1) du produit
des douanes de tous les ports de l'empire, existant ou
à créer, comprenant les taxes à payer à l'entrée ou à la
sortie de toute valeur ou marchandises. Le cas échéant,
les autres ressources du pays doivent contribuer au
service de l'emprunt.

Pour surveiller la réalisation de ce gage, il fut stipulé

(1) En réalité, 60 0/0 seulement du produit des douanes sont affectés
au payement de l'emprunt.

que les établissements financiers contractants désigne-
raient un délégué, dont la mission est de représenter les
porteurs de titres et d'exercer en leur nom les prérogatives qui leur sont attribuées par la convention fixant les
conditions du prêt. Le contrat du 12 juin 1904 spécifie,
en son article 12, que ce mandataire peut transmettre
ses pouvoirs dans chaque cité maritime à un Européen
chargé par lui de ce service, et à qui il est fait défense
de commercer au Maroc. Les agents adjoints à ce délégué sont au maximum de quatre par port.

Les droits de douane sont encaissés par les fonctionnaires du Maghzen, sous le contrôle du délégué européen, qui se fait remettre chaque jour l'état des recettes,
et peut, d'ailleurs, procéder à des enquêtes sur tout ce
qui concerne les affaires de la douane locale.

Jusqu'en 1907, ce privilège de contrôle et d'enquête
fut illusoire, car les agents du Délégué n'étaient pas
admis par les oumana à suivre de près les opérations
douanières. Ils devaient se borner à accepter, en fin de
journée, les sommes que leur versaient les fonctionnaires chérifiens, sans avoir la possibilité de vérifier si
elles représentaient bien les 60 0/0 des recettes et surtout si les perceptions étaient régulières. La fraude de la
part des oumana paraissait intense ; elle ressortait de la
comparaison de « leurs rôles » avec les données fournies
par les manifestes des navires et les factures. M. Guiot, le
distingué délégué des porteurs de titres, estimait que le
préjudice causé par les manœuvres et la collusion se
chiffrait chaque année par près de deux millions. Profi-
tant donc d'un revirement d'Abd-el-Aziz en faveur de la
France, il entama des négociations avec le Maghzen en
vue d'obtenir le contrôle effectif qui nous échappait.

Aux termes de l'Accord qui fut ratifié en juillet 1907
et qui consacre une solution existant déjà, sinon en fait

du moins en droit, un agent désigné dans chaque poste par la Dette devait contrôler les perceptions douanières, dans un but d'amélioration et de fonctionnement plus régulier ; cet agent pouvait se faire suppléer pour siéger à côté des oumana, au cas où il en serait empêché lui-même. Il avait aussi la faculté, mais en dehors du local où se tiennent les oumana, de se faire assister, pour la surveillance, d'employés subalternes.

On a fait appel, pour occuper ce poste de contrôleur spécial, à des fonctionnaires issus du cadre tunisien et parlant l'arabe, ce qui offre le double avantage d'avoir des commis déjà au courant du service et recevant des émoluments moindres que leurs collègues de la métropole.

Ce n'était pas encore le contrôle intégral, en ce sens que le nombre des agents admis à siéger à côté des oumana, c'est-à-dire à participer à la vérification, était très limité et que, d'autre part, le personnel indigène échappait à l'autorité du Délégué européen ; mais, si restreinte qu'elle apparaisse, cette collaboration n'en fut pas moins très efficace, si l'on en juge par les sérieuses plus-values accusées aux recettes des douanes dès 1908. Du chiffre de 10 116 000 pesetas hassani en 1907, elles se sont élevées en 1908 à 16 802 000, en 1909 à 18 449 000, et en 1910 à 14 546 000.

L'Accord conclu le 21 mars 1910 avec le consortium des Banques françaises, pour un nouvel emprunt de 101 124 000 francs, permit à l'administration du Contrôle d'élargir son emprise sur les douanes marocaines. Il lui confia en outre la gestion des nouveaux revenus concédés, domaine, droits de portes et de marchés dans les ports ouverts au commerce, et le transforma ainsi en Contrôle de la Dette.

L'emprunt 1910, 5 0/0, est garanti :

1° Par le produit net des droits de douane, tant à l'entrée qu'à la sortie de tous les ports de l'Empire, existant ou à créer, pour la partie qui ne serait pas nécessaire au service de l'emprunt 1904 (1). Cinq pour cent de ce produit ainsi défini sont réservés au Maghzen, qui en a la libre disposition ;

2° Par toutes les sommes pouvant revenir au Maghzen du chef :

a) Du produit des tabacs et du kif ;

b) Des revenus des mostafadets dans tous les ports, et des sakkat ;

c) Des revenus des biens domaniaux dans tous les ports et dans un rayon de 10 kilomètres autour de ces ports ;

d) De la portion revenant au Maghzen dans le produit de la taxe urbaine. (Article 11 de l'Accord du 17 mai 1910.)

L'article 13 décide que le représentant des porteurs de l'emprunt 1904, investi du contrôle des douanes en 1907 et confirmé dans cette mission jusqu'à complet remboursement, sera le représentant des porteurs de l'emprunt 1910. Au jour où cette Délégation viendrait à cesser d'exister, par suite du remboursement, le Délégué de ces porteurs restera chargé de la même mission pour l'emprunt 1910.

Ainsi, l'organisme financier, constitué d'abord par la Délégation des porteurs de titres de l'emprunt 1904, se transforme en Contrôle des Douanes au cours de l'année 1907 et en Contrôle de la Dette en 1910. Son rôle essentiel est toujours d'assurer le fonctionnement des garanties affectées aux emprunts ; mais ses attributions reçoivent une large extension. C'est ainsi qu'il ne se

---

(1) Nous rappelons que pour ce dernier emprunt, il n'est prélevé en fait que 60 0/0 du rendement des douanes (page 373).

contente plus d'un droit de contrôle des revenus concédés, il en gère lui-même une bonne partie, en interve-
nant « dans l'assiette, les bases, le tarif, le mode de perception et le contrôle de tous les droits » servant de gage
aux emprunts (article 12 du contrat du 17 mai 1910), sans
qu'il puisse cependant être question d'apporter un changement quelconque à la législation fiscale ou domaniale.
Les services de contrôle et de perception ne sont plus en
somme exercés par deux administrations distinctes.

Le Contrôle de la Dette a aussi reçu mission d'assurer
la surveillance douanière du littoral, à la fois sur terre
et sur mer, pour réprimer surtout la contrebande des
armes et munitions.

Notons, d'autre part, que le produit de la surtaxe
spéciale de 2,50 0/0 ajouté aux droits de douane ne
participe pas à la garantie des emprunts, il est versé
directement à la Banque d'État, au compte de la caisse
spéciale des Travaux publics. Deux délégués, l'un français, l'autre chérifien, dirigent la Dette et l'Accord du
21 mars 1910 leur donne une délégation permanente
des pouvoirs du Maghzen. Il convient toutefois de remarquer, qu'en cas de nécessité, la signature du Délégué français suffit pour engager cet organe, tandis que
celle de son collègue ne produit jamais pareil effet.

Le Traité franco-espagnol du 26 novembre 1912
apporte une restriction au privilège du Contrôle de la
Dette. Les droits de douane ne sont plus perçus pour son
compte dans les ports de la zone appartenant à l'Espagne,
tout en sauvegardant cependant le privilège des porteurs
de titres des emprunts 1904 et 1910. Cette zone contribue, en effet, aux charges qui en découlent « suivant la
proportion dans laquelle les ports de ladite zone (déduction faite de 500 000 P. H.), fournissent à l'ensemble des

recettes douanières des ports ouverts au commerce. Cette contribution a été fixée provisoirement à 7,95 0/0. Elle est revisable toutes les années ». (Article 12 du traité précité.)

*\
* *

En réalité, le Contrôle de la Dette jouit d'une autonomie presque complète ; il a un budget bien distinct de celui du Protectorat et ses dépenses échappent à toute vérification. Pareille indépendance de gestion ne se conçoit pas aujourd'hui, dans un pays où l'on n'a plus à craindre les perceptions arbitraires et les collusions qui caractérisaient l'ancien sytème des oumana ; elle peut même, dans l'avenir, constituer une gêne réelle pour le Protectorat. Ce dernier fait remarquer, dans son rapport général sur la situation au Maroc au 31 juillet 1914, page 326, que « pour les nombreux immeubles domaniaux situés dans les zones myriamétriques des ports et dont la gestion est confiée au Contrôle de la Dette, celui-ci conserve avec le Protectorat un contact étroit qui nécessite une correspondance assez lourde. De nombreuses questions concernant le contentieux, les détentions d'immeubles par des ressortissants étrangers, la révision des concessions, etc., sont examinées au service des Domaines à Rabat. »

C. LE RÉGIME DOUANIER

I. CONSIDÉRATIONS GÉNÉRALES

Le régime douanier du Maroc présente cette caractéristique essentielle d'être le résultat de divers accords internationaux (1), spécialement de l'Acte d'Algeciras ; ils ont posé le principe de l'égalité économique pour les Puissances signataires, et d'une façon générale, pour toutes celles qui peuvent réclamer l'application de la clause de la nation la plus favorisée. Notre pays ne jouit donc d'aucun privilège dans ses relations commerciales avec le Maghreb ; c'est, en somme, le régime de la libre concurrence mondiale consacrée à son détriment. Base du budget du Protectorat, le régime douanier ne protège même pas la nation qui, par suite des traités et des conventions, a toutes les responsabilités et les charges : la France.

Au Maroc, la question douanière doit donc être au premier plan de nos préoccupations, puisque nous y faisons tous les frais sans aucune réserve : nous assurons la sécurité dont nous sommes comptables, l'administration, la police, la justice, la protection effective, tout enfin, et, comme récompense, nous n'exerçons aucun privilège pour l'exécution des travaux publics, les mines, les chemins de fer, pour rien en un mot. Les justes compensations nous échappent, les devoirs nous restent.

Il semblerait cependant convenable que nous en retirions un bénéfice, chose impossible avec le régime de la porte ouverte en vigueur aujourd'hui, qui nous enlève tous droits préférentiels.

Or, pour changer le régime douanier il nous faut, non seulement le consentement d'une puissance, mais de toutes celles signataires de l'Acte d'Algeciras, autrement dit : l'Allemagne, l'Autriche, la Belgique, l'Espagne, les États-Unis d'Amérique, la Grande-Bretagne,

(1) Traités relatifs aux douanes maritimes entre le Maroc et la Grande-Bretagne (9 décembre 1856) ; les Pays-Bas (18 mai 1856) ; l'Espagne (20 novembre 1861) ; la Belgique (4 janvier 1862) ; l'Allemagne (1er juin 1890) ; la France (24 octobre 1892).

l'Italie, les Pays-Bas, le Portugal, la Russie et la Suède, sans oublier le Maroc, haute partie contractante. Ces États nous lient à titre collectif, mais aussi à titre individuel différent, suivant les obligations spéciales que nous avons contractées à diverses époques, vis-à-vis de certains d'entre eux.

Notre suprématie, sous ce régime, ne peut donc prospérer que par notre propre force d'expansion. Actuellement, elle est partout magnifique et surtout au Protectorat qui, grâce aux circonstances présentes, a permis à la France de réaliser plus de 50 0/0 du trafic total. Mais quelle assurance avons-nous du lendemain, lors de la conclusion de la paix, en présence des charges de toute nature qui seront imposées à la métropole. Elle ne pourra plus fournir les sommes considérables dont elle disposait en faveur du Maghreb, obligée de penser à elle-même, pour réparer les désastres causés par l'occupation de ses riches contrées du Nord et de l'Est, par la réfection de son matériel, sans compter celle de la marine marchande dont l'état lamentable est gros de périls.

Si le principe de l'égalité commerciale entre toutes les nations nous est désavantageux, il est, par contre, de nature à accroître singulièrement l'essor du Protectorat. Comme l'expose en excellents termes M. Barthe dans son rapport sur le Régime douanier des produits marocains importés en Algérie (1), « le régime de la porte « ouverte est, en fait, celui qui développera le mieux la « puissance économique du Maroc parce que la concur- « rence internationale ne pourra se soutenir que par la « mise en valeur, de la manière la plus rationnelle et

_____

(1) Chambre des députés, session extraordinaire de 1913, annexe au procès-verbal de la deuxième séance du 26 décembre 1913. n° 3354.

« avec l'outillage le. plus perfectionné, de toutes ses
« richesses. Le commerce ne peut être que l'auxiliaire
« de la production; l'opération de la vente ne se con-
« çoit qu'autant que celui à qui on veut vendre a déjà
« produit, par son travail, une valeur d'échange. Les
« diverses Puissances qui ont signé la convention d'Al-
« geciras rivaliseront donc d'efforts pour développer
« leurs relations commerciales avec le Maroc, c'est-à-
« dire, en fait, pour développer sa puissance écono-
« mique, la somme de ses productions. »

II. RÉGIME GÉNÉRAL DES MARCHANDISES

§ 1er. Importations.

1° *Importations par mer.* — Sauf pour les armes et
munitions, ainsi que pour les produits faisant l'objet
d'un monopole, toutes les marchandises étrangères
peuvent être importées au Maroc. Quelles que soient
leur origine ou leur provenance, elles acquittent à leur
entrée dans les ports un droit de douane *ad valorem*
de 10 0/0 (1), à l'exception des produits suivants qui,
en vertu du Traité franco-marocain du 6 février 1893,
ne sont taxés qu'à 5 0/0 (1) de leur valeur :

Tissus de soie pure ou mélangée, à l'exception de la
soie artificielle, des doublures, garnitures de vêtements, etc.

Or et argent en lingots.

Bijoux d'or et d'argent.

Boîtiers de montres, en or ou en argent, sans

(1) Non compris une surtaxe de 2,50 0/0. (Voir page 383.)

mouvements, enrichis ou non de pierres vraies ou fausses.

Fils d'or, d'argent, dorés ou argentés.

Galons d'or, d'argent, dorés ou argentés.

Pierres précieuses et fausses.

Vins, bières, vinaigres, alcool de menthe et liquides distillés de toutes espèces.

Pâtes alimentaires.

*
* *

D'après l'article 95 de l'Acte d'Algeciras les droits *ad valorem* sont liquidés suivant la valeur au comptant et en gros des marchandises rendues au bureau de douane, franches de droits de douane et de magasinage. L taxation a lieu au vu d'une déclaration indiquant cette valeur ; la facture originale peut être remise à l'appui de cette déclaration, mais elle ne lie pas le service des Douanes, qui a la facilité de réclamer le payement des taxes en nature en cas de désaccord avec l'importateur.

Une « Commission des valeurs douanières » détermine chaque année, pour les principales marchandises, la valeur servant de base aux estimations, non pas générales, mais à celles concernant chaque bureau de douane. Or, cette valeur, sujette aux fluctuations commerciales, est en perpétuelle variation. Ce ne sont donc que des maxima et des minima que la Commission peut fixer sur des droits *ad valorem*. Ces données figurent sur des tableaux qui doivent être affichés dans les bureaux de douane.

Les marchandises pour lesquelles aucune évaluation n'a été prévue sont taxées, comme par le passé, d'après les mercuriales, les factures et les connaissances personnelles des agents. (Règlement des Douanes du 10 juillet 1908.) (1).

2° *Taxe spéciale.* — En vue de subvenir aux dépenses et à l'exécution de certains travaux publics, destinés au développement de la navigation et du commerce général de l'empire chérifien, il a été établi, à titre provisoire, une taxe spéciale de 2,50 0/0 sur la valeur de toutes les marchandises d'origine étrangère à leur entrée au Maroc. Cette taxe, dont la perception a été autorisée par l'Acte d'Algeciras (art. 66), s'ajoute aux droits de douane proprement dits et les porte ainsi à 12,50 0/0 ou à 7,50 0/0 suivant les produits.

3° *Importations par la frontière algéro-marocaine.* — Le régime douanier applicable aux produits importés au Maroc par la frontière algérienne est bien différent de celui des ports; il découle du Protocole de Paris du 20 juillet 1901, des Accords des 20 avril et 7 mai 1902.

Les droits perçus à l'entrée sont fixés par le tarif suivant, annexé à l'Accord d'Alger précité du 7 mai 1902 :

DROITS DE TRANSIT POUR LES MARCHANDISES ENTRANT AU MAROC

Sucres raffinés, pains ou agglomérés...	100 kil.	2 francs.
Cafés	—	5 —
Poivre et piment	—	10 —
Girofles	—	15 —
Autres denrées coloniales (armoise, cannelles, muscades), macis, vanille....	—	20 —
Thé	—	10 —
Tabacs en feuilles	—	5 —

(1) Voir aux annexes, n° V.

Tabacs fabriqués : cigares, cigarettes.. 100 kil.   20 francs.
—   —   à priser, mâcher, fu-
mer.................................   —   15   —
Bois et matériaux de construction..... Valeur 5 0/0.
Farine de blé dur ou tendre .... 100 kil. 1 fr. 50
Farine d'avoine, orge, seigle, maïs....   —   1 franc.
Riz.................................   —   2   —
Légumes secs et leur farine..........   —   1   —
Fruits de table frais................   —   1   —
Fruits secs..........................   —   3   — .
Dattes et olives ....   —   1   —
Limonades........................... la bout. 0 fr. 05
Sirops. { L'hectolitre ....   15 francs.
       { La bouteille..............   0 fr. 15
Couleurs, savons, parfumerie, bougies,
tissus de laine, de coton ou de soie,
vêtements, pièces de lingerie et objets
confectionnés, papiers et cartons, meubles et ouvrages en bois, allumettes,
tabletterie, boutons et autres marchandises .... Valeur 5 0/0.

Comme on le voit, les droits spécifiques prévus dans
ce tarif sont plutôt modérés. Quant aux droits *ad valorem,* ils sont moitié moins élevés que ceux perçus dans
les ports.

4° *Taxe sur l'alcool.* — Un dahir du 18 octobre 1914
a institué à titre provisoire, dans la zone française, une
taxe de 200 pesetas hassani sur l'alcool pur excédant
14° contenu dans les vins, cidres, poirés, hydromels,
bières, vermouths, vins de liqueurs ou d'imitation
et sur la totalité de l'alcool pur contenu dans les liquides
provenant de la fermentation des figues, caroubes,
dattes, dans les eaux-de-vie, esprits, liqueurs et fruits à
l'eau-de-vie, dans les médicaments, les parfums et tous
liquides alcooliques non dénommés.

Y sont aussi assujettis les alcools méthyliques ou
autres, susceptibles de recevoir les applications de
l'alcool éthylique. Est interdite l'addition d'alcool méthy-

lique et d'alcool éthylique aux spiritueux destinés à la consommation de bouche.

Les alcools dénaturés en vue des usages industriels et suivant les procédés autorisés par arrêté du grand vizir, ne sont taxés qu'à 2 pesetas hassani par hectolitre d'alcool pur.

5° *Franchises*. — A l'importation, sont admis en exemption de droits de douane :

· Le matériel agricole.

Phosphates et superphosphates de chaux.

Scories phosphatées et phosphates métallurgiques.

Sulfates d'ammoniaque (guano artificiel).

Guano du Pérou et poudrettes.

· Toutes autres matières considérées comme propres à la fertilisation des terres, mais non susceptibles d'être utilisées autrement que comme engrais.

· Les épaves des navires naufragés lorsque le bâtiment a été abandonné par l'équipage et le propriétaire.

Les marchandises tombées à la mer pendant le débarquement ou le transbordement ne bénéficient pas de la franchise, pas plus que celles recueillies à une faible distance d'un port et dont l'origine est connue.

6° *Prohibitions*. — Les prohibitions à l'importation atteignent les armes de guerre, pièces d'armes, munitions chargées ou non, de toutes espèces, poudres, salpêtre, fulmi-coton, nitro-glycérine et toutes compositions destinées à la fabrication exclusive des munitions.

7° *Importations conditionnelles*. — Les marchandises suivantes ne peuvent être importées qu'avec une autorisation spéciale :

Explosifs nécessaires à l'industrie et aux travaux publics.

Armes et munitions de chasse et de luxe.

Pièces d'armes.

Cartouches chargées et non chargées.

En ce qui concerne les munitions de chasse, chaque permis peut porter au maximum sur mille cartouches ou les fournitures nécessaires à là fabrication de mille cartouches.

Soufre. (Le gouvernement chérifien détient le monopole de la vente de ce produit.)

Tabacs, kif, opium. L'importation des tabacs coupés, cigares et cigarettes expédiés aux particuliers est permise moyennant une taxe de. 37 P. H. 50 le kilogramme de tabac coupé ou les mille cigarettes, 22 P. H. 50 les 100 cigares, qui s'ajoutent aux droits de douane perçus sur les tabacs importés pour les besoins du monopole. Ces droits sont les suivants :

10 pesetas hassani le kantar (50 k. 750) pour tabac en feuilles.
15   —   —   —   tabac coupé.
25   —   —   —   pour cigares et cigarettes.

Quant à l'opium, l'entrée peut en être autorisée pour les usages pharmaceutiques, sous réserve de la justification de son emploi.

8° *Admissions temporaires.* — Le régime de l'admission temporaire en franchise des droits de douane est applicable aux produits et objets repris à la nomenclature ci-après :

1° Sacs vides d'origine étrangère affectés à l'exportation des céréales, légumineuses, épices, sels et autres produits du cru;

2° Toiles d'emballage utilisées pour l'exportation des laines et autres produits d'origine marocaine ;

3° Caisses vides ou planchettes devant servir à la fabrication de ces caisses destinées à l'exportation des œufs, des fruits et légumes frais, du poisson et tous autres produits naturels du pays ;

4° Paille de bois destinée à l'emballage des œufs exportés ;

5° Boîtes vides en fer-blanc, montées ou non, devant servir à l'exportation du poisson, des fruits, légumes, viandes conservées ;

6° Fûts en bois, en tôle ou en fer vides, destinés à l'exportation des vins, huiles, poissons, câpres, eaux de fleurs d'oranger fabriquées au Maroc, eaux minérales naturelles et autres produits du cru ;

7° Bouteilles vides destinées à l'exportation des eaux gazeuses, eaux de fleurs d'oranger fabriquées au Maroc, eaux minérales naturelles et autres produits du pays ;

8° Cercles et fils de fer destinés à renforcer l'emballage des colis renfermant des marchandises marocaines exportées ;

9° Échantillons introduits par les représentants et les voyageurs de commerce ;

10° Outils mécaniques et matériel en cours d'usage apportés par les artisans, ouvriers et forains qui viennent momentanément exercer leur industrie au Maroc ;

11° Objets destinés à figurer dans les expositions ;

12° Sheritts et cordes destinés à l'emballage des peaux exportées et autres produits du pays employant ce mode d'emballage ;

13° Huile destinée à la fabrication des conserves pour l'exportation ;

14° Films cinématographiques et disques de phonographes impressionnés. (Circulaire n° 140.)

La durée de l'admission temporaire est d'un an, sauf en ce qui concerne les échantillons, objets pour les expositions, outils, huiles, sacs vides. La réexportation doit avoir lieu par le port où la déclaration a été établie; elle peut être effectuée par fractionnements.

Peuvent être admis en suspension de droits, moyennant consignation de leur montant, les fûts en fer, bois ou tôle contenant du pétrole, de la benzine, du goudron, de l'alcool, des huiles minérales, du sulfure de carbone, les tubes ou bouteilles en fer contenant de l'acide carbonique ou autres ingrédients, les boîtes en fer blanc ou étamé contenant des biscuits ou bonbons sucrés, les estagnons en cuivre ou en autres métaux, dans lesquels on importe des huiles ou des essences.

L'entrepôt fictif existe pour les houilles.

9° *Cabotage.* — Un droit de statistique et de pesage de 0,75 0|0 *ad valorem* est appliqué aux marchandises embarquées dans un port marocain, pour être transportées par mer dans un autre port de l'empire. Les produits suivants, dont l'exportation est interdite, peuvent être expédiés en cabotage moyennant consignation d'une certaine somme :

Anes....................	par tête 25	pesetas hassani.
Chevaux..................	— 125	—
Chèvres..................	— 1,875	—
Moutons..................	— 5,00	—
Mulets...................	— 125,00	—
Miel	— *ad valorem* 10 0/0.	

§ 2. **Exportation.**

1° *Exportation par les ports.* — D'après les oumana, seuls peuvent être exportés les produits dont la taxation a été prévue par dahir ou par les traités anglais, espagnols, allemands et français.

Le sultan peut suspendre l'exportation des céréales; quant à celle des bestiaux, elle est soumise à diverses restrictions portant, soit sur les points de sortie (prohibition temporaire par certains ports), soit sur la quantité à exporter (contingent fixé pour chaque pays de destination), soit sur les animaux femelles (sortie interdite).

La plupart des droits d'exportation sont spécifiques.

TABLEAU DES DROITS D'EXPORTATION
(Voie de mer).

Alpiste	le quintal (1)	5 réaux	1,25
Anis	—	16 —	4, »
Amandes	—	15 —	3,75
Armes marocaines	ad valorem.	5 0/0	
Babouches	—	—	
Balais de palmier nain	le quintal	1 réal et demi	0,375
Bananes	ad valorem	5 0/0	
Basanes	le quintal	18 réaux	4,50
Beurre	ad valorem	10 0/0	
Blé	la fanège	15 réaux	3,75
Bœufs	par tête	25 pesetas	
Bois d'arar.... demi-charge	de chameau	6 réaux	1,50
Bois de cèdre.. demi-charge	de mule	5 réaux	1,25
Boissons	ad valorem	5 0/0	
Boyaux	le quintal	10 réaux	2,50
Carvi	—	8 —	2 »
Ceintures de laine	le cent	50 —	12,50
Chanvre et lin	le quintal	16 —	4 »
Chaouris nattes	ad valorem	8 0/0	
Charbon de bois	—	10 —	
Chiffons	le quintal	5 réaux	1,25
Cire blanche	—	60 —	15 »
Cire vierge	—	50 —	12,50
Cochenilles	—	10 —	2,50
Cocons de soie	ad valorem	5 0/0	
Conserves	—	10 —	

(1) La valeur des poids, mesures et monnaies figurant dans ce tableau est : la fanège, 56 litres; le quintal, 50 kilogrammes; le réal, 25 centimes espagnols.

Cordes en poil de chèvre....	le cent	10 réaux	2,50
Cornes....................	le mille	25 —	6,25
Coussins brodés............	ad valorem	5 0/0	
Couvertures de laine........	—	5 —	
Cresson	le quintal	10 réaux	2,50
Cumin	—	6 —	1,50
Dattes....................	—	26 —	5 »
Djellal	ad valorem	5 0/0	
Écorce d'arbre.............	le quintal	6 réaux	1,50
Etriers en fer.............	ad valorem	8 0/0	
Essence de rose, de fleur d'oranger	ad valorem	10 0/0	
Fassouk..................	le quintal	10 réaux	2,50
Fenugrec..................	—	5 —	1,25
Fèves....................	la fanège	10 —	2,50
Fibre de palmier nain......	le quintal	2 — et demi	0,625
Fil de coton...............	ad valorem	8 0/0	
Fromages	le quintal	20 réaux	5 »
Ghassoul	—	7 — et demi	1,85
Gommes...................	—	8 —	2 »
Graine de lin	—	5 —	1,25
Haïks....................	ad valorem	5 0/0	
Henné...................	le quintal	6 réaux	1,50
Huile	—	25 —	6,25
Kohl....................	—	5 —	1,25
Laine lavée...............	—	40 —	10 »
Lapins	la pièce	1 réal	0,25
Lentilles	la fanège	10 réaux	2,50
Liège	le quintal	6 —	1,50
Lièvre	la pièce	1 réal	0,25
Maïs et doura.............	la fanège	10 réaux	2,50
Meubles marocains.........	ad valorem	10 0/0	
Millet fin................	la fanège	10 réaux	2,50
Minerai de cuivre	le quintal	5 —	1,25
— de fer.............	—	2 —	0,50
Autres minerais, sauf le plomb	—	5 —	1,25
Nielle (Chouissiz)	—	8 —	2 »
Noix.....................	—	8 —	2 »
OEufs	le mille	25 —	6,25
OEufs d'autruche..........	la pièce	demi-réal	0,125
Oranges et limons..........	le mille	4 réaux	1 »
Orge....................	la fanège	6 —	1,50
Origan...................	le quintal	4 —	1 »
Orseille..................	—	10 —	2,50
Osier....................	—	2 —	0,50
Palmier nain..............	100 bottes	8 —	2 »
Paniers	le cent	10 —	2 50
Pantoufles	ad valorem	5 0/0	
Pâtes alimentaires.........	—	10 —	

Peaux de bœufs............	le quintal	18 réaux	4,50
Peaux de moutons et chèvres.	—	18 —	4,50
Peaux tannées..............	—	50 —	12,50
Peignes en bois............	le cent	2 —	0,50
Perdrix	la pièce	1 réal	0,25
Piquants de porc-épic.......	le mille	2 réaux	0,50
Plateaux de cuivre.........	ad valorem	8 0/0	
Plumes d'autruches	le cent	18 réaux	4,50
Poils et crins.............	le quintal	15 —	3,75
Poires.....................	—	10 —	2,50
Pois chiches...............	la fanège	10 —	2,50
Poisson salé...............	le quintal	20 —	5 »
Pommes de terre, courges, tomates	ad valorem	5 0/0	
Poteries du pays...........	—	5 —	
Poules	la douzaine	10 réaux	2,50
Raisin sec................	le quintal	10 —	2,50
Riz.......................	—	9 réaux 3/8	2,38
Rognures de peaux de bœufs pour faire la colle........	—	4 réaux	1 »
Roses (feuilles de).........	—	10 —	2,50
Sacoches en cuir...........	ad valorem	5 0/0	
Sarghina..................	le quintal	5 réaux	1,25
Sésame	—	10 —	2,50
Sparte	—	2 —	0,50
Suif......................	—	23 —	5,75
Tacaout...................	—	10 —	2,50
Tamis.....................	ad valorem	5 0/0	
Tapis	—	5 —	
Tentes	—	5 —	
Tissus....................	—	5 —	
Toisons	le quintal	27 réaux et demi	6,40
Tortues	—	2 —	— 0,625

2° *Exportations par la frontière algéro-marocaine.* — Les droits qui frappent les marchandises à l'exportation par la frontière algéro-marocaine sont en partie spécifiques, en partie *ad valorem*. Dans l'ensemble, ils sont inférieurs aux taxes perçues dans les ports; les droits *ad valorem* n'atteignent que 5 0/0, alors que dans les ports ils varient de 5 à 10 0/0 (1). En voici le tableau, annexé à l'Accord franco-marocain du 7 mai 1902.

(1) Toujours non compris la taxe additionnelle de 2,50 0/0.

DROITS D'EXPORTATION DU MAROC

Frontière algéro-marocaine.	Unités.	Fr. c.
Chevaux, juments, poulains, mules et mulets..	tête	3 »
Chameaux et chamelles.....................	—	2 »
Anes et ânesses, bœufs, vaches,-taureaux.....	—	1 »
Bouvillons, taurillons, veaux.................	—	2,50
Moutons, béliers, brebis, agneaux, chèvres.....	—	0,30
Autres bestiaux............................	—	0,50
Animaux vivants non dénommés...............	—	Exempts
Viandes abattues...........................	100 kilos	3 »
Gibiers, tortues, volailles et pigeons vivants ou morts....................................	—	0,05
Peaux brutes fraîches ou sèches .... { Petites : moutons, chèvres, gazelles et animaux de même taille.....................	la pièce	0,10
Grandes : chevaux, mulets, chameaux, bœufs et animaux de même taille..............	—	0,10
Poils bruts provenant de la tonte.....................	100 kilos	2,50
Laines...... { Par 100 kilos................		2,50
Par toison		0,05
Cire animale brute........................	100 kilos	5 »
OEufs de volaille ou de gibier...............	le cent	0,20
Miel......................................	100 kilos	3 »
Beurre frais ou salé........................	—	5 »
Huiles	—	3 »
Savon indigène............................	—	3 »
Blé dur ou tendre.........................	—	1 »
Farine d'avoine, maïs, orge, seigle et sarrasin..	—	0,50
Légumes secs et leurs farines...............	—	1,50
Fruits de table frais.......................	—	1 »
Fruits secs................................	—	3 »
Dattes et olives...........................	—	1 »
Pommes de terre...........................	—	0,35
Paille.....................................	—	0,10
Alfa, crin végétal..........................	—	0,10
Bois de chauffage.........................	—	0,05
Charbon de bois...........................	—	0,10
Vêtements de laine, de coton ou de soie, couvertures et tapis de laine, peaux préparées, ouvrages en peau ou en cuir, brodés ou non, objets d'art et d'ornements en or, argent, cuivre, marchandises d'autre nature........	ad valorem	5 0/0
Monnaie d'or et d'argent...................		Exempt

Importations et exportations par les frontières de terre du Sud.

Pour le moment, il y a impossibilité à établir des barrières de douane dans le Sud marocain; il n'est donc rien perçu, mais les tribus exigent quelquefois des redevances de passage ou zettat, en dehors des droits de porte à l'entrée des villes, et des droits de marchés.

Il ne semble pas qu'il y ait intérêt urgent à organiser, dans cette partie de la frontière de terre, un service de perception et de surveillance douanières; les frais en seraient hors de proportion avec les résultats possibles.

III. RELATIONS DOUANIÈRES DE LA FRANCE AVEC LE MAROC

A leur entrée en France, les produits marocains bénéficient du tarif minimum sans aucun autre régime de faveur; sont de même, en théorie, taxés aux droits de ce tarif ceux qui, importés en franchise en Algérie par la frontière de terre, sont ensuite réexpédiés en France.

Quant aux marchandises françaises importées au Maroc, elles sont soumises au régime douanier commun à toutes les puissances.

Pour faciliter l'importation de certaines catégories de marchandises au Maghreb par la frontière algérienne, l'article 15 de la loi de finances du 16 avril 1895 les a exemptées de droits de douane et d'octroi de mer à leur passage sur le territoire algérien. Le décret du 17 décembre 1896, complété ou modifié par les décrets des

30 juillet 1900, 1ᵉʳ février 1902, 13 octobre 1904, 9 janvier 1906, pris en exécution de cette loi, en a déterminé les conditions d'application. Les marchandises admises à bénéficier de cette exemption sont :

1° Les sucres bruts ou raffinés, originaires des colonies françaises, les sucres bruts exportés directement des fabriques de la métropole; les sucres bruts ou raffinés expédiés de la métropole à la décharge des comptes d'admission temporaire de produits indigènes ou des colonies françaises;

2° Les cafés, thés, poivres, cannelles, clous et griffes de girofle, macis, muscades, piments et huiles minérales importés directement de France ou d'un pays hors d'Europe en Algérie ;

3° L'alcool contenu dans les parfumeries alcooliques, les vernis à l'alcool et tous autres produits d'origine française, retenant de l'alcool à l'état de mélange;

4° L'alcool employé à la préparation des médicaments, produits chimiques et autres produits d'origine française, obtenus au moyen de la dénaturation de l'alcool.

Le décret du 1ᵉʳ février 1902 a complété cette liste par l'adjonction des toiles de coton pur, unies, écrues ou blanchies, pesant plus de 5 kilogrammes aux 100 mètres carrés; des guinées originaires de l'Inde française et des thés de toute provenance, expédiés en transit à destination du Maroc par le bureau d'Aïn-Sefra avec sortie définitive par le poste de Djenan-el-Dou.

Pour bénéficier de cette exemption, les marchandises doivent être réexpédiées de l'un des ports de Adjeroud-Port-Say-Kiss, Nemours, Oran, Arzew-Mostaganem, Alger, Bougie, Philippeville ou Bône, et représentées avec les pièces justificatives à l'un des bureaux de sortie de Adjeroud-Port-Say-Kiss, Martimprey, Lalla-Marnia, El Aricha, etc., avec leurs plombs et emballage intacts,

dans le délai minimum d'un an à partir de la consignation des droits, ou de la date de la soumission cautionnée
(opérations qui s'effectuent au bureau des douanes du
port d'entrée).

Des escortes s'assurent que les marchandises fran-
chissent bien la frontière, mais dans une région où le
service de surveillance douanière n'est qu'à l'état embryonnaire, les fraudes sont trop faciles. Souvent,
les marchandises repassent en Algérie et de la sorte les
droits sont éludés.

IV. RELATIONS DOUANIÈRES ENTRE LE MAROC ET L'ALGÉRIE

1° *Importations par mer en Algérie.* — Les produits
marocains importés en Algérie par mer sont soumis, en
principe, aux mêmes droits que s'ils étaient importés en
France. (Tarif minimum.)

Par exception, les bœufs provenant des ports marocains et débarqués à Nemours sont considérés comme
entrés par la voie de terre.

2° *Importations par terre en Algérie.* — Les produits
naturels et fabriqués, originaires du Maroc, sont admis
en franchise des droits de douane à leur entrée en Algérie par voie de terre, à condition de ne pas en ressortir.
(Article 6 de la loi du 17 juillet 1867.) Ils n'acquittent
que des droits de statistique insignifiants et des taxes
sanitaires.

Les marchandises de provenance, mais non d'origine
marocaine, sont traitées, à leur importation par terre en
Algérie, comme si elles étaient expédiées par voie de
mer.

*
* *

Ce régime si libéral appliqué aux produits marocains naturels et fabriqués, importés en Algérie par voie de terre, soulève des problèmes délicats.

La franchise accordée aux produits naturels du Maghreb est la moins discutée; des deux côtés de la frontière, chacun trouve avantage à ce régime, les Algériens ont besoin des bestiaux et des blés marocains; les habitants de l'empire chérifien, de leur côté, sont assurés d'écouler leurs marchandises en Oranie. Si les droits de douane frappaient ces produits, ceux-ci abandonneraient notre marché pour Melilla.

Il n'en est pas de même des produits fabriqués, car l'exemption dont ils bénéficient à leur entrée en Algérie peut donner lieu à de grands abus. Sous le couvert de l'étiquette marocaine, les produits étrangers peuvent y pénétrer sans payer de droits de douane, et cette fraude deviendrait encore plus intense, si la faculté de transiter par nos départements de l'Afrique du Nord était accordée à toutes les marchandises étrangères destinées au Maroc.

La question de ce transit est née de l'application de l'article 4 de l'Accord franco-anglais du 8 avril 1904. Aux termes de cette convention, « le commerce de l'une et l'autre nation avec le Maroc et avec l'Égypte jouira du même traitement pour le transit, par les possessions françaises et britanniques en Afrique. Un accord entre les deux Gouvernements réglera les conditions de ce transit et déterminera les points de pénétration ». Cet engagement réciproque est valable pour une période de trente ans.

On s'accorde à reconnaître que, par cet acte irréfléchi,

nous avons donné à l'Angleterre une facilité importante pour l'entrée de ses marchandises au Maroc, alors que, pour nous, la faculté de faire transiter nos produits par les possessions anglaises d'Afrique n'offre qu'un avantage purement illusoire.

En fait, il n'y a aucune parité dans les concessions échangées par les deux parties contractantes, mais là n'est pas encore le côté le plus grave de la question. Se basant sur la clause de la nation la plus favorisée, d'autres puissances ne vont-elles pas demander le même avantage? Si cette licence leur était accordée, le marché marocain pourrait être envahi par des articles étrangers qui emprunteraient la voie de l'Algérie pour payer des droits moins élevés [que ceux perçus dans les ports. Le danger, en cette hypothèse, consistera surtout dans ce fait que ces objets ne franchiront la frontière marocaine que pour la repasser peu de temps après et retourner en Algérie, évitant ainsi les tarifs de douane dont ils devraient être régulièrement grevés, [en tant que produits non marocains.

En droit la clause de la nation la plus favorisée peut-elle être invoquée en pareille circonstance? Nous ne le pensons pas.

En conformité de l'Accord précité de 1904, l'Angleterre a réclamé, pour ses produits traversant l'Algérie, le traitement dont bénéficient les marchandises françaises, c'est-à-dire le transit en franchise. Il importe de se montrer très circonspect dans la détermination « des conditions de ce transit et des points de pénétration » qui devront être désignés dans la région du nord, où la surveillance douanière est autrement plus effective que dans le sud; il sera prudent d'ailleurs de les réduire au strict minimum.

*
* *

Diverses solutions ont été proposées pour parer aux
abus résultant de l'application de la loi de 1867. Elles
consistent soit à retirer aux produits fabriqués le bénéfice de l'article 6 de cette loi, soit à limiter le nombre
ou la quantité des produits marocains admissibles en
franchise (procédé du contingentement), soit, enfin, à
remplacer les droits de douane chérifiens réduits, perçus
à la frontière algérienne, par ceux applicables dans les
ports. Cette mesure enlèverait aux produits étrangers
une partie de l'intérêt qu'il y a pour eux à les faire
pénétrer au Maroc par la frontière de l'est.

L'abrogation partielle de l'article 6 de la loi de 1867
a été envisagé en 1913 par le Gouvernement français,
qui a déposé à ce sujet un projet de loi; mais depuis
lors, cette question est restée en suspens. M. Barthe,
dans son rapport très étudié sur le régime douanier des
produits marocains importés en Algérie (document de
la Chambre des députés nº 3354 de 1913), expose que,
pour éviter les dangers de la régression des marchandises dans les régions où le contrôle de la douane est
difficile et même parfois impossible à établir d'une façon
sérieuse, il faut abroger la loi de 1867. Ainsi se trouverait supprimé du même coup l'intérêt qu'il y a pour
certains commerçants à expédier leurs marchandises à
Melilla, d'où elles passent en fraude sur le territoire
algérien.

Un changement aussi radical, dans les relations douanières entre le Maroc et l'Algérie, pouvait avoir des conséquences désastreuses pour chacune des parties intéressées. Des rapports commerciaux portant sur les
produits agricoles se sont en effet établis depuis long-

temps entre les populations de ces deux pays ; pour ne pas les briser, le Gouvernement avait proposé un moyen terme consistant à n'admettre en franchise, sur le territoire algérien, que des produits marocains limités en nombre et en quantité. C'est le système du contingentement appliqué en Tunisie.

Le projet du Gouvernement est ainsi conçu :

ARTICLE PREMIER. — Les dispositions insérées à l'article 6 de la loi du 17 juillet 1867 et au tableau D annexé à ladite loi, sont rapportés en ce qui concerne les produits naturels ou fabriqués originaires du Maroc importés en Algérie par la frontière de terre. Les marchandises entrant par cette voie sont soumises aux conditions ordinaires de l'importation par mer.

ART. 2. — Par exception à l'article précédent, sont admis en franchise des droits de douane les produits énumérés ci-après, importés directement par la voie de terre et reconnus originaires de la zone d'influence française du Maroc :

Animaux vivants des espèces bovine, ovine, caprine et porcine.

Céréales, grains et pommes de terre.

Fruits de table et légumes, frais ou secs, autres que les raisins et que les vendanges, moûts et marcs.

ART. 3. — Le bénéfice de l'immunité sera subordonné à la production de certificats d'origine délivrés par les autorités du lieu d'expédition.

ART. 4. — Des décrets rendus sur la proposition des ministres du Commerce, des Affaires Étrangères, de l'Intérieur, de l'Agriculture, détermineront chaque année, d'après les statistiques officielles établies par le Résident général, les quantités auxquelles pourra s'appliquer l'immunité.

Le texte élaboré par la Commission différait de celui du Gouvernement, en ce que le soin de fixer le contingent permis à l'exemption de droits était réservé au législateur.

En résumé, l'économie générale de ce projet consiste à n'admettre en franchise que quelques produits agricoles. Aucune exception n'est prévue pour les produits fabriqués, « l'industrie marocaine étant inexistante » (rapport précité, page 118). Une double ligne de surveillance douanière assurerait l'exécution des nouvelles dispositions. Comme nous l'avons déjà indiqué, cette réforme, en cela identique à beaucoup d'autres, a été remise *sine die*.

Il y a certes un réel intérêt tant pour l'agriculture, le commerce et l'industrie de la France, que pour les finances algériennes, qui voient les recettes des douanes et de l'octroi de mer baisser en proportion de l'extension de la fraude, à mettre un terme à cette infiltration illicite de marchandises étrangères en Algérie. On peut se demander cependant si cette barrière de douane, bien que répondant à d'impérieuses nécessités, n'aurait pas pour conséquence de détourner de l'Algérie une partie du trafic du Maroc Oriental, au profit de la zone espagnole et de Melilla en particulier.

Pour attirer les échanges des confins algéro-marocains à Melilla, la Chambre de commerce de cette ville, à l'inverse de ce que nous nous proposons de faire, demande l'entrée en franchise absolue dans la péninsule ibérique des bestiaux, laines, peaux, bois et graines exportés de ce préside. Cette mesure ne serait qu'une partie infime du programme économique élaboré par les Espagnols pour leur zone d'influence au Maroc, et nous estimons que le Protectorat ne s'est peut-être pas assez préoccupé de ce danger réel, qui sollicite toute son attention.

V. FRONTIÈRE COMMUNE A LA ZONE FRANÇAISE ET A LA ZONE ESPAGNOLE. — MELILLA

Lorsqu'ils nous jetaient les Espagnols à la tête, nos amis et ennemis savaient ce qu'ils faisaient en mesurant bien l'importance, pour la France, du préjudice politique et économique de ce voisinage.

Aucune barrière douanière ne doit, en effet, séparer ces deux zones, voilà le principe, et cette situation présente, notamment du côté de Melilla, un très réel danger tant pour le Protectorat que l'Algérie (1). Il est tentant, en effet, pour ce préside espagnol, et les faits sont là qui prouvent que cette hypothèse est depuis longtemps passée à l'état de réalité, de chercher à concurrencer les produits français, sur les marchés marocains et algériens, par des procédés irréguliers.

Melilla est un port franc à l'importation ; il est vrai que si, comme tel, il est dépourvu de douanes, la Junta de Arbitrios de Melilla, ainsi que celle des travaux des ports de Melilla et des Chafarinas, y perçoivent des droits municipaux et des droits de port. On en trouvera la

(1) Nous ne pouvons mieux faire que de citer le rapport général sur la situation du Protectorat du Maroc au 31 juillet 1914.

A la page VII de la préface, écrite par M. le général Lyautey en janvier 1916, nous lisons ce qui suit au sujet du prétendant Abd-el-Malek : « Abd-el-Malek, établi sur notre flanc nord, appuyé à la zone espagnole, où il a, à Melilla, sa base d'opérations, en communication avec un foyer allemand qui ne cesse de grossir, reste pour nous une menace constante et même croissante. Par les Riata et les Beni Ouaraïn, il est en relations suivies avec les grands chefs dissidents du Moyen-Atlas auxquels il prodigue les encouragements, leur assurant l'appui allemand, leur faisant parvenir les appels de Constantinople à la guerre sainte, les factums les plus hostiles et enfin de l'argent qu'il a en abondance. »

nomenclature dans le fascicule réservé par les *Annales du commerce extérieur,* aux colonies espagnoles d'Afrique (Melilla : Législation commerciale, n° 1). Ces tarifs sont, en général, peu élevés.

En franchissant les limites du préside, les marchandises étrangères auraient dû logiquement être soumises au régime douanier général du Maroc, c'est-à-dire payer à Nador, douane chérifienne, les droits perçus dans les ports. Il n'en est pas ainsi. L'article 5 du traité hispano-marocain, du 17 novembre 1910, spécifie que ces droits ne « seront ni autres ni plus élevés que ceux perçus aux frontières quelconques de l'empire ». En définitive, les droits établis sont ceux applicables aux importations d'Algérie au Maroc, droits inférieurs à ceux perçus dans les ports. Ce sont pourtant ces derniers qui, en vertu de l'article 11 du même traité, ont été prévus pour la frontière de Ceuta !

VI. ORGANISATION ET FONCTIONNEMENT DU SERVICE
DES DOUANES MARITIMES

Aux termes du contrat du 17 mai 1910, c'est l'administration du Contrôle de la Dette qui possède la gestion des revenus douaniers; elle est chargée de l'application des tarifs et règlements en vigueur, en d'autres termes, de la perception et du contrôle des droits, mais n'a pas la faculté de changer les règles existantes comme semblerait le laisser supposer la rédaction de l'article 12 dudit contrat, qui vise « l'assiette, les bases, le tarif, le mode de perception et le contrôle de tous les droits affectés à la garantie de l'emprunt ». Elle peut seulement provoquer les modifications qu'elle juge nécessaires au bon rendement de l'impôt.

Le Contrôle de la Dette est assisté de deux organes internationaux créés à Tanger par l'Acte d'Algeciras : la *Commission des valeurs douanières* et le *Comité permanent des Douanes.*

La Commission des valeurs douanières est, comme on le sait, chargée de déterminer chaque année la valeur des principales marchandises taxées par les douanes marocaines; elle se compose de :

1° Trois membres désignés par le Gouvernement marocain;

2° Trois membres désignés par le Corps diplomatique de Tanger;

3° Un délégué de la Banque d'État;

4° Un agent de la Délégation de l'emprunt marocain 5 0/0 1904.

Elle nomme douze à vingt membres honoraires qu'elle consulte quand il s'agit de fixer les valeurs et toutes les fois qu'elle le juge utile; ces personnages sont choisis sur les listes des notables, établies par chaque Légation pour les étrangers, et par le représentant du sultan pour les Marocains. Ils sont désignés, autant que possible, en proportion de l'importance du commerce de chaque nation. La Commission est nommée pour trois ans. (Article 96 de l'Acte d'Algeciras.)

Ainsi établi, le tarif des estimations est assez élastique. Dans le cours d'une année, la valeur des marchandises peut en effet varier d'une manière appréciable et il y aurait par suite un grand inconvénient à la fixer *ne varietur* pour une période de douze mois. Aussi, la Commission se borne-t-elle à indiquer des maxima et

des minima qui permettent au commerce et à la douane
d'attribuer aux marchandises une valeur aussi exacte
que possible, en vue de l'application des droits; l'article 96 précité prévoit d'ailleurs que ce tarif peut être
révisé au bout de six mois, si des modifications sur-
viennent dans les prix de certains produits.

⁂

Le Comité permanent des Douanes, nommé pour trois
ans, comprend un Commissaire spécial du sultan, un
membre du Corps diplomatique ou consulaire désigné
par le Corps diplomatique à Tanger et un délégué de la
Banque d'État. Il peut s'adjoindre, à titre consultatif,
un ou plusieurs représentants du service douanier.

Son rôle consiste à surveiller le fonctionnement de
ce dernier et à proposer au sultan « les mesures qui
seraient propres à apporter des améliorations et à
assurer la régularité et le contrôle des opérations et
perceptions (débarquements, embarquements, transports à terre, manipulations, entrées et sorties des marchandises, magasinage, estimation, liquidation et perception des taxes). » (Art. 97 de l'Acte d'Algeciras.)

Cet organe, qui répondait à des nécessités réelles en
1906, époque où l'anarchie régnait dans l'administration fiscale chérifienne, n'a plus de raison d'être depuis
l'établissement du Protectorat français. En attendant
sa suppression et la centralisation de tous les services
douaniers en une direction relevant directement du
Sultan et du Résident général, il importe d'obtenir des
représentants du Corps diplomatique qui font partie de
ce Comité qu'ils cèdent leur place à des membres français.

. De même, la Commission des Valeurs devra recevoir une organisation en rapport avec le statut actuel du Maroc. Le caractère international de ces comités s'accorde mal, en effet, avec la nouvelle mission dévolue à la France. Si, lors de la signature de l'Acte d'Algeciras, des garanties spéciales devaient être prises vis-à-vis du Sultan, il n'est guère admissible qu'aujourd'hui, où la France donne son appui matériel et moral au gouvernement maghzenien, les revenus publics de la zone d'influence française soient soumis à un contrôle international.

On a dit que la Commission des Valeurs Douanières et le Comité des Douanes ne risquent pas de faire échec au Protectorat, la première se bornant à fixer des maxima et des minima entre lesquels la douane se meut pour l'application des droits, l'autre ne donnant que des avis purement consultatifs ne liant à aucun degré le Gouvernement marocain. Il n'en reste pas moins vrai que ce dernier Comité a été chargé par l'article 97 de l'Acte d'Algeciras d'élaborer avec les services intéressés les instructions relatives à l'application des articles 96 et 97 de cet Acte, instructions soumises de droit à l'avis du Corps diplomatique. Résultat : chaque fois que des modifications doivent y être apportées, la même procédure doit être suivie inéluctablement !

Le Contrôle de la Dette gère aujourd'hui les douanes de la zone française et de Tanger ; dans la zone espagnole, ce service est assuré par les autorités locales.

Le personnel chargé des écritures et de la surveillance comprend plus de 500 agents. Dans chaque port, les oumana, administrateurs de la douane, siègent à côté du Contrôleur français et représentent l'autorité chérifienne; des brigades mobiles, opérant soit à pied, soit à cheval, soit au moyen de canots automobiles, à voiles ou à rames, exercent leur surveillance le long du littoral. Au large, cette action est assurée par des garde-côtes à vapeur, bâtiments atteignant 32 à 55 mètres de longueur. Cette police paraît incomplète, les agents des douanes n'ayant pas le droit de visiter les navires en dehors des ports, comme cela se pratique en France dans une zone maritime déterminée; il y a là matière à abus, rien n'étant plus facile que de débarquer des marchandises en fraude des droits sur des points où l'action du service ne peut pas être continue.

La réglementation des douanes marocaines est fixée, dans ses grandes lignes, par le chapitre V de l'Acte d'Algeciras (art. 77 à 104) et le règlement promulgué à Tanger le 10 juillet 1908 (1).

Elle vise les opérations et formalités douanières suivantes :

1° Dépôt, par tout capitaine de navire arrivé dans un port marocain, d'un manifeste ou relevé des marchandises ;

2° Dépôt d'une déclaration détaillée des marchandises à dédouaner ;

3° Transport par cabotage ;

4° Mode de perception et de paiement des droits.

Elle prévoit le paiement des droits de magasinage, (un règlement spécial a été édicté), et indique enfin d'une manière assez minutieuse les mesures prises pour réprimer la fraude et la contrebande.

Remarquons à ce sujet que les douanes chérifiennes se montrent plus libérales que la plupart de nos grandes

---

(1) Voir aux annexes page 526.

administrations fiscales ; elles ne punissent, en effet, les déclarants, en cas d'inexactitude dans les énonciations des documents qui leur sont présentés, que s'ils ne peuvent pas justifier de leur bonne foi (art. 83, 84, 85). C'est l'application d'un principe de la plus élémentaire justice et l'on peut s'étonner que la métropole n'ait pas encore renoncé, dans la répression des infractions fiscales commises sans intention dolosive, au principe de punir toujours et quand même.

VII. — ORGANISATION DU SERVICE DES DOUANES A LA FRONTIÈRE ALGÉRIENNE

Le Protocole de Paris du 20 juillet 1901, les Accords d'Alger des 20 avril et 7 mai 1902 avaient prévu l'établissement d'un certain nombre de marchés et de postes de douanes, les uns marocains, les autres algériens chargés de percevoir des droits de sortie et de transit pour le compte du Maghzen et des droits de statistiques et de taxe sanitaire pour celui du Gouvernement français. Les événements survenus depuis 1902, dans la région des confins algéro-marocains, ont entraîné des modifications portant sur l'emplacement des marchés et des postes de perception, ainsi que sur leur fonctionnement.

De nouveaux marchés ont été établis, entre autres endroits à Oudjda, Berkane, El Aïoun, Sidi Mellouk, Berguent. Des bureaux mixtes placés sous la surveillance d'un amin, chef de service, assisté d'un contrôleur français, ont été substitués aux douanes françaises et chérifiennes prévues aux Accords précités.

Le commerce y trouve l'avantage de ne plus être sou-

mis à une double visite des marchandises. Ce système
n'est organisé que jusqu'à Berguent. Au delà de Teniet-
Sassi (zone du Sud), seuls les bureaux de Mecheria et
Aïn-Sefra surveillent les importations et les exportations
et perçoivent les droits de sortie.

⁎
⁎ ⁎

En résumé, le régime douanier du Protectorat diffère,
suivant qu'il s'agit des frontières de terre ou de mer.
Dans les ports les droits d'entrée et de sortie sont plus
élevés que dans les confins algéro-marocains; ils affectent les quatre cinquièmes environ des marchandises
importées et exportées de la zone d'influence française.

Ces droits appellent-ils des modifications?

D'une manière générale, quel devra être le régime
douanier du Maroc au moment de la cessation des hos-
lilités?

Lié par des traités, l'empire chérifien n'est certes
pas libre d'augmenter à son gré les tarifs en vigueur,
mais il peut les réduire et même les supprimer, en
dehors, bien entendu, des tractations diplomatiques
qui peuvent modifier les tarifs annexés aux traités.
Doit-il s'en tenir aux droits existants, pour les exportations comme pour les importations? Nous pensons
que, sans pratiquer le libre-échange à outrance, il convient de tenir le moyen terme entre cette doctrine et le
protectionnisme, dans les limites où il est imposé par
les conventions internationales. La suppression des
droits de sortie, qui ne correspondent à aucune loi de
prospérité économique, ne peut qu'entraîner des conséquences heureuses pour les relations commerciales avec
l'extérieur; tout au plus, pourrait-on établir des taxes
de statistique. La plus-value constante des recettes

opérées sur les marchandises importées compenserait
la diminution qui résulterait de la suppression de
ces droits, et le gage des porteurs de titres ne se trouverait pas atteint dans une proportion appréciable.

Quant aux droits d'entrée perçus dans les ports, il ne
semble pas qu'il y ait lieu, pour le moment, d'en changer
la nature. Il est bien évident que les taxes *ad valorem* ne
sont point un indice de progrès, au sens qu'y attachent
les pays d'Europe, mais il faut cependant remarquer
que le *modus vivendi* aujourd'hui en usage occasionne
tout au plus des difficultés de forme et que le fisc n'est
pas frustré dans les proportions où on veut bien le dire.

La Commission des évaluations fonctionne d'une
façon normale et ses décisions n'ont pas souffert dans
leur application, étant donné l'habitude qu'en ont les
employés européens ou indigènes.

Quoi qu'il en soit, les droits spécifiques, dans l'état
actuel, occasionneraient plus de déboires encore que
les taxes *ad valorem*. « Les nombreuses positions
tarifaires » qu'ils doivent comporter, pour que la taxation soit en rapport avec la valeur des produits, com-
pliqueraient la tâche du commerce et celle du service.
Il suffit de consulter le tableau des droits des douanes
françaises, pour se rendre compte du trouble qu'une
pareille accumulation de titres et subdivisions dans les
catégories de marchandises risquerait d'apporter aux
habitudes des commerçants du Maroc; les indigènes, à
coup sûr, ne s'y retrouveraient pas.

La taxation à la valeur est bien moins difficile;
elle ne présente pas de difficultés pour l'établissement
des déclarations, l'administration ayant toujours des éléments d'appréciation fournis par la Commission des
valeurs.

Il est nécessaire toutefois de la mettre en harmonie

avec les besoins du pays. L'uniformité des droits d'importation, quelle que soit la nature des marchandises, devra faire place à une taxation plus souple, mieux en rapport avec la nature des produits et surtout avec le coefficient d'utilité que ceux-ci présentent pour le Maroc; les objets nécessaires au développement du pays pourront bénéficier de droits réduits, sinon de l'exemption totale. Le Protectorat, d'ailleurs, est déjà entré dans cette voie.

Reste la question du personnel.

La Dette marocaine est largement garantie pour l'instant, et elle s'éteindra bien avant l'époque fixée pour le remboursement. L'organisme institué pour en exercer le contrôle continuera donc à fonctionner comme simple rouage douanier; il se transformera en une sorte de direction générale des douanes. Comment ce service devra-t-il être organisé? Fera-t-on appel au personnel métropolitain, ou s'adressera-t-on aux agents d'Algérie ou de Tunis qui, jusqu'à ce jour, ont donné toute satisfaction? Devra-t-on, enfin, chercher sur place les éléments qui seront nécessaires?

Des renseignements que nous avons pu recueillir auprès de certains fonctionnaires, en particulier de M. Carpentier, l'aimable inspecteur des Douanes, venu au Maroc pour diriger cette importante administration composée en majeure partie d'employés indigènes, il résulte que les cadres actuels sont bien suffisants et qu'il serait inopportun de transformer aujourd'hui un service qui fonctionne bien et dont le rendement est assuré. Lorsqu'il y aura lieu d'augmenter le nombre des préposés, il sera beaucoup plus simple et moins coûteux d'opérer le recrutement sur place.

Nous possédons au Maghreb une pépinière de jeunes

gens sérieux, intelligents, qu'on doit récompenser pour
ne pas les amener à quitter le pays, et qui se contentent
de traitements infimes, par rapport à ceux qui sont
exigés par leurs collègues de France. On en a vu des
exemples frappants lorsqu'il s'est agi de choisir un inspecteur; pas un des membres du corps de l'Inspection
n'a consenti à aller au Maroc pour le traitement qui
était offert. Le très honorable inspecteur actuel appar-
tenait au cadre des vérificateurs du bureau de Paris.

CHAPITRE VII

CHOIX D'UNE RÉGION AGRICOLE

UN COIN DE L'ARRIÈRE-GHARB

Non loin de Volubilis, ville romaine de la décadence, et du sanctuaire de Moulay Idriss qui l'avoisine, environ à 38 kilomètres au nord de Meknès, cité impériale, centre berbère, villégiature des anciens sultans, se trouve, dans la riche contrée du Sebou, un territoire connu des indigènes sous le nom de bled Cherrâdi Soukanine Azghar, qui embrasse une superficie d'environ 650 kilomètres carrés.

Pourquoi avons-nous choisi cette région en vue d'une

étude spéciale, de préférence aux Chaouïa, aux Doukkala, aux Abda, ou à d'autres pays du Gharb proprement
dit, situés sur les deux rives du fleuve, qui sont aussi
très fertiles? Pour plusieurs motifs.

Le premier provient de ce que nous n'avons observé,
au cours de nos voyages, aucune situation nous semblant aussi propice que l'hinterland du Sebou à un
essor futur, tant pour l'élevage que pour les cultures,
parce qu'il est irrigable. Le Sebou est « le plus grand
cours d'eau de l'Afrique septentrionale, après le Nil, dit
Tissot. Large de 300 mètres, le fleuve coule entre deux
berges à pic semblables à des falaises. Ses eaux sont bour-
beuses comme celles du Tibre, et il justifie par son
aspect imposant cette épithète de *magnificus,* que Pline
a sans doute empruntée au récit des expéditions
romaines (1). »

C'est, en outre, la seule voie navigable du Maroc
aujourd'hui exploitée sur un parcours important; la
preuve en a été faite depuis les temps les plus reculés,
et les tentatives récentes datent de 1912, époque à
laquelle M. l'enseigne de vaisseau Le Dantec est arrivé
à remonter l'oued jusqu'au pont de Fez, à l'aide d'un
canot automobile.

En 1905, M. Pobeguin, ingénieur de la Mission
hydrographique du Comité du Maroc, essaya de des-
cendre du gué de Mechra bel Kçiri jusqu'à l'embouchure, et sa traversée aurait été couronnée de succès
s'il n'avait été arrêté par les attaques des Beni Ahsen
encore en « siba ». Exploits isolés, dira-t-on? Oui, mais
ils prouvent la possibilité d'un aménagement, déjà
réalisé en partie sur plus de 90 kilomètres.

Il y a longtemps, d'ailleurs, qu'on s'occupe à ce point

(1) Tissot, *Recherches sur la géographie comparée de la Mauritanie
Tinjitane.*

de vue de l'utilisation du Sebou, et les sultans marocains s'en sont servis pour transporter une foule d'objets, dont le poids rendait la manutention difficile par terre.

« De même les Romains ont dû y avoir recours pour pénétrer dans le pays. Il y avait, en effet, sur sa rive gauche, deux stations dont les ruines sont encore visibles : Thamusida, dénommée Sidi Ali Ben Ahmed, et Colonia Aelia Banasa, aujourd'hui Sidi Ali Bou Djenoun (1). »

Nous nous trouvons enfin en présence d'un cours d'eau de débit important, dont la situation permet des irrigations dans des conditions tout à fait exceptionnelles, puisque en certains points le thalweg domine la plaine, alors que presque tous les autres oueds du Maroc coulent encaissés dans des dépressions souvent profondes ou en suivant des failles et des cluses.

Les deux raisons suivantes résultent de la première en admettant le choix primordial du Gharb.

L'une tient à ce que le territoire des Cherarda est aujourd'hui pacifié, alors que quelques parties du Sebou ne sont pas encore en état de recevoir une tranquille colonisation.

L'autre, c'est qu'une notable portion de la région septentrionale de l'oued est composée de plaines marécageuses se trouvant au-dessous du fleuve qui s'y déverse soit par inondation, soit par infiltration. Ces marais, dénommés Merdja de Ras ed Daoura, Merdja Marktanc et Merdja des Beni Ahsen, s'étendent sur les deux rives presque jusqu'à l'embouchure qui, elle-même, est comprise entre une grande langue et des sables au nord, et la forêt de la Mamora au sud.

En dernier lieu, notre préférence s'est manifestée

_____

(1) MICHAUX-BELLAIRE, *Archives marocaines. Le Gharb.*

pour un motif d'ordre supérieur, à savoir la position de
ce territoire à un nœud principal de routes et sur la
voie ferrée à l'embranchement du Tanger-Fez et des
chemins de fer français du Maroc. C'est, en effet, à Sidi
Kacem, comme on peut le voir sur la carte jointe à cet
ouvrage, et en plein bled Cherrâdi que la jonction importante doit s'opérer (1). Or, le voisinage d'une gare
est un facteur considérable pour le développement et la
réussite d'une entreprise quelconque.

L'endroit qui nous intéresse occupe donc une situation privilégiée sur ce qu'on est convenu d'appeler le
« Transafricain du Nord ». Le réseau partira de notre
grand port Casablanca, étendra un rameau au sud vers
Marrakech, puis, courant vers le nord-est et l'est,
rejoindra à Sidi Kacem le Tanger-Fez, qui, continué
par le Protectorat à partir de la capitale, franchira la
trouée de Taza, point stratégique et économique important, puis redescendra le versant oriental du Maroc
par la Moulouya vers l'Algérie, se soudant à Oudjda
au rail d'Oran-Alger-Tunis.

S'il est donc vrai que d'autres régions du Sebou
soient plus riches que celle dont nous nous sommes
proposé l'étude, surtout pour l'élevage, il est aussi
exact qu'elles ne pourront être utilisées complètement
qu'après de grosses dépenses de voies de communication, de canalisation, d'irrigation et de drainage. Le
véritable régime des eaux du Sebou est encore ignoré,
et des années seront utiles pour assainir les endroits
propres à être mis en valeur, après que les tribus auront
été elles-mêmes tout à fait pacifiées. A l'inverse,
notre coin est prêt à être mis en valeur ; le chemin de
fer militaire existe déjà, de Casablanca à Fez, par

_____

(1) Voir la carte des « Études pour les chemins de fer du Maroc »,
page 175.

Meknès: il passe non loin de Petitjean (1), et transporte un notable tonnage. Les études du consortium seront terminées en 1918, et les travaux de la grande ligne commenceront aussitôt.

Le bled Cherràdi soumis se présente comme un centre d'investigations; il a ce précieux avantage de se trouver dans un pays sain, riche comme sol (et sous-sol, dit-on), à proximité d'une ville, Meknès, à un point futur de jonction de voies ferrées de première importance, qui justifient la confiance dans l'avenir placée par nous en cette contrée. S'il n'a pas lui-même de grands pâturages, il est situé près des plus beaux de tout le Maroc, ceux du Gharb, bientôt accessibles mais dont la situation n'est pas encore partout garantie.

. En principe, nous ne conseillons pas de se fixer dans un pays neuf, loin d'une gare, d'un fleuve navigable, ou d'une voie de communication déjà desservie ou sur le point de l'être.

* *
*

Les Cherarda vinrent jadis du Sous s'établir à Marrakech.

La légende, qui constitue quelquefois l'histoire, rapporte que sous le règne de Moulay Soliman, vers 1795, une confrérie religieuse menaçait l'avenir de la dynastie régnante des Alaouites.

A la tête de cette zaouïa se trouvait le petit-fils d'un marabout du Drâha, Sidi el Mehidi, qui réunit autour de lui les gens de cette tribu pour marcher à la conquête du pouvoir. L'empereur Soliman, inquiet de cette puissance nouvelle, organisa contre elle une expédition,

---

(1) Ce poste porte le nom du capitaine qui fut tué en se portant à la rencontre d'un parti marocain, alors qu'il défendait avec une faible garnison la kasba de Kenitra.

mais il fut battu et gardé prisonnier. Son fils Moulay Abderrahman (1822-1859) véngea l'affront fait à son père, détruisit la zaouïa, et les geôliers furent alors transportés en masse dans la région qu'ils occupent aujourd'hui; les Aït lmour furent envoyés à leur place au Haouz, dans l'hinterland de Marrakech.

Ces guerriers étaient restés fort turbulents et le gouvernement dut envoyer le commandant. Brémond (1) pour les réduire, mais rappelé vers Fez assiégé par les Berabers, il n'eut pas le temps de pacifier la contrée, dont les cavaliers le suivirent pas à pas et vinrent grossir les contingents rebelles menaçant la capitale. C'est à ce moment (1910) que Moulay Hafid fit appel à notre aide pour le délivrer. Une colonne française fut envoyée qui le dégagea; on sait quelle fut sa gratitude!

Les Cherarda qui étaient rentrés chez eux, à l'exception des cavaliers, abandonnèrent leurs douars et se réfugièrent, à la vue des troupes du général Moinier, sur le djebel Tselfat. Assez irrésolus sur la conduite à tenir, ils se massèrent à Aïn Kerma, où une attaque hésitante se produisit, et sur l'oued Mikkès les Français rencontrèrent leur harka qui venait nous combattre; elle fut battue.

A quelques jours delà, la surprise d'un convoi nécessita une expédition pour les châtier. Le général Moinier revint donc de Fez et bombarda les douars, qui durent nous payer une amende de guerre de 4 800 douros, 4 800 cartouches, 480 fusils; les Oulad Delim, pour leur part, furent taxés à 10 000 douros.

A cette époque troublée, il n'y avait plus de caïds.

---

(1) En 1905, lors de notre premier voyage au Maroc, nous fûmes reçu à Adjeroud, aux environs de l'oued Kiss, par le capitaine Brémond, alors que nous nous dirigions vers la plaine des Beni Mançour et la Moulouya.

Après notre arrivée, les djemaà consultées pour les remplacer se gardèrent de redemander aucun des anciens; une période de tâtonnements suivit où de « gros mangeurs » furent écartés; enfin, une liste définitive portant attribution de commandements fut arrêtée dès novembre 1911.

Depuis le mois de mai de la même année, date du passage de nos troupes, il n'y eut chez les Cherarda ni rébellion, ni révolte. Un détachement de 250 cavaliers du guich (1) accompagna même la colonne du glorieux général Henrys contre les Beni M'Guild.

Aujourd'hui, la tranquillité est parfaite, et la brillante conduite de cette tribu, à l'expédition du Gharb de 1915, nous est un sûr garant de leur loyalisme.

L'ensemble est animé, d'ailleurs, de bons sentiments, développés, grâce au Bureau de Renseignements de Petitjean, commandé par le capitaine Malinjoud, dont nous ne saurions oublier le charmant accueil et l'esprit d'initiative (2).

La population des Cherarda peut être évaluée à 17 000 habitants. Le pays qu'elle occupe comprend :

Du nord au sud : 32 kilomètres, depuis le Sebou jusqu'à l'oued Kroumane;

De l'ouest à l'est : 35 kilomètres, depuis le fossé-frontière avec la circonscription de Dar bel Hamri, jusqu'à l'oued Zegotta.

Il est limité :

Au nord, par le chemin de Sidi Gueddar à Bouïeb Chilieb, jusqu'à Mechra Tehili par le marabout de Sidi

---

(1) Les tribus « guich » sont celles qui sont tenues à des obligations militaires.

(2) C'est M. le capitaine Malinjoud qui commande le nouveau centre de Sidi-Kacem, dépendance de Petitjean (1916).

Mohamed ben Sliman, Hadjera Habta, par le Trik
Semana, la mechta du cadi Tekna, Djenan Aïcha el
Mlilia, par le Sebou jusqu'à Chabet el Mlali, et le
cours inférieur de l'oued Zegotta, puis de nouveau par
le fleuve jusqu'au confluent de l'oued Mikkès.

A l'est : par l'oued Mikkès, le bled Tadla et de nouveau par l'oued Zegotta, par le bled Maghzen Bou Ka-
chouche, la route de Fez, l'oued Zegotta, le ravin de
l'Aïn Tekkuun et la crête du djebel Khemfoud.

Au sud : par un ravin qui, du djebel Khemfoud, se
jette dans l'oued Kroumane, la route de Meknès, jusqu'à hauteur de l'Aïn Tirzit, et par l'oued Kroumane.

A l'ouest : depuis le confluent de l'oued Kroumane,
l'oued Rhodom, les terres habous de la zaouïa de Sidi
Kacem, les terrains Maghzen de M'guirba et de Zouïtina
et par un fossé-limite de 300 mètres, aboutissant à l'oued
Rhodom, à l'ouest du marabout de Sidi Gueddar.

§ 1er. **Géographie**.

Cette région comprend une partie plate ; c'est la plaine
de l'Azghar qui, de l'oued Beth (circonscription de Dar
bel Hamri), s'étend jusqu'au djebel Aricha, et une autre
élevée où se dressent, à l'est, le djebel Bou Khemfoud,
dont le point culminant est à 620 mètres, et le Tselfat
(cote : 806 mètres).

Près du poste de Petitjean, qui commande le pays,
une colline qui atteint 399 mètres, dénommée Koudia,
orientée sud-ouest-nord-est, le sépare d'un côté du
djebel Aricha et bab Tigra, de l'autre du djebel Guhta ;
ce dernier massif fait partie du territoire de Meknès-
banlieue, également très fertile.

D'origine jurassique, ces collines pleines de marne,
rongées dans les parties supérieures, presque incultes

ers les sommets, sont propres au pacage des trou-
eaux, mais, au fur et à mesure que l'on descend sur

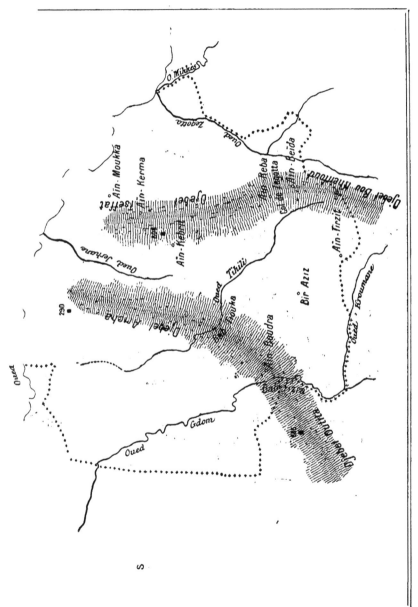

urs flancs, on trouve de nombreuses sources et, avec
les, la végétation.

a) Sol. — En plaine, le sol, composé en majeure partie de terrains tertiaires, et d'alluvions sur le bord des oueds, est d'une très grande fertilité. Dans l'Azghar, il atteint parfois trois mètres de profondeur; c'est à lui que la tribu des Cherarda doit sa richesse.

Les indigènes divisent les terres selon leur nature et qualité, ainsi que suit :

Le tirs (1) déjà décrit.

L'hamri, terre rougeâtre, sablonneuse; convient, comme nous l'avons mentionné, à l'orge et au blé. Il serait excellent pour la vigne, si... mais nous touchons ici un volcan d'intérêts politiques, et nous nous sommes interdit d'en parler. Le Gouvernement, à juste titre, attire l'attention des colons sur les cultures complémentaires, celles que nous ne faisons pas en France, comme le coton, par exemple, et qui doivent apporter une contribution formidable à notre indépendance économique.

Le chemarkh, mélange de tirs et d'hamri, est plutôt réservé pour les cultures tardives.

Le dahs est une terre silico-argileuse de couleur blanchâtre en raison de la quantité de marne qu'elle contient; les orges et les blés y poussent, mais c'est le sol qui donne le moins de rendement, à cause de sa pauvreté en humus.

On trouve, en outre, deux variétés de terrains analogues, impropres à toute culture; ce sont : le *biadha* qui renferme une très grande proportion de chaux, utilisé par les indigènes pour les enduits de leurs maisons et les constructions en pisé, et le *tadoka,* espèce

---

(1) Nous avons dit au chapitre de l'Agriculture la façon dont il convient de traiter le tirs; nous n'y reviendrons pas.

d'argile avec laquelle on fabrique des poteries grossières
et des briques.

b) Hydrographie. — Les cours d'eau qui arrosent le
territoire des Cherarda appartiennent au bassin du
Sebou, si fertile qu'on serait tenté de le comparer à
l'Égypte.

Cet oued sinueux, dont les rives sont d'une richesse
étonnante, sert de limite au nord et au nord-est sur
une longueur d'environ 25 kilomètres, depuis son confluent avec l'oued Mikkès, jusqu'à un kilomètre du marabout de Sidi Ali Sellami. Coulant à cet endroit dans
un lit profond, il est sujet, à l'époque des pluies, à de
rapides variations de niveau qui atteignent plusieurs
mètres. Toutefois, il déborde peu, tous les six ou sept ans,
disent les habitants ; la dernière crue a eu lieu en 1912.
Ces inondations, lorsqu'elles se produisent, ne sont pas
un danger sérieux pour une installation placée avec
soin et bien construite, aussi, les douars riverains se
trouvent-ils situés sur les petites éminences avoisinant
le fleuve, que les Travaux Publics devront endiguer en
plusieurs points.

Sur ses bords, se trouvent des jardins où les indigènes cultivent leurs légumes, et qui sont plantés de
nombreux arbres fruitiers, principalement de figuiers.

En saison sèche, quand poussent les pastèques et les
courges, plantes qui demandent beaucoup d'eau, on
arrose à l'aide du Sebou déversé par des norias.

Ses principaux affluents sont :

L'oued Beth ; il prend sa source chez les Beni
M'Guild à Souk Hamras et se jette, après un long parcours, dans la merdja des Beni Ahsen où il se perd.
Certaines tribus prétendent qu'il roule des paillettes
d'or ; le fait est que nous en avons vu chez un caïd,

mais sans que ce dernier puisse ou veuille préciser l'endroit d'où elles venaient. Restons sceptiques.

L'oued Mikkès qui, sur un faible parcours, sert en même temps de limite avec le territoire de Fez-banlieue, également fort intéressant.

L'oued Zegotta vient du Zerhoum; presque à sec en été, son débit est considérable à l'époque des pluies, par suite des apports de nombreux petits affluents descendant, sur sa rive gauche, du Tselfat.

Nous citerons encore le Djérhane; il ne coule qu'en hiver où il apporte les eaux du versant ouest du Tselfat. Le Tehili, bien que se perdant dans la plaine des Chebanat, à 3 kilomètres du Sebou, doit être considéré comme un affluent de ce dernier.

Le Rhodom se dirige à peu près du sud au nord depuis son confluent avec l'oued Kroumane, jusqu'au marabout de Sidi Gueddar, sur une longueur de 28 kilomètres, pour aller se perdre plus au nord-ouest dans la merdja, côté de Dar bel Hamri; il traverse la gorge pittoresque dénommée Bab Tizra. Son courant très rapide permet, depuis cette faille jusqu'à Sidi Gueddar, de s'en servir pour l'irrigation des beaux jardins d'oliviers, de figuiers, d'agrumes, etc., qui le bordent sur ses deux rives; il alimente, en outre, les douars voisins et une douzaine de moulins à grains sont actionnés par son cours. Les terrains l'avoisinant, surtout ceux qui se trouvent sur la rive gauche, peuvent être mis en valeur par une irrigation mieux comprise.

Des cultures nouvelles, telles que blé tendre, coton, (dont nous parlons à un paragraphe spécial), betterave sucrière (1), plantes fourragères, pommes de terre,

---

(1) Nous avons fait une étude sur la betterave qui conviendrait dans le Gharb; celle qui semble le mieux réussir est la demi-sucrière. Ce travail sort du cadre de cet ouvrage.

avoine, arbres fruitiers de toutes sortes, peuvent, grâce aux méthodes perfectionnées et par irrigation, donner de plus grands bénéfices que celles actuellement pratiquées. Nous avons dit à un autre chapitre pourquoi il ne faut pas trop inciter l'indigène à prendre aujourd'hui et sans éducation préalable, nos machines agricoles dont il se dégoûte, parce qu'il ne sait pas s'en servir ou qu'elles ont besoin, un moment venu, de réparations. C'est le « cultivateur canadien » qui nous semble un des seuls appareils à conseiller pour l'instant en raison de son emploi facile et de sa rusticité (1), en attendant que la motoculture soit tout à fait parfaite.

c) *Puits, sources.* — La plaine de l'Azghar est presque dépourvue des cours d'eau, aussi bon nombre de Zizara et Chebanat ont-ils été forcés d'habiter les bords de l'oued Rhodom, où ils puisent pour leurs besoins domestiques et ceux de leurs animaux. Il en est de même pour les Oulad Deliz et les Tekna riverains du Sebou.

Par contre, les sources sont nombreuses et d'un débit suffisant sur les flancs des collines, où les douars se trouvent à proximité de chacune d'elles.

Ce sont : Aïn Reba (2), dont le débit est de 240 litres à la minute.

Aïn Beida;

Aïn Sehkoum;

Aïn el Hadjer;

Aïn Moukka;

Aïn Kerma;

Aïn Hmidi, débit 100 litres à la minute;

(1) Voir la description au chapitre de « l'Agriculture », page 268, ainsi que la brochure de M. le comte A. DE PONCINS, directeur général de l'Union des Syndicats agricoles du Sud-Est, Lyon.

(2) Aïn signifie « fontaine ».

Aïn Tirzit ;

Aïn Boudra.

Si nous les citons toutes, c'est que nous estimons important de les connaître dans un pays où elles constituent un élément de richesse.

Du Tselfat, sortent sur le flanc ouest l'Aïn Kébrit, source sulfureuse d'un débit de 40 litres à la minute et, sur le versant est, l'Aïn Djorf el Hamamm, où l'on trouve des suintements pétrolifères, dont nous avons rapporté d'intéressants échantillons.

§ 2. Agriculture au bled Cherrâdi.

La région des Cherarda est, avant tout, en raison de la fertilité de son sol, un pays de cultures de céréales (orge, blé dur), on y rencontre aussi des fèves et des pois chiches, renommés dans le pays.

Ici, les instruments aratoires sont identiques à ceux de tout le Maroc : c'est la charrue légère de bois (zouja), à attelages variés et imprévus.

D'une façon générale, le Cherrâdi fait deux labours : l'un consécutif aux premières averses pour aérer le sol et enterrer les chaumes de l'année précédente, et le second après une autre période de pluies, pour jeter son grain et l'enfouir.

Il sème à la volée, et les quantités employées changent suivant le terrain, depuis 2 moudd (1) à l'hectare pour le blé, dans le tirs et l'hamri, jusqu'à 3 et quelquefois 3 et demi pour le dahs et le chemarkh. L'orge varie de 3 moudd, pour les deux premiers sols, jusqu'à

---

(1) Le moudd Cherrâdi serait de 40 litres environ. Les mêmes mesures ont souvent des équivalences diverses suivant les circonstances, le produit ou l'endroit; il serait urgent de les unifier.

5 et même 6 moudd. Les indigènes expliquent cette grande proportion de semences en donnant pour raison que le fait de semer épais empêche les mauvaises herbes de pousser (1). Par contre, les Européens se contentent de mettre de 50 à 70 kilogrammes à l'hectare ; ils obtiennent ainsi d'excellents résultats. Beaucoup opèrent au commencement d'octobre sur de petites quantités pour consommer les plantes à l'état de vert.

En raison du caractère guich des terrains des Cherarda, la culture directe est la règle ; toutefois, certains habitants s'associent entre eux ou quelquefois avec des roumis ; le procédé employé est le suivant : ils achètent en commun animaux et semences, puis partagent la récolte et la location du sol, car il ne faut pas oublier que, si le Maghzen octroie à ses soldats l'usufruit du terrain qu'il leur a concédé, ils doivent lui payer une redevance dite « sehma » et qui est égale au sixième du produit.

Une autre forme de contrat consiste en ceci : une des parties apporte le terrain et l'autre fournit bêtes et graines ; on partage les bénéfices.

*
* *

Sur 650 000 hectares que comporte toute la région, 60 000 sont réservés aux emblavures. Ces dernières ont atteint ce chiffre en 1915, et se répartissent ainsi :

Blé dur.	25 000 hectares.
Orge	30 000 —
Maïs blanc	3 000 —
Divers : fèves, lentilles, pois chiches	2 000 —

(1) Dans certaines régions, comme nous l'avons fait remarquer, c'est le contraire qui a lieu.

Une année moyenne permet d'escompter un rendement de 10 quintaux pour le blé et 15 quintaux pour
l'orge.

En 1915, la trop grande quantité d'eau tombée pendant l'hiver a été nuisible aux produits automnaux. La
moyenne à l'hectare a donné 6 quintaux pour le blé et
7 quintaux pour l'orge. En 1916, la récolte a été excellente.

Le résultat de 1915 se résume ainsi :

Blé . . . .   160 000 quintaux.
Orge . . . .   210 000   —
Maïs . . . .   15 000   —

Des plantes printanières, la plus grande partie a subi
le ravage des acridiens : maïs blanc, pois chiches, lentilles n'ont presque rien rapporté ; les essais de haricots
et de pois faits sur le conseil du service de l'Agriculture
ont été, de ce fait, malheureux.

La culture de l'avoine, par quelques indigènes,
et surtout par les chefs, a été rémunératrice et les emblavures ont porté en 1916 sur des surfaces plus grandes.

En 1914, les blés tendres n'ont pas fourni ce qu'on
espérait en raison des brouillards et de la rouille. Il y
aura lieu de renouveler ces semences dans des conditions plus judicieuses, quant au choix du sol, à son
entretien et à l'époque des semailles.

Cette même année la pomme de terre, essayée à l'ins-
tigation de l'autorité militaire, a été adoptée spontané-
ment par les Marocains ; 15 quintaux ont été utilisés en
1916. Grâce à la réussite obtenue sur ce territoire, il est
à espérer que l'intérêt exceptionnel présenté par ce
légume se développera avec rapidité.

L'olivier vient d'une manière remarquable sur les
bords du Rhodom. Sa production moyenne rapporte

500 quintaux d'huile par an, quantité insuffisante pour les besoins du pays; aussi les indigènes, en particulier les Oulad Delim, vont-ils s'approvisionner au Zerhoum.

L'oranger, planté dans quelques jardins, a donné cette année une récolte abondante et d'assez bonne qualité; le nombre de ces arbres va toujours croissant.

Le cognassier (sfergel), l'abricotier (meschmach), les figuiers de Barbarie, grenadiers (roummau), sont également en faveur.

Le cotonnier arborescent, dont les semis effectués en 1914 au jardin du bureau des Renseignements ont produit des arbustes de 1 m. 50 de haut et des tiges atteignant 4 à 5 centimètres de diamètre pour la plupart. Cette année, de nouveaux essais sont tentés sur différents points du territoire avec des graines fournies par le service de l'Agriculture (1).

Les « cultures maraîchères » faites dans ce même endroit donnent de beaux produits. Tout vient, d'ailleurs, dans ce coin privilégié, même... un piano à queue, apporté à chameau chez le commandant du territoire... avec une charge de graines!

Des arbres fruitiers de toutes sortes, cerisiers, poiriers, orangers, etc., ont été disposés tout autour des nouveaux bâtiments du poste de Petitjean, et ont grandi à souhait.

§ 3. Élevage.

Les Cherarda n'ont pas de beaux pâturages; aussi leurs troupeaux sont-ils peu nombreux. Mais, non

---

(1) Voir page 240 (culture du coton).

loin, et en particulier en remontant vers Fez ou en descendant sur la rive droite du Sebou, on rencontre partout des pacages importants, dont la surface peut être développée dans de grandes proportions. Le Protectorat s'en occupe, et prépare une réglementation les concernant.

Pour faire paître les bêtes, on profite des sols restés en jachère. Après l'enlèvement des récoltes, les animaux sont conduits dans les champs où ils mangent les hauts chaumes; pendant l'automne et l'hiver, ils se nourrissent d'herbe qu'ils trouvent soit dans les terrains en friche, soit en bordure des champs. L'indigène supplée à cette insuffisance d'alimentation en donnant de la paille courte (seben) qu'il a mise en meules à cet effet au moment de la moisson.

Au mois de mars, lorsque les cultures atteignent une certaine hauteur, les solipèdes y sont conduits pour y brouter les parties trop épaisses; beaucoup d'agriculteurs coupent aussi leur orge en vert et la font consommer au bétail.

Malgré cette situation peu propice, le cheptel est d'un bon état d'embonpoint et, grâce aux mesures prises qui interdisent l'abatage des femelles, le Cherràdi s'emploie à le reconstituer, surtout depuis la grande mortalité survenue en 1913-1914, à la suite d'une épidémie due à la maladie de la vésicule biliaire, la « merara ». Certains prétendent, et c'est la vraie raison, que la grande sécheresse de 1913 en a été la cause. Pour l'instant, les seuls parasites que l'on trouve dans les viscères des animaux abattus sont : l'échinoccose, les douves et quelques vers intestinaux; le ténia est assez rare.

Malheureusement le troupeau est laissé dehors, exposé à toutes les intempéries, bien que certains Arabes aient construit des abris pour la nuit et les mauvaises journées de pluie et de froid, mais cette méthode, que nous désirerions voir se vulgariser et s'appliquer aux bovins et ovins, est longue à s'implanter, car nous avons à lutter contre l'inertie et la force de la routine.

L'élevage du cheval est négligé. D'ici quelques années, grâce aux territoires voisins, aux efforts faits par le service des Remontes et à la création de prairies artificielles, il est à espérer qu'il deviendra intéressant et que la race sera améliorée, sans être trop abreuvée de pur sang anglais (1).

Un concours de primes qui a eu lieu à Petitjean, le 30 septembre 1915, pour les tribus des Beni Ahsen et des Cherarda, a permis de distribuer de nombreuses récompenses et persuadé les éleveurs du grand intérêt que prend le Protectorat à l'amélioration de leurs animaux, en faisant disparaître le préjugé qui régnait parmi eux au début des tournées des stations de monte : les tribus hésitaient en effet à envoyer leurs juments à l'étalon, pensant que le produit leur serait enlevé.

Le nombre des saillies va toujours en augmentant; il était de : 175 en 1913, 235 en 1914 et 300 en 1915. L'année 1916 s'annonce jusqu'ici comme devant être féconde en résultats.

Comme pour les cultures, le bétail est élevé en association, en particulier pour les bœufs, vaches et juments.

Exemples : Association pour les juments : deux sortes;

1° Deux individus achètent ensemble l'animal, chacun paye 50 0/0 et tous deux attestent devant adoul de

(1) Voir au chapitre de l'élevage, le paragraphe concernant le cheval, page 294.

leur intérêt commun par moitié. Alors, l'un des associés prend la jument, qui lui est confiée; il en a la garde, après, toutefois, avoir promis d'en assurer l'existence sans avoir recours à l'autre, de même que ce dernier prend l'engagement qu'il ne s'opposera pas à ce que le premier fasse travailler la bête. Résultat : partage de la moitié du profit du travail et de la moitié du produit;

2° Une jument appartient à quelqu'un; une autre personne lui demande de la mettre en association, tout en ne pouvant donner aucune somme d'argent à ce moment-là. Dans ce cas, on fixe le prix réel de l'animal et celui équivalent à la moitié. Le propriétaire fait rédiger un acte attestant le contrat; il fixe pour payement une période de quatre à cinq années à son associé qui devient son débiteur, et s'engage à régler avec intérêts sa part dans le délai fixé. Le marché est conclu et tout se passe alors comme dans la première hypothèse.

Même principe pour les participations au sujet des vaches et des ânesses.

Quant aux porcs qui, dans certains centres de pacage, sont une ressource énorme et constituent une richesse inappréciable, car on ne les nourrit pas et on ne les soigne guère, sauf les mères et les petits pendant quelques semaines, ils ne figurent pas encore dans le cheptel des Cherarda.

Le recensement des animaux, à la suite des opérations du tertib, a donné pour l'année 1915 les chiffres suivants :

Chameaux............................   1 536
Chevaux et mulets...................   4 105
Anes................................   5 123

Bœufs, taureaux et vaches............... 9 823
Veaux................................. 1 779
Moutons............................... 25 143
Chèvres............................... 2 671

§ 4. Commerce.

Les Cherarda vendent sur les souks de la circonscription les produits de leurs récoltes et de leurs poulaillers. Ils y rencontrent de nombreux acheteurs et cette concurrence permet de maintenir des prix avantageux. Quant aux grands propriétaires, ils exportent dans les villes voisines : Fez, Meknès, Rabat. Une entreprise de transports automobiles rendrait d'importants services et serait assurée d'un bon rendement dès que la colonisation aura pris un certain essor.

Les transactions ont lieu, comme d'usage, aux souks; chaque tribu a le sien. Nommons, par ordre d'importance :

1° Souk el Khemis de Sidi Kacem des Zirara, 100 000 pesetas hassani par an.
2° Souk el Had des Tekna,   50 000 pesetas hassani.
3° Souk el Tnin des Chebanat, 40 000   —   —
4° Souk des Oulad Delim,   30 000   —   —

Les produits importés viennent en partie par Rabat, Kenitra et Fez. Ce sont : le sucre, le thé, les épices, les toiles, cotonnades, ustensiles de ménage, conserves, etc.

Le Zerhoum fournit, pendant la saison, les raisins frais, les pommes, les poires et les prunes. Les dattes, que les indigènes consomment en abondance, arrivent du Tafilelt; elles sont de qualité moyenne, très inférieures à celles d'Algérie.

*
* *

Les Marocains de ce bled paraissent réfractaires à l'emploi de nos poids et mesures; ils se servent du système suivant (1) :

DÉSIGNATION DES POIDS ET MESURES	ÉQUIVALENCE AVEC LES POIDS ET MESURES DU SYSTÈME MÉTRIQUE	OBSERVATIONS
Poids.		
Quentar attari.	50 kilos environ.	
— bakkali.	80 kilos environ.	
— guezzari	100 —	
koula.....	9 à 18 kilos.	Employé pour peser l'huile et les légumes.
Retel guezzari..	1 kilo ou poids de 40 douros hassani.	Pour les fruits, les légumes, la boucherie.
Retel baqqali ..	800 grammes.	Pour les substances grassès : Beurre, huile et savons.
Retel attari...	500 gr. ou poids de 20 douros hassani.	Sucre, thé, café, poivre et, d'une façon générale, toutes les épices.
Ouguia........	31 grammes environ.	
Moudd Cherrâdi	40 kilos environ.	Utilisé pour les céréales.
Sakhfa........	2 400 — —	Vaut 60 moudd, utilisé pour mesurer le grain et la chaux.
Mesures de longueur.		
Cheber........	0 m. 25	
Kala..........	0 m. 54	
Draa........	Coudée (0 m. 50 environ)	
Kama.........	Correspondant aux deux bras étendus en croix (1 m. 50 environ).	

Pour les pesées, les habitants utilisent une balance rappelant la nôtre. Toutefois, chose singulière, elle est

(1) Les renseignements ci-dessous nous ont été fournis avec une grande obligeance par le chef du poste de Petitjean. Il nous a été impossible de les contrôler tous sur place.

plus ou moins perfectionnée, suivant les denrées et leur importance. Ainsi, pour le savon, elle se compose d'un fléau de fer ou de bois, aux extrémités duquel se trouvent suspendus deux plateaux. Le tout est lié par une corde (doum) à la partie supérieure de la tente servant de magasin.

Plus délicate est celle des épiciers, copie de la balance ordinaire à plateaux de fer-blanc ou de cuivre. Le point d'appui est constitué par une tige de fer fichée dans le sol, sur laquelle le fléau est en équilibre approximatif.

Les prix des denrées sont à peu près uniformes dans les quatre souks et nous en donnons ci-dessous un aperçu sujet à variations de cours (1915).

DENRÉES	UNITÉ	PRIX	
Blé (1re qualité)....	Moudd	16 »	pesetas hassani (1)
— (2e —)....	—	15 »	—
Orge.............	—	5 »	—
Poules (1re qualité).	Unité	3 »	
— (2e —).	—	2 »	
OEufs.............	Cent	6,25	
Huile.............	q. retalik	3 »	
Charbon de bois...	charge de mulet	12 »	
Viande de mouton.	1 kilog	2,50	
— de bœuf....	—	2,25	
— de chèvre..	—	2 »	
Sucre.............	le pain	3,75	—
Thé (1re qualité)....	kilog.	5 »	—
— (2e —)....	—	3 »	—
— (3e —)....	—	2 »	—
Bougies...........	—	1 »	—
Chameaux.........	Unité	150à 200	douros hassani
Chevaux..........	—	100 à 150	—
Bœufs de labour...	—	80 à 100	—
Moutons..........	—	7 à 10	
Chèvres...........	—	4 à 6	

(1) 100 francs équivalent à 129 P. H. 47 (1915-1916).

§ 5. **Industrie.**

Elle est peu développée chez les Cherarda, mais appelée à un avenir éventuel qui dépendra partie de l'agriculture, partie des découvertes que les prospections sérieuses du sous-sol pourront amener; le temps ne nous a permis que d'examiner les rares affleurements.

Pour l'instant, une minoterie serait à prévoir, car il existe sur les bords de l'oued Rhodom une douzaine de petits moulins insuffisants pour répondre à la consommation.

Quelques pressoirs à huile actionnés par un manège, tous de fabrication locale, servent à pressurer les olives; là encore, une huilerie européenne devrait prospérer.

Il existe deux potiers à Ahl Kabar, qui confectionnent, avec la terre dite « tadoka », une faïence grossière, dont les autochtones se servent pour leur usage domestique. Ce sont :

Le « zlaïef », sorte d'écuelle pour boire.

Le « knaber », espèce d'urne qui sert à transporter l'eau quand les Arabes n'ont pas de bidon à pétrole. Ce laissé pour compte des automobiles fait partie de la vie indigène et sert à tout. Il est très recherché et nous avons vu, aux pieds du Haut-Atlas, des Chleuh tirer le poignard pour se disputer ceux que nous abandonnions sur la route. Ils contiennent à peu près 18 litres.

Le « keskais » recouvrant leurs couscouss.

Le « kaseria » sert à pétrir la farine en vue de la préparation du pain « khoubz ».

Un atelier de briqueterie a été installé près des nouveaux bureaux de Renseignements et un territorial du métier apprend à de jeunes musulmans la confection et la cuisson des briques : cette industrie sera d'une précieuse utilité pour la construction des maisons du nouveau centre. Bien que les procédés employés soient assez primitifs, les résultats obtenus paraissent bons.

Les femmes tissent la laine provenant des toisons de leurs moutons ; elles en confectionnent ensuite des « burnous « et des « haïks » pour les hommes.

L'écorce de la racine de l'asphodèle et les feuilles de palmiers nains sont préparées pour la fabrication des tentes et treillis ; on pourrait installer une fabrique de crin végétal, tant le palmier nain est abondant dans presque toutes les régions avoisinantes.

Tous ces produits ainsi confectionnés sont vendus sur les souks de la circonscription, à des prix variant, savoir :

Le « karch », pièce de 5 à 6 coudées de longueur sur 2 de largeur, faite en tissu de feuilles de palmier nain : 2 douros hassani.

Le « flidj », pièce de 20 coudées de longueur sur une coudée et demie de largeur, en tissu de feuilles de palmier nain : 3 à 4 douros hassani.

Le « treillis », pièce de 4 à 5 coudées de long sur 5 de large, en feuilles de palmier nain : 3 douros hassani.

Pour les bêtes de somme, on confectionne des « bardas », sorte de bât très pratique.

6. **Ressources minières et carrières.**

Elles existent, croit-on, tout autour des Cherarda, autant qu'il est possible d'en juger par les travaux superficiels qui ont eu lieu jusqu'à ce jour. On se plaît à espérer qu'une exploitation rationnelle pourra les mettre

en valeur, lorsqu'une législation favorable sera intervenue, que la Commission de revision des concessions
aura fini ses travaux et que les moyens de communication auront pu être développés (1).

Il ne nous paraît pas prudent de préciser les gisements où nous avons fait des prospections peu profondes, nos sondages nous semblent insuffisants pour
permettre de se former une opinion sérieuse en connaissance de cause.

Dans ces matières qui font bouillonner avec trop de
facilité les cerveaux européens, même ceux des personnalités averties, c'est une question de conscience de
se montrer réservé à l'extrême.

Le fer, le cuivre et le pétrole, que nous avons rapportés
du Maroc, ne prouvent rien qu'une indication. Notre
compétent géologue, M. Gentil, et M. Lecointre, avec
lesquels nous avons eu le plaisir de causer, seraient
qualifiés, ainsi que le docteur Russo, pour émettre
une opinion motivée avec une autre autorité que la
nôtre, en particulier pour cette région, sur toute la partie
qui va d'El Ksar à Fez en formant un croissant irrégulier dont le sommet passerait vers le Zerhoum.

Nous pouvons dire qu'on trouve du sel gemme sur les
pentes sud du djebel Aricha, des suintements pétrolifères sur le versant du Tselfat, quelques affleurements
de cuivre sur les bords du Sebou. La colline qui se
trouve au sud-est du bureau des Renseignements renferme de nombreuses carrières de pierre, dont l'exploitation sera d'une grande utilité pour la construction de
la route Kenitra-Fez.

Enfin, le calcaire, qu'on y rencontre partout, donne à

(1) La réglementation actuelle concernant le régime minier date
de 1914.

la cuisson une chaux de qualité, qui servira au nouveau
centre urbain de Petitjean. Le lotissement, très bien
compris, fait en 1916, borde une avenue centrale allant
rejoindre la gare de Sidi-Kacem, qui sera édifiée à
environ un kilomètre du poste actuel.

§ 7. Organisation administrative.

Tout d'abord, le bureau des Renseignements de Petitjean dépendait de Rabat (cercle de Mehediya). Il comprenait, en plus de la tribu des Cherarda, une partie
des Beni Ahsen, les Oulad Yahia, les Oulad M'Ahmed et
les Oulad Sfafa ; c'est ainsi que nous l'avons envisagé
d'ailleurs, en extension, au point de vue économique.

Rattaché à la région de Meknès (1), il passa de nouveau à la région de Rabat le 9 juillet 1914.

Les Sfafa lui avaient été enlevés le 1er avril 1912, les
Oulad Yahia et les Oulad M'Ahmed le 6 décembre de la
même année. Depuis lors, il se trouve réduit à la tribu
des Cherarda.

Peuplée de 17.000 habitants, soit 22 au kilomètre
carré, la circonscription est divisée en trois caïdats. Ce
sont : les Zirara et Tekna, caïd Djilali ben Ettahmi ; les
Oulad Delim, caïd Mançour ben Bachir ; les Chebanat,
caïd Driss ben Tahar. Depuis la mort toute récente du
caïd Abderrahman El Faradji, le douar à la tête duquel
il était placé a été rattaché à la tribu des Oulad Delim,
où il se trouve enclavé.

Peut-être y aurait-il beaucoup à étudier, et à réformer dans la gestion des caïds et leur situation par
rapport aux services des Renseignements ; mais nous

(1) Par arrêté en date du 5 août 1912.

estimons que l'heure n'est pas venue d'entrer en discussion au sujet d'une réforme administrative de portée aussi sérieuse. D'ailleurs, ce qui est vrai au nord ne saurait s'appliquer au sud. Gardons-nous donc de généraliser lorsque cette grave question sera en voie de réalisation et que les bureaux militaires se retireront pour faire place aux administrateurs civils qui devront être, en raison de cette lourde succession, des fonctionnaires de premier ordre.

§ 8. Historique de Sidi-Kacem.

Il y a plus de trois siècles, alors que les chorfas, apparentés aux grandes familles de Fez, étaient pourchassés par Moussa bel Aafiya, naïb du sultan régnant, qui avait donné ordre de les massacrer en raison de leurs pratiques honteuses, un nommé Sidi Ahmed, chérif à Moulay Idriss, qui devait être le père de Sidi-Kacem, prit la fuite, et, échappant au carnage, vint au hasard des circonstances camper aux bords de l'oued Rhodom, au lieu même de la zaouïa de Sidi-Kacem, alors occupé par une agglomération des gens du Gharb.

Devenu cultivateur, il se maria peu après avec la fille d'une de ces familles et de cette union naquit un fils qu'ils appelèrent Kacem; c'est lui qui devait être Sidi-Kacem ben Ahmed.

L'enfant grandit en science et en sagesse, puis s'adonna à la prière et au culte de Dieu; vivant humblement, partageant ses maigres ressources avec les pauvres, faisant l'aumône aux déshérités de l'existence, les consolant, répandant la parole du Prophète, il fut partout vénéré.

A sa mort, le lundi 8 de Redjeb 1077 de l'Hégire, le

sultan Moulay Smaïn, qui avait succédé à Moulay Rachid, dont le règne avait duré vingt et un mois, ayant reconnu sa sainteté, lui fit construire un tombeau et sa Koubba qui devinrent immédiatement un lieu de pèlerinage. Quelques années après, la mosquée de Sidi-Kacem et enfin la kasba étaient édifiées avec le produit des multiples donations ; cinquante esclaves du sultan furent choisis dans la tribu des Oubbakher, de Meknès, et envoyés à Sidi-Kacem pour veiller nuit et jour le corps du saint.

Il faut rattacher à ce récit historique une légende qui ne manque pas d'originalité.

De mère gharbaouïa, l'origine de Sidi-Kacem ben Ahmed devait être, tôt ou tard, discutée par les gharbaouiine (gens du Gharb), qui tenaient à honneur d'avoir un marabout issu de leur tribu. Ils s'emparèrent donc une nuit, par surprise, du mausolée, exhumèrent le corps et le transportèrent dans le Gharb, aux environs de Mechra Bel Kçiri, où il existe en effet un autre Sidi-Kacem avec son « souk el khemis », comme à Petit-jean.

Longtemps ignoré, le rapt fut un jour découvert et les Oulad Sidi-Kacem conquirent de vive force le faux tombeau, l'ouvrirent et trouvèrent, à leur grande stupéfaction, deux corps au lieu d'un.

Une autre version raconte que c'est à Sidi-Kacem de Petitjean que les Oulad Sidi-Kacem, après avoir appris l'enlèvement et voulant constater le fait, ouvrirent la châsse qui contenait toujours les restes du saint.

C'est ce « miracle » que les musulmans expliquent en donnant à Sidi-Kacem le qualificatif de Bou-Kebrïn : père de deux tombeaux, et c'est aussi ce qui peut servir d'explication à l'existence d'un autre Sidi-Kacem, dans le Gharb.

a) La mosquée de Sidi-Kacem. — La mosquée est dirigée
par un nadir des chorfas des Oulad Sidi-Kacem : Bou
Aasriya, nommé Si Abdesselam ben Djilali, habitant la
zaouïa. Ce personnage, qui relève du grand nadir des
chorfas de cette tribu, Sidi Driss, habitant Rabat, est
assisté d'un « muedden », Si Mohammed ben Bouchta,
et de cinq « hazzaba » qui font la lecture du Coran
chaque jour à la prière du « soubh », après le lever
du soleil, et le soir la prière du « maghreb », après son
coucher. Enfin, un autre fonctionnaire religieux, dont
le rôle correspond à celui de nos sacristains, est chargé
de l'entretien du sanctuaire.

Comme le côté pratique ne perd pas ses droits, deux
adoul, Si Mohammed des chorfa et Kacem ben el
Heboud, sont chargés de tenir les comptes et de recueillir les aumônes (chaadak), sous le contrôle du cadi des
Cherarda.

Suivant l'usage, le muedden monte au minaret aux
heures prescrites, appelant les fidèles à la prière et c'est
une mélodie imprévue et mystérieuse qui s'élève dans
l'azur infini, le matin et le soir. Le prêtre d'Islam chante,
avec une mélancolie pleine de charme, une véritable
mélopée. A Fez surtout elle est impressionnante et
alterne avec celle des minarets voisins, dont les chantres
égrènent de leur voix menue des notes plaintives réson-
nant dans le silence comme un appel d'En-Haut.

Deux fois par jour, le hazzaba fait la lecture du Coran
qui est partagé en soixante parties. Il en récite deux
quotidiennement, de façon que chaque mois le livre soit
lu en entier. Tous les vendredis, l' « imam », qui est le
feky Sidi Ahmed, dit la khotba, qui correspond au
sermon.

Le sanctuaire de Sidi-Kacem a des biens habous
administrés par le nadir. C'est ainsi qu'une moitié d'un

jardin et les deux tiers de deux autres, sont « habousés »
au profit de la mosquée; ces vergers s'étendent aux
bords de l'oued Rhodom. Deux moulins sont de même
consacrés et leur revenu affecté au service du culte.
L'un d'eux, construit par le prédécesseur du nadir actuel, Si El Hadj Tahat, est entièrement « habousé »;
l'autre, qui appartient à deux chorfas des Oulad Sidi-
Kacem, l'est seulement au tiers.

La zaouïa de Sidi-Kacem contient l'école où l'on
apprend aux enfants les préceptes du Coran; le nombre
des élèves la fréquentant est réduit, et ne dépasse jamais
cinquante. La question de l'enseignement est d'ailleurs
considérée, au point de vue français qui doit tenir compte
de la mentalité indigène, comme une des réformes les
plus difficiles à accomplir.

Combien il est délicat, en effet, de concilier l'esprit
de caste régnant au Maghreb avec notre enseignement
démocratique, personnifié par l'école publique, où tout
le monde se coudoie, sans tenir compte des distances
sociales et des contingences qu'elles entraînent en Islam.
Nous faisons trop souvent, chez nous Français, des
déclassés dans notre pays où les classes n'existent plus;
respectons-les chez les autres, sans chercher à les encourager à renaître en France sous forme de luttes dé-
plorables.

Au Protectorat, la plus élémentaire prudence nous
conseille de prêter attention aux différences de religion
et à la susceptibilité naturelle qui en résulte. L'Arabe
est fin diplomate, donc défiant; il veut savoir ce que
nous enseignons à ses fils et l'usage fait de leur esprit
pendant les heures de classe, car il se résigne avec peine
à cette nouvelle emprise morale de son vainqueur. Met-
tons-nous à sa place en nous objectivant.

Quant à ses filles, il ne faut pas songer encore à leur

apprendre autre chose que le travail manuel. La femme
musulmane est, dans la pureté des principes, maintenue
par son maître et mari en état d'ignorance intellectuelle
absolue ; sa destinée ne comporte, en dehors des matéria-
lités domestiques, que le sourire, la tendresse et l'amour.

Quand ces mœurs changeront-elles ? Tout viendra
sans doute à son heure ; mais les étapes seront longues
au bled immuable. Si la nature ne procède pas par
bonds, les coutumes ne se modifient guère non plus
sans de longs et patients efforts d'assimilation.

Tout autour de Sidi-Kacem sont groupés, dans ce
qu'on appelle par extension « zaouïa », les Oulad Sidi-
Kacem qui forment une agglomération d'une vingtaine
de maisons. Plus bas, se trouve la kasba dont un
cheik a l'administration ; il relève lui-même du caïd
Djilali ben Ettaami des Zirara. Construite en mokdar,
elle n'a aucune importance et ne présente pas d'intérêt
particulier ; quelques Oulad Sidi-Kacem y vivent, mais
on y trouve surtout des étrangers qui, allant vers Fez ou
Meknès, s'arrêtent au passage pour y coucher. Comme
dans toutes les kasba, des boutiquiers installés à la
grande porte, qu'on referme à la tombée de la nuit,
vendent les objets de première nécessité : bougies,
allumettes, thé, sucre, dattes, pain. Nombre de pauvres
circulent dans ses étroites rues où l'on croise à chaque
pas des mendiants à demi nus, qui couchent en plein
air et dont la misère est lamentable ; c'est la charité
privée qui leur vient en aide, car le Coran recommande
aux musulmans de « faire l'aumône », et nous recon-
naissons volontiers que l'esprit de solidarité règne au
Maghreb plus qu'en Europe...

b) Légende de Hafer-Ettout (trou aux mûriers). —
Avant l'invasion portugaise, la plaine des Azghar était

couverte, dit-on, d'immenses marécages impropres aux labours. L'abondance des infiltrations qui les alimentaient était due au déversoir de l'oued Rhodom, et surtout au débit considérable fourni par une source située à Hafer-Ettout, sur la montagne qui longe la route actuelle de Petitjean, à un kilomètre environ du nouveau poste.

Tout autour de ce point d'eau important, à l'abri des inondations tendues jusqu'au pied des premières collines, prospérait une végétation luxuriante : arbres fruitiers et mûriers formaient de splendides jardins.

Attirés par le site et les avantages appréciables que leur offrait cet endroit, des indigènes y vinrent; peu à peu leur nombre s'accrut, ils construisirent des habitations et s'y fixèrent.

Survint l'invasion. A la suite de prédictions terribles, les gens affolés tinrent conseil pour savoir s'ils devaient abandonner ou non ce lieu de délices; pendant qu'ils délibéraient, un chérif vint annoncer l'approche des Portugais et conseilla de détruire la source, tout séjour dans cette région étant impossible sans elle.

Mais, comment faire? Un Arabe « très savant » eut l'inspiration de la boucher avec de la laine recouverte de terre; aussitôt les habitants prirent deux mille toisons, au moyen desquelles ils fermèrent tout le cirque environnant, et les masquèrent d'un amas considérable de terre, comblant ainsi la nappe aquifère.

Depuis ce temps-là, prétendent les Cherarda, la source a disparu. Son débit, qui était, dit-on, considérable, aurait été refoulé sous les terres et viendrait, après avoir traversé les soubassements des plaines, se déverser dans l'oued Rhodom; par contre-coup, les plantations et les jardins furent desséchés et moururent; c'est ainsi que la plaine des Azghar devint labourable et fertile.

Une remarque personnelle, faite à l'époque des basses eaux, nous a permis d'établir que des suintements se produisaient, en effet, sur le cours de l'oued Rhodom aux environs immédiats de l'endroit où aurait existé cette source, entre le pont de Petitjean et Dar Zirara (rive droite).

9. Notes sur les autorités indigènes et les grandes familles (1).

a) *Zirara et Tekna*. — Le caïd Djilali ben Ettaami. — Petit-fils, par son père, d'un des caïds des Zirara, Mahmoud Ould Dahour, et par sa mère d'un cadi de cette tribu, il commença de bonne heure ses études sous la direction de son père. Dès l'âge de dix-neuf ans, il partait pour Fez, entrait au Maghzen où, pendant deux années, il compléta son instruction.

Le sultan l'envoya alors faire un stage d'artillerie à Gibraltar. Lorsqu'il en revint, un an et demi après, il fut nommé caïd mia, c'est-à-dire officier, kalifat, puis enfin caïd reha à un tabor d'Aïoun Sidi Melleuk; promu une première fois amel de cette ville, il resta peu de temps dans ses fonctions. Au moment des affaires du rogui Bou Hamara, il fit partie de la mission qui, accréditée auprès du Gouvernement français, se rendit à Marnia pour soulever les Beni Snassen et autres tribus contre le prétendant.

Lorsque celui-ci se retira sur Taza, Si Djilali fut à nouveau nommé amel d'Aïoun Sidi Melleuk; il y subit, pendant un mois, enfermé dans sa kasba, les attaques

---

(1) Si nous indiquons ces détails qui peuvent sembler superflus, c'est qu'il est bon, lorsqu'on arrive dans un pays, de connaître les tenants et aboutissants des familles influentes et le crédit dont elles disposent.

des cavaliers ennemis; délivré par la mehalla de Bagh-
dadi, il resta attaché à ce dernier pendant toute l'expédition. Dès sa rentrée à Fez, il était nommé caïd reha
d'un tabor à Mazagan, puis à Mogador, où il prit part à
plusieurs combats contre les partisans de Moulay Hafid.
Lors de l'avènement de ce dernier, il revint à Fez et pos-
tula une charge; mais, devant les exigences pécuniaires
d'un grand caïd, il y renonça.

Peu après, songeant à se retirer dans son douar, il
s'y rendit seul pour voir l'état de ses biens et de ses
propriétés. A peine arrivé, commençait la révolte des
Cherarda et la lutte contre le commandant Bremond.
Craignant pour sa famille qu'il avait laissée à Fez, il
ne prit parti d'aucun côté.

Dès notre installation dans le pays, les Zirara, las de
leurs anciens maîtres, estimant Djilali, confiants dans
son expérience des affaires et sa connaissance des Européens, le prièrent d'être leur caïd; il accepta. Quelques
mois après, lorsqu'on procéda à l'organisation définitive, le chef du poste demanda l'augmentation de son
commandement par l'adjonction des Tekna, dont la
tribu ne contenait aucune notabilité.

Agé de quarante-cinq à cinquante ans, Si Djilali est de
beaucoup le plus distingué, le plus intelligent, le plus
instruit des personnalités de la région. Sa façon de
commander est ferme et habile; écouté et estimé des
indigènes, il est en outre respecté des caïds voisins
qu'il conseille. Enfin, d'un loyalisme entier vis-à-vis de
nous, il constitue notre aide le plus sûr.

Lors des premiers incidents de Fez, au milieu de
l'anxiété générale qui se manifestait par des défections,
Si Djilali, le premier, arrêtait lui-même les déserteurs,
ainsi que deux marabouts qui annonçaient en plein marché notre massacre prochain.

Cette fois, comme presque toujours, son exemple entraîna les autres ; saisissant de suite le sens des réformes que nous introduisons, adroit à les imposer sans blesser ses gens, il a été et reste un précieux agent de pénétration.

b) Chebanat. — Les autres caïds relevant du bureau de Renseignements de Petitjean sont :

1° Si Driss Ben Tahar. Lors de la consultation des Djemaà pour la nomination de leurs caïds, celles-ci le désignèrent, confiantes dans son habitude des Français avec qui il avait été en contact dans les tabors.

Il n'a ni l'envergure, ni l'importance de ses deux voisins. Sa tribu, les Chebanat, n'a jamais d'ailleurs joué un rôle prépondérant chez les Cherarda ; elle a lié son sort à celui des Zirara.

2° Si Mançour ould Bachir. Fils de Si Bachir qui, après avoir été un important caïd des Oulad Delim, devint caïd à Moulay Bouchaïb des Zemmour, puis à Oudjda et enfin à Taza.

Si Mançour commença ses études de bonne heure et fut kalifat de son père. Il vint ensuite à Fez et prit au Maghzen les fonctions d'alleif des Mesaghrin des Cherarda. A l'avènement de Moulay Hafid, cette charge perdit de son importance, il demanda alors et obtint celle d'alleif du tabor Bouanouda. C'est en cette qualité qu'il accompagna le commandant Bremond dans sa campagne contre les Cherarda, à présent soumis.

Lorsque nos troupes arrivèrent à Fez, le chef de la colonne, qui n'avait eu qu'à se louer de ses services, le recommanda dans une lettre des plus élogieuses au commandant du poste de Sidi-Kacem ; il fut proposé comme caïd et agréé par le Sultan.

10. **Notice générale sur les services de Renseignements. Bureau de Petitjean.**

Les bureaux arabes qui ont fonctionné en Algérie, d'abord d'une façon diversement appréciée, ensuite pour la plus grande satisfaction de tous, sont les ancêtres des services de Renseignements au Maroc, qui possèdent des attributions aussi variées que délicates, ayant besoin d'être exercées avec autant de tact que d'esprit de suite et de fermeté.

Leurs principales fonctions sont politiques et administratives.

1° *Attributions politiques.* — Elles se confondent avec la partie militaire du service et consistent entre autres à nouer des relations avec les tribus en *siba,* pour désarmer les rebelles, entretenir des rapports sur un pied d'amitié constante avec celles qui ont reconnu notre suprématie, se documenter de toutes manières sur les personnages influents, connaître leur position, leur esprit, le nombre des guerriers qu'ils mettent sur pied, leur armement, les ressources qu'offre le pays où la mehalla se tient. La configuration topographique joue aussi un grand rôle et doit être relevée avec un soin méticuleux, pour d'importantes raisons et surtout en vue d'une campagne éventuelle.

C'est avec beaucoup de doigté que l'officier des Renseignements cherche à aplanir les difficultés qui se présentent, tout en gardant intact le prestige de la France. Enfin, si un acte d'énergie semble nécessaire, il prépare la colonne, et, lorsqu'elle est prête à opérer, il en est l'œil, se tenant près du chef, lui donnant les

indications utiles pour le guider; il participe à l'opération, commande ses mokhazeni et partisans qui servent d'éclaireurs, tirant, s'il y a lieu, les premiers coups
de fusil.

L'ennemi vaincu, il s'emploie à la pacification du
pays, grâce à la connaissance qu'il a acquise par avance
de sa situation, de ses besoins et des avantages qu'on
peut tirer de la victoire.

Pour arriver à ces résultats, la condition essentielle
est le maniement parfait de la langue des indigènes,
afin d'entrer en relations avec eux.

Nous avons eu l'occasion, en maintes circonstances,
d'observer combien les musulmans aiment nos officiers
qui tous ou presque parlent l'arabe; ils s'entretiennent
avec eux familièrement, bien que toujours avec respect,
sentant qu'ils représentent des protecteurs dont l'autorité les sauvegarde des vexations auxquelles ils sont
quelquefois en butte.

Dans un voyage d'études au sud de Marrakech, en
pays chleuh, accompagné d'abord du commandant
Nancy, chef des services municipaux, puis du capitaine
Justinard, attaché au bureau des Renseignements de
Marrakech (1) et mis à notre disposition avec une
extrême obligeance par M. le colonel de Lamothe, nous
eûmes l'occasion d'assister à une scène curieuse.

Disons d'abord que le chleuh, langage des Berbères
de l'Atlas, est un idiome tout à fait spécial que les Arabes
eux-mêmes ne comprennent pas, et que notre guide
parlait comme un habitant de la montagne.

Nos premiers points de direction étaient Oumenast

---

(1) Le bureau de Renseignements de Marrakech était commandé,
lorsque nous y étions, par M. le commandant DE MAS-LATRIE, auquel
nous tenons à exprimer notre gratitude pour sa documentation,
son accueil sympathique, et les études qu'il nous a facilitées.

Tameslouhét. Nous partîmes donc de grand matin en automobile, suivant une piste désertique et caillouteuse, et ce n'est qu'au bout de quelques heures que nous aperçûmes la silhouette de la kasba du célèbre chérif de Tameslouhet et l'agglomération de la zaouïa assise tout autour. En nous voyant arriver, de nombreux habitants du douar vinrent à notre rencontre, assez incertains de l'attitude qu'ils devaient tenir ; l'expression de leur physionomie indiquait la défiance, certainement pas l'hostilité ; l'accueil, dans tous les cas, ne semblait point devoir être empreint d'extrême sympathie. Il faut ajouter que leur chef était un ancien protagoniste de l'insurrection dont la fidélité était encore de fraîche date.

Lorsque tous ces gens entendirent un officier leur adresser la parole dans leur langue maternelle, les figures s'épanouirent en un large sourire et ils vinrent à nous, agitant les mains.

Quelques instants après, nous étions reçus chez le chérif, qui nous offrit le thé au jardin et nous présenta ses enfants. Après de multiples congratulations, qu'il est poli de ne point omettre, et quelques allusions à sa puissance religieuse, en même temps qu'à son dévouement à la France, il nous fit visiter ses terres et nous accompagna jusqu'à la limite de sa tribu, refusant de nous laisser partir sans un magnifique tapis chleuh que nous dûmes rapporter.

Depuis lors, nous avons appris que, dans une circonstance, ce personnage avait été sollicité de suivre le parti d'El-Hiba, le prétendant révolté, et qu'il avait refusé avec dédain, ajoutant qu'il ne combattrait pas les « roumis guerriers et riches » qui, comme lui, parlent chleuh.

Cela nous démontre une fois de plus que, dans beaucoup de situations et surtout dans les bureaux de Renseignements, il est nécessaire qu'un officier fasse un long stage pour régner moralement dans la région qui dépend un peu de lui, connaître à fond le bled, ses habitants, leurs rapports de voisinage avec les tribus limitrophes, afin de préparer, selon la théorie de la tache d'huile, l'extension future.

Sa mission n'est pas, d'ailleurs, sans danger, car l'Arabe est un fin diplomate qui n'a point encore exclu la ruse de ses procédés de conversation ; les palabres se terminent quelquefois en faisant parler la poudre.

2° *Attributions administratives.* — Dès que la région dépendant du bureau est pacifiée, l'officier des Renseignements commence d'urgence l'organisation administrative, nomme les caïds, qu'il choisit parmi les chefs lui semblant devoir exercer la meilleure influence ; il prépare le budget, établit les bases de l'impôt, entreprend un programme de travaux d'art nécessaires à l'exploitation économique, tels que routes, adductions d'eau, plantations, etc...

Enfin, lorsque son œuvre est complète, il passe la main à l'administration civile et va plus loin recommencer l'exercice de ses fonctions, avec le même dévouement et ses qualités indispensables d'homme de prévoyance et d'action.

Ce que nous venons de dire prouve que cet organe est l'auxiliaire indispensable du commandement : il rend les conquêtes durables et, sans lui, tout se bornerait à une occupation stérile d'un pays qui n'attendrait qu'une occasion pour se tourner contre nous.

⁂

Le bureau de Petitjean. — Le bureau de Renseignements de Petitjean, dont nous nous occupons ici, com-

prenait d'abord les Oulad M'hammed et les Oulad Yahia
(dépendant actuellement de Dar bel Hamri); c'était une
annexe indépendante relevant de Meknès; elle fut réduite
au commandement des Cherarḍa pour devenir enfin bureau rattaché au cercle du Gharb et de la région de Rabat.

Nous avons dit qu'il est situé à un nœud de grandes
routes des plus importants, à l'embranchement des
futurs chemins de fer français du Maroc et de la ligne
internationale Tanger-Fez. Il constitue avant tout non
un lieu d'achat obligatoire ou immédiat, mais un poste
d'observation dans un centre qui deviendra une merveilleuse région au point de vue économique. Servi par
ce voisinage, ainsi que par celui de Fez et de Meknès,
se trouvant favorisé du fait de sa situation géographique
et surtout par la fertilité de son sol, ce bled ne peut
manquer de se développer dans un court délai. La création
tion d'une ville présentait donc un réel intérêt, hâtant
et favorisant l'expansion de cette riche partie du pays.

M. Malet, directeur de l'Agriculture, aussi actif
qu'inspiré, décida aussitôt les travaux d'implantation et
de lotissement, qui furent poussés avec célérité; com-
mencés le 24 octobre 1915, ils étaient terminés, pour la
première section, moins d'un mois après.

En élaborant son projet, l'Administration s'est préoc-
cupée de l'esthétique de la future agglomération, qui
s'annonce bien et se présente sous une forme pratique.
Une vaste place prolongée par un rond-point, où
aboutissent les grandes artères de la ville, entre autres
une large avenue de 35 mètres, sont du plus heureux
effet. Des arbres d'essences diverses et choisies, des
cotonniers superbes, ont été déjà plantés; le square
Moulay Youssef et d'autres jardins publics, terminés
par les bâtisses des Renseignements, attendent en gran-
dissant les citadins de la ville naissante.

Placée dans un site choisi, cette agglomération possédera sur les bords du Rhodom de beaux jardins à végétation luxuriante qui, avec la zaouïa de Sidi-Kacem, offriront aux habitants d'agréables promenades. Le pittoresque de ce coin plaira à l'artiste et les produits du sol sauront se faire apprécier du cultivateur.

Des constructions d'utilité publique aideront au progrès futur du centre. Un hôtel des postes, une école, sont les prémices de cette voie, déjà tracée d'une main sûre.

C'est la fertilité de la terre, profonde et riche et, de plus, diversement constituée, qui avait amené le Protectorat à envisager ici l'établissement d'un domaine agricole pour le livrer à la grande et petite colonisation (1). Il paraîtrait prudent de voir un peu plus grand qu'on ne l'a fait, et de mettre en vente des surfaces suffisantes, car celles qui nous ont été indiquées d'abord ne peuvent convenir pour une exploitation, même modeste, à plus forte raison si elle a quelque envergure et si l'on veut pratiquer l'assolement indispensable.

La création d'une ferme-école est à l'état de projet et l'utilisation des rivières fournira une force motrice précieuse. La population est conquise à notre influence et fait preuve d'une parfaite correction.

§ 11. **Fonctionnement de la justice française et indigène.**

Au point de vue judiciaire, le cadi connaît des contraventions et des délits peu graves, déterminés par la

(1) La direction de l'Agriculture, du Commerce et de la Colonisation à Rabat donnera aux futurs colons tous les renseignements nécessaires.

circulaire du Grand Vizir du 25 décembre 1912. Il pro-
nonce les sanctions sous le contrôle de l'autorité française locale, et se transporte sur les marchés de sa
tribu, où il rend la justice sous sa tente.

Ce magistrat, en territoire Cherrâdi, est à compétence plénière; toutefois, en raison du caractère guich
de la tribu, il n'est amené à faire aucune transaction
immobilière. Assisté d'adoul, son rôle se borne à l'enregistrement des actes ordinaires : mariages, divorces,
contrats, associations pour le bétail, etc.

Si Larbi el Kaïssi, ex haïb du cadi de Meknès, a été
nommé cadi indépendant (1).

Quatorze notaires ou adoul compétents l'assistent :
4 pour les Zirara, 3 pour les Tekna, 3 pour les Oulad
Delim et 4 pour les Chebanat.

§ 12. Régime immobilier. His-
torique.

Le commandement de Petitjean comprend :

1° Des terres guich, dont les limites ont été déterminées dans un acte notarié en date de fin rebia 1277
(novembre 1860), dressé par ordre du sultan. L'État
est donc juridiquement propriétaire, sauf rares exceptions;

2° Des immeubles maghzèn;

3° Des biens melk.

La reconnaissance détaillée et leur levée se poursuit
par les soins du service des Domaines.

Les terres guich constituent une notable partie de la
circonscription, sous le nom de Bled Cherrâdi Souka-

(1) Dahir du 15 hadja 1332 (21 avril 1914).

nine Azghar. Elles furent divisées pour la première fois
en 1245 de l'Hégire, date de l'arrivée des Cherarda
dans le pays; un second partage fut fait quand les Tekna
vinrent les rejoindre; un troisième eut lieu ensuite
entre eux.

La propriété maghzen proprement dite est considérable à Sidi-Kacem. Elle comprend : 1° les jardins situés
sur l'oued Rodhom, qui sont le plus souvent loués à des
particuliers, et de première valeur au point de vue
agricole; 2° des terres de labour dénommées Illouya,
Sidi el Mellali, Trabna Koudiat, Ababou, Kouirira Ghe-
nimiline, Mechra R'bat, Koudiat Bou Raoud, Mechra
Sfa, el Fachar, Chemakh, Meguirba, Toumi, Bou Qua-
chouh, Bled Haja, Messelmia, Bou Mïa, Ayadia, Bou
Azza, Bou Abbania, Assaidia, Chetaoua, ben Aouda,
Daher el Bghar, Maatga Merdja, soit une superficie
d'environ 8 000 hectares.

Quant aux biens melk, ils se divisent en plusieurs
séries :

1° Les Oulad Aïssa (1) ont cédé pour 1.000 douros, au
caïd Djilali, une moulkya qui a été rachetée par les
Domaines. Elle est relative à environ 3 000 hectares sis
entre le Rhodom et Bab Tiouka; il faut remarquer qu'il
s'agit surtout de droits litigieux;

2° Dans le même ordre d'idées, on peut citer la
moulkya détenue par les Dhiraf concernant un terrain
sis entre le Sebou et le djebel Ahrich;

3° Les Souah, chorfas du marabout de Sidi Saïd, prétendant être aussi détenteurs d'une moulkya.

Il en est de même pour le bled Slafta, bled Belaghta,

_____

(1) Oulad Aïssa signifie « Enfants de Jésus ». On n'ignore pas, en
effet, que le Christ est un grand prophète de l'Islam, Celui qui annonça
Mohammed. Sa mère, « Lalla Meyriem », « Madame Marie », est
également l'objet d'une vénération de la part des musulmans.

bled-Beni Ahsen, enfin quelques jardins du Rhodom, plantés par certains concessionnaires guich, et devenus propriété privée.

On ne trouve comme biens habous que ceux de la zaouïa de Sidi Kacem Bou Asriia, encore les habitants prétendent-ils que ce sont des habous privés.

13. La vie indigène.

Si l'on veut procéder à une étude de la vie indigène chez l'Arabe en général, et en particulier au bled des Cherarda, décrire leur habitat, leurs coutumes, leur mode d'existence, il est nécessaire de tenir compte de l'état social tout à fait différent dans lequel se trouvent le riche et le pauvre.

* *

1° La vie indigène chez le riche.

Le riche Cherràdi a pour son service toute une catégorie de gens, cuisiniers, domestiques, palefreniers, esclaves, qui se trouvent sous la surveillance directe d'un homme de confiance, transmettant les ordres et en assurant l'exécution. Ce régisseur intelligent s'occupe de mille choses et à l'œil partout, ou doit l'avoir, ce qui passe pour équivalent! Entre autres obligations, il détient celle de recevoir les hôtes, prévenir son seigneur de leur arrivée, fixer le menu des nombreux repas du jour, répartir le travail, en assumer la bonne direction, pourvoir aux achats nécessaires, distribuer l'orge aux garçons d'écurie; c'est à lui que sont confiées les clés du magasin, d'où rien ne peut sortir sans qu'il le sache.

Le maître, délivré de souci, n'a qu'à regarder faire,

donner des instructions qui sur l'heure sont transmises
et exécutées, et payer.

D'ailleurs l'Arabe aime la vie et en jouit en connaisseur, comme un sybarite. Très tard il se lève; tout est
prêt. Il déambule nonchalamment vers la salle de service (bit-ed-diaf), où il reçoit ses hôtes, entouré de ses
amis, ou plutôt de ses clients, au sens de l'ancienne
Rome. Dès son arrivée, ils se tiennent à sa porte, venus
pour le saluer. Après le cérémonial d'usage, qui
s'opère avec une dignité pleine de conviction, tous s'ins-
tallent et le service commence.

On apporte la « harira », sorte de bouillon épais préparé avec des fèves, lentilles, riz, dans lequel nagent
des petits morceaux de mouton et des blancs d'œufs;
parfois on y ajoute des herbes des champs dont on
extrait le jus. C'est d'ailleurs le seul mets que nous
ayons mangé à l'aide d'une cuillère en bois dur, en
forme de louche à manche redressé; pour tout le reste,
on se sert de ses doigts.

La « harira » prise, l'esclave présente le lait aigre
parfumé aux clous de girofle, cannelle ou menthe,
puis l'amphitryon sort, entouré de ses convives, se pro-
mène au jardin attenant à sa maison pour se rendre
compte des travaux exécutés, ensuite aux champs où le
harrats pousse sa charrue, depuis le lever du soleil.
Les bœufs, de belles bêtes gris-roux aux grands yeux
noirs, s'arrêtent devant lui, déjà fatigués; mais l'aiguil-
lon et la voix du bouvier les réveillent, car ils se doivent à leur labeur, surtout devant le maître.

Alors le soc s'enfonce à nouveau, les bois gémis-
sent, le laboureur guide son attelage qu'il encourage de
ses cris tout le long du sillon déjà tracé, et le voilà qui
repart, tête basse, en cadence. Le seigneur le regarde
s'éloigner, le suivant des yeux distraits, jusqu'au bout

du champ où il finit par ne plus être qu'une forme
imprécise; peu à peu, il disparaît lentement, perdu
dans l'immensité, mêlant sa teinte à celle du sol, pendant que les visiteurs poursuivent leur conversation
expressive, ponctuée de gestes.

On rentre à la maison; les amis vantent leur hôte,
sur lequel ils attirent les bénédictions d'Allah, le comblant d'éloges, flattant son orgueil, s'extasiant devant
son superbe cheval, ou sa mule, monture préférée,
qu'un conducteur mène boire à l'oued.

Voilà le logis, lieu de repos dans la salle de réception, sur des matelas couverts de cretonne à ramages
variés. L'eau bout déjà dans le « labor, » de cuivre, installé devant la maison, à quelques mètres de la porte, ou
même à l'intérieur, comme chez le sultan.

Le « fquif », ou une négresse, richement caparaçon-
née, s'accroupit alors devant le plateau argenté, de goût
et de fabrication *allemands* (1), qu'un servant apporte.
Il range avec soin les petites tasses de porcelaine *allemande* à fleurs rouges, vertes et bleues, cerclées d'or,
tord dans ses mains la menthe dont il coupe les longues
tiges, l'ikama ou naana, fraîchement cueillie par un
esclave, prépare la théière *allemande*, rince à plusieurs
eaux le thé qu'il vient d'extraire de la boîte de fer-blanc
(*made in Germany*), peinturlurée de rayures et d'horribles
enluminures, brise à petits coups, à l'aide d'un marteau
de cuivre, d'une main savante et sûre, le pain de sucre
délivré de son fourreau de papier bleu, jette les morceaux avec l'eau chaude dans le récipient, enfonce la
menthe par-dessus, le tout exécuté avec calme, n'ou-
bliant aucun détail et suivant avec minutie les règles
qui président partout à cette « coutume » : la « kaïda ».

_____

(1) Voir le rapport sur les divers commerces, publié par le Contrôle
de la Dette (1915).

Parfois, au milieu du profond silence, on entend un
léger soupir poussé par quelque convive impatient; les
autres causent à voix basse, se racontant une histoire grivoise qui est le fond de la conversation arabe.
Certains, pour se donner contenance, égrènent leur
« chapelet », murmurant les louanges du Très-Haut...
sans préoccupation d'aucune nature, car la pensée
nécessite un effort, et l'effort est une fatigue.... Quelle
quiétude de ne s'occuper à rien, qu'à subir le plaisir !

Le thé est prêt. On remplit les tasses; chacun déguste
à petites gorgées, par une longue aspiration en témoignage de bonheur, ce pendant que le fquif, impas-
sible, prépare un second breuvage, et que la négresse
passe les gâteaux. Si vous avez l'air de la remarquer,
elle se retire et un mâle la remplace.

Après avoir bu ainsi à trois ou quatre reprises et
même plus, les convives s'arrêtent sur un signe imper-
ceptible du maître que, seul, l'esclave a pu deviner. Les
tasses sont recueillies et le plateau enlevé. Alors un
grand bassin de cuivre argenté apparaît au-dessus
duquel un serviteur, « l'iddou », muni d'une aiguière,
vous verse de l'eau sur les mains, pour permettre l'ablu-
tion préparatoire au grand repas. Chacun s'essuie avec
une serviette, tandis qu'un nouvel aide dresse la petite
table ronde élevée de 25 à 30 centimètres, sur laquelle
il place le pain et les bols. Les couteaux et fourchettes
sont inconnus, sauf chez de rares grands feudataires, El
Hadj Thami Glaoui, pacha de Marrakech, par exemple,
chez qui nous avons pris à l'européenne une remarquable diffa.

Les invités se rapprochent et s'accroupissent en
cercle. Le pain de blé dur, encore chaud, est rompu et
distribué. Après avoir dit le « bismillah » traditionnel
pour appeler les bénédictions de Dieu, l'intendant pré-

sente les plats recouverts d'un grand cône en jonc tressé, les découvre et les doigts s'allongent pour déchirer la viande en choisissant le morceau qui plaît.

Voici un type de menu simple :

Ce sont d'abord les poulets rôtis au safran sur lit d'omelettes, ou les poulets farcis. Ensuite, défilent les « tonadjen », ragoûts de toutes sortes : viandes de bœuf, ou de mouton aux fèves, aux lentilles, au riz, aux choux. Ces mets sont préparés avec beaucoup d'huile, de poivre et d'épices. Au fur et à mesure, ils se succèdent devant le maître et les amis intimes qu'il admet à la première table, puis passent aux convives de second ordre, groupés au bout de la salle ; enfin on les emporte pour donner aux femmes, aux domestiques et aux esclaves et le festin se termine par des fruits qui varient suivant la saison.

L'habitude, au cours du repas, est de boire de l'eau dans un grand vase qui circule à la ronde, ou dans des bols que chacun a devant soi, en disant d'un ton convaincu : « Hamdoullah ». Souvent, on sert aussi une sorte de lait aigre, très apprécié, après quoi il est convenable de se relaver les mains.

Avec les mêmes rites, les agapes finies, on se rince la bouche. Un brûle-parfum est apporté dans un nuage de fumée odorante, chacun le tient un instant sous ses vêtements ; il est accompagné d'un flacon à long col, rempli d'eau de roses dont tous s'aspergent, puis reprennent la place occupée avant le déjeuner. En silence, la table est desservie ; de nouveau, apparaissent le plateau et le thé. Après cette ultime libation, l'amphitryon s'éclipse et une conversation générale s'engage en sourdine au cours de laquelle certains invités s'endorment béatement. Lorsqu'il y a des Européens, on les gratifie de champagne et de cigares de marque.

Vers trois ou quatre heures, suivant la saison, si telle
est sa fantaisie, le maître fait seller son cheval et, accompagné de quelques cavaliers armés, va faire un tour dans
ses champs, ou rendre visite à un ami au douar du voisinage.

A la tombée de la nuit, il revient; ses intimes l'attendent et l'entourent. Nouvelle installation gastronö-
mique; l'eau grésille dans le « medjmar » et on prend le
thé en grignotant des sucreries disposées en piles sur
de petites assiettes. Ce sont les gâteaux à la pâte
d'amandes appelés « chevilles » ou « cornes de gazelles »
(ka'blerzal ou krounerzal); des macarons (roreyba), des
beignets au miel (cheba ou encore sfendj). L'après-
midi se termine ainsi en causeries où histoires qui ont
trait à un fait d'armes, mais plus souvent à quelque
aventure amoureuse ou grotesque. On parle des absents,
on remémore les « harka » fameuses; dans la conversation, passent les noms estropiés de commandants
ou de capitaines qui les ont menés au « baroud (1) »;
alors les yeux s'illuminent, la physionomie devient ter-
riblement expressive, la voix s'enfle, les gestes se multiplient, on sent la poudre, le récit se précipite ainsi
qu'une charge, on vit le combat. Le coupeur de routes
qu'est tout Marocain se réveille à l'évocation des raz-
zia, des coups de main, des surprises, du pillage.

Quand le vent n'est pas à la guerre, quelle joie d'arran-
ger quelque bonne partie, ou un prochain voyage à la
ville, une fête à venir, un mouçem; mille riens excitent
les imaginations, étonnent les esprits, dérident les fronts

---

(1) « Baroud » littéralement veut dire « froid »; les Arabes l'emploient par crainte superstitieuse pour désigner le feu, la poudre, le
combat. On ne doit jamais prononcer au Maghreb un mot qui porte
malheur ou parler explicitement de guerre. Il en est de même pour
certaines couleurs, le noir par exemple qui est néfaste. Ainsi pour
demander du charbon on dira : je veux du blanc.

soucieux. En somme; la vie du riche Cherràdi, comme celle de tous les Arabes et Berbères auxquels la fortune a souri, se passe en repas, conversations et projets.

Le soir arrive. Vers huit heures le souper a lieu avec les mêmes règles et la même composition : poulets, viande de mouton ou de bœuf, par hasard un ragoût aux navets et aux haricots.

Pour clore les festins, le couscouss est servi dans un plat très creux, où la semoule s'étage en haute pyramide; les gourmets l'arrosent quelquefois de lait additionné d'eau. Au fond, sont rangés des pigeons rôtis, des morceaux de viande bouillie, des légumes, pastèques, etc.; c'est inélégant de les placer en couronne au sommet du monticule. Chacun y enfonce trois doigts, fait sauter le couscouss dans le creux de la main par un mouvement spécial, jusqu'à ce qu'il forme une boule parfaite, et l'avale d'un coup.

L'appétit est satisfait, mais les convives creusent cependant un tunnel devant eux, puisant tour à tour la semoule chaude, la viande et les légumes avec laquelle ils les mélangent. Souvent, succède au plat national soit une salade fraîche, cueillie au jardin, soit un compotier d'oranges coupées en tranches qui trempent dans une sauce sucrée ou au vinaigre, parfumée à la fleur d'oranger. On se relave les mains pour boire encore le thé.

La journée est finie. Le maître se retire définitivement, et chacun somnole, heureux et satisfait, puis rentre chez lui très tard. Le lendemain, les mêmes heures, employées de la même façon, perpétuent les mêmes habitudes. Aussi les autochtones déclarent-ils que le progrès et le changement sont les ennemis du calme qui donne le bonheur. Ont-ils tort à leur point de vue?

Les jours suivants, ce sont d'autres amis, d'autres

hôtes, mais les mêmes conversations, car en Islam tout est encore immuable.

***

2° La vie indigène chez le pauvre.

Le Cherrâdi pauvre parvient à subsister sans difficulté, grâce à son peu de besoins, aux nombreuses terres de labour qui sont exploitées chaque année sur la presque totalité de la région, ainsi qu'aux multiples jardins maghzen et privés qui, bordant l'oued Rhodom, permettent aux gens de cette classe déshéritée de s'employer comme khemmas.

D'autre part, la répartition des terres guich, à laquelle le caïd procède chaque année et par tribu, avant les labours, facilite à la majorité une existence modeste sur la parcelle dont chacun a l'usufruit. Le Cherrâdi est essentiellement cultivateur, et le travail agricole est sa seule occupation; les Européens trouveront donc de la main-d'œuvre avec assez de facilité, du moins il en était ainsi en 1916.

On rencontre partout du bétail, bien que ce bled ne soit pas surtout un territoire d'élevage, car les magnifiques pâturages sont situés tout autour des Cherarda. Il est pour l'indigène une source de revenus directs et indirects par la vente du beurre, du lait, des toisons, etc.

Il faut que l'habitant soit tout à fait pauvre pour ne pas avoir un jardinet, si petit soit-il, lui permettant de vivre, de semer un peu de maïs, et d'élever deux ou trois moutons qui paissent au hasard. Se contentant de presque rien, végétant plus que modestement, travailleur honnête et inoffensif, il trouve, lorsqu'il le veut, de quoi se suffire. N'aurait-il que sa bêche et ses bras,

il arrive toujours à gagner les quelques sous nécessaires pour assurer son existence et celle de sa famille,
qui s'occupe de son côté.

Quand vient le soir, tout le monde rentre au douar,
dans la modeste nouala, et se groupe autour de l'humble
théière et du « khoulsa » de maïs, que la femme a préparé. Un peu d'huile, une sorte de feuilleté composé avec
de la semoule assaisonnée de vieux beurre, quelquefois
un plat de couscouss, constituent le repas.

En hiver, ce sont les beignets, pâte de farine de blé
cuite dans l'huile, et les olives que le Cherrâdi mange
soit vertes, soit conservées; parfois, un morceau de
viande améliore son ordinaire, mais c'est une exception.
Vivant ainsi sans désirs, fataliste, dénué d'ambition, il
est heureux et content du sort que Dieu lui a fixé.

A) *Habillement.* — 1° *Chez le riche :* a) *l'homme.*

Nous ne retrouvons plus dans cette tribu les nombreuses tonalités chatoyantes, qui caractérisent le costume
des cavaliers Zaer et Zemmour. Rien dans l'ensemble ne
se rapproche de la gamme si curieuse de couleurs,
rouge, violet, vert, jaune, assemblées avec une surprenante originalité. Au bled Cherrâdi, tout est l'op-
posé de la polychromie. Le riche revêt un cafetan de
drap clair posé sur le « tchamir » de soie blanche,
sorte de chemise à manches amples, fendue en haut et
sur le devant, que ferme une rangée de petits boutons
sphériques, faits de cordonnet de soie enroulée autour
d'une forme en bois. Il adopte aussi la djellaba, de drap
ou de laine, ou les deux à la fois, souvent par-dessus le
« farajiia », espèce de fourreau blanc qui sert de transparent au cafetan dont il atténue la teinte. On le voit

30

dans certaines occasions porter la « bdayia », gilet de drap se fermant comme le cafetan.

La taille est prise au-dessus du farajiia par une ceinture de cuir recouverte de soie, dissimulée sous la djellaba, burnous de laine ou de drap à manches très courtes qui distingue d'ordinaire les montagnards. La tête est entourée du « rezza » ou « amama », pièce d'étoffe en toile blanche, d'une longueur variant entre cinq et dix mètres, formant des plis superposés à plat autour du crâne. Quelques indigènes, les jours de fêtes, — c'est l'infime minorité, — se coiffent du « tarbouch » de drap rouge, dont la partie supérieure se termine en une pointe que garnit le « choucha », gland noir en soie. Dans ce cas, cette chechia ne comporte pas de rezza; seuls, les caïds et chefs de tribus portent à la fois le tarbouch enroulé du rezza.

On nomme la chaussure « belgha »; c'est une sandale marocaine en cuir jaune doublée de drap ou de cuir blanc très souple.

Comme accessoires du costume : le « chkara », sac rectangulaire en cuir suspendu à la « hmala », ou « medjout », cordon tressé coupant la poitrine de droite à gauche. Ces sacs, fabriqués à Marrakech, sont le plus souvent jaunes, blancs, gris ou rouges, brodés de dessins géométriques en cordonnet de soie. Les guerriers portent aussi le poignard recourbé, en bandoulière.

Les « tolba » et « foulta » (étudiants et secrétaires) adoptent le « dalil », petite pochette de cuir renfermant habituellement le livre de prières ou encore un recueil de « çourates » du Coran (versets du Livre saint), avec ce qu'il faut pour écrire.

b) *La femme.*

Chez la Cherardiya, la chemise (tchamir) correspond exactement à celle que revêt l'homme. Elle est taillée

dans une étoffe de fil ou de soie appelée « merzaya »,
recouverte du même cafetan de drap vert ou rouge.
Le farajiia que le Cherràdi place par-dessus le cafetan,
en fonction de transparent, est remplacé par la « mençouriya » de soie blanche ou de couleur tendre.

Enfin, en guise de troisième vêtement, la femme
adopte l' « izar », pièce d'étoffe en soie ample et longue,
dont elle s'enveloppe le corps en la maintenant par
deux agrafes. L'izar correspond au « haïk » de l'homme,
qui fait l'objet d'une description au paragraphe suivant.

Une ceinture de soie (hzam) prenant le tchamir,
le cafetan, la mençouriya et l'izar, serre la taille et est
fermée par une boucle de cuivre ou d'argent.

La coiffure, le « sebniya », se compose d'un grand
foulard de soie, à teintes claires : rose ou bleu, quelquefois maïs, rarement violet ou noir, couleurs réservées
aux Juifs. Cet ornement, en général de provenance
lyonnaise, est à franges de soie; le front et la partie
supérieure de la tête sont pris dans ses plis qui serrent
les tempes, laissant les oreilles dégagées. En dessous,
les cheveux sont tressés et retenus par un filet, de telle
façon que les franges se réunissant au sommet de la
coiffure, et tombant de chaque côté, encadrent ainsi de
façon originale le visage, quelquefois surmonté d'un
diadème (ayacha) composé de pièces de monnaie d'argent, percées et reliées entre elles par un ruban.

La Cherardiya chausse les « cherbil », sandales en
peau de chèvre tannée, teinte en rouge, vert ou jaune,
et brodées de dessins de soie; elles ont le même aspect
que les « belgha » des hommes, avec cette différence
que la partie encerclant le cou-de-pied se termine
en pointe ornée d'un pompon de couleur, au lieu
d'épouser la forme masculine courbe. Les bijoux dont

elle se pare sont ceux portés, dans tout le Maroc, par les femmes indigènes : bracelets (debalej) en argent aux bras, et bracelets (khelkhal) aussi en argent ou en or, qui ornent le bas des chevilles. Au cou, des colliers en pesetas (medejja); aux oreilles, de grands anneaux d'argent ou d'or, parfois sertis d'une pierre. Ces boucles s'appellent « mefatel ».

2° *Chez le pauvre* : a) *l'homme.*

La classe déshéritée s'habille d'une façon très sommaire. Heureux celui qui peut encore porter le tchamir, non plus de soie, mais de fil. Pas de cafetan, pas de farajiia, pas de burnous, mais seulement le haïk en tissu de laine très ample, d'une longueur variant entre 5 et 7 mètres sur une largeur de 2 mètres, avec lequel l'indigène s'enroule de telle façon que, passé jusque sur la tête, il ne laisse rien apercevoir du corps que le visage, les mains et le bas des jambes.

Par-dessus le tchamir de fil, souvent il a une djellaba de laine grossière et rude. Dans ce cas, il s'enveloppe ensuite du haïk, le tout attaché par une corde tressée en doum.

Comme belgha (sandales), le pauvre porte la « naala », simple semelle de cuir en peau de bœuf, maintenue au pied par des cordelettes (cherit tressé), prenant la cheville. Il se coiffe du 'rezza, mais réduit au strict minimum, dont il s'entoure simplement la tête.

b) *La femme.*

Comme chez l'homme, le costume de la Cherardiya est réduit; en outre, elle ne se chausse pas, le pied reste nu; dans les grandes circonstances, elle sort avec des « cherbil » de peau de couleur rouge sans aucune broderie.

B) *Les tatouages.* — Les Cherarda n'ont pas de tatouages comme les Chleuh, les Doukkala et les Chaouïa ; quelques-uns, cependant, se font dessiner autour du cou des motifs en forme de chaînes et autour des poignets des dessins simulant des bracelets. Enfin, mais c'est l'infime minorité, certains d'entre eux portent un ornement sur l'avant-bras (feuilles de palmier ou palmier entier). Les femmes ne sont pas tatouées.

C) *L'habitat.* — Chez les Cherarda, on ne trouve plus les immenses tentes à deux pans très allongés, constituées par des bandes noires de « flidj », qu'on rencontre aux Beni-Ahsen, Zaer et Zemmour. Ici, c'est la maison ou « nouala » qu'ils habitent.

Avant d'en aborder la description intérieure, voyons de quelle façon elle s'édifie et les matériaux en usage général pour sa construction.

La pierre étant longue et difficile à extraire ainsi qu'à transporter, l'indigène emploie la brique composée de terre glaise et de paille amalgamées en menus morceaux ; celle qu'on retire de l'aire après le travail du battage des grains, piétinés par les animaux, convient mieux à cet emploi. On gâche le tout à l'eau, et ce mélange constitue une pâte épaisse très malléable.

Pour obtenir cette brique (mokdar), l'ouvrier presse la glaise ainsi préparée dans une forme en bois ayant comme dimensions 0 m. 40 de long sur 0 m. 20 de large et 0 m. 10 d'épaisseur ; ce moule est placé sur une planche qui lui sert de fond mobile. Lorsque la terre, après avoir été bien tassée, ne laisse plus aucun vide, l'opérateur la retire en soulevant le cadre, la brique se détache d'elle-même, et tombe à plat ; il ne reste plus qu'à l'emporter au soleil chargé de la cuire. Leur prix moyen varie entre 2 et 3 douros hassani le mille ;

pour une maison ordinaire, il en faut environ 4 000.

Lorsqu'il monte son édifice, le Cherrâdi emploie comme mortier de la terre gâchée dans l'eau (ghaïss), sorte de boue assez épaisse qui remplace la chaux.

Le plan de la construction est rectangulaire ; les fondations, creusées à environ 40 centimètres, sont ensuite comblées à l'aide des matériaux ci-dessus dont on assure le scellement par du ghaïss. Les murs se montent à joints entre-croisés ainsi que nous le faisons en Europe, et forment en séchant un seul bloc.

On élève d'abord les grandes murailles du rectangle, qui constitueront l'enceinte même de la demeure, et les gros murs de façade des différents corps de bâtiments construits à l'intérieur. Puis, on place la porte à deux vantaux au milieu d'un des côtés ; elle s'ouvrira intérieurement sous un porche assez vaste, où les serviteurs ont coutume de s'abriter pendant la nuit.

Enfin, à l'intérieur de ce parallélogramme, et d'habitude à 3 mètres de distance, l'entrepreneur commence la maison. Elle comprend, selon la « kaïda » (1), deux parties symétriques se faisant face, séparées par une cour intérieure. Les différentes pièces sont de dimensions très variables ; d'habitude, chaque corps de l'édifice en comporte trois : deux petites sur les côtés et une plus vaste au milieu. Dans le premier, se trouve la salle des hôtes qui sert de salle à manger et pièce centrale, ayant à sa droite et à sa gauche la chambre du maître et celle de son fils aîné, ou de ses parents. Le second contient le harem constitué par la grande pièce semblable à la première, un magasin (dépôt d'orge et d'objets divers : tentes, ustensiles, etc.), enfin, la cuisine. Quelquefois, ce second corps de bâtiment

_____

(1) Kaïda veut dire coutume dans le sens d'ancienne tradition.

n'existe pas. Dans ce cas, le Cherrâdi construit à la place
une écurie (tchrouriba), simple toit à une seule pente,
recouvert de broumi (grosse paille sèche provenant des
chaumes de blé). La partie la plus élevée s'adosse au faîte
du mur: l'autre est soutenue par des piliers construits
en briques, ou des troncs de figuiers.

Un peu avant le faîte, il est d'usage de pratiquer
dans le sens horizontal des excavations de 20 en 20 centimètres d'axe à axe. Elles sont destinées à servir de
logement aux extrémités des tiges d'aloès séchées (çabra),
disposées perpendiculairement aux murs et qui vont
constituer les poutrelles de soutènement des terrasses
établies comme suit : le fond est formé de roseaux secs
placés l'un à côté de l'autre et attachés par du doum;
comme seconde couche, on superpose un gâchis de
chaux et de petits cailloux mélangés, qu'on frappe au
battoir, et ainsi de suite jusqu'à ce que la terrasse soit
terminée. On obtient alors une surface unie et assez
épaisse.

Cette opération accomplie on recouvre l'ensemble de
cendres de bois mouillées, qui ont la propriété de durcir
l'enduit. Le tout est ensuite blanchi au lait de chaux
(harirat-ej-jîr), dans le but d'assurer l'étanchéité; cette
façon se répète chaque année, avant la saison des pluies.
Pour empêcher les eaux de s'écouler le long des murs,
et d'entamer les fondations, l'architecte place une ou
plusieurs gargouilles, constituées le plus souvent par
une feuille d'aloès en forme de gouttière.

Les pièces s'ouvrent toujours à l'intérieur et sont
protégées par des grilles en fer forgé. L'accès des
grandes, situées au milieu, a lieu par une porte haute et
étroite à deux battants, donnant sur la façade intérieure.
De chaque côté, à un ou deux décimètres du sol, se trouvent de minuscules fenêtres d'une hauteur variant entre

0 m. 50 et 0 m. 80 et d'une largeur de 0 m. 30 à 0 m. 50. Les petites pièces n'en comportent ordinairement pas; seule une porte à un vantail est ménagée pour le service.

Le dallage est primitif et consiste en un simple battage de la terre arrosée d'eau. Pour donner plus de corps à cette couche, elle est recouverte de cendre mouillée et pressée. Cette simplicité contraste avec le luxe des riches maisons de Fez ou de Marrakech dont les lambris et le sol sont revêtus de véritables mosaïques d'art.

Au-dessus d'un des corps de bâtiments, dans un des angles choisis par le maître, il arrive qu'on édifie aussi une « missaria », petite pièce carrée d'une hauteur variant entre 2 et 3 mètres, surplombant l'édifice, et à laquelle on parvient par un escalier dérobé; de mauvaises langues, il y en a partout, affirment qu'elle sert de garçonnière.

Il arrive que le maître construise un premier étage, comprenant un hall servant de salle à manger et de salle de réception; dans ce cas, la pièce du bas est réservée à l'habitation des femmes.

En ce qui concerne l'ameublement, la maison ne comporte rien de particulier; c'est pour nous l'inconfortable habituel de la civilisation arabe : des matelas disposés au pied des murs, venant déborder sur les nattes ou les tapis, et laissant un espace libre au milieu. Au mur, des collections de pendules allemandes. Dans la chambre du Sultan, que Sa Majesté a daigné nous faire visiter, nous en avons compté onze marquant et sonnant toutes une heure différente.

D) *La nourriture*. — Chez le riche, la base de la nourriture est constituée par le blé dur avec lequel il fait son pain et le « taam » (couscouss). Nous avons donné la composition du repas au paragraphe concernant la vie indigène; nous en reparlerons seulement pour indiquer quelques détails :

Le couscouss, qui se mange d'habitude le soir, est préparé à la semoule, comme partout ailleurs au Maroc, et le plus souvent servi avec une garniture de viande et légumes du jour. Il se fait au beurre, et quelquefois au lait ou comme entremets sucré.

Les tonadjen (1) (au singulier tadjin) peuvent être divisés en deux catégories principales :

1° Le tadjin de poulet; 2° les tonadjen de viande de bœuf ou de mouton.

Comme entrée, ce plat ne comprend pas d'accessoires, si les poulets sont rôtis ou même farcis. Dans ce cas on les présente tels quels, baignés dans une longue sauce safranée, parfois sur un lit d'omelettes; mais s'ils sont bouillis, on ajoute des légumes de saison. Pour les autres, préparés avec des viandes de bœuf ou de mouton, ils comportent toujours le même entourage, comme accompagnement.

Quand le bétail est maigre, le Cherrâdi mange des lièvres, lapins, perdreaux et cailles. Il chasse en été, surtout à l'affût, près des sources, des oueds et se sert très peu du fusil, mais prend le plus souvent le gibier au moyen de pièges, de lacets ou de matraques lancées avec adresse.

Le riz, dont il aime bourrer les poulets, est un mets fort apprécié; il consomme aussi des lentilles, des pois chiches, des choux bouillis ou farcis, qui servent à corser les tonadjen.

(1) « Tadjin » est exactement le vase de terre où cuit le ragoût. Par extension on donne ce nom générique aux mets non rôtis, en général cuits lentement dans un jus épais avec addition de sauce (merga).

Les pâtes, nouilles et macaroni (chaariya) font partie de l'alimentation et se complètent par le « mehamaa », semoule à gros grains cuite à la vapeur et mélangée au lait, et l' « açida », sorte de froment moulu aux mortiers à main par les femmes.

La coutume populaire, qui s'est un peu perdue au Maroc, mettait chacun dans l'obligation de goûter chaque année, dans la première nuit du mois d'imaïr (janvier), de l'açida.

Voici comment on procédait :

Après avoir puisé dans la guessa commune et s'être rassasiés, les convives prenaient dans le creux de la main une logma de semoule (bouchée, ou plus vraisemblablement boule) et allaient l'exposer durant toute la nuit sur une surface bien plane, aspectant les étoiles.

Le lendemain, avec le « fedjer » (aurore), chacun venait consulter sa logma.

Celui qui rencontrait un cheveu ou un poil assez épais concluait à l'acquisition d'un cheval, un mulet, un bœuf, une vache. Tel autre qui trouvait un poil blanc (laine de mouton, etc.), disait : « Cette année, j'aurai des moutons. » Un brin de paille ou un grain de blé signifiait une bonne récolte. Un objet noir : un esclave. Quelque chose de blanc : « Je gagnerai beaucoup d'argent. » Et tous de courir, montrant leur logma et criant à l'envi leur bonheur.

Comme fruits, le Cherrâdi mange des figues (bakou), oranges (tchin), grenades (roummau), figues de Barbarie (kermous el hend) des jardins de Sidi-Kacem. Il trouve en outre, sur les marchés, les pommes et les prunes (berkouk, teffah) de Meknès et de Moulay Idriss, les abricots (mechmach), les raisins frais (zebib) et les figues sèches de djebel.

Chez le pauvre, au lieu de blé, qu'il n'a pas toujours, il emploie le « dra » (maïs), dont il fait son pain et son couscouss. La boisson consiste en « leben », petit lait, qui reste après la confection du beurre ; ce dernier, qui coûte très cher, n'est guère employé par lui dans la préparation des rares tonadjen qu'il peut s'offrir ; c'est l'huile qui est la base de sa nourriture. Il mange rarement de la viande, en moyenne une fois par semaine, au jour du souk, et encore, est-ce des déchets qu'il trouve à bon compte sur les marchés.

Au printemps, l'usage est de se mettre au vert en ingurgitant des fèves (expression arabe : « ikheder belfoul », se reverdir).

14. Pèlerinages.

Ils sont de deux sortes : intérieurs à la tribu et extérieurs.

1° *Intérieurs.* — On peut classer comme lieux de pèlerinage où se rendent les Cherarda sur leur territoire, Sidi-Kacem et Sidi Hmeida ben Lahsen, donnant lieu à des réjouissances en l'honneur des deux saints, dans les dépendances immédiates de l'endroit où s'élèvent leur tombeau et leur koubba.

De ces mouçem (fêtes qui accompagnent les pèlerinages), celui de Sidi-Kacem est de beaucoup le plus important ; il a lieu aux premiers jours des récoltes d'orge, vers le mois de mai, et dure un jour et deux nuits.

De Fez, de Meknès, de Rabat, des Beni-Ahsen, des Zerahen, nombreux sont ceux qui viennent y assister et prier, ou demander des grâces qui, paraît-il, sont exaucées.

2° *Extérieurs.* — Les pèlerinages que fréquentent les Cherarda, en dehors de chez eux, sont :

1° Celui de Moulay Bouchta aux Cherarga ;

2° Celui de Moulay Bousselham ;

3° Enfin le mouçem de Moulay Idriss au Zerhoum, en plein mois de mai, est magnifique ; il précède immédiatement celui de Sidi-Kacem.

A) *Fêtes religieuses*. — Les fêtes religieuses sont celles suivies dans tout le Maroc et consacrées par l'Islam ; les mêmes pratiques s'y rattachent.

B) *Congrégations religieuses*. — Les congrégations musulmanes (taifa) subsistent très nombreuses. Il en existe quatre principales dans la tribu des Cherarda. Chacune d'elles se rattache à des zaouïa et ne présente aucune particularité intéressante.

***

En résumé, si nous tenons compte des conditions satisfaisantes et rapides dans lesquelles évolue le Maroc, nous sommes portés à reconnaître que le bled Cherrâdi représente une tour d'observation, permettant de regarder, en suivant son développement, une des plus riches contrées du Protectorat.

Celui qui se ménagera sans retard des intérêts, ou constituera un centre d'études et de prospection vers Sidi-Kacem, sera mieux placé que tout autre pour prendre sa part légitime, en temps opportun, à la prospérité évidente et prochaine qui découlera pour cette région privilégiée du percement des routes, de l'aménagement du fleuve et de ses ports, ainsi que de l'établissement de la voie ferrée définitive. Cette dernière placera la nouvelle agglomération et son entourage à quelques heures de Fez, à 85 kilomètres de Kenitra, l'un des deux ports du Gharb, et à 220 kilomètres de Casablanca.

CHAPITRE X

CONCLUSION

Au Maroc, plus que partout ailleurs, il ne suffit pas d'avoir des idées et de les remuer au hasard ; il faut les réaliser avec méthode et esprit de suite, sans défaillances ni dispersion.

L'imagination, qui est une de nos facultés maîtresses, renferme en elle, lorsqu'on sait la discipliner, le principe même, — mais seulement le principe, — de l'action et du progrès. Pourquoi voyons-nous donc de si nombreuses tentatives rester stériles ?

Tout simplement parce que nous avons trop vécu du moindre effort sous forme d'abstractions, et du mirage des mots, entraînés sans souci du lendemain par des orateurs irresponsables, auxquels nous avons eu tort de pardonner en raison de leur éloquence.

Nous traversons une époque de pesées politiques, d'impondérables, d'accommodements, de transactions, de capitulations sur tout et pour tout.

Comme disait Fléchier en parlant de la société du dix-septième siècle : « Le monde ne subsiste plus que par des complaisances mutuelles ; il semble que le mensonge soit répandu sur tous les hommes ; on n'a plus ni le courage de dire la vérité, ni la force de l'écouter (1). »

L'esprit analytique et critique, employé sans discer-

(1) Oraison funèbre du duc de Montausier (1690).

nement, poussé à l'exagération, nous a permis de tout
dissocier, de démolir les principes, la moralité, le dévouement, la volonté persévérante et non flexible, le caractère, le courage de la responsabilité, ensemble constituant
la puissance en même temps que la dignité d'une nation,
en un mot les « Énergies françaises ». Il serait indispensable de revenir à une conception plus saine, dont les réalisations soient plus précises, pour persévérer dans notre
magnifique effort, en vue de rendre notre union efficace.

Nous paraissons oublier que le succès de notre politique marocaine est lié au développement de notre force
réelle. Pour l'employer, on a besoin d'une autorité que
nous réclamons chaque jour et dont nous avons peur
de ne pas avoir assez peur dès qu'elle se présente. Sans
elle, aucune réforme durable ne peut être entreprise ;
son principe, avili aux mains de ceux qui en étaient
dépositaires, n'a aucune chance de porter des fruits sans
qu'un homme l'exerce, autrement, la France flottera
à la merci de l'imprévu, comme elle l'a fait jusqu'au
jour de son terrible réveil, dans la tempête, sans avoir
rien organisé pour la conjurer. Il a fallu en 1914 son
génie et son miraculeux courage, dans un concours
de circonstances, pour barrer, à la Marne, la route de
la capitale vers laquelle l'ennemi se précipitait.

Or, ce qui est vrai de la métropole l'est aussi pour le
Protectorat, avec cette différence que M. le général
Lyautey, plus heureux que nos gouvernants, a retrouvé
cette autorité intacte sous les décombres de l'empire
chérifien et l'a exhumée de ses ruines, pour lui rendre
toute sa féconde puissance.

Grâce aux facultés saines qui font les actions fortes,
il a tué, au Maroc, le régime fondé chez nous sur la
phraséologie psychologique, concrète ou détaillée,
des idées toutes faites, des individus, des races ; il

a prouvé sans réplique qu'elle avait fait son temps.

Par sa volonté inflexible et sa moralité, il a, d'un « geste de guerre », mis bas les systèmes qui ne vivent que de transformations et finissent par dégénérer en oligarchie.

Dans notre belle France, au contraire, nous subissons l'emprise d'une force qui végète seulement par des concessions quotidiennes, inévitable destinée d'un système de pouvoirs balancés, qui neutralise le mérite dès qu'il se présente et froisse les intérêts des activités supérieures au niveau d'en bas.

Il est certain que de très honnêtes gens et quelques capacités incontestables ont pris part aux affaires de la métropole et des colonies ; ils ont sincèrement essayé de soutenir la République, d'éclairer la vraie démocratie. Nous aurions été heureux de saluer leur courage résolu à dominer la politique, pour résoudre, si possible, au-dessus d'elle, les questions de principe et coordonner, sans intérêt de parti, les puissances parlementaires, qui auraient pu devenir précieuses si elles avaient subi l'autorité d'un homme d'État. Ce manieur d'hommes, au lieu de se perdre en conciliations impossibles, aurait eu pour premier devoir, comme l'a fait le général Lyautey au Maroc, de se placer face à ses adversaires et de diriger ses amis, afin d'écarter les témérités ignorantes, inexpérimentées ou indignes, en mal de goûter au pouvoir. Le lui a-t-on permis ?

Nous avons vécu des heures sanglantes et caressons encore, malgré nous, des illusions qui ont pu altérer notre jugement. Souhaitons que la grande voix du Peuple, plein de bon sens individuel, enfin libéré de ses préjugés et servitudes, se fasse entendre en s'élevant contre les fictions décevantes et dangereuses qui en résultent. Pour y parvenir, il faut avant tout s'arracher à l'esclavage des formules oratoires qui jugulent l'esprit ; jamais les verrous d'une prison, si brillante soit-elle, ne doivent avoir la vertu d'anéantir le sentiment de la liberté.

Celle-ci, limitée par le respect d'autrui, conduite comme il convient, sans vertige ni excès, car tout progrès est inséparable d'un tumulte, suivi d'une directive d'ordre, apparaît en pleine efflorescence au Maroc. En outre si le Protectorat s'est développé de magnifique manière, avec une rapidité surprenante, cela tient à ce qu'une puissance d'action l'a organisé, au lieu de le faire servir à l'expérimentation douteuse d'une foule d'oiseaux migrateurs.

Les fonctionnaires stables ne s'y attardent point dans la routine, ils sont les soldats du travail. Pas d'emplois superflus dans leur collectivité, chacun y étant à sa place et faisant tourner un rouage de la machine, en connexion immédiate avec les autres, pour maintenir le contact entre les différents organismes et supprimer les cloisons étanches, dont quelques-unes subsistent encore. Le but du chef est, en effet, le développement rationnel du pays, d'après un plan découlant d'une méthode, car ce qui s'improvise ne laisse pas de racines et les discussions inutiles font perdre du temps.

Enfin, les colons évoluent au Maghreb en pleine activité sous la protection de la France glorieuse, et nulle part, chez l'indigène soumis et respectueux, on n'entend la plainte des vaincus ou des opprimés ; la dignité du Marocain est intacte et personne ne s'est immiscé avec maladresse dans ses coutumes.

Incontestablement, il reste de grands progrès à accomplir. Les législateurs de Sparte ne se sont point essayés à faire renaître l'âge d'or en un jour, et le temps matériel n'a pas permis une mise au point universelle, mais le coefficient d'utilisation a été calculé et notre devoir est d'en obtenir le profit par un impérialisme économique savant, sans craindre personne et avec une décision qui persévère. Notre France appelle demain une stabilisation et un accroissement de puissance, ayant pour objet une juste prévision de l'avenir, afin de devancer les événements et d'y parer dans la mesure nécessaire. Nos colonies doivent y aider.

Le Résident général nous a dit : « Venez au Maroc. » Comme il nous donne la certitude lorsqu'il parle, qu'on sent en l'écoutant l'inconcevabilité du contraire, rendons-nous à ses arguments. « *Audentes fortuna juvat.* »

Sa méthode est expérimentale. Il a prouvé sa science d'organisation. Nous devons donc le croire pour avoir recours, sitôt arrivés là-bas, à notre valeur personnelle, doublée de nos qualités actives, anciennes et nouvelles, qui feront de nous les Grands Colonisateurs de l'Avenir.

La vie réside dans l'effort de l'humanité ; ce ne sont pas les contemplatifs ou les idéologues qui relèvent la fortune des Nations, mais ceux qui ont la force, la santé physique et morale, l'ambition, l'esprit de sacrifice et l'amour de la Patrie.

ANNEXES

Que le nom de Dieu unique soit loüé.

Traité de paix et d'amitié conclu (le dernier jour de la lune
Hagat-el-Haram, dernier mois de l'an 1180 qui est le 28 du mois
de mai de l'an 1767 de l'ère chrétienne), entre le très puissant
empereur de France Louis quinzième de son nom, et le pieux
Sidi-Muley-Mouhamed, fils de Sidi-Muley-Abdallah, fils de Sidi-
Muley-Ismaël, de glorieuse mémoire, empereur du Maroc,
Fez, Miquenéz, Sus, Tafilet et autres lieux, par l'entremise de
S. Exc. M. le comte de Breugnon, ambassadeur muni de pleins
pouvoirs de son empereur aux conditions ci-après.

ARTICLE PREMIER. Le présent traité a pour base et fondement
celuy qui fut fait et conclu entre Louis XIV, empereur de
France, de glorieuse mémoire, et très-haut et très-puissant
empereur Sidy-Ismaël que Dieu ait béni.

ART. 2. Les sujets respectifs des deux empires pourront
voyager, trafiquer et naviguer en toute assurance et partout où
bon leur semblera par terre et par mer, dans la domination des
deux empires, sans craindre d'être molestés ni empêchés sous
quelque prétexte que ce soit.

ART. 3. Quand les armements de l'empereur de Maroc rencontreront en mer des navires marchands portant pavillon de
l'empereur de France et ayant passeports de l'amiral dans la
forme transcrite au bas du présent traité, ils ne pourront les
arrêter ni les visiter ni prétendre absolument autre chose que
de présenter leurs passeports, et, ayant besoin l'un de l'autre,
ils se rendront réciproquement des bons offices; et quand
les vaisseaux de l'empereur de France rencontreront ceux de
l'empereur du Maroc, ils en useront de même, et ils n'exigeront

autre chose que le certificat du consul françois établi dans les
États dudit empereur dans la forme transcrite au bas du présent traité. Il ne sera exigé aucun passeport des vaisseaux de
guerre françois, grands ou petits, attendu qu'ils ne sont pas en
usage d'en porter ; et il sera pris des mesures dans l'espace de
six mois pour donner aux petits bâtiments, qui sont au service
du roi, des signes de reconnaissance dont il sera remis des
copies par le consul aux corsaires de l'empereur de Maroc, il a
été convenu de plus que l'on se conformera à ce qui se pratique,
avec les corsaires de la régence d'Alger, à l'égard de la cha-
loupe que les gens de mer sont en usage d'envoyer pour se
reconnoître.

Art. 4. Si les vaisseaux de l'empereur de Maroc entrent dans
quelque port de la domination de l'empereur de France, ou si
respectivement les vaisseaux françois entrent dans quelqu'un
des ports de l'empereur de Maroc, ils ne seront empêchés ni les
uns ni les autres de prendre à leur bord toutes les provisions
de bouche dont ils peuvent avoir besoin et il en sera de même
pour tous les agrès et autres choses nécessaires à l'avituaille-
ment de leurs vaisseaux, en le payant au prix courant, sans
autre prétention ; ils recevront d'ailleurs tous les bons traitements qu'exigent l'amitié et la bonne correspondance.

Art. 5. Les deux nations respectives pourront librement
entrer et sortir, à leur gré, et en tout temps, des ports de la
domination des deux empires et y trafiquer avec toute assurance, et si, par hasard, il arrivoit que leurs marchands ne
vendissent qu'une partie de leurs marchandises et qu'ils
voulussent remporter le restant, ils ne seront soumis à aucun droit pour la sortie des effets invendus ; les marchands
françois pourront vendre et acheter dans toute l'étendue de
l'empire de Maroc, comme ceux des autres nations, sans payer
aucun droit de plus ; et si jamais il arrivoit que l'empereur de
Maroc vînt à favoriser quelques autres nations, sur les droits
d'entrée et de sortie, dès lors les François jouiront du même
privilège.

Art. 6. Si la paix qui est entre l'empereur de France et les
régences d'Alger, Tunis et Tripoly et autres venoit à se rompre,
et qu'il arrivât qu'un navire françois, poursuivi par son ennemi,
vînt à se réfugier dans les ports de l'empereur de Maroc, les
gouverneurs desdits ports sont tenus de la garantir et de faire
éloigner l'ennemi, ou bien de le retenir dans le port un temps

suffisant pour que le vaisseau poursuivi puisse luy-même s'éloigner, ainsi que cela est généralement usité; de plus, les vaisseaux de l'empereur de Maroc ne pourront croiser sur les côtes de France qu'à trente milles loin des côtes.

Art. 7. Si un bâtiment ennemi de la France venoit à entrer dans quelque port de la domination du roy de Maroc, et qu'il se trouve des prisonniers françois qui soient mis à terre, ils seront dès l'instant libres et ôtés du pouvoir de l'ennemi; il en sera usé de même si quelque vaisseau ennemi de l'empereur de Maroc entre dans quelque port de France et qu'il mette à terre des sujets dudit empereur. Si les ennemis de la France, quels qu'ils soient, entrent avec des prises françoises dans les ports de l'empereur de Maroc, ou qu'alternativement les ennemis de l'empire de Maroc entrent avec des prises dans quelque port de France, les uns et les autres ne pourront vendre leurs prises dans les deux empires, et les passagers, fussent-ils même ennemis, qui se trouveront réciproquement embarqués sur les pavillons des deux empires, seront de part et d'autre respectés, et on ne pourra, sous aucun prétexte, toucher à leurs personnes et à leurs biens, et si, par hasard, il se trouvoit des François passagers sur les prises faites par les vaisseaux de l'empereur de Maroc, ces François, eux et leurs biens seront aussitôt mis en liberté, et il en sera de même des sujets de l'empereur de Maroc, quand ils se trouveront passagers sur des vaisseaux pris par les François; mais si les uns ou les autres étaient matelots, ils ne jouiront plus de ce privilège.

Art. 8. Les vaisseaux marchands françois ne seront point contraints de charger dans leur bord, contre leur gré, ce qu'ils ne voudront pas, ni d'entreprendre aucun voyage forcément et contre leur volonté.

Art. 9. En cas de rupture entre l'empereur de France et les régences d'Alger, Tunis et Tripoly, l'empereur de Maroc ne donnera aucune aide ni assistance auxdites régences en aucune façon, et il ne permettra à aucun de ses sujets de sortir ni d'armer sous aucun pavillon desdites régences, pour courir sur les François, et si quelqu'un desdits sujets venait à y manquer, il sera puni et responsable dudit dommage. L'empereur de France de son côté en usera de même avec les ennemis de l'empereur de Maroc, il ne les aidera, ni ne permettra à aucun de ses sujets de les aider.

Art. 10. Les François ne seront tenus ni obligés de fournir aucune munition de guerre, poudre, canons ou autres choses généralement quelconques servant à l'usage de la guerre.

Art. 11. L'empereur de France peut établir, dans l'empire de Maroc, la quantité de consuls qu'il voudra, pour y représenter sa personne dans les ports dudit empire, y assister les négociations, les capitaines et les matelots en tout ce qu'ils pourront avoir besoin, entendre leurs différends et décider des cas qui pourront survenir entre eux, sans qu'aucun gouverneur des places où ils se trouveront puisse les empêcher. Lesdits consuls pourront avoir dans leurs maisons leurs églises pour y faire l'office divin, et si quelqu'une des autres nations chrétiennes vouloit y assister, on ne pourra y mettre obstacle ni empêchement; et il en sera usé de même à l'égard des sujets de l'empereur de Maroc, quand ils seront en France : ils pourront librement faire leurs prières dans leurs maisons. Ceux qui seront au service des consuls, secrétaire, interprète, courtiers ou autres, tant au service des consuls que des marchands, ne seront empêchés dans leurs fonctions et ceux du pays seront libres de toute imposition et charge personnelle; il ne sera perçu aucun droit sur les provisions que les consuls achèteront pour leur propre usage, et ils ne payeront aucun droit sur les provisions et autres effets à leur usage, qu'ils recevront d'Europe, de quelque espèce qu'ils soient; de plus les consuls françois auront le pas et préséance sur les consuls des autres nations, et leur maison sera respectée et jouira des mêmes immunités qui seront accordées aux autres.

Art. 12. S'il arrive un différend entre un Maure et un François, l'Empereur en décidera, ou bien celuy qui représente sa personne dans la ville où l'accident sera arrivé, sans que le cady ou le juge ordinaire puisse en prendre connaissance; et il en sera usé de même en France, s'il arrive un différend entre un François et un Maure.

Art. 13. Si un François frappe un Maure, il ne sera jugé qu'en la présence du consul qui défendra sa cause, et elle en sera décidée avec justice et impartialité; et au cas où le François vînt à s'échapper, le consul n'en sera point responsable; et si, par contre, un Maure frappe un François, il sera châtié suivant la justice et l'exigence du cas.

Art. 14. Si un François doit à un sujet de l'empereur de Maroc, le consul ne sera responsable du payement que dans le cas où il auroit donné son cautionnement par écrit : alors il sera contraint de payer; et, par la même raison, quand un Maure devra à un François, celuy-cy ne pourra point attaquer un autre Maure à moins qu'il ne fût caution du débiteur.

Si un François venait à mourir dans quelque place de l'empereur de Maroc, ses biens et effets seront à la disposition du consul qui pourra y faire mettre le scellé, faire l'inventaire et procéder enfin, à son gré, sans que la justice du pays ni le gouvernement puissent y mettre le moindre obstacle.

ART. 15. Si le mauvais temps ou la poursuite d'un ennemi forcent un vaisseau françois à échouer sur les costes de l'empereur de Maroc, tous les habitants des costes où le cas peut arriver, seront tenus de donner assistance pour remettre ledit navire en mer, si cela est possible; et si cela ne se peut, ils l'aideront à retirer les marchandises et effets du chargement dont le consul le plus voisin du lieu (ou son procureur) disposera, suivant leur usage; et l'on ne pourra exiger que le salaire des journaliers qui auront travaillé au sauvetage; de plus, il ne sera perçu aucun droit de douane, ou autre, sur les marchandises qui auront été déposées à terre, excepté celles que l'on aura vendues.

ART. 16. Les vaisseaux de guerre françois, entrant dans les ports et rades de l'empereur de Maroc, y seront reçus et salués avec les honneurs dus à leur pavillon, vu la paix qui règne entre les deux empires; et il ne sera perçu aucun droit sur les provisions ou autres choses que les commandants et officiers pourront acheter, pour leur usage ou pour le service de vaisseau, et il en sera usé de même envers les vaisseaux de l'empereur de Maroc, quand ils seront dans les ports de France.

ART. 17. A l'arrivée d'un vaisseau de l'empereur de France en quelque port ou rade de l'empire de Maroc, le consul du lieu en avisera le gouverneur de la place, pour prendre ses précautions et garder les esclaves pour qu'ils ne s'évadent pas dans ledit vaisseau, et au cas que quelque esclave vînt à y prendre asile, il ne pourra être fait aucune recherche à cause de l'immunité et des égards dus au pavillon; de plus le consul ni personne autre ne pourra être recherché à cet effet, et il en sera usé de même dans les ports de France, si quelque esclave venait à s'échapper et passer dans quelque vaisseau de guerre de l'empereur de Maroc.

ART. 18. Tous les articles qui pourraient avoir été omis, seront entendus et expliqués de la manière la plus favorable pour le bien et l'avantage réciproque des sujets des deux empires, et pour le maintien et la conservation de la paix et de la meilleure intelligence.

ART. 19. S'il venait à arriver quelque contravention aux articles et conditions sur lesquels la paix a été faite, cela ne causera aucune altération à ladite paix ; mais le cas sera mûrement examiné et la justice sera faite de part et d'autre, les sujets des deux empires qui n'y auront aucune part n'en seront point inquiétés, et il ne sera fait aucun acte d'hostilité, que dans le cas d'un déni formel de justice.

ART. 20. Si le présent traité de paix venoit à être rompu, tous les François qui se trouveroient dans l'étendue de l'empire de Maroc auront la permission de se retirer dans leur pays avec leurs biens et leurs familles, et ils auront pour cela le tems et le terme de six mois.

Ce traité est signé personnellement par le Roy de Maroc et affirmé de sa tape ou sceau privé.

L. S.

Le soussigné, ambassadeur de l'Europe de France et muni de ses pleins pouvoirs datés de Versailles du 23 mars dernier, déclare avoir terminé et conclu le présent traité de paix, d'amitié et de commerce entre l'empereur de France et l'empereur de Maroc, et à icelui fait apposer le sceau de ses armes.

Fait à Maroc, le 28 mai 1767.

Le comte DE BREUGNON.

CONVENTION DE MADRID DU 3 JUILLET 1880

Son Excellence le Président de la République française ; Sa Majesté l'Empereur d'Allemagne, roi de Prusse ; Sa Majesté l'Empereur d'Autriche ; Sa Majesté le Roi des Belges ; Sa Majesté le Roi de Danemark ; Sa Majesté le Roi d'Espagne ; Son Excellence le Président des États-Unis d'Amérique ; Sa Majesté la Reine du Royaume-Uni de Grande-Bretagne et d'Irlande ; Sa Majesté le Roi d'Italie ; Sa Majesté le Sultan du Maroc ; Sa Majesté le Roi des Pays-Bas ; Sa Majesté le Roi de Portugal et des Algaves ; Sa Majesté le Roi de Suède et de Norvège,

Ayant reconnu la nécessité d'établir sur des bases fixes et uniformes l'exercice du droit de protection au Maroc, et de régler certaines questions qui s'y rattachent, ont nommé pour leurs plénipotentiaires à la Conférence qui s'est ouverte à Madrid, savoir :

Son Excellence. . . . .

. . . .

Lesquels, en vertu de leurs pleins pouvoirs, reconnus en bonne et due forme, ont arrêté les dispositions suivantes :

ARTICLE PREMIER. Les conditions dans lesquelles la protection peut être accordée sont celles qui sont stipulées dans le traité britannique et espagnol avec le gouvernement marocain et dans la convention survenue entre ce gouvernement, la France et d'autres puissances, en 1863, sauf les modifications qui y sont apportées par la présente convention.

ART. 2. Les Représentants étrangers, chefs de mission, pourront choisir leurs interprètes et employés parmi les sujets marocains et autres.

Ces protégés ne seront soumis à aucun droit, impôt ou taxe quelconque, en dehors de ce qui est stipulé aux articles 12 et 13.

ART. 3. Les Consuls, Vice-Consuls ou Agents consulaires, chefs de poste qui résident dans les Etats du Sultan du Maroc, ne pourront choisir qu'un interprète, un soldat et deux domestiques parmi les sujets du Sultan, à moins qu'ils n'aient besoin d'un secrétaire indigène.

Ces protégés ne seront soumis non plus à aucun droit, impôt ou taxe quelconque, en dehors de ce qui est stipulé aux articles 12 et 13.

ART. 4. Si un Représentant nomme un sujet du Sultan à un poste d'Agent consulaire dans une ville de la côte, cet agent sera respecté et honoré, ainsi que sa famille habitant sous le même toit, laquelle, comme lui-même, ne sera soumise à aucun droit, impôt ou taxe quelconque, en dehors de ce qui est stipulé aux articles 12 et 13, mais il n'aura pas le droit de protéger d'autres sujets du Sultan, en dehors de sa famille.

Il pourra, toutefois, pour l'exercice de ses fonctions, avoir un soldat protégé.

Les Gérants des vice-consulats, sujets du Sultan, jouiront, pendant l'exercice de leurs fonctions, des mêmes droits que les Agents consulaires sujets du Sultan.

ART. 5. Le gouvernement marocain reconnaît aux Ministres chargés d'affaires et aux Représentants le droit qui leur est accordé par les traités, de choisir les personnes qu'ils emploient soit à leur service personnel, soit à celui de leurs gouvernements, à moins toutefois que ce ne soient des cheiks ou autres employés du gouvernement marocain, tels que les soldats de ligne ou de cavalerie, en dehors des mekhaznias préposés à leur garde. De même ils ne pourront employer aucun sujet marocain sous le coup de poursuites.

Il reste entendu que les procès civils engagés avant la protection se termineront devant les tribunaux qui en auront entamé la procédure.

L'exécution de la sentence ne rencontrera pas d'empêchement. Toutefois, l'autorité locale marocaine aura soin de communiquer immédiatement la sentence rendue à la légation, consulat ou agence consulaire dont relève le protégé.

Quant aux ex-protégés qui auraient un procès commencé avant que la protection eût cessé pour eux, leur affaire sera jugée par le tribunal qui en était saisi.

Le droit de protection ne pourra être exercé à l'égard des personnes poursuivies pour un délit ou un crime avant qu'elles n'aient été jugées par les autorités du pays, et qu'elles n'aient, s'il y a lieu, accompli leur peine.

Art. 6. La protection s'étend sur la famille du protégé, sa demeure est respectée.

Il est entendu que la famille ne se compose que de la femme, des enfants et des parents mineurs qui habitent sous le même toit.

La protection n'est pas héréditaire. Une seule exception, déjà établie par la convention de 1863, et qui ne saurait créer un précédent, est maintenue en faveur de la famille de Benchimol.

Cependant, si le Sultan du Maroc accordait une autre exception, chacune des puissances contractantes aurait le droit de réclamer une concession semblable.

. Art. 7. Les Représentants étrangers informeront par écrit le Ministre des Affaires étrangères du choix qu'ils auront fait des employés.

Ils communiqueront chaque année audit Ministre une liste nominative des personnes qu'ils protègent ou qui sont protégées par leurs agents dans les États du Sultan du Maroc.

Cette liste sera transmise aux autorités locales qui ne considéreront comme protégés que ceux qui y sont inscrits.

Art. 8. Les Agents consulaires remettront chaque année à l'autorité du pays qu'ils habitent une liste, revêtue de leur sceau, des personnes qu'ils protègent. Cette autorité la transmettra au Ministre des Affaires étrangères, afin que, si elle n'est pas conforme aux règlements, les Représentants à Tanger en soient informés.

L'Officier consulaire sera tenu d'annoncer immédiatement les changements survenus dans le personnel protégé de son consulat.

Art. 9. Les domestiques, fermiers et autres employés indigènes des secrétaires ou interprètes indigènes ne jouissent pas de la protection. Il en est de même pour les employés ou domestiques marocains des sujets étrangers.

Toutefois les autorités locales ne pourront arrêter un employé ou un domestique d'un fonctionnaire indigène au service d'une Légation ou d'un Consulat, ou d'un sujet ou d'un protégé étranger, sans en avoir prévenu l'autorité dont il dépend.

Si un sujet marocain au service d'un étranger venait à tuer

quelqu'un, à le blesser ou à violer son domicile, il serait immédiatement arrêté, mais l'autorité diplomatique ou consulaire sous laquelle il est placé serait avertie sans retard.

Art. 10. Il n'est rien changé à la situation des censaux, telle qu'elle a été établie par les traités et par la convention de 1863, sauf ce qui est stipulé, relativement aux impôts, dans l'article suivant.

Art. 11. *Le droit de propriété au Maroc* est reconnu pour tous les étrangers.

L'achat de propriété devra être effectué avec le consentement préalable du gouvernement, et les titres de ces propriétés seront soumis aux formes prescrites par les lois du pays.

Toute question qui pourrait surgir sur ce droit sera décidée d'après les mêmes lois, avec l'appel du Ministre des Affaires étrangères stipulé dans le traité.

Art. 12. Les étrangers et les protégés propriétaires ou locataires de terrains *cultivés,* ainsi que les censaux admis à l'agriculture, payeront l'impôt agricole. Ils remettront chaque année à leur consul la note exacte de ce qu'ils possèdent, en acquittant entre ses mains le montant de l'impôt.

Celui qui fera une fausse déclaration paiera, à titre d'amende, le double de l'impôt qu'il aurait dû régulièrement verser pour les biens non déclarés. En cas de récidive, cette amende sera doublée.

La nature, le mode et la quotité de cet impôt seront l'objet d'un règlement spécial entre les représentants des puissances et le Ministre des Affaires étrangères de Sa Majesté Chérifienne.

Art. 13. Les étrangers, les protégés et les censaux propriétaires de bêtes de somme paieront la taxe dite « des portes ». La quotité et le mode de perception de cette taxe, commune aux étrangers et aux indigènes, seront également l'objet d'un règlement spécial entre les Représentants des puissances et le Ministre des Affaires étrangères de Sa Majesté Chérifienne.

Ladite taxe ne peut être augmentée sans un nouvel accord avec les représentants des puissances.

Art. 14. La médiation des interprètes, secrétaires, indigènes ou soldats des différentes légations ou consulats, lorsqu'il s'agira de personnes non placées sous la protection de la légation ou du consulat, ne sera admise qu'autant qu'ils seront porteurs d'un document signé par le chef de mission ou par l'autorité consulaire. .

Art. 15. Tout sujet marocain naturalisé à l'étranger, qui reviendra au Maroc, devra, après un temps de séjour égal à celui qui aura été régulièrement nécessaire pour obtenir la naturalisation, opter entre sa soumission entière aux lois de l'Empire ou l'obligation de quitter le Maroc, à moins qu'il ne soit constaté que la naturalisation étrangère a été obtenue avec l'assentiment du gouvernement marocain.

La naturalisation étrangère acquise jusqu'à ce jour par des sujets marocains, suivant les règles établies par les lois de chaque pays, leur est maintenue pour tous ses effets, sans restriction aucune.

Art. 16. Aucune protection irrégulière ou officieuse ne pourra être accordée à l'avenir.

Les autorités marocaines ne reconnaîtront jamais d'autres protections, quelle que soit leur nature, que celles qui sont expressément arrêtées dans cette convention.

Cependant l'exercice du droit consuétudinaire de protection sera réservé aux seuls cas où il s'agirait de récompenser des services signalés rendus par un Marocain à une puissance étrangère, ou pour d'autres motifs tout à fait exceptionnels. La nature des services et l'intention de les récompenser par la protection seront . préalablement notifiées au Ministre des Affaires étrangères à Tanger, afin qu'il puisse au besoin présenter ses observations; la résolution définitive restera néanmoins réservée au gouvernement auquel le service aura été rendu. Le nombre de ces protégés ne pourra dépasser celui de douze par puissance, qui reste fixé comme maximum, à moins d'obtenir l'assentiment du Sultan.

La situation des protégés qui ont obtenu la protection en vertu de la coutume désormais réglée par la présente disposition sera, sans limitation du nombre, pour les protégés actuels de cette catégorie, identique, pour eux et pour leur famille, à celle qui est établie pour les autres protégés.

Art. 17. Le droit au traitement de la nation la plus favorisée est reconnu par le Maroc à toutes les puissances représentées à la Conférence de Madrid.

Art. 18. La présente convention sera ratifiée. Les ratifications seront échangées à Tanger dans le plus bref délai possible.

Par le consentement exceptionnel des hautes parties contractantes, les dispositions de la présente convention entreront en
vigueur à partir du jour de la signature à Madrid.

En foi de quoi, les plénipotentiaires respectifs ont signé la
présente convention et y ont apposé le sceau de leurs armes.

Fait à Madrid, en treize exemplaires, le 3 juillet 1880.

ACCORD FRANCO-ANGLAIS DU 8 AVRIL 1904

. . . .

Art. 4. Les deux gouvernements, également attachés au principe de la liberté commerciale tant en Egypte qu'au Maroc, déclarent qu'ils ne s'y prêteront à aucune inégalité, pas plus dans l'établissement des droits de douanes ou autres taxes que dans l'établissement des tarifs de transport par chemin de fer.

Le commerce de l'une et l'autre nation avec le Maroc et avec l'Égypte jouira du même traitement pour le transit par les possessions françaises et britanniques en Afrique. Un accord entre les deux gouvernements réglera les conditions de ce transit et déterminera les points de pénétration.

Cet engagement réciproque est valable pour une période de trente ans. Faute de dénonciation expresse faite une année au moins à l'avance, cette période sera prolongée de cinq en cinq ans.

Toutefois le Gouvernement de la République Française au Maroc et le Gouvernement de Sa Majesté Britannique en Egypte se réservent de veiller à ce que les concessions de routes, chemins de fers, ports, etc., soient données dans des conditions telles que l'autorité de l'État sur ces grandes entreprises d'intérêt général demeure entière.

. . . .

Fait à Londres, le 8 avril 1904.

Paul Cambon.
Landowsnn.

ACTE GÉNÉRAL DE LA CONFÉRENCE INTERNATIONALE
D'ALGECIRAS SIGNÉ LE 7 AVRIL 1906 (1)

Au nom de Dieu tout-puissant :

LE PRÉSIDENT DE LA RÉPUBLIQUE FRANÇAISE; SA MAJESTÉ L'EMPE-
REUR D'ALLEMAGNE, ROI DE PRUSSE, au nom de l'Empire Allemand;
SA MAJESTÉ L'EMPEREUR D'AUTRICHE, ROI DE BOHÊME, etc., et ROI
APOSTOLIQUE DE HONGRIE; SA MAJESTÉ LE ROI DES BELGES; SA MAJESTÉ
LE ROI D'ESPAGNE; LE PRÉSIDENT DES ÉTATS-UNIS D'AMÉRIQUE; SA MA-
JESTÉ LE ROI DU ROYAUME-UNI DE LA GRANDE-BRETAGNE ET D'IR-
LANDE ET DES TERRITOIRES BRITANNIQUES AU DELA DES MERS, EMPEREUR
DES INDES; SA MAJESTÉ LE ROI D'ITALIE; SA MAJESTÉ LE SULTAN DU
MAROC; SA MAJESTÉ LA REINE DES PAYS-BAS; SA MAJESTÉ LE ROI
DE PORTUGAL ET DES ALGARVES, etc.; SA MAJESTÉ L'EMPEREUR DE
TOUTES LES RUSSIES; SA MAJESTÉ LE ROI DE SUÈDE,

S'inspirant de l'intérêt qui s'attache à ce que l'ordre, la paix
et la prospérité règnent au Maroc, et ayant reconnu que ce but
précieux ne saurait être atteint que moyennant que l'introduction de réformes basées sur le triple principe de la souveraineté
et de l'indépendance de Sa Majesté le Sultan, de l'intégrité de
ses États et de la liberté économique sans aucune inégalité, ont
résolu, sur l'invitation qui leur a été adressée par Sa Majesté
Chérifienne, de réunir une Conférence à Algeciras pour arriver
à une entente sur lesdites réformes, ainsi que pour examiner les
moyens de se procurer les ressources nécessaires à leur application.

. . . .

(1) Cet Acte a été approuvé et ratifié par S. M. le Sultan du Maroc le
18 juin 1906, et les autres ratifications des Puissances signataires ayant
été déposées le 31 décembre 1906 entre les mains du Gouvernement de
S. M. le Roi d'Espagne, ledit Acte a été promugué en France et rendu exé-
cutoire par un décret du 8 janvier 1907. (*Journal officiel* du 20 janvier 1907.)

Les délégués plénipotentiaires ont, conformément au programme sur lequel Sa Majesté Chérifienne et les Puissances sont tombées d'accord, successivement discuté et adopté :

I. Une déclaration relative à l'organisation de la police;

II. Un règlement concernant la surveillance et la contrebande des armes;

III. Un acte de concession d'une banque d'État marocaine;

IV. Une déclaration concernant un meilleur rendement des impôts et la création de nouveaux revenus;

. V. Un règlement sur les douanes de l'Empire et la répression de la fraude et de la contrebande;

. VI. Une déclaration relative aux services publics et aux travaux publics, et ayant jugé que ces différents documents pourraient être utilement coordonnés en un seul instrument, les ont réunis en un Acte général composé des articles suivants :

CHAPITRE PREMIER

DÉCLARATION RELATIVE A L'ORGANISATION DE LA POLICE

. . . .

CHAPITRE II

RÈGLEMENT CONCERNANT LA SURVEILLANCE
ET LA RÉPRESSION DE LA CONTREBANDE DES ARMES

ART. 13. Sont prohibés dans toute l'étendue de l'Empire chérifien, sauf dans les cas spécifiés aux articles 14 et 15, l'importation et le commerce des armes de guerre, pièces d'armes, munitions chargées ou non chargées de toutes espèces, poudres, salpêtre, fulmicoton, nitro-glycérine et toutes compositions destinées exclusivement à la fabrication des munitions.

ART. 14. Les explosifs nécessaires à l'industrie et aux travaux publics pourront néanmoins être introduits. Un règlement pris dans les formes indiquées à l'article 18 déterminera les conditions dans lesquelles sera effectuée leur importation.

ART. 15. Les armes, pièces d'armes et munitions destinées aux troupes de Sa Majesté Chérifienne seront admises après l'accomplissement des formalités suivantes :

Une déclaration, signée par le Ministre de la Guerre marocain, énonçant le nombre et l'espèce des fournitures de ce genre commandées à l'industrie étrangère, devra être présentée à la légation du pays d'origine qui y apposera son visa.

Le dédouanement des caisses et colis contenant les armes et munitions, livrées en exécution de la commande du gouvernement marocain, sera opéré sur la production :

1° De la déclaration spécifiée ci-dessus ;

2° Du connaissement indiquant le nombre, le poids des colis, le nombre et l'espèce des armes et munitions qu'ils contiennent. Ce document devra être visé par la légation du pays d'origine, qui marquera au verso les quantités successives précédemment dédouanées. Le visa sera refusé à partir du moment où la commande aura été intégralement livrée.

ART. 16. L'importation des armes de chasse et de luxe, pièces d'armes, cartouches chargées et non chargées, est également interdite. Elle pourra toutefois être autorisée :

1° Pour les besoins strictement personnels de l'importateur ;

2° Pour l'approvisionnement des magasins d'armes autorisés conformément à l'article 18.

ART. 17. Les armes et munitions de chasse ou de luxe seront admises pour les besoins strictement personnels de l'importateur, sur la production d'un permis délivré par le représentant du makhzen à Tanger. Si l'importateur est étranger, le permis ne sera établi que sur la demande de la légation dont il relève.

En ce qui concerne les munitions de chasse, chaque permis portera au maximum sur mille cartouches ou les fournitures nécessaires à la fabrication de mille cartouches.

Le permis ne sera donné qu'à des personnes n'ayant encouru aucune condamnation correctionnelle.

ART. 18. Le commerce des armes de chasse et de luxe, non rayées, de fabrication étrangère, ainsi que de munitions qui s'y rapportent, sera réglementé, dès que les circonstances le permettront, par décision chérifienne, prise conformément à l'avis du corps diplomatique à Tanger statuant à la majorité des voix. Il en sera de même des décisions ayant pour but de suspendre ou de restreindre l'exercice de ce commerce.

Seules, les personnes ayant obtenu une licence spéciale et temporaire du gouvernement marocain seront admises à ouvrir et exploiter des débits d'armes et de munitions de chasse. Cette licence ne sera accordée que sur la demande écrite de l'intéressé, appuyée d'un avis favorable de la légation dont il relève.

Des règlements pris dans la forme indiquée au paragraphe 1ᵉʳ de cet article détermineront le nombre des débits pouvant être ouverts à Tanger et, éventuellement, dans les ports qui seront ultérieurement désignés. Ils fixeront les formalités imposées à l'importation des explosifs à l'usage de l'industrie et des travaux publics, des armes et munitions destinées à l'approvisionnement des débits, ainsi que les quantités maxima qui pourront être conservées en dépôt.

En cas d'infractions aux prescriptions réglementaires, la licence pourra être retirée à titre temporaire ou à titre définitif, sans préjudice des autres peines encourues par les délinquants.

Art. 19. Toute introduction ou tentative d'introduction de marchandises prohibées donnera lieu à leur confiscation et, en outre, aux peines et amendes ci-dessous, qui seront prononcées par la juridiction compétente.

Art. 20. L'introduction ou tentative d'introduction par un port ouvert au commerce ou par un bureau de douane sera punie :

1° D'une amende de 500 à 2 000 pesetas et d'une amende supplémentaire égale à trois fois la valeur de la marchandise importée ;

2° D'un emprisonnement de cinq jours à un an ;

Ou de l'une des deux pénalités seulement.

Art. 21. L'introduction ou tentative d'introduction en dehors d'un port ouvert au commerce ou d'un bureau de douane sera punie :

1° D'une amende de 1 000 à 5 000 pesetas et d'une amende supplémentaire égale à trois fois la valeur de la marchandise importée ;

2° D'un emprisonnement de trois mois à deux ans ;

Ou de l'une des deux pénalités seulement.

Art. 22. La vente frauduleuse, le recel et le colportage des marchandises prohibées par le présent règlement seront punis des peines édictées à l'article 20.

Art. 23. Les complices des délits prévus aux articles 20, 21 et 22 seront passibles des mêmes peines que les auteurs principaux. Les éléments caractérisant la complicité seront appréciés d'après la législation du tribunal saisi.

ART. 24. Quand il y aura des indices sérieux faisant soupçonner qu'un navire mouillé dans un port ouvert au commerce transporte, en vue de leur introduction au Maroc, des armes, des munitions ou d'autres marchandises prohibées, les agents de la douane chérifienne devront signaler ces indices à l'autorité consulaire compétente, afin que celle-ci procède, avec l'assistance d'un délégué de la douane chérifienne, aux enquêtes, vérifications ou visites qu'elle jugera nécessaires.

ART. 25. Dans le cas d'introduction ou de tentative d'introduction par mer de marchandises prohibées, en dehors d'un port ouvert au commerce, la douane marocaine pourra amener le navire au port le plus proche pour être remis à l'autorité consulaire, laquelle pourra le saisir et maintenir la saisie jusqu'au payement des amendes prononcées. Toutefois la saisie du navire devra être levée, en tout état de l'instance, en tant que cette mesure n'entravera pas l'instruction judiciaire, sur consignation du montant maximum de l'amende entre les mains de l'autorité consulaire ou sous caution solvable de la payer, acceptée par la douane.

ART. 26. Le makhzen conservera les marchandises confisquées, soit pour son propre usage, si elles peuvent lui servir, à condition que les sujets de l'empire ne puissent s'en procurer, soit pour les faire vendre en pays étranger.

Les moyens de transport à terre pourront être confisqués et seront vendus au profit du Trésor chérifien.

ART. 27. La vente des armes réformées par le gouvernement marocain sera prohibée dans toute l'étendue de l'Empire chérifien.

ART. 28. Des primes, à prélever sur le montant des amendes prononcées, seront attribuées aux indicateurs qui auront amené la découverte des marchandises prohibées, et aux agents qui en auront opéré la saisie; ces primes seront ainsi attribuées, après déduction, s'il y a lieu, des frais du procès : un tiers à répartir par la douane entre les indicateurs, un tiers aux agents ayant saisi la marchandise et un tiers au Trésor marocain.

Si la saisie a été opérée sans l'intervention d'un indicateur, la moitié des amendes sera attribuée aux agents saisissants et l'autre moitié au Trésor chérifien.

ART. 29. Les autorités douanières marocaines devront signaler directement aux agents diplomatiques ou consulaires les infractions au présent règlement commises par leurs ressortissants, afin que ceux-ci soient poursuivis devant la juridiction compétente.

Les mêmes infractions, commises par des sujets marocains, seront déférées directement par la douane à l'autorité chérifienne.

Un délégué de la douane sera chargé de suivre la procédure des affaires pendantes devant les diverses juridictions.

Art. 30. Dans la région frontière de l'Algérie, l'application du règlement sur la contrebande des armes restera l'affaire exclusive de la France et du Maroc.

De même, l'application du règlement sur la contrebande des armes dans le Riff, et en général dans les régions frontières des possessions espagnoles, restera l'affaire exclusive de l'Espagne et du Maroc.

CHAPITRE III

ACTE DE CONCESSION D'UNE BANQUE D'ÉTAT

Art. 31. Une banque sera instituée au Maroc, sous le nom de « Banque d'État au Maroc », pour exercer les droits ci-après spécifiés, dont la concession lui est accordée par Sa Majesté le Sultan, pour une durée de quarante années, à partir de la ratification du présent Acte.

Art. 32. La banque, qui pourra exécuter toutes les opérations rentrant dans les attributions d'une banque, aura le privilège exclusif d'émettre des billets au porteur, remboursables à présentation, ayant force libératoire dans les caisses publiques de l'Empire marocain.

La banque maintiendra, pour le terme de deux ans à compter de la date de son entrée en fonctions, une encaisse au moins égale à la moitié de ses billets en circulation, et au moins égale au tiers après cette période de deux ans révolue. Cette encaisse sera constituée pour au moins un tiers en or ou monnaie or.

Art. 33. La banque remplira, à l'exclusion de toute autre banque ou établissement de crédit, les fonctions de trésorier-payeur de l'Empire. A cet effet, le gouvernement marocain prendra les mesures nécessaires pour faire verser dans les caisses de la banque le produit des revenus des douanes, à

l'exclusion de la partie affectée au service de l'emprunt 1904 et
des autres revenus qu'il désignera.

Quant au produit de la taxe spéciale créée en vue de l'accomplissement de certains travaux publics, le gouvernemert marocain devra le faire verser à la banque, ainsi que les revenus
qu'il pourrait ultérieurement affecter à la garantie de ses emprunts, la banque étant spécialement chargée d'en assurer le
service, à l'exception toutefois de l'emprunt 1904 qui se trouve
régi par un contrat spécial.

Art. 34. La banque sera l'agent financier du gouvernement,
tant au dedans qu'au dehors de l'empire, sans préjudice du
droit pour le gouvernement de s'adresser à d'autres maisons de
banque ou établissements de crédit pour ses emprunts publics.
Toutefois, pour lesdits emprunts, la banque jouira d'un droit
de préférence, à conditions égales, sur toute maison de banque
ou établissement de crédit.

Mais, pour les bons du Trésor et autres effets de trésorerie à
court terme que le gouvernement marocain voudrait négocier
sans en faire l'objet d'une émission publique, la banque sera
chargée, à l'exclusion de tout autre établissement, d'en faire la
négociation, soit au Maroc, soit à l'étranger, pour le compte du
gouvernement marocain.

Art. 35. A valoir sur les rentrées du Trésor, la banque fera
au gouvernement marocain des avances en compte courant jusqu'à concurrence d'un million de francs.

La banque ouvrira en outre au gouvernement, pour une durée
de dix ans à partir de sa constitution, un crédit qui ne pourra
pas dépasser les deux tiers de son capital initial.

Ce crédit sera réparti sur plusieurs années et employé en
premier lieu aux dépenses d'installation et d'entretien des corps
de police organisés conformément aux décisions prises par la
conférence, et subsidiairement aux dépenses de travaux d'intérêt général qui ne seraient pas imputées sur le fonds spécial
prévu à l'article suivant.

Le taux de ces deux avances sera au maximum de 7 pour 100,
commissions de banque comprises, et la banque pourra demander
au gouvernement de lui remettre en garantie de leur montant
une somme équivalente en bons du Trésor.

Si, avant l'expiration des dix années, le gouvernement marocain venait à contracter un emprunt, la banque aurait la faculté
d'obtenir le remboursement immédiat des avances faites conformément au deuxième alinéa du présent article.

Art. 36. Le produit de la taxe spéciale (art. 33 et 66) formera un fonds spécial dont la banque tiendra une comptabilité à part. Ce fonds sera employé conformément aux prescriptions arrêtées par la conférence.

En cas d'insuffisance et à valoir sur les rentrées ultérieures, la banque pourra ouvrir à ce fonds un crédit dont l'importance ne dépassera pas le montant des encaissements pendant l'année antérieure.

Les conditions de taux et de commission seront les mêmes que celles fixées à l'article précédent pour l'avance en compte courant au Trésor.

Art. 37. La banque prendra les mesures qu'elle jugera utiles pour assainir la situation monétaire au Maroc. La monnaie espagnole continuera à être admise à la circulation avec force libératoire.

En conséquence, la banque sera exclusivement chargée de l'achat des métaux précieux, de la frappe et de la refonte des monnaies, ainsi que de toutes autres opérations monétaires qu'elle fera pour le compte et au profit du gouvernement marocain.

Art. 38. La banque, dont le siège social sera à Tanger, établira des succursales et agences dans les principales villes du Maroc et dans tout autre endroit où elle le jugera utile.

Art. 39. Les emplacements nécessaires à l'établissement de la banque ainsi que de ses succursales et agences au Maroc seront mis gratuitement à sa disposition par le gouvernement et, à l'expiration de la concession, le gouvernement en reprendra possession et remboursera à la banque les frais de construction de ces établissements. La banque sera, en outre, autorisée à acquérir tout bâtiment et terrain dont elle pourrait avoir besoin pour le même objet.

Art. 40. Le gouvernement chérifien assurera sous sa responsabilité la sécurité et la protection de la banque, de ses succursales et agences. A cet effet, il mettra dans chaque ville une garde suffisante à la disposition de chacun de ces établissements.

Art. 41. La banque, ses succursales et agences seront exemptes de tout impôt ou redevance ordinaire ou extraordinaire, existants ou à créer; il en est de même pour les immeubles affectés à ces services; les titres et coupons de ses actions et ses billets. L'importation et l'exportation des métaux et monnaies destinés aux opérations de la banque seront autorisées et exemptes de tout droit.

Art. 42. Le gouvernement chérifien exercera sa haute surveillance sur la banque par un haut commissaire marocain, nommé par lui, après entente préalable avec le conseil d'administration de la banque.

Ce haut commissaire aura le droit de prendre connaissance de la gestion de la banque; il contrôlera l'émission des billets de banque et veillera à la stricte observation des dispositions de la concession.

Le haut commissaire devra signer chaque billet ou y apposer son sceau; il sera chargé de la surveillance des relations de la banque avec le trésor impérial.

Il ne pourra pas s'immiscer dans l'administration et la gestion des affaires de la banque, mais il aura toujours le droit d'assister aux réunions des censeurs.

Le gouvernement chérifien nommera un ou deux commissaires adjoints qui seront spécialement chargés de contrôler les opérations financières du Trésor avec la banque.

Art. 43. Un règlement, précisant les rapports de la banque et du gouvernement marocain, sera établi par le Comité spécial prévu à l'art. 57 et approuvé par les censeurs.

Art. 44. La banque, constituée avec approbation du gouvernement de Sa Majesté Chérifienne sous la forme des sociétés anonymes, est régie par la loi française sur la matière.

Art. 45. Les actions intentées au Maroc par la banque seront portées devant le tribunal consulaire du défendeur ou devant la juridiction marocaine, conformément aux règles de compétence établies par les traités et les firmans chérifiens.

Les actions intentées au Maroc contre la banque seront portées devant un tribunal spécial, composé de trois magistrats consulaires et de deux assesseurs. Le corps diplomatique établira, chaque année, la liste des magistrats, des assesseurs et de leurs suppléants.

Ce tribunal appliquera à ces causes les règles de droit, de procédure et de compétence édictées en matière commerciale par la législation française. L'appel des jugements prononcés

par ce tribunal sera porté devant la cour fédérale de Lausanne,
qui statuera en dernier ressort.

Art. 46. En cas de contestation sur les clauses de la concession ou de litiges pouvant survenir entre le gouvernement
marocain et la banque, le différend sera soumis, sans appel ni
recours, à la cour fédérale de Lausanne.

Seront également soumises à cette cour, sans appel ni recours,
toutes les contestations qui pourraient s'élever entre les actionnaires et la banque sur l'exécution des statuts ou à raison des
affaires sociales.

Art. 47. Les statuts de la banque seront établis d'après les
bases suivantes par un comité spécial prévu par l'article 57. Ils
seront approuvés par les censeurs et ratifiés par l'assemblée
générale des actionnaires.

Art. 48. L'assemblée générale constitutive de la société fixera
le lieu où se tiendront les assemblées des actionnaires et les
réunions du conseil d'administration; toutefois, ce dernier aura
la faculté de se réunir dans tout autre lieu, s'il le juge utile.

La direction de la banque sera fixée à Tanger.

Art. 49. La banque sera administrée par un conseil d'administration composé d'autant de membres qu'il sera fait de parts
dans le capital initial.

Les administrateurs auront les pouvoirs les plus étendus pour
l'administration et la gestion de la société; ce sont eux notamment qui nommeront les directeurs, sous-directeurs et membres
de la commission indiquée à l'article 54, ainsi que les directeurs
des succursales et agences.

Tous les employés de la société seront recrutés, autant que
possible, parmi les ressortissants des diverses puissances qui ont
pris part à la souscription du capital.

Art. 50. Les administrateurs, dont la nomination sera faite
par l'assemblée générale des actionnaires, seront désignés à
son agrément par les groupes souscripteurs du capital.

Le premier conseil restera en fonctions pendant cinq années.
A l'expiration de ce délai, il sera procédé à son renouvellement
à raison de trois membres par an. Le sort déterminera l'ordre
de sortie des administrateurs; ils seront rééligibles.

A la constitution de la société, chaque groupe souscripteur
aura le droit de désigner autant d'administrateurs qu'il aura

souscrit de parts entières, sans que les groupes soient obligés de porter leur choix sur un candidat de leur propre nationalité.

Les groupes souscripteurs ne conserveront leur droit de désignation des administrateurs, lors du remplacement de ces derniers ou du renouvellement de leur mandat, qu'autant qu'ils pourront justifier être encore en possession d'au moins la moitié de chaque part pour laquelle ils exercent ce droit.

Dans le cas où, par suite de ces dispositions, un groupe souscripteur ne se trouvera plus en mesure de désigner un administrateur, l'assemblée générale des actionnaires pourvoirait directement à cette désignation.

Art. 51. Chacun des établissements ci-après : banque de l'Empire allemand, banque d'Angleterre, banque d'Espagne, banque de France, nommera, avec l'agrément de son gouvernement, un censeur auprès de la banque d'État du Maroc.

Les censeurs resteront en fonctions pendant quatre années. Les censeurs sortants peuvent être désignés à nouveau.

En cas de décès ou de démission, il sera pourvu à la vacance par l'établissement qui a procédé à la désignation de l'ancien titulaire, mais seulement pour le temps où ce dernier devait rester en charge.

Art. 52. Les censeurs qui exerceront leur mandat en vertu du présent Acte des puissances signataires devront, dans l'intérêt de celles-ci, veiller sur le bon fonctionnement de la banque et assurer la stricte observation des clauses de la concession et des statuts. Ils veilleront à l'exact accomplissement des prescriptions concernant l'émission des billets et devront surveiller les opérations tendant à l'assainissement de la situation monétaire ; mais ils ne pourront jamais, sous quelque prétexte que ce soit, s'immiscer dans la gestion des affaires, ni dans l'administration intérieure de la banque.

Chacun des censeurs pourra examiner en tout temps les comptes de la banque, demander, soit au conseil d'administration, soit à la direction, des informations sur la gestion de la banque et assister aux réunions du conseil d'administration, mais seulement avec voix consultative.

Les quatre censeurs se réuniront à Tanger, dans l'exercice de leurs fonctions, au moins une fois tous les deux ans, à une date à concerter entre eux. D'autres réunions à Tanger ou ailleurs devront avoir lieu si trois des censeurs l'exigent.

Les quatre censeurs dresseront, d'un commun accord, un rapport annuel qui sera annexé à celui du conseil d'administration. Le conseil d'administration transmettra sans délai une copie de ce rapport à chacun des gouvernements signataires de l'Acte de la Conférence.

ART. 53. Les émoluments et indemnités de déplacement affectés aux censeurs seront établis par le comité d'étude des statuts. Ils seront directement versés à ces agents par les banques chargées de leur désignation et remboursés à ces établissements par la banque d'État du Maroc.

ART. 54. Il sera institué à Tanger, auprès de la direction, une commission dont les membres seront choisis par le conseil d'administration, sans distinction de nationalité, parmi les notables résidant à Tanger, propriétaires d'actions de la banque.

Cette commission, qui sera présidée par un des directeurs ou sous-directeurs, donnera son avis sur les escomptes et ouvertures de crédits.

Elle adressera un rapport mensuel sur ces diverses questions au conseil d'administration.

ART. 55. Le capital, dont l'importance sera fixée par le comité spécial désigné à l'article 57, sans pouvoir être inférieur à quinze millions de francs ni supérieur à vingt millions, sera formé en monnaie or, et les actions, dont les coupures représenteront une valeur équivalente à 500 francs, seront libellées, dans les diverses monnaies or, à un change fixe, déterminé par les statuts.

Ce capital pourra être ultérieurement augmenté en une ou plusieurs fois, par décision de l'assemblée générale des actionnaires.

La souscription de ces augmentations de capital sera réservée à tous les porteurs d'actions, sans distinction de groupe, proportionnellement aux titres possédés par chacun d'eux.

ART. 56. Le capital initial de la banque sera divisé en autant de parts égales qu'il y aura de parties prenantes parmi les puissances étrangères représentées à la Conférence.

A cet effet, chaque puissance désignera une banque qui exercera, soit pour elle-même, soit pour un groupe de banques, le droit de souscription ci-dessus spécifié, ainsi que le droit de désignation des administrateurs prévu à l'article 50. Toute banque choisie comme chef de groupe pourra, avec l'autorisation de son gouvernement, être remplacée par une autre banque du même pays.

Les États qui voudraient se prévaloir de leur droit de souscription auront à communiquer cette intention au gouvernement royal d'Espagne, dans un délai de quatre semaines à partir de la signature du présent Acte, par les représentants des puissances.

Toutefois deux parts égales à celles réservées à chacun des groupes souscripteurs seront attribuées au consortium des banques signataires du contrat du 12 juin 1904, en compensation de la cession qui sera faite par le consortium à la banque d'État du Maroc :

1° Des droits spécifiés à l'article 53 du contrat ;

2° Du droit inscrit à l'article 32 (§ 2) du contrat, concernant le solde disponible des recettes douanières, sous réserve expresse du privilège conféré en premier rang par l'article 11 du même contrat aux porteurs de titres sur la totalité du produit des douanes.

Art. 57. Dans un délai de trois semaines à partir de la clôture de la souscription notifiée par le gouvernement royal d'Espagne aux puissances intéressées, un comité spécial, composé de délégués nommés par les groupes souscripteurs, dans les conditions prévues à l'article 50 pour la nomination des administrateurs, se réunira afin d'élaborer les statuts de la banque.

L'assemblée générale constitutive de la société aura lieu dans un délai de deux mois, à partir de la ratification du présent Acte.

Le rôle du comité spécial cessera aussitôt après la constitution de la société.

Le comité spécial fixera lui-même le lieu de ses réunions.

Art. 58. Aucune modification aux statuts ne pourra être apportée, si ce n'est sur la proposition du conseil d'administration et après avis conforme des censeurs et du haut commissaire impérial.

Ces modifications devront être votées par l'assemblée générale des actionnaires à la majorité des trois quarts des membres présents ou représentés.

CHAPITRE IV

DÉCLARATION CONCERNANT UN MEILLEUR RENDEMENT DES IMPÔTS ET LA CRÉATION DE NOUVEAUX REVENUS

Art. 59. Dès que le tertib sera mis à exécution d'une façon régulière à l'égard des sujets marocains, les représentants des puissances à Tanger y soumettront leurs ressortissants dans l'empire. Mais il est entendu que ledit impôt ne sera appliqué aux étrangers :

a. Que dans les conditions fixées par le règlement du corps diplomatique à Tanger en date du 23 novembre 1903 ;

. *b.* Que dans les localités où il sera effectivement perçu sur les sujets marocains.

Les autorités consulaires retiendront un tantième pour cent des sommes encaissées sur leurs ressortissants pour couvrir les frais occasionnés par la rédaction des rôles et le recouvrement de la taxe.

Le taux de cette retenue sera fixé, d'un commun accord, par le makhzen et le Corps diplomatique à Tanger.

ART. 60. Conformément au droit qui leur a été reconnu par l'article 11 de la convention de Madrid, les étrangers pourront acquérir des propriétés dans toute l'étendue de l'empire chérifien, et Sa Majesté le Sultan donnera aux autorités administratives et judiciaires les instructions nécessaires pour que l'autorisation de passer les actes ne soit pas refusée sans motif légitime. Quant aux transmissions ultérieures par actes entre vifs ou après décès, elles continueront à s'exercer sans aucune entrave.

Dans les ports ouverts au commerce et dans un rayon de 10 kilomètres autour de ces ports, Sa Majesté le Sultan accorde, d'une façon générale et sans qu'il soit désormais nécessaire de l'obtenir spécialement pour chaque achat de propriété par les étrangers, le consentement exigé par l'article 11 de la convention de Madrid.

A Ksar-el-Kébir, Arzila, Azemmour, et éventuellement dans d'autres localités du littoral ou de l'intérieur, l'autorisation générale ci-dessus mentionnée est également accordée aux étrangers, mais seulement pour les acquisitions dans un rayon de 2 kilomètres autour de ces villes.

Partout où les étrangers auront acquis des propriétés, ils pourront élever des constructions en se conformant aux règlements et usages.

Avant d'autoriser la rédaction des actes transmissifs de propriété, le cadi devra s'assurer, conformément à la loi musulmane, de la régularité des titres.

Le makhzen désignera, dans chacune des villes et circonscriptions indiquées au présent article, le cadi qui sera chargé d'effectuer ces vérifications.

ART. 61. Dans le but de créer de nouvelles ressources au makhzen, la Conférence reconnaît, en principe, qu'une taxe pourra être établie sur les constructions urbaines.

Une partie des recettes ainsi réalisée sera affectée aux besoins de la voirie et de l'hygiène municipales et, d'une façon générale, aux dépenses d'amélioration et d'entretien des villes.

La taxe sera due par le propriétaire marocain ou étranger, sans aucune distinction ; mais le locataire ou le détenteur de la clef en sera responsable envers le Trésor marocain.

Un règlement édicté, d'un commun accord, par le gouvernement chérifien et le Corps diplomatique à Tanger fixera le taux de la taxe, son mode de perception et d'application et déterminera la quotité des ressources ainsi créées, qui devra être affectée aux dépenses d'amélioration et d'entretien des villes.

A Tanger, cette quotité sera versée au conseil sanitaire international, qui en réglera l'emploi jusqu'à la création d'une organisation municipale.

ART. 62. Sa Majesté Chérifienne ayant décidé, en 1901, que les fonctionnaires marocains, chargés de la perception des impôts agricoles, ne recevraient plus des populations ni « sokhra », ni « mouna », la Conférence estime que cette règle devra être généralisée autant que possible.

ART. 63. Les délégués chérifiens ont exposé que des biens habous ou certaines propriétés domaniales, notamment des immeubles du makhzen, occupés contre payement de la redevance de 6 pour 100, sont détenus par des ressortissants étrangers, sans titres réguliers ou en vertu de contrats sujets à la revision. La Conférence, désireuse de remédier à cet état de choses, charge le corps diplomatique à Tanger de donner une solution équitable à ces deux questions, d'accord avec le commissaire spécial que Sa Majesté Chérifienne voudra bien désigner à cet effet.

ART. 64. La Conférence prend acte des propositions formulées par les délégués chérifiens au sujet de la création de taxes sur certains commerces, industries et professions.

Si, à la suite de l'application de ces taxes aux sujets marocains, le corps diplomatique à Tanger estimait qu'il y a lieu de les étendre aux ressortissants étrangers, il est dès à présent spécifié que lesdites taxes seront exclusivement municipales.

ART. 65. La Conférence se rallie à la proposition faite par la délégation marocaine d'établir, avec l'assistance du corps diplomatique :

a. Un droit de timbre sur les contrats et actes authentiques passés devant les *adoul;*

b. Un droit de mutation, au maximum de 2 pour 100, sur les ventes immobilières;

c. Un droit de statistique et de pesage, au maximum de 1 pour 100 *ad valorem,* sur les marchandises transportées par cabotage;

d. Un droit de passeport à percevoir sur les sujets marocains;

e. Éventuellement, les droits de quais et de phares, dont le produit devra être affecté à l'amélioration des ports.

Art. 66. À titre temporaire, les marchandises d'origine étrangère seront frappées à leur entrée au Maroc d'une taxe spéciale s'élevant à 2 et demi pour 100 *ad valorem.* Le produit intégral sera affecté aux dépenses et à l'exécution de travaux publics, destinés au développement de la navigation et du commerce en général dans l'empire chérifien.

Le programme des travaux et leur ordre de priorité seront arrêtés, d'un commun accord, par le gouvernement chérifien et par le Corps diplomatique à Tanger.

Les études, devis, projets et cahiers de charges s'y rapportant seront établis par un ingénieur compétent nommé par le gouvernement chérifien, d'accord avec le corps diplomatique. Cet ingénieur pourra, au besoin, être assisté d'un ou de plusieurs ingénieurs adjoints. Leur traitement sera imputé sur les fonds de la caisse spéciale.

Les fonds de la caisse spéciale seront déposés à la banque d'État au Maroc, qui en tiendra la comptabilité.

Les adjudications publiques seront passées dans les formes et suivant les conditions générales prescrites par un règlement que le corps diplomatique à Tanger est chargé d'établir avec le représentant de Sa Majesté Chérifienne.

Le bureau d'adjudication sera composé d'un représentant du gouvernement chérifien, de cinq délégués du corps diplomatique et de l'ingénieur.

L'adjudication sera prononcée en faveur du soumissionnaire qui, en se conformant aux prescriptions du cahier des charges, présentera l'offre remplissant les conditions générales les plus avantageuses.

En ce qui concerne les sommes provenant de la taxe spéciale et qui seraient perçues dans les bureaux de douane établis dans les régions visées par l'article 103 du règlement sur les douanes, leur emploi sera réglé par le makhzen avec l'agrément de la puissance limitrophe, conformément aux prescriptions du présent article.

ART. 67. La Conférence, sous réserve des observations présentées à ce sujet, émet le vœu que les droits d'exportation des marchandises ci-après soient réduits de la manière suivante :

Pois chiches...................................... 20 p. 100
Maïs.. 20   —
Orge... 50   —
Blé.. 34   —

ART. 68. Sa Majesté Chérifienne consentira à élever à 10 000 le chiffre de 6 000 têtes de bétail de l'espèce bovine que chaque puissance aura le droit d'exporter du Maroc. L'exportation pourra avoir lieu par tous les bureaux de douane. Si, par suite de circonstances malheureuses, une pénurie de bétail était constatée dans une région déterminée, Sa Majesté Chérifienne pourrait interdire temporairement la sortie du bétail par le port où les ports qui desservent cette région. Cette mesure ne devra pas excéder une durée de deux années; elle ne pourra pas être appliquée à la fois à tous les ports de l'empire.

Il est d'ailleurs entendu que les dispositions précédentes ne modifient pas les autres conditions de l'exportation du bétail fixées par les firmans antérieurs.

La Conférence émet, en outre, le vœu qu'un service d'inspection vétérinaire soit organisé au plus tôt dans les ports de la côte.

ART. 69. Conformément aux décisions antérieures de Sa Majesté Chérifienne et notamment à la décision du 28 septembre 1901, est autorisé entre tous les ports de l'empire le transport par cabotage des céréales, graines, légumes, œufs, fruits, volailles, et en général des marchandises et animaux de toute espèce, originaires ou non du Maroc, à l'exception des chevaux, mulets, ânes et chameaux, pour lesquels un permis spécial du makhzen sera nécessaire. Le cabotage pourra être effectué par des bateaux de toute nationalité, sans que lesdits articles aient à payer les droits d'exportation, mais en se conformant aux droits spéciaux et aux règlements sur la matière.

ART. 70. Le taux des droits de stationnement ou d'ancrage imposés aux navires dans les ports marocains se trouvant fixé par des traités passés avec certaines puissances, ces puis-

sances se montrent disposées à consentir à la révision desdits
droits. Le corps diplomatique à Tanger est chargé d'établir,
d'accord avec le makhzen, les conditions de la révision, qui ne
pourra avoir lieu qu'après l'amélioration des ports.

Art. 71. Les droits de magasinage en douane seront perçus
dans tous les ports marocains où il existera des entrepôts suffisants, conformément aux règlements pris ou à prendre sur la
matière par le gouvernement de Sa Majesté Chérifienne, d'accord avec le corps diplomatique de Tanger.

Art. 72. L'opium et le kif continueront à faire l'objet d'un
monopole au profit du gouvernement chérifien. Néanmoins,
l'importation de l'opium, spécialement destiné à des emplois
pharmaceutiques, sera autorisée par permis spécial, délivré par
le makhzen, sur la demande de la délégation dont relève le
pharmacien ou médecin importateur. Le gouvernement chérifien et le corps diplomatique régleront, d'un commun accord,
la quantité maxima à introduire.

Art. 73. Les représentants des puissances prennent acte de
l'intention du gouvernement chérifien d'étendre aux tabacs de
toutes sortes le monopole existant en ce qui concerne le tabac à
priser. Ils réservent le droit de leurs ressortissants à être
dûment indemnisés des préjudices que ledit monopole pourrait
occasionner à ceux d'entre eux qui auraient des industries
créées sous le régime actuel concernant le tabac. A défaut d'entente amiable, l'indemnité sera fixée par des experts désignés
par le makhzen et par le corps diplomatique, en se conformant
aux dispositions arrêtées en matière d'expropriation pour cause
d'utilité publique.

Art. 74. Le principe de l'adjudication, sans acception de
nationalité, sera appliqué aux fermes concernant le monopole
de l'opium et du kif. Il en serait de même pour le monopole du
tabac, s'il était établi.

Art. 75. Au cas où il y aurait lieu de modifier quelqu'une
des dispositions de la présente déclaration, une entente devra
s'établir à ce sujet entre le makhzen et le Corps diplomatique à
Tanger.

Art. 76. Dans tous les cas prévus par la présente déclaration,
où le corps diplomatique sera appelé à intervenir, sauf en ce

qui concerne les articles 64, 70 et 75, les décisions seront prises
à la majorité des voix.

CHAPITRE V

RÈGLEMENT SUR LES DOUANES DE L'EMPIRE
ET LA RÉPRESSION DE LA FRAUDE ET DE LA CONTREBANDE

ART. 77. Tout capitaine de navire de commerce venant de
l'étranger ou du Maroc devra, dans les vingt-quatre heures de
son admission en libre pratique dans un des ports de l'empire,
déposer au bureau de douane une copie exacte de son manifeste, signée par lui et certifiée conforme par le consignataire
du navire. Il devra en outre, s'il en est requis, donner communication aux agents de la douane de l'original de son manifeste.

La douane aura la faculté d'installer à bord un ou plusieurs
gardiens pour prévenir tout trafic illégal.

ART. 78. Sont exempts du dépôt du manifeste :

1° Les bâtiments de guerre ou affrétés pour le compte d'une
puissance ;

2° Les canots appartenant à des particuliers, qui s'en servent
pour leur usage, en s'abstenant de tout transport de marchandises ;

3° Les bateaux ou embarcations employés à la pêche en vue
des côtes ;

4° Les yachts, uniquement employés à la navigation de plaisance et enregistrés au port d'attache dans cette catégorie ;

5° Les navires chargés spécialement de la pose et de la répa-
ration des câbles télégraphiques ;

6° Les bateaux uniquement affectés au sauvetage ;

7° Les bâtiments hospitaliers ;

8° Les navires-écoles de la marine marchande ne se livrant
pas à des opérations commerciales.

ART. 79. Le manifeste déposé à la douane devra annoncer la
nature et la provenance de la cargaison avec les marques et
numéros des caisses, balles, ballots, barriques, etc.

ART. 80. Quand il y aura des indices sérieux faisant soupçonner l'inexactitude du manifeste, ou quand le capitaine du
navire refusera de se prêter à la visite et aux vérifications des
agents de la douane, le cas sera signalé à l'autorité consulaire

compétente, afin que celle-ci procède, avec un délégué de la
douane chérifienne, aux enquêtes, visites et vérifications qu'elle
jugera nécessaires.

ART. 81. Si, à l'expiration du délai de vingt-quatre heures,
indiqué à l'article 77, le capitaine n'a pas déposé son manifeste,
il sera passible, à moins que le retard ne provienne d'un cas de
force majeure, d'une amende de 150 pesetas. Si le capitaine a
présenté frauduleusement un manifeste inexact ou incomplet, il
sera personnellement condamné au payement d'une somme
égale à la valeur des marchandises pour lesquelles il n'a pas
produit de manifeste, et à une amende de 500 à 1 000 pesetas, et
le bâtiment et les marchandises pourront, en outre, être saisis
par l'autorité consulaire compétente, pour la sûreté de
l'amende.

ART. 82. Toute personne, au moment de dédouaner les marchandises importées ou destinées à l'exportation, doit faire à la
douane une déclaration détaillée, énonçant l'espèce, la qualité,
le poids, le nombre, la mesure et la valeur des marchandises,
ainsi que l'espèce, les marques et les numéros des colis qui les
contiennent.

ART. 83. Dans le cas où, lors de la visite, on trouvera moins
de colis ou de marchandises qu'il n'en a été déclaré, le déclarant, à moins qu'il ne puisse justifier de sa bonne foi, devra
payer double droit pour les marchandises manquantes, et les
marchandises présentées seront retenues en douane pour la
sûreté de ce double droit; si, au contraire, on trouve à la visite
un excédent quant au nombre des colis, à la quantité ou au
poids des marchandises, cet excédent sera saisi et confisqué au
profit du makhzen, à moins que le déclarant ne puisse justifier
de sa bonne foi.

ART. 84. Si la déclaration a été reconnue inexacte quant à
l'espèce ou à la qualité, et si le déclarant ne peut justifier de sa
bonne foi, les marchandises inexactement déclarées seront sai-
sies et confisquées au profit du makhzen par l'autorité compétente.

ART. 85. Dans le cas où la déclaration serait reconnue
inexacte quant à la valeur déclarée, et si le déclarant ne peut
justifier de sa bonne foi, la douane pourra, soit prélever le
droit en nature, séance tenante, soit, au cas où la marchandise

est indivisible, acquérir ladite marchandise, en payant immédiatement au déclarant la valeur déclarée, augmentée de 5 pour 100.

Art. 86. Si la déclaration est reconnue fausse quant à la nature des marchandises, celles-ci seront considérées comme n'ayant pas été déclarées, et l'infraction tombera sous l'application des articles 88 et 90 ci-après et sera punie des peines prévues auxdits articles.

Art. 87. Toute tentative ou tout flagrant délit d'introduction, toute tentative ou tout flagrant délit d'exportation en contrebande de marchandises soumises au droit, soit par mer, soit par terre, seront passibles de la confiscation des marchandises, sans préjudice des peines et amendes ci-dessous qui seront prononcées par la juridiction compétente.

Seront en outre saisis et confisqués les moyens de transport par terre dans le cas où la contrebande constituera la partie principale du chargement.

Art. 88. Toute tentative ou tout flagrant délit d'exportation en contrebande par un port ouvert au commerce ou par un bureau de douane seront punis d'une amende ne dépassant pas le triple de la valeur des marchandises, objet de la fraude, et d'un emprisonnement de cinq jours à six mois, ou de l'une des deux peines seulement.

Art. 89. Toute tentative ou tout flagrant délit d'introduction, toute tentative ou tout flagrant délit d'exportation en dehors d'un port ouvert au commerce ou d'un bureau de douane, seront punis d'une amende de 300 à 500 pesetas et d'une amende supplémentaire égale à trois fois la valeur de la marchandise, ou d'un emprisonnement d'un mois à un an.

Art. 90. Les complices des délits prévus aux articles 88 et 89 seront passibles des mêmes peines que les auteurs principaux. Les éléments caractérisant la complicité seront appréciés d'après la législation du tribunal saisi.

Art. 91. En cas de tentative ou flagrant délit d'importation, de tentative ou flagrant délit d'exportation de marchandises par un navire, en dehors d'un port ouvert au commerce, la douane marocaine pourra amener le navire au port le plus proche pour être remis à l'autorité consulaire, laquelle pourra le saisir et maintenir la saisie jusqu'à ce qu'il ait acquitté le montant des condamnations prononcées.

La saisie du navire devra être levée, en tout état de l'instance, en tant que cette mesure n'entravera pas l'instruction judiciaire, sur consignation du montant maximum de l'amende entre les mains de l'autorité consulaire ou sous caution solvable de la payer acceptée par la douane.

ART. 92. Les dispositions des articles précédents seront applicables à la navigation du cabotage.

ART. 93. Les marchandises non soumises aux droits d'exportation, embarquées dans un port marocain pour être transportées par mer dans un autre port de l'empire, devront être accompagnées d'un certificat de sortie délivré par la douane, sous peine d'être assujetties au payement du droit d'importation et même confisquées, si elles ne figuraient pas au manifeste.

ART. 94. Le transport par cabotage des produits soumis aux droits d'exportation ne pourra s'effectuer qu'en consignant au bureau de départ, contre quittance, le montant des droits d'exportation relatifs à ces marchandises.

Cette consignation sera remboursée au déposant par le bureau où elle a été effectuée, sur production d'une déclaration revêtue par la douane de la mention d'arrivée de la marchandise et de la quittance constatant le dépôt des droits. Les pièces justificatives de l'arrivée de la marchandise devront être produites dans les trois mois de l'expédition. Passé ce délai, à moins que le retard ne provienne d'un cas de force majeure, la somme consignée deviendra la propriété du makhzen.

ART. 95. Les droits d'entrée et de sortie seront payés au comptant au bureau de douane où la liquidation aura été effectuée. Les droits *ad valorem* seront liquidés suivant la valeur au comptant et en gros de la marchandise rendue au bureau de douane, et franche de droits de douane et de magasinage. En cas d'avaries, il sera tenu compte, dans l'estimation, de la dépréciation subie par la marchandise. Les marchandises ne pourront être retirées qu'après le payement des droits de douane et de magasinage.

Toute prise en charge ou perception devra faire l'objet d'un récépissé régulier, délivré par l'agent chargé de l'opération.

Art. 96. La valeur des principales marchandises taxées par les douanes marocaines sera déterminée chaque année dans les conditions spécifiées à l'article précédent. par une commission des valeurs douanières, réunie à Tanger et composée de :

1° Trois membres désignés par le gouvernement marocain ;

2° Trois membres désignés par le corps diplomatique à Tanger ;

3° Un délégué de la banque d'État ;

4° Un agent de la délégation de l'emprunt marocain 5 pour 100, 1904.

La commission nommera douze à vingt membres honoraires domiciliés au Maroc, qu'elle consultera lorsqu'il s'agira de fixer les valeurs et toutes les fois qu'elle le jugera utile. Ces membres honoraires seront choisis sur les listes des notables, établies par chaque légation pour les étrangers et par le représentant du sultan pour les Marocains. Ils seront désignés, autant que possible, proportionnellement à l'importance du commerce de chaque nation.

La commission sera nommée pour trois années.

Le tarif des valeurs fixées par elle servira de base aux estimations qui seront faites dans chaque bureau par l'administration des douanes marocaines. Il sera affiché dans les bureaux de douane et dans les chancelleries des légations ou des consulats à Tanger.

Le tarif sera susceptible d'être revisé au bout de six mois, si des modifications notables sont survenues dans la valeur de certaines marchandises.

Art. 97. Un comité permanent, dit « Comité des douanes », est institué à Tanger et nommé pour trois années. Il sera composé d'un commissaire spécial de Sa Majesté Chérifienne, d'un membre du corps diplomatique ou consulaire désigné par le corps diplomatique à Tanger, et d'un délégué de la banque d'État. Il pourra s'adjoindre, à titre consultatif, un ou plusieurs représentants du service des douanes.

Ce comité exercera sa haute bienveillance sur le fonctionnement des douanes et pourra proposer à Sa Majesté Chérifienne les mesures qui seraient propres à apporter des améliorations dans le service et à assurer la régularité et le contrôle des opérations et perceptions (débarquements, embarquements, transport à terre, manipulations, entrées et sorties des marchandises, magasinage, estimation, liquidation et perception des taxes). Par la création du « Comité des douanes », il ne sera porté aucune atteinte aux droits stipulés en faveur des porteurs de titres par les articles 15 et 16 du contrat d'emprunt du 12 juin 1904.

Des instructions, élaborées par le comité des douanes et les services intéressés, détermineront les détails de l'application de l'article 96 et du présent article. Elles seront soumises à l'avis du corps diplomatique.

ART. 98. Dans les douanes où il existe des magasins suffisants, le service de la douane prend en charge les marchandises débarquées à partir du moment où elles sont remises, contre récépissé par le capitaine du bateau, aux agents préposés à l'acconage jusqu'au moment où elles sont régulièrement dédouanées. Il est responsable des dommages causés par les pertes ou avaries de marchandises qui sont imputables à la faute ou à la négligence de ses agents. Il n'est pas responsable des avaries résultant soit du dépérissement naturel de la marchandise, soit de son trop long séjour en magasin, soit des cas de force majeure.

Dans les douanes où il n'y a pas de magasins suffisants, les agents du makhzen sont seulement tenus d'employer les moyens de préservation dont dispose le bureau de la douane.

Une revision du règlement de magasinage, actuellement en vigueur, sera effectuée par les soins du corps diplomatique statuant à la majorité, de concert avec le gouvernement chérifien.

ART. 99. Les marchandises et les moyens de transport à terre confisqués seront vendus par les soins de la douane, dans un délai de huit jours à partir du jugement définitif rendu par le tribunal compétent.

ART. 100. Le produit net de la vente de marchandises et objets confisqués est acquis définitivement à l'État; celui des amendes pécuniaires ainsi que le montant des transactions seront, après déduction des frais de toute nature, répartis entre le Trésor chérifien et ceux qui auront participé à la répression de la fraude ou de la contrebande :

Un tiers à répartir par la douane entre les indicateurs,
Un tiers aux agents ayant saisi la marchandise,
Un tiers au Trésor marocain.

Si la saisie a été opérée sans l'intervention d'un indicateur, la moitié des amendes sera attribuée aux agents saisissants et l'autre moitié au Trésor marocain.

ART. 101. Les autorités douanières marocaines devront signaler directement aux agents diplomatiques ou consulaires les

infractions au présent règlement commises par leurs ressortissants, afin que ceux-ci soient poursuivis devant la juridiction
compétente.

Les mêmes infractions, commises par des sujets marocains,
seront déférées directement par la douane à l'autorité chérifienne.

Un délégué de la douane sera chargé de suivre la procédure
des affaires pendantes devant les diverses juridictions.

Art. 102. Toute confiscation, amende ou pénalité devra être
prononcée pour les étrangers par la juridiction consulaire et
pour les sujets marocains par la juridiction chérifienne.

Art. 103. Dans la région frontière de l'Algérie, l'application
du présent règlement restera l'affaire exclusive de la France et
du Maroc.

De même, l'application de ce règlement dans le Riff et en
général dans les régions frontières des possessions espagnoles
restera l'affaire exclusive de l'Espagne et du Maroc.

Art. 104. Les dispositions du présent règlement, autres que
celles qui s'appliquent aux pénalités, pourront être revisées par
le corps diplomatique à Tanger, statuant à l'unanimité des voix,
et d'accord avec le makhzen, à l'expiration d'un délai de deux
ans à dater de son entrée en vigueur.

CHAPITRE VI

DÉCLARATION RELATIVE AUX SERVICES PUBLICS
ET AUX TRAVAUX PUBLICS

Art. 105. En vue d'assurer l'application du principe de la
liberté économique sans aucune inégalité, les puissances signataires déclarent qu'aucun des services publics de l'empire chérifien ne pourra être aliéné au profit d'intérêts particuliers.

Art. 106. Dans le cas où le gouvernement chérifien croirait
devoir faire appel aux capitaux étrangers ou à l'industrie étrangère pour l'exploitation de services publics ou pour l'exécution
de travaux publics, routes, chemins de fer, ports, télégraphes
et autres, les puissances signataires se réservent de veiller à ce

que l'autorité de l'État, sur ces grandes entreprises d'intérêt général, demeure entière.

ART. 107. La validité des concessions qui seraient faites aux termes de l'article 106 ainsi que pour les fournitures d'État sera subordonnée, dans tout l'empire chérifien, au principe de l'adjudication publique, sans acception de nationalité, pour toutes les matières qui, conformément aux règles suivies dans les législations étrangères, en comportent l'application.

ART. 108. Le gouvernement chérifien, dès qu'il aura décidé de procéder par voie d'adjudication à l'exécution des travaux publics, en fera part au corps diplomatique ; il lui communiquera par la suite les cahiers des charges, plans et tous les documents annexés au projet d'adjudication, de manière que les nationaux de toutes les puissances signataires puissent se rendre compte des travaux projetés et être à même d'y concourir. Un délai suffisant sera fixé à cet effet par l'avis d'adjudication.

ART. 109. Le cahier des charges ne devra contenir, ni directement, ni indirectement, aucune condition ou disposition qui puisse porter atteinte à la libre concurrence et mettre en état d'infériorité les concurrents d'une nationalité vis-à-vis des concurrents d'une autre nationalité.

ART. 110. Les adjudications seront passées dans les formes et suivant les conditions générales prescrites par un règlement que le gouvernement chérifien arrêtera avec l'assistance du corps diplomatique.

L'adjudication sera prononcée par le gouvernement chérifien en faveur du soumissionnaire qui, en se conformant aux prescriptions du cahier des charges, présentera l'offre remplissant les conditions générales les plus avantageuses.

ART. 111. Les règles des articles 106 à 110 seront appliquées aux concessions d'exploitation de forêts de chênes-lièges, conformément aux dispositions en usage dans les législations étrangères.

ART. 112. Un firman chérifien déterminera les conditions de concession et d'exploitation des mines, minières et carrières. Dans l'élaboration de ce firman, le gouvernement chérifien s'inspirera des législations étrangères existant sur la matière.

Art. 113. Si dans les cas mentionnés aux articles 106 à 112, il était nécessaire d'occuper certains immeubles, il pourra être procédé à leur expropriation moyennant le versement préalable d'une juste indemnité et conformément aux règles suivantes.

Art. 114. L'expropriation ne pourra avoir lieu que pour cause d'utilité publique et qu'autant que la nécessité en aura été constatée par une enquête administrative, dont un règlement chérifien élaboré avec l'assistance du corps diplomatique fixera les formalités.

Art. 115. Si les propriétaires d'immeubles sont sujets marocains, Sa Majesté Chérifienne prendra les mesures nécessaires pour qu'aucun obstacle ne soit apporté à l'exécution des travaux qu'elle aura déclarés d'utilité publique.

Art. 116. S'il s'agit de propriétaires étrangers, il sera procédé à l'expropriation de la manière suivante :

En cas de désaccord entre l'administration compétente et le propriétaire de l'immeuble à exproprier, l'indemnité sera fixée par un jury spécial ou, s'il y a lieu, par arbitrage.

Art. 117. Ce jury sera composé de six experts estimateurs, choisis trois par le propriétaire, trois par l'administration qui poursuivra l'expropriation. L'avis de la majorité absolue prévaudra.

S'il ne peut se former de majorité, le propriétaire et l'administration nommeront chacun un arbitre, et ces deux arbitres désigneront le tiers arbitre.

À défaut d'entente pour la désignation du tiers arbitre, ce dernier sera nommé par le corps diplomatique à Tanger.

Art. 118. Les arbitres devront être choisis sur une liste établie au début de l'année par le corps diplomatique et, autant que possible, parmi les experts ne résidant pas dans la localité où s'exécute le travail.

Art. 119. Le propriétaire pourra faire appel de la décision rendue par les arbitres devant la juridiction compétente, et conformément aux règles fixées en matière d'arbitrage par la législation à laquelle il ressortit.

CHAPITRE VII

DISPOSITIONS GÉNÉRALES

. . . .

ART. 123 et dernier. Tous les traités, conventions et arrangements des puissances signataires avec le Maroc restent en vigueur. Toutefois il est entendu qu'en cas de conflit entre leurs dispositions et celles du présent Acte général, les stipulations de ce dernier prévaudront.

En foi de quoi, les délégués plénipotentiaires ont signé le présent Acte général et y ont apposé leur cachet.

Fait à Algeciras le septième jour d'avril mil neuf cent six, en un seul exemplaire qui restera déposé dans les archives du gouvernement de Sa Majesté Catholique et dont des copies, certifiées conformes, seront remises, par la voie diplomatique, aux puissances signataires.

Pour la France :

(LL. SS.) RÉVOIL.
REGNAULT.

Pour l'Allemagne :

RADOWITZ.
TATTENBACH.

Pour l'Autriche-Hongrie

WELSERSHEIMB.
BOLESTA-KOZIEBRODZKI.

Pour la Belgique :

JOOSTENS.
Comte CONRAD DE BUIS-SERET.

Pour l'Espagne :

EL DUQUE DE ALMODOVAR DEL RIO.
J. PEREZ CABALLERO.

Pour les États-Unis d'Amérique : sous réserve de la déclaration faite en séance plénière de la conférence, le 7 avril 1906.

(LL. SS.) HENRY WHITE.
SAMUEL R. GUMMERE.

Pour la Grande-Bretagne :

A. NICOLSON.

Pour l'Italie :

Visconti Venosta.
G. Malmusi.

Pour le Maroc :

El Hadj Mohamed ben el
Arbi Ettorès.
El Hadj Mohamed ben
Abdesselam el Mokri.
El Hadj Mohamed Es-
Seffar.
Sid Abderrahman Bennis.

Pour les Pays-Bas :

H. Testa.

Pour le Portugal :

Comte de Tovar.
Comte de Martens Fer-
rao.

Pour la Russie :

Cassini.
Basile Bacheracht.

Pour la Suède :

Robert Sager.

CHAPITRE PREMIER

§ Iᵉʳ. L'article 77 de l'Acte d'Algeciras relatif au Règlement sur les douanes porte que tout capitaine de navire de commerce venant de l'étranger ou du Maroc devra, dans les vingt-quatre heures de son admission en libre pratique, déposer une copie exacte de son manifeste signée par lui.

Cette copie devra être certifiée conforme par le consignataire.

§ II. Les manifestes seront, aussitôt leur dépôt, remis par les soins des Oumanas au commis chargé de leur garde. Ce dernier leur donnera un numéro d'ordre et les inscrira sur un registre spécial tenu suivant le modèle n° 1 (1).

CHAPITRE II

IMPORTATION

§ Iᵉʳ. *Déclarations d'importation.* — Aux termes de l'article 82 de l'Acte d'Algeciras, toute personne, au moment de dédouaner des marchandises, est tenue de faire une déclaration conforme au modèle n° 2.

§ II. Dans la colonne réservée à la désignation des marchandises, les importateurs devront énoncer l'espèce, la qualité, les poids, nombre ou mesure et la valeur des marchandises en toutes lettres. Après avoir établi et signé la déclaration, l'importateur la remettra au commis chargé de la garde des manifestes. Ce dernier donne un numéro d'ordre à la déclaration, recherche

(1) Modèle à la disposition des intéressés dans les bureaux de douanc.

sur les manifestes la marchandise correspondant à la déclaration, et la couche comme sortie. Ce commis, pour contrôle, tient un registre d'entrées et sorties des marchandises en magasin du modèle n° 3. Il porte également comme sortie la marchandise sur ce registre.

§ III. La déclaration d'importation sera ensuite remise aux Oumanas qui procéderont au dédouanement en liquidant les droits sur la feuille de déclaration elle-même dans la partie réservée *ad hoc*.

§ IV. La déclaration, après visa du contrôleur, sera enregistrée sur un registre dit « registre de liquidation des droits » n° 4. Ce registre tiendra lieu de *youmia*. Un relevé sommaire et journalier de ce registre sera établi en double expédition (modèle n° 12). L'une de ces expéditions sera transmise à l'administration des douanes, l'autre sera remise à l'agent de l'emprunt.

La déclaration sera ensuite remise à l'importateur qui l'échangera à la caisse, après paiement des droits, contre une quittance.

Les Oumanas n'auront plus dorénavant à établir les fiches d'estimation qu'ils dressaient en triple expédition et qui deviennent inutiles puisque la liquidation des droits est inscrite sur la déclaration elle-même.

§ V. A la fin de chaque séance, toutes les déclarations seront remises par le caissier à l'agent du contrôle chargé de la statistique. Elles seront dépouillées et classées par les soins de cet agent.

CHAPITRE III

EXPORTATION

Même organisation pour l'établissement des déclarations d'exportations (formule n° 5), la liquidation des droits et l'inscription sur un registre du modèle n° 6.

Le commis chargé de l'enregistrement des manifestes et des déclarations s'assure par un pointage que toutes les marchandises ayant fait l'objet d'une déclaration figurent sur le manifeste de sortie et que le manifeste ne comporte aucune marchandise qui n'ait fait l'objet d'une déclaration de sortie.

CHAPITRE IV

CABOTAGE

Toutes les marchandises non soumises au droit d'exportation et transportées d'un port à l'autre du Maroc devront être accompagnées d'un passavant établi en double expédition du modèle n° 7, sous peine d'être assujetties au payement du droit d'importation.

La première expédition sera conservée au bureau du départ (service de la statistique), et le duplicata devra être remis à la douane d'arrivée.

Le transport par cabotage des produits soumis au droit d'exportation ne pourra s'effectuer qu'en consignant au bureau de départ, contre quittance détachée d'un registre à souches spécial (modèle n° 8), le montant des droits d'exportation relatifs à ces marchandises. Elles devront être accompagnées d'un passavant établi en double expédition. La première expédition sera conservée au bureau de départ. Le duplicata sera présenté au bureau de douane de destination qui, après avoir vérifié les marchandises à l'arrivée, certifiera cette vérification au verso du passavant. Ce duplicata ainsi certifié devra être retourné par les intéressés au bureau de départ dans le délai de trois mois. Sur sa production et la présentation de la quittance, la consignation sera remboursée. Passé ce délai, sauf dans le cas de force majeure, les droits seront acquis au makhzen.

CHAPITRE V

TRANSBORDEMENT DE PORT A PORT MAROCAIN

Les marchandises venant de l'étranger pourront être provisoirement déposées en douane pour être transportées dans un autre port du Maroc. Ces marchandises seront réexportées au moyen d'un permis de transbordement du modèle n° 9.

Ce permis sera établi en double expédition : l'une restera à la disposition de la douane du départ (service de la statistique); l'autre sera remise au bureau de destination qui la renverra au bureau de départ après avoir inscrit au verso les vérifications faites à l'arrivée.

CHAPITRE VI

TRANSBORDEMENT A L'ÉTRANGER

Il arrive que des marchandises déposées dans les magasins de la douane doivent être réexportées à l'étranger, soit qu'elles aient été simplement déposées en transbordement, soit qu'elles aient été refusées par leur destinataire.

Cette réexportation ne pourra se faire que sur la délivrance d'un permis délivré par les Oumanas du modèle n° 10.

CHAPITRE VII

ESTIMATIONS

§ I⁽ᵉʳ⁾. Pour les marchandises figurant sur le tableau des valeurs douanières, elles devront être faites d'après les indications de ces tableaux. Pour les autres, les Oumanas procéderont comme par le passé en utilisant les mercuriales, les factures et leurs connaissances personnelles.

La facture est un élément d'appréciation, mais elle ne fait pas obligatoirement foi, car certains importateurs pourraient se faire délivrer des factures de complaisance.

§ II. Les droits *ad valorem* seront liquidés suivant la valeur au comptant et en gros de la marchandise rendue au bureau de douane et franche de droits de douane et de magasinage.

En cas d'avaries, il sera tenu compte, dans l'estimation, de la dépréciation subie par la marchandise.

§ III. En cas de prélèvement en nature, les Oumanas opéreront comme suit :

Tous les payements effectués en nature devront être inscrits sur un registre spécial du modèle n° 11.

§ IV. Un reçu sous forme de quittance ordinaire devra être délivré par le caissier afin de permettre au négociant ayant acquitté les droits en nature de retirer le restant de sa marchandise.

§ V. Les prélèvements en nature seront placés dans un local spécial ou, à défaut, dans un emplacement spécial réservé à cet effet dans un des magasins.

Les marchandises provenant de payement en nature seront vendues par les soins des Oumanas, soit de gré à gré, soit aux enchères, dans le plus bref délai possible. Le produit de la vente sera mentionné sur le registre de prélèvements en nature dans la colonne *ad hoc*. L'acquéreur payera le prix fixé pour la vente au caissier contre quittance qui lui permettra de prendre livraison des marchandises achetées. Cette quittance sera détachée du registre à souches ordinaire.

CHAPITRE VIII

RÉPRESSION DES FRAUDES

Lorsque les Oumanas constateront des infractions au Règlement des douanes commises par des sujets ou protégés étrangers, ils les signaleront aux autorités diplomatiques ou consulaires dont ils sont justiciables. Si les délinquants sont sujets marocains, ils les déféreront au Pacha de la localité.

Les Oumanas suivront ou feront suivre par un délégué, la procédure soit devant la juridiction consulaire, soit devant la juridiction chérifienne.

Les Oumanas signaleront en même temps les infractions au Délégué de l'Administration générale des douanes, et ils lui feront connaître la suite donnée aux poursuites.

CHAPITRE IX

DISPOSITIONS ACCESSOIRES

Des formules imprimées de déclaration, passavant, permis de transbordement, seront tenues par le commis chargé de l'enregistrement des déclarations (ou par le caissier) au prix de 0,05 *hassani* pièce.

Cet agent sera le comptable de recettes provenant de la vente de ces formules.

Les Oumanas seront alimentés de ces différents imprimés par les soins de l'Administrateur général des douanes. Lorsque le sotck sera sur le point d'être épuisé, ils lui en demanderont le renouvellement en lui faisant parvenir le montant du stock précédent.

Les précédentes instructions laissent subsister celles relatives au contrôle, avec cette seule modification que les fiches d'esti‑mation sont remplacées par la déclaration.

Toutes les pièces énumérées ci-dessus doivent en conséquence être soumises au visa du contrôleur.

Promulgué à Tanger le 10 juillet 1908.

RÈGLEMENT RELATIF A L'ÉTABLISSEMENT DE DROITS
DE MAGASINAGE DANS LES PORTS DU MAROC

Vu l'Acte d'Algeciras;

Notamment :

Les articles 71 et 98 relatifs à l'établissement de droits de magasinage dans les ports du Maroc,

Le Règlement suivant a été élaboré conformément à l'accord intervenu entre la Délégation chérifienne et le Corps diplomatique.

ARTICLE PREMIER. Pour toutes les marchandises débarquées des bateaux à vapeur et des voiliers soit pour être seulement déposées et réembarquées, soit pour être dédouanées et introduites dans la ville, de même que pour les marchandises destinées à l'exportation, il est accordé aux commerçants un délai de vingt jours, pour leur retrait, à partir du jour de l'entrée desdites marchandises dans les magasins. Ce délai expiré même d'un seul jour, il sera payé pour la marchandise une somme par mois et par 100 kilogrammes de 2/5 de douro makhzani argent (1).

Les fractions de 100 kilogrammes payeront le droit proportionnellement. Cependant les marchandises dont le poids est au-dessous de 100 kilogrammes payeront comme les 100 kilogrammes.

Les colis postaux et les échantillons sans valeur sont exempts de tout droit, déposés dans un local spécial et délivrés par un employé chargé de ce service.

Toutefois le délai mentionné ci-dessus pourra être réduit d'un

---

(1) En réalité, voici quel est, d'après l'*Annuaire général du Maroc de 1917*, le tarif des taxes de magasinage généralement perçues :

TAXES DE MAGASINAGE GÉNÉRALEMENT PERÇUES

Les marchandises autres que les matières dangereuses et inflammables peuvent séjourner dans les magasins et hangars ou sur les quais, « en franchise », pendant un délais de **dix jours** non compris celui du dépôt, mais y compris celui du retrait.

Passé ce délai, et pour chacun de ceux indiqués à la colonne 1 du ta-

commun accord entre le makhzen et le Corps diplomatique et après avis du Comité permanent des douanes.

Art. 2. A chaque douane il y aura des magasins séparés pour l'importation et l'exportation.

Les différentes sortes de marchandises seront autant que possible entreposées dans des magasins différents.

Le magasinier tient un registre dont les pages seront numérotées et timbrées par les soins du Comité permanent des douanes.

Sur ce registre sont inscrites, pour chaque entrée en magasin, les mentions suivantes :

1° Nature de la marchandise ;

2° Poids ;

3° Nombre, espèces, marques et numéro du colis ;

4° Date de l'entrée et de la sortie, nom du bateau ou du déposant.

bleau ci-après, elles paieront, par 100 kilog., les taxes fixées aux colonnes 2 à 4 de ce même tableau :

Désignation des délais.	TAXES PAYÉES POUR LES MARCHANDISES DÉPOSÉES		
	en magasin.	sous hangars couverts.	sur les quais.
Du 11e au 20e jour................	0,25	0,20	0,10
Du 21e au 30e jour................	2,00	1,50	1,00
Du 31e au 40e jour................	3,00	2,50	2,00
Du 41e au 50e jour................	4,00	3,50	3,00
Du 51e au 60e jour................	5,00	4,50	4,00
Du 61e au 70e jour................	6,00	5,50	5,00
Du 71e au 80e jour................	7.00	6,50	6,00
Du 81e au 90e jour................	8.00	7,50	7,00

Le foin, la paille de bois, les huiles minérales ou végétales, les pétroles et toutes autres marchandises inflammables ou dangereuses ne peuvent séjourner en franchise dans les magasins et hangars ou sur les quais que pendant « deux jours », non compris celui du dépôt, mais y compris celui du retrait.

Passé ce délai et pour chacun de ceux indiqués à la colonne 1 du tableau ci-après, elles paieront, par 100 kilos, les taxes fixées aux colonnes 2 et 3 de ce même tableau :

	TAXES PAYÉES POUR LES MARCHANDISES	
	en magasin.	sur les quais.
Du 3e au 5e jour....................	1,00	0,50
Du 5e au 10e jour....................	3,00	2,00
Du 10e au 15e jour....................	4,00	3,00
Du 15e au 20e jour....................	5,00	4,00
Du 20e au 25e jour....................	6,00	5,00
Du 25e au 30e jour....................	7,00	6,00

Les colis brisés, avariés ou portant traces d'effraction ne sont acceptés par le magasinier que sous réserve mentionnée au registre.

Il n'est délivré aucune marchandise que contre remise soit d'un bon à délivrer par l'agent du bateau, soit contre remise du connaissement original, soit, enfin, contre le récépissé du déposant.

Ce bon à délivrer doit porter les indications suivantes :

1° Date de l'arrivée et nom du bateau qui a apporté les marchandises ;

2° Les marques, numéro et poids de ces derniers.

Les droits de magasinage dus doivent être payés en entier au moment du retrait des marchandises.

ART. 3. Toutes les marchandises inflammables ou dangereuses (à l'exception des fourrages) sont emmagasinées aussitôt leur arrivée dans l'entrepôt construit en maçonnerie spécialement affecté à cet usage.

Les matières explosives feront l'objet d'un règlement spécial.

L'Administration des douanes n'assume aucune responsabilité envers les déposants pour tous dommages provenant de la nature même des marchandises ou risques d'incendie ou toute autre cause fortuite.

Le droit de magasinage est perçu d'après le tarif appliqué aux autres marchandises. Il commence à courir cinq jours après le débarquement.

La durée du séjour est fixée à un mois ; elle pourra être prolongée jusqu'à six mois ou plus, si le Comité permanent des douanes juge que les magasins à ce destinés sont suffisants.

Au delà des délais indiqués pour le retrait des matières inflammables, l'Administration procédera comme il est prescrit à l'article 6 pour la vente des autres marchandises.

ART. 4. Le charbon de bois, le charbon de terre, les bois de construction, les marbres, les briques, les tuiles, les fûts et les caisses vides et tous autres matériaux, les fers et autres métaux non ouvrés ou non contenus dans des caisses, barils ou autres récipients ne sont pas déposés dans les magasins, mais ils payent après le délai fixé à l'article premier un droit de garde de 1/5 de douro makhzani argent par mois et par 100 kilogrammes.

Les fourrages doivent être enlevés dans les quarante-huit heures qui suivent le débarquement. Ce délai expiré, la

Douane pourra procéder à leur enlèvement. Les frais de transport et de dépôt sont perçus d'après un tarif fixé par le Comité permanent des Douanes.

La douane décline toute responsabilité pour les détériorations qui pourraient survenir du fait des intempéries pendant le séjour sur les quais desdites marchandises.

Art 5. Le droit de magasinage est établi d'après un bulletin adressé par le magasinier aux Oumanas. Ce bulletin indique le nombre, l'espèce, le poids, les marques et numéros des colis retirés du magasin, le nombre des jours de magasinage et le montant de la somme à percevoir. Après vérification et visa, les Oumanas envoient ce bulletin au caissier en même temps que celui indiquant l'acquittement des droits de douane. Le caissier encaisse les droits de magasinage et en porte le montant dans une colonne spéciale du récépissé des droits de douane. Toutefois, le droit de magasinage n'est pas exigible pour les marchandises destinées à l'exportation si le retard d'un embarquement est dû au mauvais état de la mer ou à une grève. Les jours où, soit à cause du mauvais état de la mer, soit à cause d'une grève, le travail est arrêté dans le port, sont affichés par les Oumanas. Cette annotation servira de preuve. Pour les marchandises débarquées pour être réembarquées, le droit de magasinage sera payé par la personne chargée de la réexpédition.

Art. 6. Si, à l'expiration du délai de six mois, les marchandises ne sont pas retirées des magasins, les Oumanas feront savoir à leurs propriétaires que ces marchandises seront vendues dans un délai de trente jours à dater du jour de l'avis, à moins que le propriétaire ne les fasse retirer.

Cette notification est faite par l'entreprise des Consuls respectifs pour les étrangers, ou de l'autorité locale pour les Marocains.

Pour les ressortissants étrangers, la vente a lieu en présence des Oumanas, d'un employé du consulat dont relève l'intéressé et de l'agent du bateau dûment convoqué par son consulat. A défaut des deux derniers, il sera passé outre à la vente.

Pour les sujets chérifiens, la vente a lieu en présence des Oumanas, d'un délégué du gouverneur de la ville et de l'agent du bateau. A défaut des deux derniers, il sera passé outre à la vente. Pour les marchandises arrivant à ordre et dont le propriétaire serait inconnu, l'agent du bateau devra le rechercher dans le délai sus-indiqué.

Si le propriétaire ne fait pas retirer sa marchandise à l'expiration de ce délai, la vente aura lieu comme il est dit ci-dessus.

Du produit de la vente sont déduits : le fret s'il est dû, les droits de douane, de magasinage ou de garde et les autres frais. Le reliquat est déposé à la chancellerie du consulat dont relève le propriétaire de la marchandise s'il est ressortissant étranger; à la banque d'État s'il est sujet chérifien.

Si les propriétaires des marchandises ne sont pas connus, le reliquat sera valablement déposé pendant cinq ans à la banque d'État du Maroc, qui le tiendra à la disposition des ayants droit.

Si dans ce délai les fonds consignés ne sont pas retirés et si les ayants droit sont des ressortissants étrangers, les dispositions légales de leurs pays respectifs sur la prescription seront appliquées.

Dans le cas où il s'agit de sujets chérifiens, les fonds consignés seront remis après cinq ans au makhzen qui soumettra la question de leur attribution au tribunal compétent.

ART. 7. La douane a le droit d'abréger les délais sus-indiqués si l'état de la marchandise le nécessite. Avis en sera donné aux intéressés.

ART. 8. Conformément à l'article 98 de l'Acte d'Algeciras, dans les douanes où il existe des magasins suffisants, le service de la douane prend en charge les marchandises débarquées, à partir du moment où elles sont remises, contre récépissé, par le capitaine du bateau aux agents préposés à l'acconage, jusqu'au moment où elles sont régulièrement dédouanées ou réembarquées.

Le gouvernement marocain est responsable des dommages causés par des pertes ou avaries de marchandises qui sont imputables à la faute ou à la négligence de ses agents. Il n'est pas responsable des avaries résultant soit du dépérissement naturel de la marchandise, soit de son trop long séjour en magasin, soit en cas de force majeure.

Dans les douanes où il n'y a pas de magasins suffisants, les agents du makhzen sont seulement tenus d'employer les moyens de préservation dont dispose le bureau de la douane.

Le Comité permanent des douanes indiquera au makhzen les magasins qu'il jugera nécessaire de construire dès maintenant dans chaque port pour les besoins du commerce et le fonctionnement régulier du service.

Art. 9. Si le propriétaire de la marchandise fait acte de cession en faveur de la douane, celle-ci la fera vendre au profit du Trésor, les droits des tiers étant réservés.

*
* *

Sur la demande du makhzen ou de la majorité du Corps diplomatique, le présent règlement pourra être revisé à l'expiration d'un délai de cinq ans. Cette revision sera faite d'un commun accord.

RÈGLEMENT SUR LES ADJUDICATIONS EN GÉNÉRAL

Vu l'Acte général d'Algeciras,

Notamment :

L'article 61 prescrivant qu'une partie des recettes provenant de la taxe à établir sur les constructions urbaines sera affectée aux besoins de la voirie et de l'hygiène municipales et d'une façon générale aux dépenses d'amélioration et d'entretien des villes ;

L'article 74, relatif à l'adjudication des monopoles du tabac, de l'opium et du kif ;

Les articles 105 à 109 inclus relatifs aux services publics, fournitures et aux travaux publics ;

Considérant qu'aux termes de l'article 110 il y a lieu de fixer les formes et les conditions générales auxquelles seront soumises les adjudications dans l'empire ;

Le règlement suivant a été élaboré conformément à l'accord intervenu entre la Délégation chérifienne et le Corps diplomatique :

ARTICLE PREMIER. Sont déclarés d'utilité publique les travaux effectués dans les cas prévus aux articles 61, 74, 105 à 109 inclus de l'Acte général d'Algeciras sur la demande qui en sera faite au makhzen avec projets à l'appui par la Commission instituée à l'article 4 ci-après.

ART. 2. Lorsque, pour l'exécution de ces travaux, il sera nécessaire de recourir, soit à l'expropriation d'immeubles, soit à l'occupation temporaire des terrains, soit à des opérations préparatoires obligeant à pénétrer dans les propriétés, il sera procédé suivant les règles édictées par le règlement relatif à l'expropriation.

ART. 3. Toutes les adjudications et tous les marchés de travaux, fournitures et transports mentionnés dans les cas prévus à l'article premier sont soumis aux règles édictées par le règlement sur les adjudications de la Caisse spéciale et modifiées conformément aux articles ci-après.

Toutefois les fournitures des produits indigènes originaires du Maroc pourront faire l'objet de marchés directement passés sans adjudication par les administrations chérifiennes.

Le fermage d'opium, du kif et du tabac à priser continuera à être concédé par adjudication suivant les usages actuellement en vigueur.

Art. 4. — Le Comité spécial institué à l'article premier du règlement sur les adjudications de la Caisse spéciale est remplacé par une Commiss'on chérifienne dite Commission générale des adjudications et des marchés, ainsi composée :

Deux délégués chérifiens, deux délégués du Corps diplomatique, un délégué de l'Administration intéressée.

A la demande d'un de ses membres, cette Commission devra s'adjoindre un expert technique qu'elle choisira et qui aura voix consultative.

En outre un délégué de la Banque d'État est adjoint à la Commission à titre consultatif et fournit dans chaque cas son avis motivé.

S'il s'agit d'adjudications ou de marchés concernant la police, le délégué de l'Administration intéressée sera l'Inspecteur général de la Police ou à son défaut l'Officier qui le remplacera.

La Commission générale remplit en outre l'office de bureau d'adjudication : elle nommera son interprète.

Dans le cas où les délégués du Corps diplomatique estimeraient que l'adoption d'une proposition constituerait une violation des dispositions de l'Acte général d'Algeciras, ils formuleront leur objection dans une déclaration faite par écrit. Le président de la Commission, avant de passer au vote, soumettra la question ainsi posée au Corps diplomatique qui, dans un délai ne dépassant pas quinze jours, fera connaître son avis sur le bien-fondé de l'objection.

Art. 5. Quand il y aura lieu de procéder à une adjudication ou à un marché concernant la matière indiquée à l'article premier, le makhzen en saisira la Commission générale qui fera établir par l'administration intéressée les projets, devis et cahiers des charges et les soumettra à l'appréciation du makhzen.

Ces documents contiendront les dispositions générales de l'entreprise et notamment :

1° La désignation des objets à livrer, leur quantité, le lieu et les époques de livraison ;

2° L'obligation de ne livrer que des matières ou autres objets de qualité reconnue bonne, loyale et marchande, dans l'acception exacte que le commerce a coutume de donner à ces termes ; .

. 3° L'obligation de fournir conformément aux échantillons et modèles adoptés, quand il s'agit d'objets confectionnés ou autres susceptibles de comparaison ;

4° Le prix convenu de chaque objet, au nombre, au poids ou à la mesure, suivant le cas ; . .

- 5° Les termes et époques de payement, soit pour à compte, s'il y a lieu, soit pour solde de la fourniture, ainsi que le nom et la qualité de l'autorité chargée d'ordonnancer les payements ;

6° Le mode de justification des fournitures et le délai accordé sous peine de déchéance pour la production des titres justificatifs ;

7° La nature ou le montant du cautionnement à fournir et l'époque où il devra être réalisé ;

. 8° La condition qu'il sera pourvu au service, aux frais, risques et périls du traitant, dans le cas où il ne remplirait pas ses engagements dans les délais, qualités, dimensions ou poids convenus ;

9° Les pénalités à imposer en cas d'infraction aux clauses du cahier des charges ;

10° Une disposition concernant l'arbitrage en cas de différends entre l'adjudicataire et l'administration.

En dehors de ces conditions générales, des conditions spéciales pour les marchés de fournitures, fermages et transports pourront être insérées dans le cahier des charges, mais sans contrevenir au principe posé dans l'article 109 de l'Acte d'Algeciras.

Après la remise des travaux ou la livraison du marché, l'Administration intéressée devra rendre compte dans un délai de quinze jours à la Commission d'adjudication de l'entière exécution des dispositions du cahier des charges.

Art. 6. Nul n'est admis à concourir à des adjudications de fournitures, de fabrication ou d'exploitation concernant un service public par régie co-intéressée ou fermage s'il n'a fourni à la Commission générale les certificats de capacité et de solvabilité exigés par les cahiers des charges.

Art. 7. Sont acquis au Trésor chérifien ou à l'Administration intéressée, suivant la destination des marchés auxquels ils s'appliquent, les cautionnements provisoires des soumissionnaires qui, après approbation de l'adjudication, n'ont pas réalisé leurs cautionnements définitifs dans les délais fixés par les cahiers des charges.

ART. 8. En cas d'adjudication de fermages ou de fournitures, l'adjudication aura lieu, au plus offrant, soit au prix le plus bas par unité fixée dans le cahier des charges, soit au rabais maximum, soit au prix le plus bas pour l'ensemble de la fourniture.

ART. 9. Les adjudications ne seront notifiées à l'intéressé et ne deviendront définitives qu'après approbation par Sa Majesté Chérifienne. Cette approbation devra être signifiée à l'Administration par le makhzen dans un délai de quarante jours à dater de la séance publique d'adjudication. Si une décision n'intervient pas dans ce délai, l'approbation sera considérée comme acquise, sauf en cas de force majeure.

*
* *

Sur la demande du makhzen ou de la majorité du Corps diplomatique, le présent règlement pourra être revisé à l'expiration d'un délai de cinq ans. Cette revision sera faite d'un commun accord.

TRAITÉ FRANCO-MAROCAIN DU 30 MARS 1912

Le Gouvernement de la République française et le Gouvernement de Sa Majesté Chérifienne, soucieux d'établir au Maroc un régime régulier, fondé sur l'ordre, intérieur et la sécurité générale, qui permette l'introduction des réformes et assure le développement économique du pays, sont convenus des dispositions suivantes :

ARTICLE PREMIER. Le Gouvernement de la République française et Sa Majesté le Sultan sont d'accord pour instituer au Maroc un nouveau régime comportant les réformes administratives, judiciaires, scolaires, économiques, financières et militaires que le Gouvernement français jugera utile d'introduire sur le territoire marocain.

Ce régime sauvegardera la situation religieuse, le respect et le prestige traditionnel du Sultan, l'exercice de la religion musulmane et des institutions religieuses, notamment de celle des habous. Il comportera l'organisation d'un Maghzen chérifien réformé.

Le Gouvernement de la République se concertera avec le Gouvernement espagnol au sujet des intérêts que ce gouvernement tient de sa position géographique et de ses possessions territoriales sur la côte marocaine.

De même, la ville de Tanger gardera le caractère spécial qui lui a été reconnu et qui déterminera son organisation municipale.

ART. 2. Sa Majesté le Sultan admet dès maintenant que le Gouvernement français procède, après avoir prévenu le Maghzen, aux occupations militaires du territoire marocain qu'il jugerait nécessaires au maintien de l'ordre et de la sécurité des transactions commerciales et à ce qu'il exerce toute action de police sur terre et dans les eaux marocaines.

Art. 3. Le Gouvernement de la République prend l'engagement de prêter un constant appui à Sa Majesté Chérifienne contre tout danger qui menacerait Sa personne ou Son trône ou qui compromettrait la tranquillité de Ses États. Le même appui sera prêté à l'héritier du trône et à ses successeurs.

Art. 4. Les mesures que nécessitera le nouveau régime de protectorat seront édictées, sur la proposition du Gouvernement français, par Sa Majesté Chérifienne ou par les autorités auxquelles elle en aura délégué le pouvoir. Il en sera de même des règlements nouveaux et des modifications aux règlements existants.

Art. 5. Le Gouvernement français sera représenté auprès de Sa Majesté Chérifienne par un Commissaire résident général, dépositaire de tous les pouvoirs de la République au Maroc, qui veillera à l'exécution du présent accord.

Le Commissaire résident général sera le seul intermédiaire du Sultan auprès des représentants étrangers et dans les rapports que ces représentants entretiennent avec le Gouvernement marocain. Il sera, notamment, chargé de toutes les questions intéressant les étrangers dans l'empire chérifien.

Il aura le pouvoir d'approuver et de promulguer, au nom du Gouvernement français, tous les décrets rendus par Sa Majesté Chérifienne.

Art. 6. Les agents diplomatiques et consulaires de la France seront chargés de la représentation et de la protection des sujets et des intérêts marocains à l'étranger.

Sa Majesté le Sultan s'engage à ne conclure aucun acte ayant un caractère international sans l'assentiment préalable du Gouvernement de la République française.

Art. 7. Le Gouvernement de la République française et le Gouvernement de Sa Majesté Chérifienne se réservent de fixer d'un commun accord les bases d'une réorganisation financière qui, en respectant les droits conférés aux porteurs des titres des emprunts publics marocains, permette de garantir les engagements du Trésor chérifien et de percevoir régulièrement les revenus de l'empire.

Art. 8. Sa Majesté Chérifienne s'interdit de contracter à l'avenir, directement ou indirectement, aucun emprunt public ou privé et d'accorder, sous une forme quelconque, aucune concession sans l'autorisation du Gouvernement français.

ART. 9. La présente convention sera soumise à la ratification du Gouvernement de la République française et l'instrument de ladite ratification sera remis à Sa Majesté le Sultan dans le plus bref délai possible.

En foi de quoi les soussignés ont dressé le présent acte et l'ont revêtu de leurs cachets.

Fait à Fez, le 30 mars 1912 (11 rebiah 1330).

(L. S.) *Signe* : REGNAULT.
(L. S.) *Signé* : MOULAY-ABD-EL-HAFID.

IX. — TABLEAU DES EXPORTATIONS DU MAROC EN FRANCE

(Commerce spécial)

ANNÉES 1916, 1915 ET 1914

DÉSIGNATION DES MARCHANDISES	UNITÉS	QUANTITÉS			VALEURS		
		1916	1915	1914	1916	1915	1914
					mille francs	mille francs	mille francs
Céréales (grains et farines) y compris le malt.	Quintal métrique.	1 553 252	445 487	46	43 358	11 766	4
Minerais.	—	340 125	14 300	4	403	19	»
Œufs de volaille et de gibier.	—	57 379	22 092	413	8 033	3 402	53
Pommes de terre, légumes secs et leurs farines.	—	49 742	68 063	4 390	1 665	2 261	143
Laines et déchets de laine.	—	37 127	34 183	26 375	13 200	12 138	6 725
Tissus de jute, de phormium tenax, etc.	—	20 308	8 439	596	1 016	407	30
Dari, millet et alpiste.	—	17 387	8 310	2 360	539	258	64
Graines et fruits oléagineux.	—	12 314	74 005	15 653	486	2 805	497
Peaux et pelleteries brutes.	—	9 422	8 630	20 389	4 639	3 418	6 946

Fourrages et son	5 624	10 929	98	—	88	175	2
Bestiaux	5 424	243	18	—	760	34	2
Drilles	4 622	5 837	4 425	—	450	735	193
Cornes, sabots et os de bétail	1 581	91	9 619	—	86	10	261
Huiles végétales fixes	1 245	24	2	—	165	3	»
Fruits de table	1 200	484	901	—	323	128	239
Poils bruts, peignés ou cardés	949	499	428	—	387	202	139
Poissons frais, secs, salés ou conservés	501	292	606	—	135	79	121
Graines à ensemencer	384	578	1 278	—	54	81	160
Cire animale non ouvrée	375	357	166	—	133	127	57
Cire végétale, gommes, gemmes, résines, baumes et autres produits résineux	338	317	156	[	76	69	33
Colis postaux	167	127	132	—	56	42	47
Caoutchouc et gutta-percha, bruts ou refondus en masse	430	»	9	—	86	»	6
Crins bruts, préparés ou frisés	77	110	88	—	23	33	27
Autres articles	»	»		—	402	371	235
TOTAUX					78 611	41 540	17 435

(Commerce spécial)

ANNÉES 1916, 1915 ET 1914

DÉSIGNATION DES MARCHANDISES	UNITÉS	QUANTITÉS			VALEURS		
		1916	1915	1914	1916	1915	1914
					mille francs.	mille francs.	mille francs.
Viandes salées, charcuterie fabriquée et museau de bœuf	Quintal métrique	588	741	907	138	175	207
Conserves de viande et de gibier; extraits de viande en pains ou autres		504	548	1 665	399	422	632
Soies et bourre de soie		256	792	618	874	2 732	2 230
Lait, beurre et fromages		4 817	6 647	7 991	881	969	831
Poissons frais, secs, salés ou conservés		1 187	1 107	1 405	233	244	214
Céréales (grains et farines) y compris le malt		36 232	72 444	24 945	1 702	3 378	724
Pommes de terre, légumes secs et leurs farines		44 494	30 867	28 945	718	677	453
Fruits de table		1 540	3 475	4 654	94	182	87
Sucres bruts ou raffinés		443 233	510 279	296 470	34 554	39 794	14 229
Préparations sucrées (sirops, bonbons, fruits, biscuits, confitures)		1 892	1 994	2 465	221	239	290
Chocolat		756	492	442	189	48	111
Huiles végétales fixes		3 145	5 975	9 269	314	583	814
Espèces médicinales		624	542	494	228	184	148
Bois communs	tonne métrique	1 578	701	2 992	169	94	404
Légumes frais, salés ou conservés	quint. métrique	2 740	3 674	4 829	261	341	403
Vins (mistelles comprises)	hectolitre.	9 054	17 196	11 124	1 635	2 621	1 575

Désignation des marchandises	Unités					
Bière	quint. métrique	1 519	1 418	1 659	246	220
Eaux-de-vie et esprits	Hectolitre d'alcool pur	2 207	1 461	957	829	548
Liqueurs	hectolitre	3 230	2 987	6 660	84	75
Eaux minérales gazeuses et autres	quint. métrique	39 907	22 926	31 660	1 457	720
Matériaux	tonne métrique	8 087	5 950	12 365	393	245
Fonte, fer et acier (mâchefer compris)	quint. métrique	7 568	9 023	10 432	2 240	1 541
Produits chimiques	—	9 277	11 547	7 798	948	1 150
Parfumeries et savons	—	435	596	729	118	469
Médicaments composés	—	22 701	22 922	49 956	992	892
Poteries, verres et cristaux	—	1 423	845	1 906	298	167
Fils... de lin, de chanvre ou de ramie	—	219	450	687	109	86
Tissus { de coton	—	2 938	2 314	2 500	2 312	1 794
de laine		83	65	924	417	72
de soie et de bourre de soie		401	635	323	2 573	4 420
Lingerie, vêtements et articles confectionnés	—	374	614	1 109	1 068	1 986
Papier et ses applications	—	7 375	7 650	8 032	1 680	1 708
Peaux préparées	—	318	131	307	395	137
Ouvrages en peau, ou en cuir naturel ou artificiel	—	371	362	736	511	456
Horlogerie, carillons, boîtes à musique et fournitures d'horlogerie	»	»	»	»	107	206
Machines et mécaniques	quint. métrique	7 547	5 936	15 601	2 298	1 745
Outils et ouvrages en métaux	—	8 454	9 541	23 007	1 357	4 427
Meubles et ouvrages en bois	—	4 192	5 532	11 536	315	394
Carrosserie (voitures automobiles et autres, vélocipèdes et motocycles)	—	4 034	4 448	7 369	1 580	1 846
Ouvrages en caoutchouc et en gutta-percha	—	1 031	686	474	1 691	1 106
Tabletterie, éventails, brosserie, boutons et bimbeloterie	—	956	881	1 313	977	1 125
Colis postaux	—	6 878	4 844	6 301	10 317	7 266
Autres articles	»	»	»	»	3 893	3 915
TOTAUX		....	....	....	82 010	88 860

579

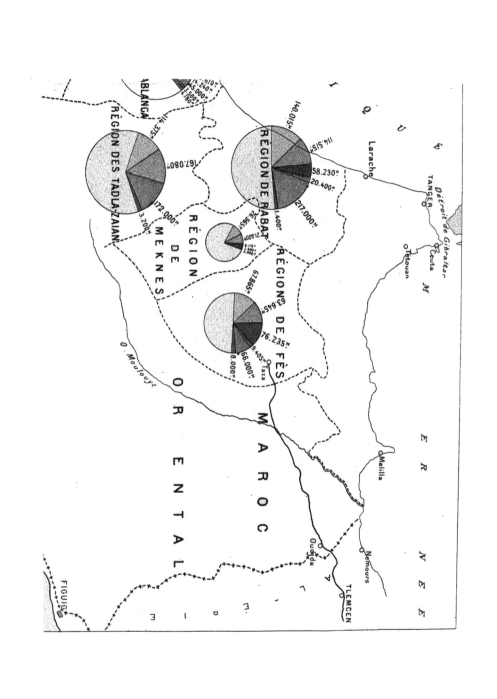

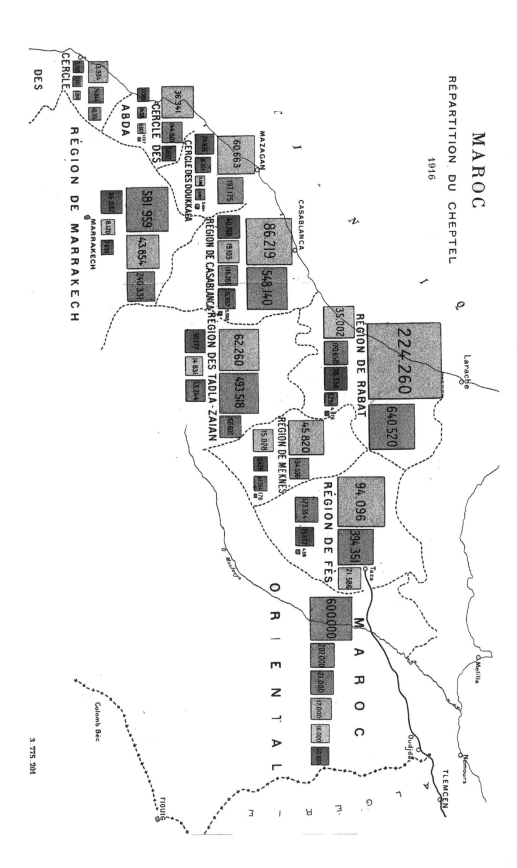

MAROC

RÉPARTITION DU CHEPTEL

1916

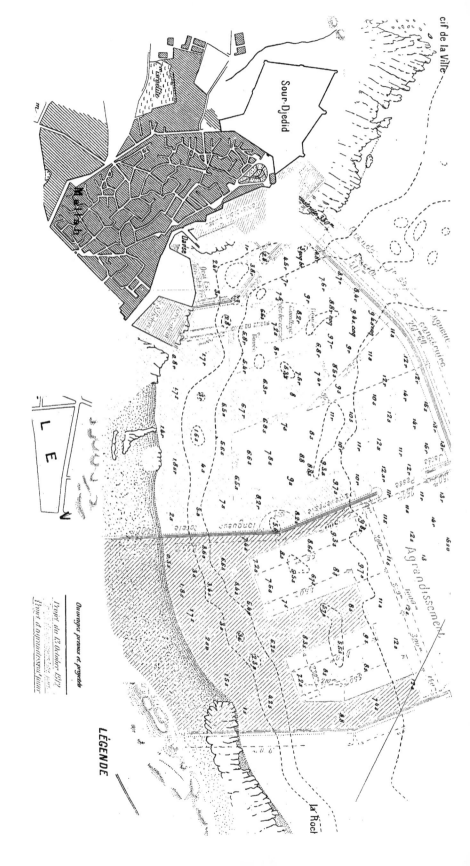

Chemins de fer.

Routes.

+++++ Pistes.

Limites d'État.

Echelle

MAZAGAN
(EL DJIDA)
Cap Blanc

Cap Cantin
Dar-Ate...
Cap S.
S.

Ras Hadid

MOGADOR

CASABLANCA

Znika

SAL
RABAT
(K.SAT)

Mehdia

Porto

Ras Ouarh

MELILLA
Fespouja

INDEX ALPHABÉTIQUE

TABLE DES MATIÈRES

PARIS. — TYP. PLON-NOURRIT ET Cie, 8, RUE GARANCIÈRE. — 22468.